日本史標準問題

大阪府高等学校社会(地歴・公民)科研究会 編

山川出版社

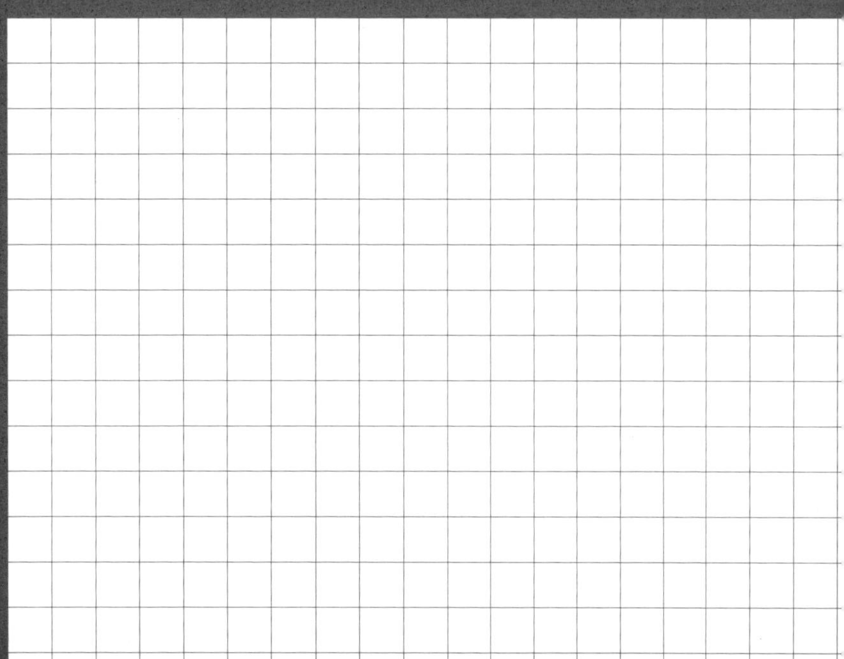

本書の利用にあたって

本書は，大阪府高等学校社会（地歴・公民）科研究会が過去数十年にわたって，毎年作成してきた「標準問題」を編集したものである。「日本史標準問題」は各校の実力テストに利用できるよう全時代を網羅し，毎年10問を作成して，１問20点配点で５問を選択する形式で作成してきた。基本的に，問題は採用数の多い教科書３冊以上に記載されている内容・項目を出題してきた。

今回，直近の過去17年間の問題を中心に，『日本史標準問題集』（2014年刊）をベースに，大学入試センター試験から大学入学共通テストへの移行に伴い，大幅な改訂を行ない，日本史Ｂ『詳説 日本史』（山川出版社）教科書に準拠して，時代ごとの問題・テーマ史に再構成した。

問題レベルも「標準問題」というタイトルとしたが，基礎問題・応用問題・発展問題を取り混ぜて作成している。解答に詳細な解説を加え，普段の学習成果を確認したり，国公立・私大入試に対応できるような構成につとめた。問題の校正・解答解説は，大阪府高等学校社会（地歴・公民）科研究会歴史部会日本史標準問題編集委員会が行った。

以下，利用法について説明する。

１．構成は，原始・古代・中世・近世・近代・現代・テーマ史（時代を超えた同一テーマの問題）の順とした。『詳説 日本史』（山川出版社）に準拠して問題は配列している。

２．各問題文の最初に，例えば〈**旧石器～弥生時代の文化　グラフ　写真　地図　記述　文章・語句選択　共通テスト・私大対策**〉のような記述がある。

〈**旧石器～弥生時代の文化**〉は，問題のテーマ。

〈**地図**〉は，地図を利用した問題（他に写真，史料，グラフ，年表などがある）。

〈**記述　文章・語句選択**〉は，問題の形式。

〈**共通テスト・私大対策**〉は，大学入学共通テストや私大入試など，どのような大学入試問題に対応するかをそれぞれ示している。

３．解答・解説は，大学入試頻出の重要用語を赤文字で表し，理解しやすいようつとめた。ただ単に解答だけを確認するのではなく，解説を十分に読み込んで，どこがポイントか，その問題に関連する項目は何か，などを理解できるよう活用してほしい。

大阪府高等学校社会（地歴・公民）科研究会歴史部会日本史標準問題編集委員会

目次

原始

1 旧石器～弥生時代の文化 …… 6
2 道具の発達 …… 7
3 原始・古代の精神文化 …… 10
4 原始・古代の対外交渉 …… 11

古代

5 飛鳥・白鳳文化 …… 16
6 飛鳥政治史 …… 17
7 大化改新と難波宮 …… 18
8 天智・天武・持統朝 …… 20
9 律令制度 …… 21
10 律令体制の確立 …… 22
11 奈良時代の政治 …… 23
12 天平文化 …… 25
13 東北の経営 …… 27
14 平安時代初期の政治 …… 28
15 摂関政治 …… 29
16 藤原氏の歴史 …… 30
17 寄進地系荘園の成立 …… 32
18 国司の地方支配と武士の誕生 …… 33
19 平安時代の文化 …… 34

中世

20 院政期の政治 …… 38
21 院政と武士の台頭 …… 39
22 平氏政権 …… 40
23 武家政権と院政期の文化 …… 42
24 武士の成長 …… 44
25 武家政権の成立 …… 45
26 執権政治の展開 …… 46
27 蒙古襲来とその後の社会政策 …… 47
28 武士の生活 …… 49
29 鎌倉時代の社会経済 …… 51
30 鎌倉仏教 …… 52
31 鎌倉文化 …… 54
32 鎌倉末～室町時代の政治 …… 55
33 建武の新政 …… 57
34 南北朝の動乱 …… 58
35 室町王権の誕生 …… 59
36 足利義満の政治と外交 …… 61
37 室町時代の政治と社会 …… 62
38 室町時代の外交 …… 63
39 室町時代の農村史料 …… 64
40 室町時代の社会経済 …… 65
41 北山文化と東山文化 …… 66
42 戦国期の社会経済 …… 68
43 戦国期の文化 …… 69

近世

44 キリスト教の布教と南蛮文化 …… 72
45 織豊政権 …… 73
46 幕藩体制の成立 …… 74
47 江戸幕府の支配体制 …… 76
48 近世初期の外交 …… 77

49 寛永期の文化 …… 78
50 文治政治の展開 …… 79
51 江戸時代の経済・産業 …… 80
52 江戸時代の交通・商業の発達 …… 82
53 享保の改革 …… 83
54 田沼の政治 …… 84
55 寛政の改革 …… 85
56 幕藩体制の動揺 …… 87
57 近世思想史 …… 88
58 国学と洋学 …… 89
59 儒学と学問 …… 91
60 藩政改革 …… 92
61 宝暦・天明期の文化，化政文化 …… 93
62 近世社会経済思想 …… 95
63 近世の災害と農民運動 …… 96

近代

64 内憂外患 …… 100
65 幕末の政局 …… 101
66 幕末維新の社会 …… 104
67 明治維新期の社会 …… 105
68 文明開化 …… 107
69 自由民権運動の展開 …… 109
70 国会の開設と初期議会 …… 110
71 条約改正 …… 111
72 明治の風刺画 …… 113
73 明治時代の政党 …… 114
74 日清・日露戦争 …… 116
75 日露戦争と戦後の国際関係 …… 118
76 資本主義の発展 …… 119
77 明治文化① …… 121
78 明治文化② …… 122
79 明治の教育制度 …… 125
80 大正時代の政治 …… 126
81 第一次世界大戦と大戦景気 …… 128
82 資本主義の発展と労働問題 …… 129
83 普選運動の展開と普通選挙法 …… 131
84 普通選挙制への道程 …… 133
85 大正文化 …… 134
86 恐慌の時代 …… 135
87 協調外交の展開 …… 137
88 軍部の台頭と日中戦争 …… 138
89 近代産業の発達 …… 140
90 日本の帝国主義政策 …… 141
91 太平洋戦争下の政治・社会・経済 …… 142

現代

92 占領政策 …… 146
93 占領期の政治 …… 148
94 戦中・戦後の対外関係 …… 149
95 55年体制と経済成長 …… 151
96 戦後の外交 …… 152
97 戦後の社会・経済 …… 153

98 冷戦とサンフランシスコ講和会議 …… 155
99 戦後の文化 …… 156
100 高度成長期の政治と経済 …… 160
101 戦後の安全保障問題 …… 161
102 冷戦の終了と経済大国日本の課題 …… 164

テーマ史

103 日中関係史 …… 168
104 沖縄の歴史 …… 169
105 蝦夷地・北海道の歴史 …… 171
106 貨幣の歴史 …… 172
107 農業の歴史 …… 174
108 交通の歴史 …… 175
109 絵画史 …… 177
110 行事・祭の歴史 …… 179
111 仏教史 …… 180
112 女性史 …… 182
113 災害の歴史 …… 185
114 大阪の歴史 …… 186
115 教育史 …… 189

原始

1 旧石器～弥生時代の文化

地図　記述・語句選択　私大対策

次の地図と，Ⅰ～Ⅲの文章を読み，あとの設問に答えよ。

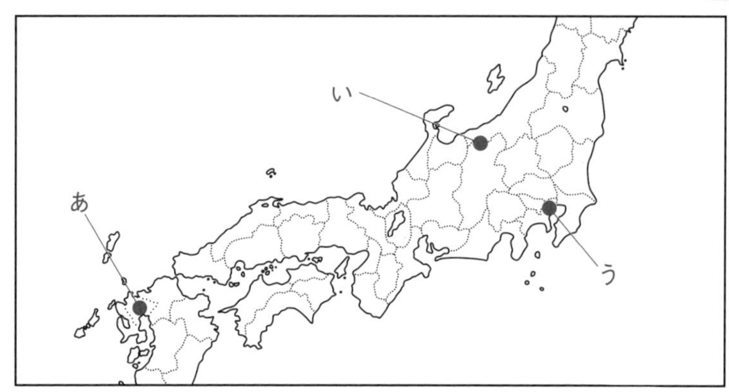

Ⅰ　関東地方の台地上には，更新世の時代に堆積(たいせき)した火山灰層である[　A　]層がある。
　1946年に群馬県の[　B　]遺跡の火山灰層から打製石器が発見され，その後も各地で旧石器文化の存在を明らかにする発見がなされた。

Ⅱ　石器の素材のなかで，黒色ガラス質の火山岩である[　C　]は，矢の先につける石鏃(せきぞく)としても利用され，長野県の[　D　]峠や熊本県の阿蘇山などで産出され，交易(こうえき)によって各地に運ばれた。また，香川県の金山・五色台や大阪府と奈良県の境にある二上山などで産出された[　E　]と呼ばれる灰黒色の火山岩も，狩猟に使用する石器の素材として用いられた。

Ⅲ　水稲耕作がさかんになる弥生時代の遺跡からは，各地で銅と錫(すず)の合金である[　F　]器が多数発掘され，島根県の荒神谷(こうじんだに)遺跡では，358本の銅剣や16本の銅矛などがみつかった。
　この時代の遺跡からはさまざまな農具の発掘もなされ，当時の生活の様子がうかがえる。

問1　空欄[　A　]～[　F　]に適語を入れよ。

問2　上の図中のあ～うの遺跡の名称の組合せとして正しいものを，次のうちから1つ選び番号で答えよ。

① あ：大森貝塚　い：吉野ヶ里　う：野尻湖
② あ：大森貝塚　い：野尻湖　う：吉野ヶ里
③ あ：吉野ヶ里　い：大森貝塚　う：野尻湖
④ あ：吉野ヶ里　い：野尻湖　う：大森貝塚
⑤ あ：野尻湖　い：吉野ヶ里　う：大森貝塚
⑥ あ：野尻湖　い：大森貝塚　う：吉野ヶ里

問3　上の図中のあ～うは何時代の遺跡か，組合せとして正しいものを，次のうちから1つ選び番号で答えよ。

① あ：旧石器　い：縄文　う：弥生　② あ：旧石器　い：弥生　う：縄文
③ あ：縄文　い：旧石器　う：弥生　④ あ：縄文　い：弥生　う：旧石器
⑤ あ：弥生　い：旧石器　う：縄文　⑥ あ：弥生　い：縄文　う：旧石器

問4　Ⅰの文章の[　B　]遺跡の発掘の発端となった，[　A　]層で，最初に石器を発見した人物の名前を記せ。

問5　Ⅲの文章の[　F　]器で，文中にある銅剣・銅矛などと同じく祭祀に用いられたとされ，近畿地方，静岡県，愛知県などを中心に分布する[　F　]器を何と呼ぶか。

2　道具の発達

文章・記述・語句選択　共通テスト・私大対策

道具に関するⅠ～Ⅳの文章を読み，あとの設問に答えよ。

Ⅰ　人類は道具をつくり出すことでみずからの文明を発達させてきた。こんにち最古の道具として確認されているものは石器で，日本列島でも(a)旧石器時代の打製石器が発掘されている。(b)叩いて割ると鋭い刃ができる石材でナイフ形石器や尖頭器などをつくり，棒の先端につけて石槍として狩猟に用いていたと推定されている。

縄文時代に入ると，打製石器に加えて磨製石器もつくられるようになり，狩猟・(c)漁労・(d)採取といった生業にさまざまな種類の石器がさかんに用いられた。

弥生時代は金属器の使用が始まった時代であるが，引き続き，石器もさかんに使われた。木を伐採するための(　あ　)や稲を刈り取るための(　い　)がつくられたほか，本来は狩猟具であった(e)弓矢が武器として使われるようになった。

問1　下線部(a)に関して，日本で初めて旧石器時代の存在が確かめられた遺跡を答えよ。

問2　下線部(b)に関して，近畿地方で石器の材料としてさかんに用いられた石材として正しいものを，次のうちから1つ選び番号で答えよ。

①　黒曜石　　②　ヒスイ　　③　コハク　　④　サヌカイト

問3　下線部(c)に関して，網を使った漁が行われていたことを示す石器を，図のア～ソから1つ選び記号で答えよ。

問4　下線部(d)に関して，採取した木の実をすりつぶすために使われた石器を，図のア～ソから1つ選び記号で答えよ。

問5　空欄(　あ　)(　い　)に該当する遺物の写真の組合せとして正しいものを，次のうちから1つ選び番号で答えよ。

①　あ－イ　い－ソ　　②　あ－セ　い－イ

③　あ－サ　い－ソ　　④　あ－ソ　い－イ

問6　下線部(e)に関して，なぜ弓矢が武器として使われたと考えることができるのか，その根拠としてもっともふさわしいものを，次のうちから1つ選び番号で答えよ。

①　埋葬されている人骨に石鏃が刺さっていることがあるから。

②　銅矛や銅剣などの武器形祭器がたくさんみつかっているから。

③　銅鐸に描かれた絵のなかに弓矢を持った人物が描かれているから。

④　棺のなかに矢がおさめられていることがあるから。

Ⅱ　縄文時代に入ると土器が新しく登場した。土器づくりは人類が化学変化を応用した最初の発明ともいわれる。煮炊きすることによって食生活の幅が広がったと推定されている。縄文土器は時期や地域によってさまざまな違いがあるが，(f)青森県の亀ヶ岡式土器のように豊かな装飾性を持つものもある。

縄文土器が煮炊きに使われた深鉢と呼ばれる一種類の土器から始まったのに対し，弥生土器は最初から飲食物を蓄えるための（　う　），煮炊きするための（　え　），盛りつけるための（　お　）や鉢など，用途に応じていくつもの種類が揃（そろ）っていた。この事実は，大陸・朝鮮半島からの渡来人が水稲農業に伴う技術体系を持ち込んだことの現れの１つと考えられている。

問７　下線部(f)に関して，この地方では呪術（じゅじゅつ）的風習に使われたと考えられる女性をかたどった土製品が多数みつかっている。その土製品の名称を答えよ。

問８　空欄（　う　）（　え　）（　お　）に該当する土器の写真の組合せとして正しいものを，次のうちから１つ選び番号で答えよ。

①　う－シ　え－ア　お－コ　　②　う－シ　え－ア　お－カ
③　う－カ　え－シ　お－ア　　④　う－ア　え－カ　お－シ
⑤　う－コ　え－ア　お－カ

Ⅲ　石器，土器とともに人々の生活を支えた道具として木製の道具がある。旧石器時代の木器は確認されていないが，縄文時代には漁労具として丸木舟や櫂（かい）などが用いられた。さらに弥生時代になると(g)さまざまな木製農具がつくられ，（　か　）や鍬（くわ）などが水田耕作に，臼（うす）や（　き　）が収穫した稲の脱穀に用いられた。

問９　下線部(g)に関して，弥生時代の木製農具が発掘された遺跡として**誤っているもの**を，次のうちから１つ選び番号で答えよ。

①　登呂　②　唐古（からこ）・鍵（かぎ）　③　三内丸山　④　池上曽根　⑤　板付

問10　空欄（　か　）（　き　）に該当する遺物の写真の組合せとして正しいものを，次のうちから１つ選び番号で答えよ。

①　か－エ　き－ウ　　②　か－ケ　き－エ
③　か－ウ　き－ケ　　④　か－ウ　き－オ

Ⅳ　石器，土器，木器に続いて最後に現れたのが金属器で，日本列島においては青銅器と鉄器がほぼ同時期に大陸からもたらされた。弥生時代の人々は青銅を用いて(h)さまざまな祭器を，また，鉄を用いて工具や武器をつくり出した。弥生時代後期になると（　あ　）や（　い　）などがしだいにみられなくなることから，鉄斧（てつおの）や鉄鎌（てつがま）が普及していったと考えられている。道具は持ち運ばれるため，どこで生産されたかを突き止めることは簡単ではないが，青銅器については生産の際に用いられた（　く　）が発見されることがあり，生産地を特定できる場合がある。

問11　下線部(h)に関して述べた文として**誤っているもの**を，次のうちから１つ選び番号で答えよ。

①　銅鐸は近畿地方を中心に分布しているが，多数の銅鐸が出土した島根県加茂岩倉（かもいわくら）遺跡のような例もある。
②　銅剣は九州北部や瀬戸内，銅矛は九州北部に多く分布しているが，多数の銅剣が出土した島根県荒神谷（こうじんだに）遺跡のような例もある。

③ 銅鐸は首長と思われる個人の墓から出土することが多く，権力のシンボルとして用いられたと考えられる。

④ 青銅器は集落から離れた丘陵上に埋められていることが多く，外敵の侵入を阻(はば)むための魔除(まよ)けの効果が期待されていたのではないかという説がある。

問12 空欄（ く ）に該当する遺物の写真として正しいものを，図のア～ソから1つ選び記号で答えよ。

<図>

3 原始・古代の精神文化

写真　記述　文章・語句選択　私大対策

次の写真をみて文章を読み，あとの設問に答えよ。

ア  イ 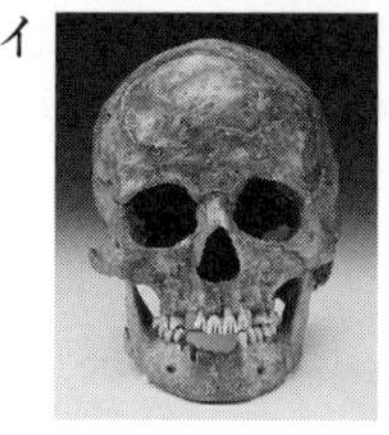 ウ  エ 

縄文時代，死者は集落の周囲などに埋葬された。当時の一般的な埋葬法は，アのように地面に楕円形（だえんけい）の穴を掘り，そのなかに手足を折り曲げて葬る（ほうむ）というもので，これを[　A　]という。また，縄文時代の人骨には，イのように，生前，故意に特定の歯をぬく[　B　]がほどこされているものが多い。

弥生時代になると，死者の埋葬法にも変化がみられる。縄文時代に一般的であった[　A　]は弥生時代中期にもかなり残っていたが，後期になると手足を伸ばして葬る[　C　]へ変化していく。また，弥生時代には単に地面に穴を掘って葬るだけの土壙墓（どこうぼ）だけでなく，さまざまな墓制が登場する。ウは[　D　]墓といわれる墓制で，方形の墳丘の周囲に溝をめぐらしている。このような弥生時代の大型の墳墓が，やがて古墳へと発展していく。

エは古墳時代前期の前方後円墳の埋葬施設で[　E　]式石室と呼ばれている。この内部に長い木棺を安置し，多量の副葬品がおさめられていた。

問1　空欄[　A　]～[　E　]に適語を入れよ。

問2　縄文時代の埋葬法や墓制について正しいものを，次のうちから1つ選び番号で答えよ。

① アには，装身具である貝の腕輪（うでわ）がみられることから，この人骨は女性であると考えられる。

② この時代の埋葬は共同墓地が一般的であるが，そのなかで集落の首長は特別大きな墓に葬られた。

③ 遺体とともに副葬されるものとして，土偶があげられる。

④ 個々の墓の規模の差や，副葬品の一部の人への集中があまりみられないことから，著しい貧富の差や階級差はなかったと考えられる。

問3　イの人骨の上の前歯にはフォーク状の溝が刻まれている。これを何というか答えよ。

問4　ウについて，これ以外の弥生時代の墓制について**誤っているもの**を，次のうちから1つ選び番号で答えよ。

① 東海から関東地方の太平洋側に分布する大型の墳墓には，四隅突出（よすみとっしゅつ）型の形状をしたものが多い。

② 甕棺墓は北部九州に多くみられ，土器の口を合わせた合口甕棺（あわせぐちかめかん）のほか，木などで蓋（ふた）をした単甕棺がある。

③ 朝鮮半島系の墓制である支石墓は，石で平石を支え，その地下に甕棺などの埋納施設がある。

④ 箱式石棺墓は西日本に多く，薄い板石を箱形に組み，板石で蓋をしたものである。

問5　写真エのような前期の古墳ともっとも関係の深いものを，次のうちから2つ選び番号で答えよ。

①　追葬の一般化　②　碧玉（へきぎょく）製腕飾り　③　群集墳の形成
④　三角縁神獣鏡　⑤　鞍（くら）・鐙（あぶみ）などの馬具

4　原始・古代の対外交渉

史料　共通テスト・私大対策

原始・古代における対外交渉を記した次の史料A～Eを読み，あとの設問に答えよ。

A　百残・新羅は旧是（もとこれ）属民なり。由来朝貢す。而（しか）るに(a)倭，辛卯の年よりこのかた，海を渡りて百残を破り新羅を□□し，以て臣民と為す。

問1　史料Aは，ある国の王の業績を讃（たた）えるために記された金石文である。ある国とはどこか，正しいものを，次のうちから1つ選び番号で答えよ。

①　倭　②　高句麗　③　魏　④　後漢　⑤　新羅

問2　下線部(a)に関して，倭が海を渡った理由については記述がなく，さまざまな解釈がなされている。想定されている解釈として正しいものの組合せを，次のうちから1つ選び番号で答えよ。

ア　唐と新羅によって滅ぼされた百済の王族から救援要請を受けたから。
イ　泰和4年以来，同盟関係にあった百済から救援要請を受けたから。
ウ　朝鮮半島を，倭が独立を保つうえで必要な利益線とみなしていたから。
エ　朝鮮半島から鉄器の原料や鉄器を生産する技術を獲得しようとしたから。

①　ア・ウ　②　ア・エ　③　イ・ウ　④　イ・エ

B　夫（そ）れ(b)楽浪海中に倭人有り。分れて百余国をなす。歳時を以て来り献見すと云ふ。

問3　下線部(b)に関して，楽浪郡の拠点が置かれた場所は現在のどのあたりに該当すると考えられているか，正しいものを，次のうちから1つ選び番号で答えよ。

①　平壌（ピョンヤン）　②　ソウル　③　釜山（プサン）　④　大連（ターリエン）

C　(c)景初二年六月，倭の女王，大夫（たいふ）難升米（なしめ）等を遣（つかわ）し郡に詣（いた）り，天子に詣りて朝献せんことを求む。……その年十二月，詔書（しょうしょ）して倭の女王に報じて曰（いは）く，「……今汝（なんじ）を以て［　A　］と為し，(d)金印紫綬（しじゅ）を仮（ゆる）し，……。又，特に汝に……(e)銅鏡百枚……を賜い，……悉（ことごと）く以て汝が国中の人に示し，国家汝を哀れむと知らしむ可（べ）し。……」と。……(f)卑弥呼以て死す。大いに冢（つか）を作る。径百余歩，徇葬（じゅんそう）する者，奴婢（ぬひ）百余人。……

問4　下線部(c)の景初二年は三年の誤りとされている。景初三年は西暦何年に該当するか，正しいものを，次のうちから1つ選び番号で答えよ。

①　107年　②　239年　③　391年　④　478年

問5　空欄［　A　］にあてはまる語句を漢字4文字で答えよ。

問6　下線部(d)に関して，この金印について述べた文として正しいものを，次のうちから1つ選び番号で答えよ。

① 江戸時代に博多湾沖の壱岐島で発見された。

② 未だ発見されておらず"埋もれた金印"とも呼ばれている。

③ 印面には漢委奴國王の５つの漢字が彫られている。

④ 一辺2.3cmで，つまみは亀の形につくられている。

問7 下線部(e)の有力な候補とされているのが三角縁神獣鏡と呼ばれる青銅鏡であるが，この推定には賛否両論がある。以下の文中の［ あ ］〜［ う ］，および［ X ］［ Y ］にあてはまる文章の組合せとして正しいものを，次のうちから選び番号で答えよ。なお，［ あ ］〜［ う ］には考古学上の事実を述べた文章が，［ X ］［ Y ］には解釈を述べた文章が入る。

> 一般に，三角縁神獣鏡は［ あ ］ことから魏で製作されたものと推定されているが，［ い ］ことや［ う ］ことから日本で製作されたという反論もなされている。しかし，この鏡を日本製とする推定に対しては，［ い ］のは［ X ］からであり，また，［ う ］のは［ Y ］からであるという再反論がなされている。

a．中国ではほとんどみつかっていない

b．景初四年という実在しない年号が刻まれた鏡がある

c．景初三年という年号が刻まれた鏡がある

d．奈良県を始め日本各地の古墳に副葬されている

e．卑弥呼に下賜（かし）するために特別に鋳造された

f．改元される以前に，来年の年号を鋳型（いがた）に刻んでいた

① あ－a　い－c　う－d　X－f　Y－e

② あ－a　い－c　う－d　X－e　Y－f

③ あ－c　い－a　う－b　X－e　Y－f

④ あ－c　い－a　う－b　X－f　Y－e

⑤ あ－d　い－c　う－b　X－f　Y－e

⑥ あ－d　い－a　う－b　X－e　Y－f

問8 下線部(f)に関して，卑弥呼の没後についての説明として正しいものを，次のうちから１つ選び番号で答えよ。

① 卑弥呼の墓には百人あまりの奴隷が殉葬されたと記されているが，当時の日本に殉死の風習のあったことが考古学的に明らかになっている。

② 卑弥呼の没後，男性の王が立ったが戦いが再発したため，卑弥呼の一族の女性である壱与が王となった。

③ 卑弥呼の墓は，弥生時代の方形周溝墓であると考えられる。

④ 卑弥呼の墓は，弥生時代の支石墓であると考えられる。

D 建武中元二年，倭の（ あ ），貢（みつぎ）を奉（ほう）じて朝賀（ちょうが）す。使人自ら大夫と称す。倭国の極南界なり。（ い ），賜ふに印綬を以てす。安帝の永初元年，倭の国王帥升（すいしょう）等，生口（せいこう）百六十人を献じ，請見（せいけん）を願ふ。桓霊の間，(g)<u>倭国大いに乱れ，更々相攻伐（こもごもあいこうばつ）し，歴年主無し</u>。

問9　空欄（　あ　）（　い　）にあてはまる語句の組合せとして正しいものを，次のうちから１つ選び番号で答えよ。

① あ－邪馬台国　い－光武　② あ－邪馬台国　い－煬帝
③ あ－奴国　い－光武　④ あ－奴国　い－煬帝
⑤ あ－伊都国　い－光武　⑥ あ－伊都国　い－煬帝

問10　下線部(g)の記述のように，この時代に戦乱があったことをうかがわせる集落は何と呼ばれているか，漢字５文字で答えよ。

E　(h)順帝の昇明二年，使を遣（つかわ）して上表して曰く，「……昔より祖禰（そでい）躬（みずか）ら甲冑（かっちゅう）を擐（つらぬ）き，山川を跋渉（ばっしょう）し寧処（ねいしょ）に遑（いとま）あらず。東は毛人（もうじん）を征すること五十五国，……」と。詔して(i)武を使持節都督倭・新羅・任那・加羅・秦韓・慕韓六国諸軍事，安東大将軍，倭王に除す。

問11　下線部(h)は西暦何年に該当するか，正しいものを，次のうちから１つ選び番号で答えよ。

① 107年　② 239年　③ 391年　④ 478年

問12　下線部(i)の人物は『古事記』『日本書紀』に記されている。どの天皇に該当すると考えられているか，正しいものを，次のうちから１つ選び番号で答えよ。

① 雄略　② 応神　③ 安康　④ 允恭

問13　史料A～Eの内容を時代順に並べた時，正しい順になっているものを，次のうちから１つ選び番号で答えよ。

① A－D－C－B－E
② B－D－E－C－A
③ D－B－C－A－E
④ A－D－B－C－E
⑤ B－D－C－A－E
⑥ D－C－A－E－B

古代

5 飛鳥・白鳳文化

写真　記述　文章・語句選択　私大対策

次の各写真について，あとの設問に答えよ。

ア
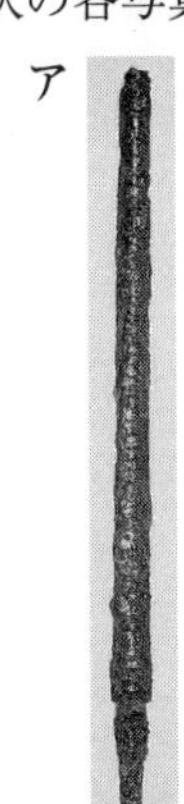
イ
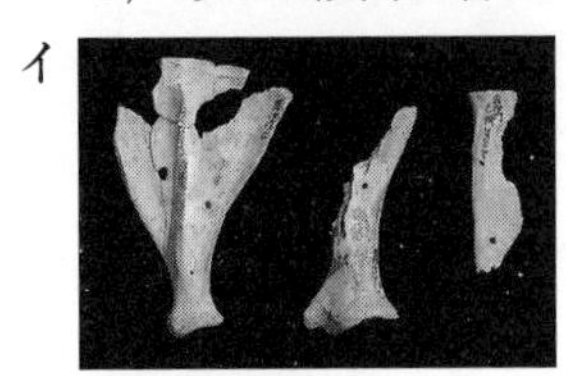
ウ

エ

オ

カ

問1　写真アは，埼玉県行田(ぎょうだ)市の古墳から出土した金象嵌(きんぞうがん)の銘文のある鉄剣である。この古墳とは何か。また，この鉄剣に記された「獲加多支鹵大王(わかたけるおおきみ)」と同じと考えられている銀象嵌の銘文がある大刀が出土した熊本県の古墳とは何か。それぞれ答えよ。

問2　写真イは，獣骨などを焼いた時に生じる裂(さ)け目の形によって吉凶(きっきょう)を判断する占いに用いられた鹿の骨である。この占いを何といったか，漢字2文字で記せ。また，裁判に際して，熱湯に手を入れさせ真偽(しんぎ)を判断する風習を何というか，漢字4文字で記せ。

問3　写真ウの寺院に関する記述として**誤っているもの**を，次のうちから1つ選び番号で答えよ。

①　金堂や回廊には柱の中央部にふくらみを持たせるエンタシスの技法がみられる。

②　この寺院の伽藍配置は，講堂と五重塔が並び，その後方中央に金堂が配置されている。

③　この寺院に安置されている釈迦三尊像は，鞍作鳥(くらつくりのとり)(止利仏師)の作品といわれている。

④　この寺院の金堂にあった壁画は，1949年，火災により大部分が焼損した。

問4　写真ウの寺院に**所蔵されていないもの**を，次のうちから1つ選び番号で答えよ。

①　獅子狩文(様)錦　②　玉虫厨子　③　天寿国繡帳

④　百済観音像　⑤　救世観音像

問5　写真エの仏像は，何という寺に所蔵されているか，漢字で記せ。また，この寺を氏寺とする渡来系氏族秦(はた)氏の祖先とされる人物を，次のうちから1つ選び番号で答えよ。

①　阿知使主　②　王仁　③　弓月君　④　観勒　⑤　司馬達等

問6　写真オの仏像は，もと山田寺の本尊で，大化改新で右大臣となった人物が山田寺を造営し始め，この人物が自害した後，天武天皇の時代に奉納したとされている。この人物とは誰か。次のうちから1つ選び番号で答えよ。

①　中臣鎌足　②　高向玄理　③　藤原不比等

④　蘇我倉山田石川麻呂　⑤　南淵請安

問7　写真カは，1972年の発掘時に比べ，カビなどで傷みがひどくなり，修復のため石室が解体された高松塚古墳壁画の人物群像である。この人物群像の衣装と類似性がみられる壁画古墳がつくられた国はどこか。次のうちから1つ選び番号で答えよ。

① 高麗　② 百済　③ 新羅　④ 高句麗　⑤ 渤海

6 飛鳥政治史

記述　文章選択・語句選択　私大対策

次の文章を読み，あとの設問に答えよ。

6世紀後半，朝廷内部の主導権をめぐって，(a)三蔵を管理した大臣の蘇我氏と大連の物部氏はしだいに対立を深めた。(b)仏教受容の対立と皇位継承問題がからんで，587年，両者は武力衝突となり，蘇我馬子が物部［　A　］を滅ぼした。馬子は大王の外戚として勢力をふるい，592年には［　B　］天皇を暗殺するにいたった。(c)推古天皇が即位すると馬子や推古天皇の甥にあたる厩戸王(聖徳太子)を中心とする政治体制が整った。

この頃，大陸では隋が南北朝を統一し，(d)東アジアの国際関係は大きく変化していた。こうしたなかで推古朝政権は，中央集権国家体制をめざして政治改革を行った。603年，豪族の門閥制度を打破し，人材の登用をはかるため(e)冠位十二階を制定し，604年には憲法十七条を制定して，仏教や和の精神，天皇中心の国家体制を強調した。

607年，小野妹子を遣隋使として派遣し，翌年，隋の煬帝は答礼使(とうれいし)として［　C　］を遣わした。答礼使が帰国する際(f)留学生・学問僧が同行し，(g)大陸文化の摂取に大きな役割を果たした。

問1　空欄［　A　］～［　C　］にあてはまる人物名を記せ。

問2　下線部(a)とは，神物をおさめる斎蔵，皇室の私物をおさめる内蔵と，あと政府の官物をおさめる蔵があるが，この名称を答えよ。

問3　下線部(b)が538年に百済の聖明王により公伝したとされるのは，『元興寺縁起』と平安時代に成立したとされる厩戸王に関する書物が根拠である。この書物名を答えよ。

問4　下線部(c)は最初の女性天皇であるが，次の女性天皇に関する説明として**誤っているもの**を，次のうちから1つ選び番号で答えよ。

① 奈良時代の称徳天皇以来，江戸時代の明正天皇まで女性天皇は出現しなかった。
② 乙巳の変の際に譲位した皇極天皇は，孝徳天皇の死後，重祚して斉明天皇となった。
③ 天智天皇の皇女であった元明天皇の時，平城京に遷都された。
④ 天智天皇の皇后であった持統天皇は，藤原京に遷都した。

問5　下線部(d)に関して，6世紀の東アジア情勢として**誤っているもの**を，次のうちから1つ選び番号で答えよ。

① 朝鮮半島では高句麗が百済・新羅を圧迫し，百済・新羅も南に勢力を拡大していった。
② 南朝の隋はしだいに勢力を強め，6世紀末に中国全土を統一した。
③ 新羅が加耶(加羅)の一部を攻略したため，ヤマト政権は遠征軍を派遣しようとしたが，筑紫の国造磐井により阻(はば)まれた。
④ 大伴金村は加耶(加羅)4県を百済に割譲した。

問6　下線部(e)で最高位の冠位は何か。次のうちから1つ選び番号で答えよ。

① 大智　② 大仁　③ 大徳　④ 大義　⑤ 大礼

問7　下線部(f)として**誤っている人物**を，次のうちから1つ選び番号で答えよ。

① 阿倍仲麻呂　② 旻(みん)　③ 高向玄理　④ 南淵請安

問8　下線部(g)に関して，この頃紙・墨・彩色の技法を伝えた高句麗の僧は誰か。次のうちから１つ選び番号で答えよ。

① 観勒　② 曇徴（どんちょう）　③ 王仁　④ 鞍作鳥　⑤ 阿知使主

7 大化改新と難波宮

史料　記述　文章・語句選択　共通テスト・私大対策

次の［Ⅰ］～［Ⅲ］は，難波宮を訪れた生徒たちが，グループに分かれて事後学習を行い，発表した内容である。各班の発表内容を読み，あとの各問いに答えよ。

［Ⅰ］　A班の発表

私たちは，博物館で難波宮の展示を見学しました。巨大な宮殿や政治を行った朝堂と呼ばれる建物群などが発掘され，しかも宮殿と朝堂がほぼ重なる形で，上下の地層からみつかりました。前期難波宮，後期難波宮と呼ばれています。『日本書紀』によれば，権力を集中する蘇我氏が(a)乙巳の変で倒された後，(b)「大化」の年号が定められ，年末に難波宮に遷都され，改新の詔が出されました。乙巳の変に始まる一連の政治改革を(c)大化改新と呼んでいます。前期難波宮には火災の跡があり，これは(d)686年に難波宮が全焼したという『日本書紀』の記述と一致します。その後，後期難波宮が造営され，(e)奈良時代の一時期，ここに遷都されました。

問1　下線部(a)の結果，皇極天皇は譲位した。これに関連して，譲位や女性の権力者について，**誤っている説明**を，次のうちから１つ選び番号で答えよ。

① 推古天皇の政治を厩戸王（聖徳太子）と蘇我稲目が補佐した。

② 譲位した女性天皇は，重祚（ちょうそ）する場合があった。

③ 藤原京，平城京に遷都したのは，いずれも女性の天皇であった。

④ 皇族以外から皇后に就（つ）いたのは，光明子が最初である。

問2　下線部(b)に関連して，古代の改元について述べた次の文X・Yについて，その正誤の組合せとして正しいものを，次のうちから１つ選び番号で答えよ。

X　武蔵国から銅の産出が報告された後，「和銅」と改元した。

Y　橘奈良麻呂の変の後，「天平」と改元した。

① X－正　Y－正　② X－正　Y－誤

③ X－誤　Y－正　④ X－誤　Y－誤

問3　下線部(c)について，正しい説明を，次のうちから１つ選び番号で答えよ。

① 中大兄皇子が難波宮で即位して，改革に着手した。

② 乙巳の変によって，蘇我馬子・蝦夷が滅ぼされた。

③ 僧旻（みん）と南淵請安が国博士となった。

④ 天皇中心の官僚制国家をつくることをめざした。

問4　下線部(d)に関連して，前期難波宮に遷都してから全焼するまでの出来事について，古いものから年代順に正しく配列したものを，次のうちから１つ選び番号で答えよ。

Ⅰ　壬申の乱に勝利した大海人皇子が，飛鳥で即位した。

Ⅱ　近江大津宮に遷都した。

Ⅲ　白村江の戦いで，唐・新羅の連合軍に大敗した。

① Ⅰ－Ⅱ－Ⅲ　② Ⅰ－Ⅲ－Ⅱ　③ Ⅱ－Ⅰ－Ⅲ

④ Ⅱ－Ⅲ－Ⅰ　⑤ Ⅲ－Ⅰ－Ⅱ　⑥ Ⅲ－Ⅱ－Ⅰ

問5　下線部(e)に関連して，後期難波宮に遷都した天皇の治世(ちせい)の**出来事ではないもの**を，次のうちから１つ選び番号で答えよ。

① 大宰府で藤原広嗣が反乱を起こした。
② 国分寺を建立する詔が出された。
③ 東大寺正倉院に宝物が献納された。
④ 墾田永年私財法が出された。

［Ⅱ］ Ｂ班の発表

私たちは，下記の改新の詔と律令の規定を比較してみました。その結果，語句が共通する箇所と共通しない箇所があることが分かりました。律令と同じ意味で使われている例はいくつかあり，同じ意味では使われていない例として[　Ａ　]があげられます。

其(そ)の一に曰(のたま)く，「昔在(むかし)の天皇等(ら)の立てたまへる子代の民，処々(ところどころ)の屯倉，及び，別(こと)には臣・連・伴造・(f)<u>国造</u>・村首(おびとたもて)の所有る部曲の民，処々の田荘を罷(や)めよ。(後略)」
其の二に曰く，「初めて京師(みさと)を修め，畿内・国司・郡司・関塞(せきそこ)・斥候(うかみ)・防人・駅馬・伝馬を置き，及び鈴契(すずしるし)を造り，山河を定めよ。」
其の三に曰く，「初めて(g)<u>戸籍</u>・計帳・班田収授の法を造れ。」
其の四に曰く，「旧(もと)の賦役(えつき)を罷めて，田の調(みつき)を行へ。(中略) 別に戸別の調を収(と)れ。(中略) 凡(およ)そ調の副物(そわりつもの)の塩と贄(にえ)とは，亦郷土(またくに)の出せるに随(したが)へ。(後略)」

次に私たちは，行政区画について，改新の詔と出土した木簡の記載を比較してみました。下が木簡の例です。

・己亥年十月上捄国阿波評松里　　(藤原宮出土木簡)
・上総国阿波郡片岡里(後略)　　(平城宮出土木簡)

(注)己亥年は699年。上捄国は上総国と同じ
(木簡の釈文は，日本木簡学会編『日本古代木簡選』岩波書店による)

その結果，(　あ　)を契機として，(　い　)に変更されたことが分かりました。

問6　下線部(f)は，律令制のもとでは何という地方官となったか。改新の詔から抜き出して記せ。

問7　下線部(g)に関連して，律令制のもとで永久保存とされた，最初の戸籍の名称を記せ。

問8　文中の[　Ａ　]にあてはまる語句を，改新の詔の後半(第３条・第４条)から３文字以上で抜き出して記せ。

問9　文中の(　あ　)(　い　)にあてはまる語句の組合せとして正しいものを，次のうちから１つ選び番号で答えよ。

① あ－飛鳥浄御原令　い－郡から評　② あ－飛鳥浄御原令　い－評から郡
③ あ－大宝律令　い－郡から評　④ あ－大宝律令　い－評から郡

［Ⅲ］ Ａ・Ｂ班の意見交換後のまとめ

歴史の史資料にはさまざまなものがあり，それぞれを比較検討して，歴史を考えていく必要がある。難波宮と改新の詔を具体例として考えた結果，[　Ｂ　]といえる。

問10 文中の[　B　]にあてはまる内容として，適切なものを，次のうちから１つ選び番号で答えよ。ただし，**すべて適切ではない**場合は，「④」を記せ。

① 難波宮の火災が発掘で証明されたので，『日本書紀』はそれ以外の記述も信用できる。

② 木簡は土中に偶然残ったものであるから，それに基づいて歴史を考えることは危険である。

③ 『日本書紀』は，奈良時代に編集されたものであるから，奈良時代の知識で書き直されている可能性がある。

8 天智・天武・持統朝

写真・史料　記述　文章選択　共通テスト・私大対策

次の写真・史料と文に関して，あとの設問に答えよ。

写真

史料

十二月甲戌(きのえいぬ)朔乙酉，……是歳，於對馬嶋・壹岐嶋・筑紫國等置防與烽。又於筑紫築大堤貯水，名曰(いう)水城。

(……この年，対馬・壱岐・筑紫に防人と烽(とぶひ)を置く。また筑紫国に大堤を築き水を貯へしむ，名づけて水城と曰(い)ふ。)

写真は，奈良県(a)飛鳥池工房遺跡から，(b)天武天皇の丁丑(ひのとうし)年(677年)の記述のある木簡とともに出土した木簡である。「天皇聚(露)弘寅(寺)」と記されており，「天皇露を聚(集)めて弘く……」と読めるが，意味は不明である。しかし，「天皇」と明記された木簡は，これまで８世紀のものが最古であったのを，大きく更新し，天武朝には用いられていたことが明らかになった。

史料は，『日本書紀』天智天皇甲戌(きのえいぬ)年(664年)十二月の記述である。前年の663年に[　A　]の戦いで敗北したため，防人・烽・水城を設置した様子が書かれている。667年には[　B　]に遷都し，新羅の侵攻にそなえた。こうした(c)朝鮮半島での情勢悪化のなか，ようやく中大兄皇子は668年に即位し，天智天皇となった。670年には最初の戸籍である[　C　]を作成したが，翌年亡くなった。[　D　]の乱で勝利した大海人皇子は，673年に天武天皇となった。有力中央豪族が壬申の乱で没落すると，中央集権的国家体制の形成が進んだ。675年には豪族領有民をやめ，官人の位階や昇進の制度を新たに定め，684年には[　E　]を定めて，豪族たちを，天皇を中心にした身分秩序に編成した。天武天皇の後を継いだ持統天皇は，(d)民衆の把握を進めた。

問1　[　A　]～[　E　]に適する語を，それぞれ漢字で記せ。

問2　下線部(a)の飛鳥池工房遺跡では，最古の鋳造貨幣が出土した。天武朝に鋳造されたこの貨幣を何というか。

問3　下線部(b)の天武天皇が686年に亡くなった後，皇后の持統天皇が後を継いで中央集権化を進めたが，持統天皇の時代にあった出来事として正しいものを，次のうちから１つ選び番号で答えよ。

①　天武天皇が編纂を始めた飛鳥浄御原令を施行した。
②　貨幣の流通を促進するため，蓄銭叙位令を施行した。
③　日本初の都城である平城京に遷都した。
④　刑部親王や藤原不比等らによって大宝律令が完成した。

問4　下線部(c)の朝鮮半島での情勢悪化の内容として正しいものを，次のうちから１つ選び番号で答えよ。

①　高句麗の圧迫を受けた百済や新羅は，勢力を南下させ加耶諸国を支配下に置いた。
②　唐・新羅連合軍が百済・高句麗を滅ぼし，百済復興のため斉明天皇は大軍を派遣したが敗れた。
③　中国東北部からおこった高句麗は，朝鮮半島へ領土を広げ，楽浪郡を滅ぼした。
④　新羅と結んだ九州の筑紫国造磐井が反乱を起こしたが，鎮圧された。

問5　[　D　]の乱で敗れた天智天皇の息子は誰か。

問6　下線部(d)の民衆の把握のため，690年に持統天皇が作成を命じた戸籍を何というか。漢字で記せ。

9　律令制度

史料　記述　文章・語句選択　私大対策

次の史料と文章を読み，あとの設問に答えよ。

凡そ田は，長さ卅（三十）歩，広さ十二歩を(a)段と為よ。[　A　]段を町と為よ。段の租稲[　B　]束二把，町の租稲廿二束。

凡そ口分田を給はむことは，男に[　C　]段，女は三分の一を減ぜよ。五年以下には給はざれ。其の地に寛狭あらば，郷土の法に従れ。易田(やくでん)は倍して給へ。給ひ訖りならば，具に町段及び四至を録せ。

凡そ諸国の公田は，皆国司郷土の估価に随ひて賃租せよ。其の価は太政官に送り，以て雑用に充てよ。

凡そ田は[　D　]年に一たび班へ。神田・寺田は此の限に在らず。若し身死したるを以て田を返すべくんば，班年に至らむ毎に，即ち収り授ふに従れ。((b)『令義解』)

律令体制下，田地と水利施設は国家が責任を持って整え，公民の労役により[　E　]制の造成がなされたが，配給された口分田は，生活に最小限のものであった。不足する農民には班給されなかった残りの公の田地である（　あ　）を賃租して耕作させ，地子をとった。口分田は課税される輸租田であった。

問1　空欄[　A　]～[　D　]に入る漢数字をそれぞれ記せ。（ただし，[　C　]は良民男子）

問2　空欄[　E　]に適語を入れよ。

問3　（　あ　）に入る公の田地を何というか。次のうちから１つ選び番号で答えよ。

①　賜田　　②　乗田　　③　位田　　④　職田

問4　下線部(a)の一段は何歩か。数字で記せ。

問5　下線部(b)の『令義解』は833年，12名の著者により完成したが，その代表的な著者は誰か。次のうちから１つ選び番号で答えよ。

①　清原夏野　　②　大江匡房（おおえのまさふさ）　　③　菅原道真　　④　惟宗直本（これむねのなおもと）

問6　租以外にも多くの負担があったが，公民が中央政府に納入しなければならなかった税を次のうちから１つ選び番号で答えよ。

①　調　　②　雑徭　　③　私出挙　　④　義倉

問7　律令制に関して次の各文で正しいものはどれか。次のうちから１つ選び番号で答えよ。

①　奈良時代には早くも律令制は崩壊し始め，公田はほとんど荘園となった。

②　舎人親王と藤原不比等を中心に編纂された大宝律令は701年に発布された。

③　春に稲を貸し，秋に利子を取って返却させる公出挙も，事実上の税であった。

④　班田した口分田は大田文に記録された。

10 律令体制の確立

記述　文章選択　私大対策

次の文章を読み，あとの設問に答えよ。

618年に中国の強大な統一帝国である唐が成立すると，周辺諸国では中央集権の確立と国内統一が求められた。倭では，（　あ　）が有力な皇位継承者の一人，厩戸王（聖徳太子）の子の（　い　）を攻めて自殺に追い込み，権力の集中をはかったが，中大兄皇子らは，645年に飛鳥板蓋宮（いたぶきのみや）で（　あ　）を暗殺し，蘇我氏を滅亡に追い込み，政権を掌握した。これを（　う　）という。そして，（　え　）天皇を擁立し，そのもとで(a)改新の詔に基づいて，国政の改革に着手し，しだいに中央集権国家の建設が進められた。（　う　）から始まる一連の政治改革を大化の改新という。

朝鮮半島において，唐・新羅連合軍との戦いにおける(b)白村江での敗戦は，防衛体制の強化と唐の律令制度を模範とした国内体制の整備を急がせた。中大兄皇子は667年に大津宮に遷都し，翌年には即位して天智天皇となった。

天智天皇が亡くなると，大友皇子と（　お　）とのあいだで(c)皇位継承をめぐって内乱が起きた。その戦いに勝利した（　お　）は，都を飛鳥の地に遷（うつ）し，そこで即位して天武天皇になった。(d)天武天皇は皇族を重く用いて天皇中心の政治を行い，あとを継いだ持統天皇は，飛鳥の北方大和三山を中心とする地域に，中国の都城制にならった広大な（　か　）を営んだ。さらにその後，唐の律令を手本とした(e)大宝律令・養老律令が編纂され，国政改革の成果がまとまることとなり，改新当初に描いていた律令制度による中央集権国家体制はようやく完成された。

問1　空欄に入る適語を，それぞれに対応する語群①～④から１つずつ選び番号で答えよ。

（　あ　）：①　蘇我馬子　　②　蘇我入鹿　　③　蘇我蝦夷　　④　蘇我稲目

（　い　）：①　山背大兄王　　②　有間皇子　　③　草壁皇子　　④　古人大兄皇子

（　う　）：①　乙巳の変　　②　磐井の乱　　③　承和の変　　④　薬子の変

（　え　）：①　斉明　　②　皇極　　③　推古　　④　孝徳

（　お　）：①　大津皇子　　②　刑部親王　　③　軽皇子　　④　大海人皇子

（　か　）：①　恭仁京　　②　藤原京　　③　平城京　　④　長岡京

問2　下線部(a)について，**誤っているもの**を，次のうちから１つ選び番号で答えよ。

①　皇族・豪族の私有地・私有民を廃止し，公地公民とする。

②　初めて年号を「大化」に定め，難波に都を遷した。

③　地方行政組織として評を廃止し，郡を設置した。

④　戸籍・計帳をつくり，班田収授法を行う。

問3　下線部(b)について，**誤っているもの**を，次のうちから１つ選び番号で答えよ。

①　戦いの後，朝鮮半島では新羅が支配権を確立し，半島を統一した。

②　戦いの後，唐・新羅の侵攻に備え，都である飛鳥に水城を設けた。

③　戦いの後，対馬から大和にかけての西日本各地に朝鮮式山城を築いた。

④　戦いの後，対馬や筑紫に防人を配置し，防備を固めた。

問4　下線部(c)について，**誤っているもの**を，次のうちから１つ選び番号で答えよ。

①　内乱は，天智天皇の政策に不満を抱いた中央や地方の豪族をも巻き込んだ。

②　内乱によって，中央の有力豪族が没落したため，天武天皇は強大な権力を手にした。

③　内乱後，天武天皇は遣唐使を派遣し，豪族を優遇しつつ秩序化を強く進めた。

④　内乱後，天武天皇は国史の編纂に着手した。

問5　下線部(d)について，天武天皇の在位中に行われたものの組合せとして正しいものを，次のうちから１つ選び番号で答えよ。

ア　阿倍比羅夫の蝦夷征討　　イ　八色の姓の制定

ウ　飛鳥浄御原令の施行　　エ　部曲の廃止

①　ア・イ　　②　イ・ウ　　③　イ・エ　　④　ウ・エ

問6　下線部(e)の２つの律令について，いずれの作成にもたずさわった代表的な人物は誰か答えよ。

11　奈良時代の政治

年表　文章・語句選択　共通テスト・私大対策

奈良時代に関する次の年表をみて，あとの設問に答えよ。

710年　藤原京から平城京に遷都された。

711年　(a)蓄銭叙位令が出された。

718年　養老律令が撰定された。

Ⅰ

729年　(b)長屋王が自殺した。

740年　九州で（　あ　）が，（　い　）や吉備真備らの排除を求めて反乱を起こした。

Ⅱ

757年　（　う　）が，（　え　）を倒そうとしたが失敗し，捕らえられた。

758年　（　え　）が淳仁天皇から恵美押勝の名を賜った。

764年　（　え　）が，（　お　）を除こうとして挙兵したが，滅ぼされた。

孝謙太上天皇が重祚（ちょうそ）して［　Ａ　］天皇になった。

766年　(　お　)が法王になった。
769年　(　か　)は，(　お　)の即位を挫折させたが，大隅へ流された。
770年　天智天皇の孫の[　B　]天皇が即位した。
780年　(　き　)が，陸奥国府と鎮守府があった[　C　]を襲撃した。
781年　(c)<u>桓武天皇</u>が即位した。

問1　空欄(　あ　)～(　き　)に該当する人物を，次のうちから１名ずつ選び番号で答えよ。

①　和気清麻呂　②　橘諸兄　③　藤原広嗣　④　道鏡　⑤　藤原仲麻呂
⑥　橘奈良麻呂　⑦　藤原房前　⑧　伊治呰麻呂　⑨　玄昉　⑩　藤原宇合

問2　空欄[　A　]～[　C　]に適当な用語を入れよ。

問3　下線部(a)について，この法令は何という銭貨の流通を促したものか。

問4　下線部(b)の長屋王の邸宅跡から出土した木簡の１つには，「長屋親王宮鮑(あわび)大贄(にえ)十編」と墨書されたものがあった。このことから何が読み取れるか。次の文について，その正誤の組合せとして正しいものを，次のうちから１つ選び番号で答えよ。

X　「大贄」とは神や天皇への貢進物であることから，長屋王がこの文字が使えるほどの待遇であったことがわかる。

Y　「親王」とは天皇の兄弟や子につけられる称号であるため，長屋王は天武天皇の子であったことが判明した。

①　X－正　Y－正　②　X　正　Y－誤
③　X－誤　Y－正　④　X－誤　Y－誤

問5　下線部(c)の桓武天皇の政治について，天皇は「方今(いま)，天下の苦しむ所は軍事と造作なり，此の両事を停(とど)めば百姓(ひゃくせい)安んぜむ」との批判を受けて両事業を打ち切った。軍事と造作とは何か。次のうちから１つ選び番号で答えよ。

①　軍事－九州での大規模な反乱への対応　造作－恭仁京への遷都
②　軍事－新羅・唐に備え，防人の増派　造作－長岡京造営
③　軍事－東北地方での蝦夷との戦い　造作－平安京造営
④　軍事－「二所朝廷」と呼ばれる政治上の対立　造作－平城京への再遷都

問6　Ⅰの時期の正しい出来事を，次のうちから１つ選び番号で答えよ。

①　全国に国分寺が建てられた。
②　百万町歩の開墾が計画された。
③　稗田阿礼・太安万侶が『日本書紀』を完成させた。
④　渤海が滅亡して，日本との関係が途絶えた。

問7　Ⅱの時期の正しい出来事を，次のうちから１つ選び番号で答えよ。

①　三世一身の法が出され，初期荘園が成立した。
②　天然痘が大流行し，聖武天皇や光明皇后も天然痘にかかって病死した。
③　平城京から一時，恭仁・紫香楽などに都が遷された。
④　阿倍仲麻呂や鑑真が遣唐使に従って入唐(にゅうとう)し，唐の文化を学んだ。

12 天平文化

写真　文章・語句選択　私大対策

秋の一日，ある高校の歴史クラブでは奈良の東大寺を見学しました。以下の会話文と生徒の感想文を読み，あとの設問に答えよ。

〔場面1：大仏殿にて〕

生徒：大仏殿といわれるだけあって，やっぱり大きいなー。

顧問：横幅が57メートル，日本最大の木造建築だ。でもこれは江戸時代の再建で，最初に(a)奈良時代に建てられた時はもっと大きかった。造東大寺司という役所がつくられて(b)多くの人々が建設にたずさわった。大仏殿のなかに入ってみよう。

生徒：これが大仏さまか，小学校の遠足できて以来です。

顧問：一般に「大仏」と呼ばれているけれど，正式名は（　あ　）だ。この東大寺は(c)源平合戦の時と戦国動乱の時の２度焼けていて，大仏も江戸時代に再建されたものなんだ。

生徒：奈良時代の創建だからといって，今，私たちがみているものがその時代のものとは限らないんですね。

顧問：そういうことだ。

問1　下線部(a)に関して，東大寺の建立を命じた天皇の名を漢字で答えよ。

問2　下線部(b)に関して，初めのうち朝廷から弾圧されていたが，のちに大僧正に任命されて東大寺の建立に協力した僧侶は誰か。次のうちから１つ選び番号で答えよ。

①　空海　　②　旻　　③　行基　　④　円仁　　⑤　重源

問3　（　あ　）に入る語句を，次のうちから１つ選び番号で答えよ。

①　阿弥陀仏　　②　盧舎那仏　　③　大日如来　　④　不動明王

問4　下線部(c)に関して，源平合戦のあと，大勧進となって東大寺の再建に力を尽くした僧侶は誰か。次のうちから１つ選び番号で答えよ。

①　空海　　②　旻　　③　行基　　④　円仁　　⑤　重源

〔場面2：法華堂にて〕

生徒：この建物も(d)東大寺の一部なんですね。今まで東大寺といえば，大仏殿しか知りませんでした。正面に立っている仏像，ずいぶん背が高いですね。

顧問：本尊の(e)不空羂索（ふくうけんじゃく）観音像だ。像の高さは３メートル以上，それに腕が８本もある。現在は東大寺ミュージアムに移されたが，その左右に立っていたのが日光菩薩と(f)月光菩薩。どれも天平美術の代表作だね。

生徒：今，私たちは1300年前の人々が仰ぎみた仏さまと向き合っている……。なんかすごいな。

顧問：今日はみられないけれど，お堂の後ろ側にまつられている執金剛神像も見応えがあるよ。

問5　下線部(d)に関して，東大寺を含む主要寺院を南都七大寺と呼ぶことがある。このうち遷都に伴って飛鳥地方から移転してきた寺院はどれか。次のうちから１つ選び番号で答えよ。

①　元興寺　　②　西大寺　　③　興福寺　　④　法隆寺

問6　下線部(e)に関して，不空羂索観音像はどういう技法でつくられているか。次のうちから１つ選び番号で答えよ。

① 乾漆像　② 塑像　③ 金銅像　④ 木像

問7　下線部(f)に関して，月光菩薩として正しいものを，写真ア〜オから１つ選び記号で答えよ。

ア

イ

ウ

エ

オ

〔場面３：戒壇院(かいだんいん)にて〕

生徒：ここが戒壇院という建物なんですね。ところで戒壇って何でしたっけ？

顧問：僧侶に戒律を授ける儀式を行うための建物だ。753年に唐から［　い　］が日本にやってきたことは知っているね。

生徒：はい。何度も嵐に遭(あ)って失敗したのにあきらめず，日本に戒律を伝えた人物ですよね。

顧問：そうだ。［　い　］の来日を受けて，(g)その時の天皇が建立を命じたのが戒壇院の始まりだ。

生徒：うわぁ，この４人の仏さま，みんなこっちをにらんでいてこわい……。

顧問：有名な(h)四天王像だ。これらも天平文化の傑作だよ。お釈迦さまを守る役目だから鎧(よろい)を身にまとったり，武器を持ったりしているのもいる。君はどの四天王が気に入ったかな？

生徒：うーん，私は増長天がカッコいいと思う。

顧問：先生は広目天が好きだな。……今日は「菊の香や　奈良には古き　仏達」の一日だったね。

問8　［　い　］に入る僧侶の名を漢字で答えよ。

問9　下線部(g)に関して，その時の天皇と，のちにその天皇と対立して滅んだ貴族の組合せとして正しいものを，次のうちから１つ選び番号で答えよ。

① 淳仁－藤原仲麻呂(恵美押勝)　② 孝謙－藤原仲麻呂(恵美押勝)
③ 淳仁－藤原種継　④ 孝謙－藤原種継

⑤ 文武－藤原広嗣　　⑥ 元明－藤原広嗣

問10 下線部(g)に関して，その時の天皇が重祚の後，戦いでの戦没者供養のために百万塔の小塔をつくり，印刷した経典を入れ，主要な寺院に安置させた。その経典は何か。次のうちから１つ選び番号で答えよ。

① 阿弥陀経　② 金光明経　③ 法華経　④ 陀羅尼経

問11 下線部(h)に関して，四天王像として正しいものを，**問７**の図ア～オから１つ選び記号で答えよ。

〔生徒の感想〕

私たちは，歴史クラブの見学会で奈良・東大寺を訪れました。奈良へ向かう途中の電車の車窓から，平城宮跡を望むことができました。北側の窓からは，復元された大極殿などの建物をみることができました。また，線路のすぐ南には（　う　）が復元されていました。奈良では先生の解説で東大寺をめぐりました。（中略）最後に東大寺(h)<u>正倉院</u>を訪れました。帰りに駅へ向かう途中，奈良国立博物館に大勢の人が並んでいました。ちょうどその日は正倉院展が開かれていました。今日は訪れることができませんでしたが，今度は是非行ってみたいです。

問12 （　う　）に入る語句を，次のうちから１つ選び番号で答えよ。

① 応天門　② 朱雀門　③ 南大門　④ 羅城門

問13 下線部(h)に関して述べた文として，**誤っているものをすべて**選び番号で答えよ。

① 正倉院は，北倉・中倉・南倉の三棟からなる，校倉造の高床倉庫である。

② 正倉院宝物には，西域からシルクロードを経て唐に至り，日本にもたらされた楽器・ガラス工芸品・織物なども含まれる。

③ 正倉院には，永久保存されることになっていた庚午年籍などの戸籍や計帳も保管され，現存している。

④ 正倉院に伝わる鳥毛立女屛風は数少ない天平絵画の１つで，唐風の盛装をした女性が表現されている。

13 東北の経営

年表　記述　語句選択　私大対策

次の年表をみて，あとの設問に答えよ。

647年　越後に［　A　］を設置。

648年　越後に［　B　］を設置。

658年　（　あ　）の蝦夷征討（～660年）。
齶田(あきた)・渟代(ぬしろ)・津軽の蝦夷を討ち，北方民族の粛慎(みしはせ)を征討。

708年　出羽柵設置。越後国出羽郡設置。

712年　出羽国設置。

724年　陸奥に［　C　］築城。国府・鎮守府を置く。鎮守府将軍に大野東人(おおののあずまひと)。
持節(じせつ)大将軍藤原宇合，蝦夷征討。

733年　出羽柵を移し，秋田城築城。

774年	陸奥の桃生(ものう)城，蝦夷の攻撃を受ける。
780年	蝦夷の（　い　）の乱。陸奥按察使紀広純(あぜちきのひろずみ)を殺害。［　C　］焼亡。
789年	第一回蝦夷征討。紀古佐美(きのこさみ)ら朝廷軍，北上川畔で（　う　）らに大敗。
791年	第二回蝦夷征討（～794年）。
794年～	蝦夷を諸国に移住させる。
797年	第三回蝦夷征討（～801年）。（　え　）を(a)征夷大将軍として派遣。
802年	陸奥に［　D　］築城。（　う　）降伏。
803年	陸奥に［　E　］築城。
811年	朝廷軍，蝦夷平定。
878年	元慶の乱（出羽国の蝦夷の反乱）。秋田城など焼亡。出羽権守(ごんのかみ)藤原保則(やすのり)，鎮守府将軍小野春風により鎮圧。

問1　空欄［　A　］～［　E　］に適する城柵・城を漢字で答えよ。

問2　空欄（　あ　）～（　え　）に適する人物を，次のうちからそれぞれ選び番号で答えよ。

①　阿弖流為(あてるい)　②　伊治呰麻呂(これはりのあざまろ)　③　大伴弟麻呂(おとまろ)　④　源頼義
⑤　安倍頼時　⑥　文室綿麻呂(ふんやのわたまろ)　⑦　阿倍比羅夫　⑧　坂上田村麻呂

問3　下線部(a)の征夷大将軍は令外官であるが，令外官でないものを，次のうちから1つ選び番号で答えよ。

①　関白　②　検非違使　③　勘解由使　④　蔵人頭　⑤　大納言

14　平安時代初期の政治

記述　語句選択　私大対策

次の文章を読み，あとの設問に答えよ。

770年，天智天皇の孫にあたる白壁王が藤原（　あ　）らによって擁立され，光仁天皇となった。天皇は前代の仏教偏重(へんちょう)の諸制度を改め，官人の人数を減らすなど財政の緊縮につとめ，国司や郡司の監督をきびしくするなど，律令政治の再建につとめた。781年に皇太子の山部親王が即位し［　A　］天皇となった。［　A　］天皇は光仁天皇が始めた政治改革をよりいっそう推進しようとし，まず784年には山背国の長岡京に都を遷(うつ)した。

しかし，造宮使の藤原（　い　）が暗殺されたり，天皇の弟の［　B　］親王が皇太子の地位を追われ死亡したりするなど，政治的な不安がつのった。そこで［　A　］天皇は794年，山背国葛野郡に再度都を遷し，この新都で律令体制の再建策を推し進めた。

彼は，国司交代時の不正を防ぐために［　C　］を設置したり，軍制改革として(a)東北・九州を除く全国の軍団を廃止し，郡司の子弟を［　D　］として採用したりした。また，貴族や寺院が山林原野を占領して，農民の生業を妨げることを禁じたり，班田の励行をはかり，［　E　］を半減して農民の負担を軽減したりした。

このような改革は，平城天皇と［　F　］天皇に継承された。平城天皇は，病気により3年で退位し，［　F　］天皇に皇位を譲ったが，やがて平城太上天皇と［　F　］天皇のあいだに対立が生じ，太上天皇は式家の藤原（　う　）とその妹藤原（　え　）と謀(はか)り，復位と平城京への遷都を計画したが失敗した。この事件を（　え　）の変（平城太上天皇の変）と呼んでいる。この事件を契機として，天皇の側近にあって詔勅の伝達や訴訟などを太政官にとりつぐ目的で設置されたのが[　G　]所で，[　F　]天皇の信任の厚い北家の藤原(　お　)と巨勢野足が[　G　]頭に任命された。(　お　)は，娘の順子を仁明天皇の妃とする，いわゆる外戚関係を結び，北家繁栄のもとを築いた。また，京中の治安維持のために[　H　]も設置した。これら律令に規定されていない官職は(b)令外官と呼ばれ，新たな社会情勢に対応できなくなってきた律令機構にかわるもので，しだいに強大な権限を持つに至った。

問1　空欄[　A　]～[　H　]に適語を入れよ。

問2　空欄(　あ　)～(　お　)に入る人名を，次のうちから1人ずつ選び番号で答えよ。

①　緒嗣　　②　時平　　③　仲成　　④　基経　　⑤　彰子
⑥　冬嗣　　⑦　薬子　　⑧　百川　　⑨　良房　　⑩　種継

問3　下線部(a)について，[　A　]天皇の時に多賀城から胆沢城に移された軍政を司る役所は何か答えよ。

問4　下線部(b)について，「令外官」として**ふさわしくないもの**を，次のうちから1つ選び番号で答えよ。

①　関白　　②　少納言　　③　参議　　④　征夷大将軍

15　摂関政治

系図　文章選択　私大対策

次の藤原氏系図とそれに関して述べた各文章について，あとの設問に答えよ。

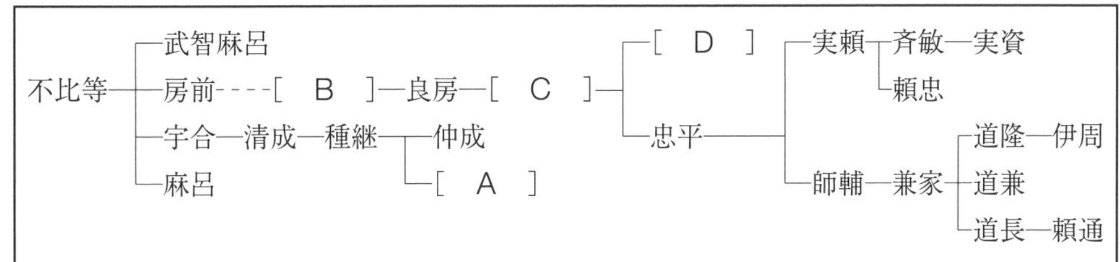

Ⅰ　810年，平城太上天皇と嵯峨天皇の対立が要因となって[　A　]の変(平城太上天皇の変)が起こった。嵯峨天皇は平城太上天皇方を鎮圧するにあたって，信任する藤原[　B　]を蔵人頭に登用し，宮中の秘密保持にあたらせたが，この結果，藤原氏では(　ア　)が勢いを高め，(　イ　)が勢力を失うこととなった。その後，[　B　]は左大臣にまで昇進し，また娘の順子を天皇の妃として，藤原(　ア　)の地位を確立した。

Ⅱ　文徳天皇の外戚として，朝廷内での地歩を固めていた藤原良房は，858年，外孫にあたる(　あ　)天皇が年少で即位すると，朝廷の政治を執り行うようになった。良房のこの地位は，866年，(a)応天門の変に際し，正式に(　い　)に就任することにより確立した。その養嗣子である[　C　]は，父のあとを継いだが，884年，光孝天皇擁立後，事実上，関白の地位に就き，天皇にかわって政治をみた。887年，(　う　)天皇即位後には，この[　C　]の関白としての地位は正式のものとなった。

Ⅲ　藤原[　C　]没後，(　う　)天皇は(　い　)・関白を置かず親政を行った。天皇は寵臣の菅原道真を重用し，藤原氏をおさえようとした。これにより道真の昇進はめざましく，次の(　え　)天皇の即位後には，[　C　]の子の[　D　]が左大臣になったのと並んで右大臣に昇進した。しかし道真は，901年に［　D　］の策謀により大宰府に左遷され，悲嘆のうちに2年後に没した。こうした藤原氏による数々の他氏排斥事件も，(b)安和の変を最後に完了し，以後，（　い　）・関白も常置されるようになった。

Ⅳ　摂関政治の全盛期であった(c)寛仁二年十月十六日，(d)ある貴族は(e)自分の日記に，次のように記している。「……今日は女御の藤原威子を皇后に立てる日である。……(f)太閤は私を招きよせて『和歌を詠もうと思うが，必ず返歌を詠んでほしい。』といわれ，……『此の世をば我が世とぞ思ふ(g)□□のかけたる事も無しと思へば』と歌われた。私は『この御歌はすばらしい。とても返歌を詠むことができません。ここにいる皆のもので御歌を唱和いたしましょう。……』と申しあげた。……」

問1　系図中の［　A　］～［　D　］の人名は，文中の［　A　］～［　D　］の人に共通している。A～Dに入る人名(名のみ)を答えよ。

問2　空欄（　あ　）～（　え　）に入る語句を，次のうちから1つ選び番号で答えよ。

①　太政大臣　②　醍醐　③　村上　④　摂政　⑤　陽成
⑥　宇多　⑦　清和

問3　Ⅰの（　ア　）（　イ　）に入る語句の組合せとして正しいものを，次のうちから1つ選び番号で答えよ。

①　アー南家　イー北家　②　アー南家　イー式家　③　アー式家　イー北家
④　アー式家　イー南家　⑤　アー北家　イー南家　⑥　アー北家　イー式家

問4　下線部(a)・(b)に，それぞれあてはまる内容を，次のうちから1つ選び番号で答えよ。

①　新たに台頭してきた皇親系貴族の左大臣源高明を，謀反を理由に左遷した。
②　天皇側近の藤原種継が射殺される事件が起こり，それと関与が疑われた皇太子が廃された。
③　大納言伴善男が犯人として流罪となり，古来の有力豪族である伴氏・紀氏が没落した。
④　藤原氏に不都合な皇太子の排斥をはかり，皇太子側の橘逸勢らが処刑された。

問5　下線部(b)の時に関白の地位にあった人物は誰か。前の系図中より選んでその名を答えよ。

問6　下線部(c)はいつ頃のことか。次のうちから1つ選び番号で答えよ。

①　10世紀前半　②　10世紀半ば　③　10世紀末　④　11世紀前半

問7　下線部(d)に「ある貴族」とあるが，彼は前の系図中に名があがっている藤原氏の有力な一員である。系図中より選んでその名を答えよ。

問8　下線部(e)に「自分の日記」とあるが，この日記の名称を，次のうちから1つ選び番号で答えよ。

①　台記　②　小右記　③　玉葉　④　御堂関白記　⑤　愚管抄

問9　下線部(f)の「太閤」とは誰のことか。前の系図中より選んでその名を答えよ。

問10　下線部(g)の□□に入る漢字2字の語句を答えよ。

16　藤原氏の歴史

系図　文章・語句選択　私大対策

次の藤原氏の系図とそれに関するあとの文章を読んで，各問に答えなさい。

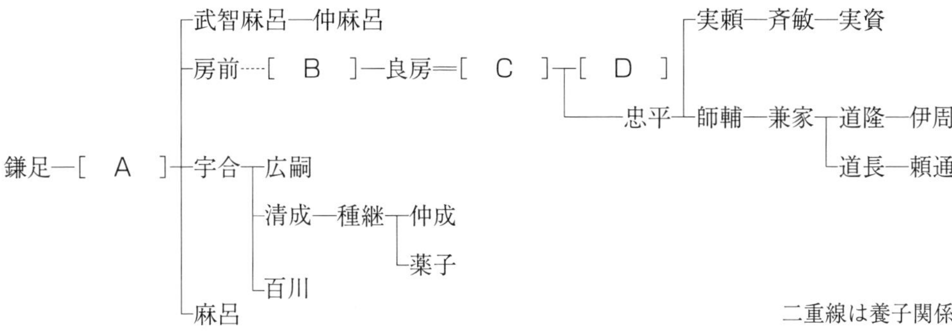

Ⅰ　[　A　]は，大宝律令・養老律令の編纂に関わり(a)天皇家とも婚姻関係を結び，藤原氏繁栄の基礎を固めた。

Ⅱ　[　B　]は嵯峨天皇の厚い信任を得て蔵人頭に任命された。

Ⅲ　藤原良房は(b)842年に謀反を企てたとして伴健岑・橘逸勢らの勢力をしりぞけた。

Ⅳ　良房の養嗣子である[　C　]は光孝天皇を擁立し，さらに勢力を拡大した。

Ⅴ　宇多天皇は学者の（　ア　）を重用したが，続く醍醐天皇の時，[　D　]は策謀を用いて（　ア　）を大宰府に左遷した。

Ⅵ　969年の安和の変で（　イ　）が左遷されると，藤原氏の勢力は不動のものとなった。その後，(c)藤原氏の内部では摂政・関白の地位をめぐって争いが続いたが，道長の時におさまった。

問1　文中および系図中の[　A　]～[　D　]にはそれぞれ共通する人名が入る。その人名(名のみ)を答えよ。

問2　文中の（　ア　）（　イ　）に入る人物名の組合せとして正しいものを，次のうちから１つ選び番号で答えよ。

①　(ア)菅原道真　(イ)源高明　　②　(ア)菅原道真　(イ)源頼政

③　(ア)小野篁　　(イ)源高明　　④　(ア)小野篁　　(イ)源頼政

問3　文中の下線部(a)について，[　A　]の娘で729年に皇后に立てられた人物は誰か。

問4　文中の下線部(b)の事件を何というか。次のうちから１つ選び番号で答えよ。

①　承久の乱　　②　承和の変　　③　昌泰の変　　④　阿衡の紛議

問5　文中の下線部(c)について，道長と争った人物を，系図中から選んで答えよ。

問6　以下の(1)～(3)の各文が示す人物の名前を，系図中から選んでそれぞれ答えよ。

(1)　光仁天皇を擁立し，政界の刷新をはかった。

(2)　孝謙太上天皇の信任を得て，勢力を伸ばす道鏡を排除すべく挙兵したが敗れた。

(3)　長岡京の造営責任者であったが，785年に暗殺された。

問7　系図の人物に関する次の文で，正しいものを，１つ選び番号で答えよ。

①　藤原広嗣は国博士として登用された高向玄理や旻の排除を求めて反乱を起こしたが，鎮圧された。

②　藤原仲成・薬子の兄妹は平城太上天皇と結んで嵯峨天皇と対立したが敗れ，これにより藤原京家の勢いは衰えた。

③　藤原良房は応天門の変の処理を通じて，伴・紀両氏を没落させた。

④　藤原道長は摂関政治の全盛期を築いたが，地方政治は乱れ始めており，承平・天慶の

乱が起こったのはちょうど同じ頃である。

17 寄進地系荘園の成立

系図　語句選択　共通テスト・私大対策

次の文章・史料Ⅰ・Ⅱを読んで，あとの設問に答えよ。

8世紀以降に成立した初期荘園の多くは，税の免除が認められないこともあり経営が不安定で，10世紀にはほぼ消滅した。10世紀以降勢力を蓄えた有力農民などの地方豪族は，11世紀以降さかんに墾田を開発して（　ア　）と呼ばれた。彼らのなかには国司の介入を逃れるため，みずからは下司や（　イ　）と呼ばれる荘官となることを条件に，中央の貴族や寺社に土地を寄進する者も現れた。寄進を受けた貴族や寺社は（　ウ　）と呼ばれた。さらに上級の貴族や有力皇族に再寄進する場合もあり，その上位の寄進先は（　エ　）と呼ばれた。(a)肥後国鹿子木荘はそのような荘園の一例である。

こうした荘園のなかには有力貴族・寺社の権威を背景に，中央政府から租税の免除を承認してもらう場合があり，太政官符や民部省符で税免除を承認された荘園を〔　A　〕と呼ぶ。また，国司が派遣した検田使の立ち入りを拒否する〔　B　〕の権を持つ荘園もあった。

問1　下線部(a)について，肥後国鹿子木荘に関する下図の（　ア　）～（　カ　）にあてはまる適語を史料Ⅰから選び，それぞれ番号で答えよ。図中の（　ア　）～（　エ　）は説明文中（　ア　）～（　エ　）と共通である。

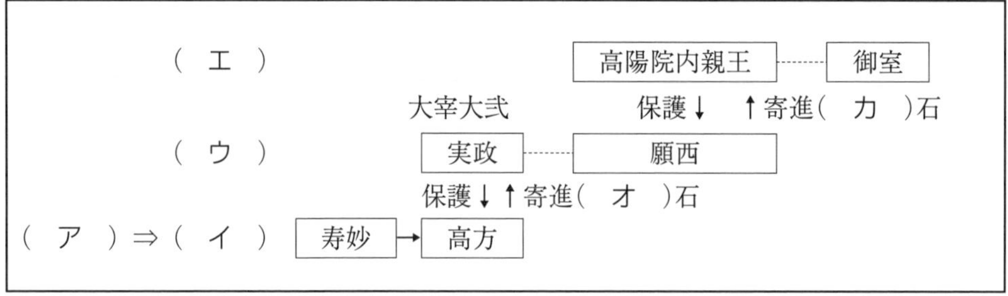

史料Ⅰ

鹿子木事

一　当寺の相承は，①開発領主沙弥寿妙嫡々の相伝の次第なり。

一　寿妙の末流高方の時，権威を借らんがために，実政卿を以て②領家と号し，年貢③四百石を以て割き分かち，高方は庄家領掌進退の④預所職となる。

一　実政の末流願西微力の間，⑤国衙の乱妨を防がず，是の故に願西，領家の得分⑥二百石を以て，高陽院内親王に寄進す。件の宮薨去の後，御菩提の為に，勝功徳院を立てられ，彼二百石を寄せらる。其の後美福門院の御計として御室に進付せらる。是れ則ち⑦本家の始めなり。……

問2　文中の〔　A　〕〔　B　〕に適する語句を入れよ。

史料Ⅱ

> 今は昔，信濃(b)守藤原の陳忠と云ふ人有けり。(c)任国に下て国を治て任畢にければ，上りけるに，……守の乗たりける馬しも，懸橋の鉉の木を後足を以て踏折て，守逆様に馬に乗ながら落入ぬ。……守の叫びて物云ふ音遙に遠く聞ゆれば，底に「今は引き上げよ」といふ音聞こゆれば……数の人懸りて絡上たるを見れば，守旅籠に乗りて絡上られたり。守片手には縄を捕へ給へり。今片手には平茸を三総許持て上給へり。……郎等共……其の時にぞ集て散と咲ひにけり。守，「僻事な云ひそ。汝等よ，宝の山に入て手を空しくして返たらむ心地ぞする。（　あ　）は倒る所に土を掴めとこそ云へ』と云ふ。
>
> （『今昔物語集』現文は漢字カタカナ混り文）

問3　史料中の（　あ　）に入る語句として，もっともふさわしいものを，次のうちから１つ選び番号で答えよ。

①　地頭　　②　貴族　　③　武士　　④　受領　　⑤　名主

問4　下線部(b)について，「守」は国司の四等官のうちのどれにあたるか，次のうちから１つ選び番号で答えよ。

①　カミ　　②　スケ　　③　ジョウ　　④　サカン

問5　下線部(c)のように，実際に任国へ赴任した国司とは異なり，みずからは任国へ赴任せず京に住み，かわって目代を現地に派遣し，収入のみを得ることを何と称したか。次のうちから１つ選び番号で答えよ。

①　重任　　②　遙任　　③　請所　　④　不輸　　⑤　奉公

18　国司の地方支配と武士の誕生

地図　記述　語句選択　私大対策

次の文章を読み，あとの設問に答えよ。

10世紀に入り，古代の律令国家が大きく変質していくなか，政府は(a)任国に赴任する国司の最上席者に徴税に関する大きな権限と責任を負わせた。国司は課税の対象を人間から土地に転換し，税収の確保をはかった。国衙領では有力農民に田地の耕作を請け負わせ，税を課すようになった。課税の対象となる田地は（　あ　）という徴税単位に分けられた。国衙領はしだいに国司の私領に近いものとなり，(b)官職としての国司は中流以下の貴族にとって利権の多い魅力あるものとなった。任国に赴いた国司の多くは強力な支配を行い，増税をする場合もあり，在地の郡司や有力農民たちと対立し，紛争となったり，(c)郡司や有力農民から訴えられたりすることも多かった。

各地で勢力を蓄えた地方豪族や有力農民は，自衛のため一族を中心に武装化した。この小武士団をまとめあげたのが中央での出世をあきらめて地方に土着した皇族，貴族の子孫であった。国司として下向し地方豪族との結びつきを強めた彼らは，在任期間を過ぎても都へ帰らず，その貴種性を最大限に利用して大武士団をつくりあげ，（　い　）と呼ばれた。なかでも清和源氏と桓武平氏は代表格である。地方政治が混乱し，治安が乱れてくると，(d)朝廷は武士を検非違使などに任じて治安維持をはかり，貴族も警固のため武士を用いた。清和源氏は10世紀以降畿内を本拠としていたが，(e)摂関家の侍として勢力を拡大した。(f)11世紀後半，陸奥，出羽両国で大きな勢力を得た清原氏一族の内紛に介入した源義家はこれを平定し，源氏は東国に確固とした基盤を持つことになった。

問1　下線部(a)に関して，このような国司のことを何と呼ぶようになったか。

問2　（　あ　）（　い　）に適切な語句の組合せを，次のうちから１つ選び番号で答えよ。

①　あ－名　い－大名　　②　あ－荘　い－棟梁
③　あ－名　い－棟梁　　④　あ－荘　い－大名

問3　下線部(b)に関して，私財を出して朝廷の儀式や寺社の造営などを請け負い，官職に任じてもらうことを何というか答えよ。

問4　下線部(c)に関して，988年に藤原元命が訴えられ，国司を罷免されたのはどこの国か。

問5　下線部(d)に関して，宮中の警備に用いられた武士を何というか答えよ。

問6　下線部(e)に関して，次の問いに答えよ。

i）　各事件に該当する場所を，右の地図上から選び番号で答えよ。

ア　藤原純友が起こした反乱を追捕使の小野好古と源経基が鎮圧した。

イ　安倍氏の反乱を源頼義が鎮圧した。

ウ　平忠常の乱を源頼信が鎮圧した。

ii）　上の事件ア～ウについて，古いものから年代順に正しく配列したものを，１つ選び番号で答えよ。

①　アーイーウ　　②　アーウーイ
③　イーアーウ　　④　ウーアーイ

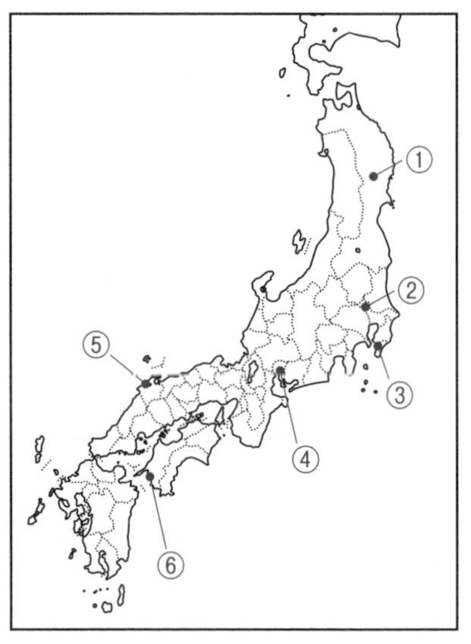

問7　下線部(f)に関して，この事件名を答えよ。

19　平安時代の文化

写真　会話　記述　文章・語句選択　共通テスト対策

次の写真とそれに続く教師と生徒の会話文を読み，あとの設問に答えよ。

ア
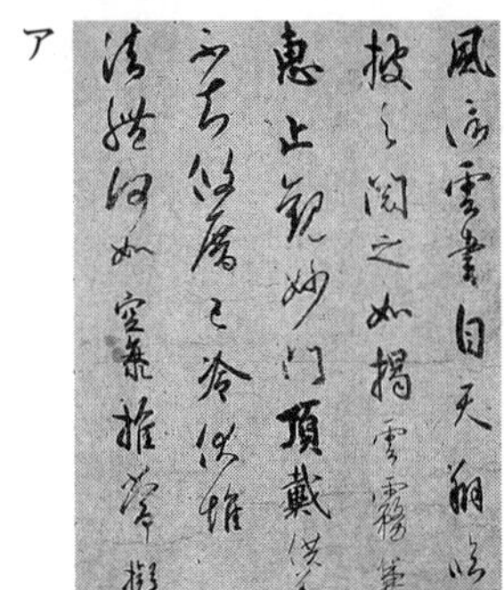

イ
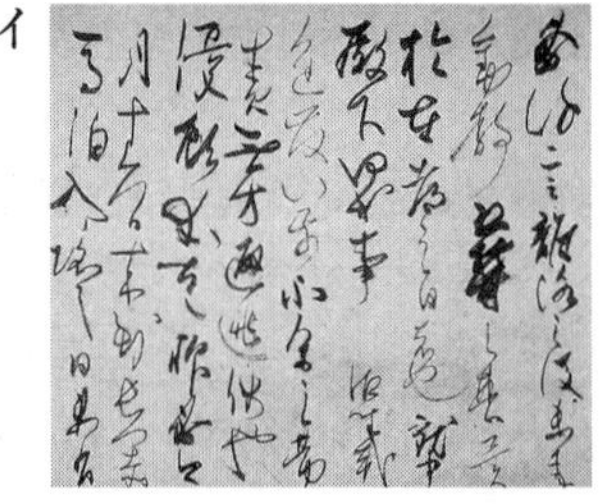

ウ

教師：平安時代の文化は，９世紀の［　A　］天皇の頃を中心とする弘仁・貞観文化，10世紀～11世紀にかけての国風文化，11世紀末～12世紀の院政期の文化の３つに分かれます。

生徒：[　A　]天皇というのは，アの筆者とともに(a)三筆の一人とされる人物ですね。

教師：9世紀初頭，[　A　]天皇の父が遣唐使を派遣し，それに随行した(b)アの筆者らが新しい仏教を伝えました。また国家の権威を示すものとして，(c)学問・文学にも唐風文化が重んじられました。それとともに次の国風化への芽生えもみられます。

生徒：たとえば，和歌の名手といわれた(d)六歌仙の登場や，巨勢金岡や百済河成に始まる[　B　]と呼ばれる絵画ですね。10世紀には，これらを受けて国風文化と呼ばれる，旧来の日本文化がより洗練されたものが登場してくるのですね。10世紀というのは東アジアの歴史のうえで1つの転換期といわれているそうですが，どういうことなのですか。

教師：東アジア文化の中心であった唐が滅び，五代十国を経て[　C　]がこれにかわり，朝鮮半島や中国東北部でも王朝がかわったのです。そして，日本の仮名文字と同様，各地でみずからの文字をつくる動きが出てきます。中国東北部で[　D　]を滅ぼした契丹(きったん)が契丹文字をつくり，(e)11世紀初頭，日本に侵攻してきた女真族ものちに女真文字をつくります。

生徒：その結果，独自の文字を使って国民感情を表しやすくなり，(f)国文学が発達することになったのですね。これこそ国風化ですね。書道にも文字の変化が現れてますね。

教師：イの筆者は国風文化の頃三跡(三蹟)の一人とされた人物で藤原実頼の孫です。(g)藤原実頼が関白であった時に起こった事件以後，摂関常置体制になりました。

生徒：摂関政治期の，華やかな(h)貴族文化という特徴もあるのですね。

教師：一見華やかにみえるこの時期は，政治の停滞・治安の悪化・社会不安の増大によって，(i)精神面では神仏への依存度が高くなった時期でもあるのです。

生徒：10世紀以降の地方支配の変化が，治安の悪化に拍車をかけ，そのなかから武士が台頭してきたのですね。そして，院政期になると，受領層や武士が政治の舞台に登場するようになり，(j)地方の空気が都に流入する一方，中央の文化が地方に伝えられ，文化に新しい側面が現れてきたのですね。

教師：ウは院政期に描かれた[　E　]と呼ばれる絵巻物です。このなかには人間は描かれていないのですが，よくみていると当時の支配者層の面影が浮かんできませんか。

問1　空欄[　A　]〜[　E　]に適語を漢字で答えよ。ただし，[　C　]は1字，[　E　]は4字が入る。

問2　下線部(a)のもう1人の人物が関わったとされる事件として正しいものを，次のうちから1つ選び番号で答えよ。

①　承和の変　　②　応天門の変　　③　阿衡の紛議　　④　安和の変　　⑤　薬子の変

問3　下線部(b)について述べた文として正しいものを，次のうちから1つ選び番号で答えよ。

①　延暦寺の開山を認められ，大乗戒壇の設立も許可された。

②　東寺を与えられ，都での真言密教の道場とした。

③　天台宗の密教化を促進したが，教義の違いから比叡山を下(くだ)り三井寺を拠点とした。

④　帰国後，その経験を『入唐求法巡礼行記』に記している。

問4　下線部(c)について述べた文として正しいものを，次のうちから1つ選び番号で答えよ。

①　小野岑守らが『懐風藻』・『文華秀麗集』・『経国集』などの勅撰漢詩集を編纂した。

②　貴族たちは作詩・作文に熱中し，文章(もんじょう)博士の菅原道真は『性霊集』を編集した。

③　詩文の尊重，学問重視の結果，藤原冬嗣らが綜芸種智院などの大学別曹を設けた。

④　『続日本紀』や『日本後紀』などの国史が編纂された。

問5　下線部(d)のうち，『伊勢物語』の主人公とされる人物として正しいものを，次のうちから1つ選び番号で答えよ。

①　小野小町　　②　僧正遍昭　　③　在原業平　　④　文屋康秀　　⑤　大友黒主

問6　下線部(e)にもっとも関わりの深い事件を，次のうちから1つ選び番号で答えよ。

①　刀伊の来襲　　②　弘安の役　　③　寧波の乱　　④　応永の外寇

問7　下線部(f)について述べた文として**誤っているもの**を，次のうちから1つ選び番号で答えよ。

①　宮廷に仕える女性が『源氏物語』などの小説や，『蜻蛉日記』などの仮名日記を残した。

②　最初の勅撰和歌集である『古今和歌集』が編纂され，仮名で序文が添えられた。

③　国文学の隆盛に伴い言語・文字の研究が進み，『和名類聚抄（わみょうるいじゅうしょう）』という辞書が編まれた。

④　『栄華(花)物語』などの歴史物語や，『日本霊異記』などの仮名を用いた説話集もつくられた。

問8　下線部(g)に該当する事件を，**問2**の語群のうちから1つ選び番号で答えよ。

問9　下線部(h)に関して，右図の衣服の名称を，次のうちから1つ選び番号で答えよ。

①　小袖　　②　十二単　　③　貫頭衣　　④　水干

問10　下線部(i)に関して，下の文にみられる信仰にもっとも関わりの深いものを，次のうちから1つ選び番号で答えよ。

「極楽浄土のめでたさは，ひとつもあだなることもなき
吹く風立つ波鳥も皆　妙（たえ）なる法（のり）をぞ　唱ふなり」

①　薬師寺僧形八幡神像　　②　神護寺両界曼荼羅

③　北野天神縁起絵巻　　④　高野山聖衆来迎図

問11　下線部(j)に関して，貴族と庶民，中央と地方の文化の交流について述べた文として正しいものを，次のうちから1つ選び番号で答えよ。

①　後白河法皇は，民間の流行歌謡である今様を学んで『閑吟集』を編集した。

②　浄土教が地方に広まり，前九年合戦の勝利者の藤原清衡は，平泉に中尊寺金色堂を建てた。

③　『伴大納言絵巻』や，四天王寺にある『扇面古写経』の下絵には庶民の姿が描かれている。

④　田楽や猿楽など庶民的芸能が貴族のあいだに大流行し，世阿弥らの名手が登場した。

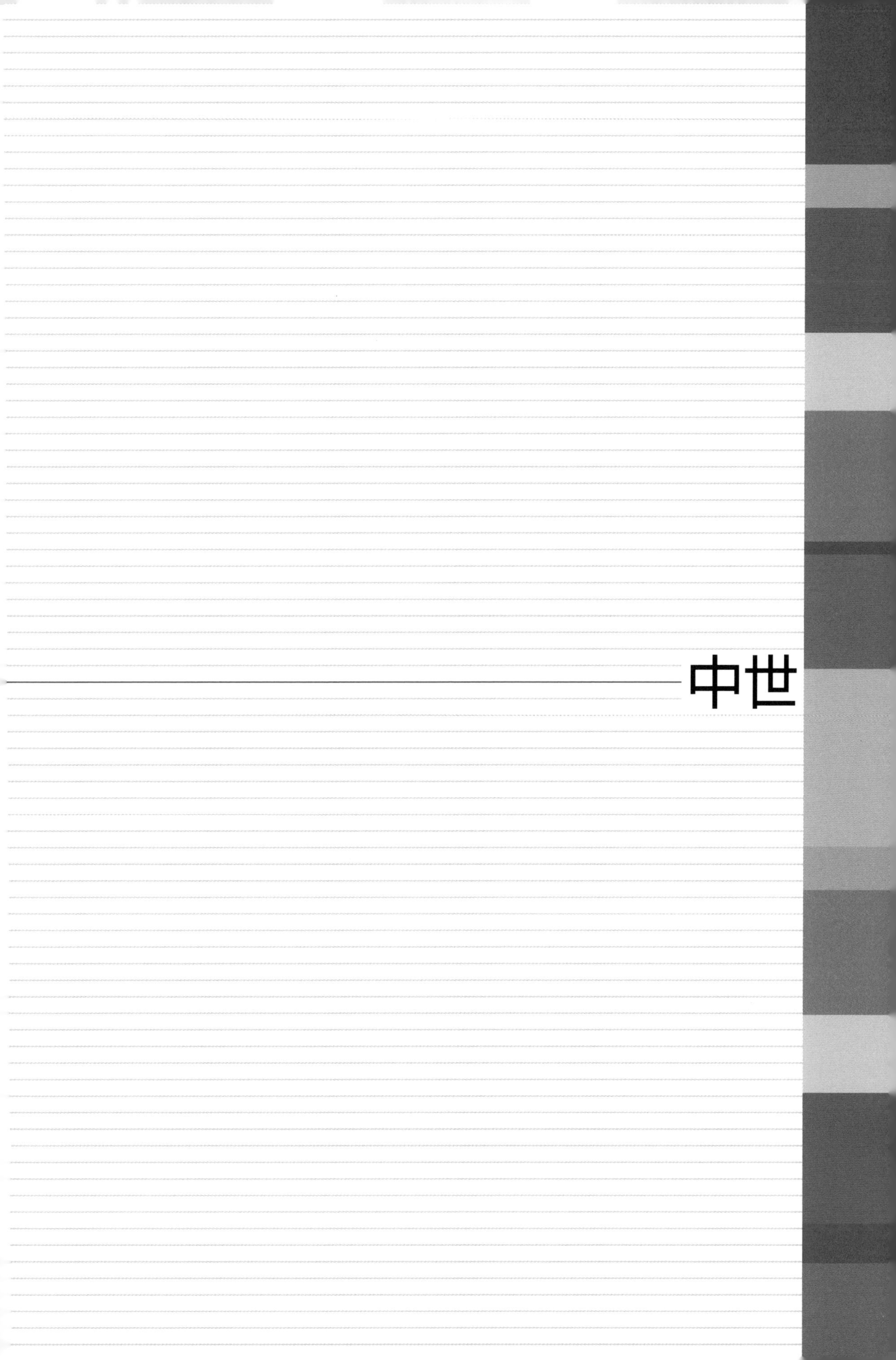

中世

20 院政期の政治

史料　記述　文章・語句選択　私大対策

次の文章を読み，あとの設問に答えよ。

Ⅰ　藤原頼通の娘には皇子が生まれなかったので，時の摂政や関白を外戚としない［　A　］天皇が即位した。天皇は，（　あ　）らの学識に優れた人物を登用し，(a)国政改革に取り組んでいったが，わずか4年で退位し，その翌年に死去した。

Ⅱ　［　A　］天皇のあとを継いで即位した［　B　］天皇は在位14年で幼少の堀河天皇に譲位し，みずからは上皇として天皇を後見しながら政治の実権を握る院政を始めた。院政は，上皇が(b)法や慣例にこだわらずに政治の実権を専制的に行使するもので，鳥羽・(c)後白河上皇に受け継がれていった。

Ⅲ　保元・平治の乱を通じて勢力を伸ばした平清盛は，娘の（　い　）を高倉天皇の中宮に入れ，その子の［　C　］天皇の外戚として権力をふるった。平氏は忠盛以来，日宋貿易に力を入れていたが，清盛は(d)瀬戸内海航路の安全をはかり，宋商人の畿内への招来にもつとめ，貿易を推進した。

問1　空欄［　A　］〜［　C　］に適する天皇名を漢字で答えよ。

問2　空欄（　あ　）（　い　）に適する人物の組合せとして正しいものを，次のうちから1つ選び番号で答えよ。

①　あ－大江匡房　い－定子　　②　あ－大江匡房　い－徳子
③　あ－慶滋保胤（よししげのやすたね）　い－定子　　④　あ－慶滋保胤　い－徳子

問3　下線部(a)について述べた文として正しいものを，次のうちから1つ選び番号で答えよ。

①　天皇の定めた枡は宣旨枡と呼ばれ，太閤検地まで全国的な量の基準として用いられた。
②　天皇は地方の行政区画を再編し，開発領主らを郡司・郷司・保司などに任じて世襲させた。
③　内裏の造営や伊勢神宮の遷宮などの費用をまかなうため，荘園・公領に加徴米を賦課した。
④　宮中や公家社会の儀式・礼儀・年中行事などを『禁秘抄』にまとめ，実行していった。

問4　次の史料は，下線部(a)の1つとして実施された政策である。空欄（　う　）（　え　）に適する語句の組合せとして正しいものを，次のうちから1つ選び番号で答えよ。（［A］は上記Ⅱと同様）

コノ［　A　］位ノ御時，……（　う　）ノ（　え　）トテハジメテヲカレタリケルハ，諸国七道ノ所領ノ宣旨・官符モナクテ公田ヲカスムル事，一天四海ノ巨害ナリトキコシメシツメテアリケルハ……

①　う－寛徳　え－公文所　　②　う－寛徳　え－記録所
③　う－延久　え－公文所　　④　う－延久　え－記録所

問5　下線部(b)に関して，12世紀の内容として正しいものを，次のうちから1つ選び番号で答えよ。

①　院政では，上皇の命令を伝える綸旨や詔勅がしだいに効力を持つようになった。
②　上皇は院の御所に西面の武士を組織し，源平の武士を側近として権力を強化した。
③　院政期の上皇たちは仏教を厚く信仰し，法成寺などの多くの大寺院を造営した。

④　今まで摂関家におさえられていた中小貴族が院司などに登用され，勢力を伸ばした。

問6　下線部(c)が寄進し，のち持明院統の経済基盤となった荘園群を，次のうちから1つ選び番号で答えよ。

①　長講堂領　　②　八条院領　　③　平家没官領　　④　大乗院領

問7　下線部(d)に関する平氏政権の施策を，次のうちから1つ選び番号で答えよ。

①　音戸の瀬戸への架橋　　②　高瀬川の開削

③　大輪田泊の修築　　④　児島湾の干拓

問8　下線部(d)について，日宋貿易の交易品として正しい組合せを，次のうちから1つ選び番号で答えよ。

①　輸出－刀剣・茶　輸入－絹織物・宋銭　②　輸出－金・硫黄　輸入－綿織物・毛織物

③　輸出－刀剣・茶　輸入－綿織物・毛織物　④　輸出－金・硫黄　輸入－絹織物・宋銭

21　院政と武士の台頭

写真　文章・語句選択　共通テスト・私大対策

次の文章を読み，あとの設問に答えよ。

(a)地方で武士が成長し，荘園が拡大しつつあった11世紀後半から12世紀初めにかけて，中央政界で大きな変化が起こった。(b)後三条天皇の次に即位した白河天皇は，1086年に幼少の堀河天皇に譲位したあと，上皇として子や孫である天皇を後見しつつ政治の実権を握る院政を開始した。白河上皇は，従来摂関家に抑圧されていた中・下級貴族の支持を取りつけ，畿内・近国の武士を院の御所に（　あ　）として組織し，権力を強化した。この院政は鳥羽上皇・後白河上皇へ受け継がれ，定着していった。

白河・鳥羽・後白河の3上皇は，いずれも仏教を厚く信仰し，出家して法皇になり，多くの寺院や仏像をつくらせたり，紀伊の（　い　）にたびたび参詣したりした。それらの費用は(c)成功・重任などによってまかなわれた。また，鳥羽上皇らはばく大な荘園を集め，寺院や近親の女性に荘園を分与した。さらにこの時代，(d)上級貴族などに一国の支配権を与え，その国からの収益を得させる制度が広まった。

3上皇の時代，上皇による仏教保護政策などを背景に勢力を強めた大寺院が，(e)僧兵を動員して朝廷に強訴（ごうそ）して，みずからの要求を通そうとしたり，他の大寺院と合戦に及んだりすることが多くなった。上皇や朝廷が僧兵の動きをおさえるために武士を用いたこともあって，桓武平氏と清和源氏など，武士の棟梁が急速に中央政界へ進出した。特に，(f)平清盛は(g)保元の乱と平治の乱を通じて急速に地位と権力を強め，平氏政権の基礎を固めることに成功した。なお，3上皇が院政を行っていた時代に，(h)東北地方では奥州藤原氏が栄華を誇っていた。

問1　下線部(a)に関連して，右の図は『前九年合戦絵巻』の一部である。源氏軍の奥州への行軍の様子を描いた場面であるが，陸奥守に任命された[A]の人物名を答えよ。

問2　下線部(b)に関して述べた文として正しいものを，次のうちから1つ選び番号で答えよ。

①　摂政・関白の藤原頼通が外祖父だった。

② 延久の宣旨枡と呼ばれる公定の枡を制定した。

③ 記録荘園券契所を設置して，すべての荘園を停止した。

④ 源高明や藤原佐理らの人材を登用して，政治を行わせた。

問3 空欄（ あ ）に入る適語を，次のうちから1つ選び番号で答えよ。

① 西面の武士 ② 検非違使 ③ 押領使 ④ 北面の武士 ⑤ 滝口の武者

問4 空欄（ い ）に入る適語を，次のうちから1つ選び番号で答えよ。

① 吉野山と高野山 ② 熊野三山と法勝寺

③ 熊野三山と高野山 ④ 法勝寺と吉野山

問5 下線部(c)に関して述べた文として正しいものを，次のうちから1つ選び番号で答えよ。

① 犯罪人が財産を政府に提供した場合，その刑罰を免除する制度。

② 定められた以上の租税を，政府が農民から徴収する制度。

③ 一種の税を強制的に荘園領主から上皇に納入させる制度。

④ 私財を政府に提供した官人に国司などの官職を与える制度。

問6 下線部(d)について，この制度を何と呼ぶか。

問7 下線部(e)に関して，白河法皇は「鴨川の水，双六の賽，山法師，これぞ朕の如意ならざるもの」（『源平盛衰記』）と嘆いたと伝えられる。「山法師」とは何寺の僧兵を指しているか，次のうちから1つ選び番号で答えよ。

① 園城寺 ② 金剛峯寺 ③ 興福寺 ④ 東大寺 ⑤ 延暦寺

問8 下線部(f)に関して述べた文として**誤っているもの**を，次のうちから1つ選び番号で答えよ。

① 武士の棟梁として初めて太政大臣に就任した。

② 娘の徳子を高倉天皇の中宮に入れ，徳子の産んだ安徳天皇の外祖父になった。

③ 鹿ケ谷の陰謀のあと，対立を深めた後白河法皇を幽閉した。

④ 瀬戸内海の海賊平定などで，鳥羽上皇の信任を得て，殿上人となった。

問9 下線部(g)について，右の図は保元の乱後の対立構図を表したものである。平治の乱のなかで自害に追い込まれたⒷの人物名を答えよ。

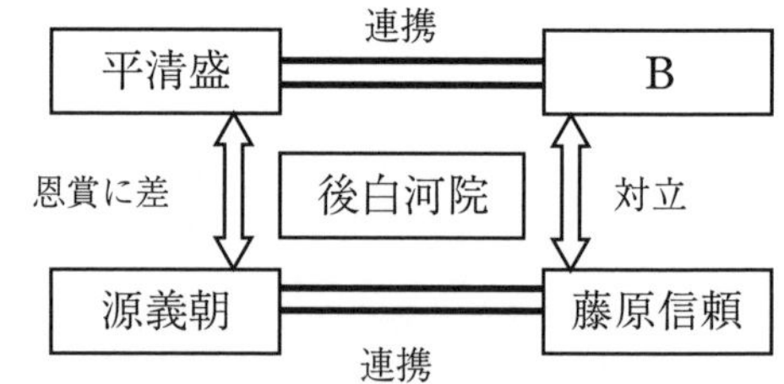

問10 下線部(h)に関して述べた文として正しいものを，次のうちから1つ選び番号で答えよ。

① 奥州藤原氏の繁栄の基礎は，後三年合戦で源義家を破った藤原秀衡が築いた。

② 奥州藤原氏の繁栄の経済基盤は，宋や高麗との貿易によるばく大な利益にあった。

③ 奥州藤原氏は，本拠地の平泉に中尊寺や毛越寺などの豪華な寺院を建立した。

④ 奥州藤原氏は平清盛を中心とする平氏勢の攻撃を受け，泰衡の時に滅亡した。

22 平氏政権

史料 共通テスト・私大対策

次の史料ⅰ～ⅲは『平家物語』の一部である。これらを読み，あとの設問に答えよ。

ⅰ 其先祖を尋ぬれば，［ A ］天皇第五の皇子，一品(いっぽん)式部卿葛原(かづらはら)親王九代の後胤，讃岐守正盛が孫，刑部卿(ぎょうぶきょう)忠盛朝臣の嫡男なり。彼親王の御子高見の王，無官無位にしてうせ給ぬ。

其御子高望の王の時，始て平の姓を給(たまは(ッ))て，上総介(かずさのすけ)になり給しより，忽(たちまち)に王氏を出て人臣につらなる(注1)。其子鎮守府将軍良望(よしもち)，後には国香(くにか)とあらたむ。(a)国香より正盛にいたるまで，諸国の(b)受領たりしかども，(ア)の仙籍をばいまだゆるされず。

ⅱ (c)保元元年七月に宇治の左府代をみだり(よ)(注2)給し時，安芸守(あきのかみ)とて御方(みかた)にて勲功ありしかば，播磨守(はりまのかみ)にうつ(ッ)て，同三年大宰大弐(だざいのだいに)になる。次に(d)平治元年十二月，信頼卿が謀叛(むほん)の時，御方(みかた)にて賊徒をうちたいらげ，勲功一(ひとつ)にあらず，恩賞是おもかるべしとて，次の年正三位に叙せられ，うちつゞき宰相(注3)，衛府督(えふのかみ)，検非違使別当，中納言，大納言に経(へ)あが(ッ)て，剰(あまつさ)へ丞相(注4)の位にいたる。左右を経ずして内大臣より[B]従一位にあがる。

ⅲ 六波羅殿の御一家の君達(きんだち)(注5)といひてしかば，花族(かしょく)も栄耀(えいよう)も(注6)面をむかへ肩をならぶる人なし。されば入道相国(にゅうどうしょうこく)(注7)のこじうと，平大納言時忠卿ののたまひけるは「此一門にあらざらむ人は皆人非人なるべし」とぞのたまひける。かゝりしかば，いかなる人も相構て其ゆかりにむすぼゝれむとぞしける。衣文(えもん)のかきやう，烏帽子(えぼし)のためやう(注8)よりはじめて，何事も六波羅様といひてげれば，一天四海の人皆是をまなぶ。

(注1)王氏を出て人臣につらなる…皇族を離れ平氏を賜って臣下に降った
(注2)みだり…乱すこと
(注3)宰相…参議の唐名
(注4)丞相…大臣の唐名
(注5)君達…貴公子
(注6)花族も栄耀も…ともに清華の別称。摂家に次ぐ家柄
(注7)入道相国…平清盛のこと
(注8)衣文のかきやう，烏帽子のためやう…着物のえりの合わせ方，烏帽子の曲げ方

問1 史料ⅰ中の空欄[A]にあてはまる天皇名を答えよ。

問2 史料ⅰ中の下線部(a)の期間に起こった平氏についての出来事として，古い順に並べたものとして正しいものを，次のうちから1つ選び番号で答えよ。

Ⅰ 平忠常が関東で反乱を起こしたが，源頼信に鎮圧された。
Ⅱ 平氏は，源義家の子，義親が出雲で起こした反乱を鎮圧した。
Ⅲ 平貞盛は，新皇と称した人物が起こした反乱を鎮圧した。

① Ⅰ→Ⅱ→Ⅲ　② Ⅰ→Ⅲ→Ⅱ　③ Ⅱ→Ⅰ→Ⅲ
④ Ⅱ→Ⅲ→Ⅰ　⑤ Ⅲ→Ⅰ→Ⅱ　⑥ Ⅲ→Ⅱ→Ⅰ

問3 史料ⅰ中の下線部(b)について述べた文として正しいものを，次のうちから1つ選び番号で答えよ。

① 貪欲な者が多く，郡司や百姓たちから解任を求められた例もあった。
② 一国の支配権を委ねられた知行国主のうち，任国に赴任する者をこう呼んだ。
③ 院政期の荘園の急増により国衙領が消滅したため，収入は激減した。
④ 摂関家に取り入る中級貴族が多かったため，院政には不満を持った。

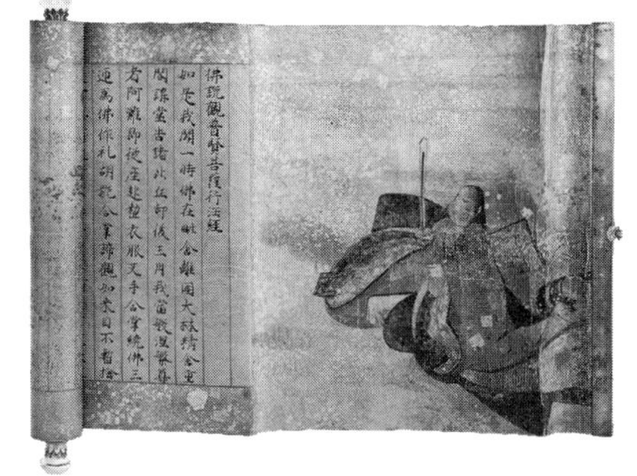

問4 史料ⅰ中の空欄(ア)にあてはまる語句

として正しいと考えられるものを，次のうちから1つ選び番号で答えよ。

① 殿上　② 関白　③ 征夷大将軍　④ 氏長者

問5 史料ⅱ中の下線部(c)にある「安芸守」とは平清盛のことである。平清盛が安芸守になって以来厚く信仰し，前頁の写真の経典を奉納した神社は何か。

問6 同じく史料ⅱ中の下線部(c)にある「宇治の左府」とは，宇治に別荘を持っていた当時の左大臣のことであるが，この人物名を答えよ。

問7 同じく史料ⅱ中の下線部(c)の事件について述べた文として正しいものの組合せを，次のうちから1つ選び番号で答えよ。

a 天皇家内部の対立が要因の1つであり，鳥羽法皇の死を契機として合戦に発展した。

b 院近臣同士の対立が要因の1つであり，藤原通憲（信西）が自害に追い込まれた。

c 平忠正や源為義など，敗れた側の武士たちはことごとく流罪となった。

d 天皇家や貴族内の争いの解消にも，武士の力が必要であるとの認識が広まった。

① a・c　② a・d　③ b・c　④ b・d

問8 史料ⅱ中の空欄［ B ］について，平清盛は武士として初めてこの官職に任命された。あてはまる官職名を答えよ。

問9 史料ⅱ中の下線部(d)の時に院政をしいていた上皇について述べた文として正しいものを，次のうちから1つ選び番号で答えよ。

① 院御所の警備にあたらせるため，北面の武士を組織した。

② 厚く仏教を信仰し，六勝寺の最初となる法勝寺を建立した。

③ 皇女に伝えた八条院領と呼ばれる荘園群がある。

④ 民間の流行歌である今様をまとめ，『梁塵秘抄』を編纂した。

問10 史料ⅲについて述べた文X・Yの正誤の組合せとして正しいものを，次のうちから1つ選び番号で答えよ。

X 平清盛の小舅である平時忠はその屋敷の場所から六波羅殿と呼ばれ，平清盛をもしのぐほどの勢力を持っていた。

Y 平家の縁者になろうとする者が多く，衣服や烏帽子の着用の仕方などで平家の真似（まね）をするものが多かった。

① X：正　Y：正　② X：正　Y：誤

③ X：誤　Y：正　④ X：誤　Y：誤

23 武家政権と院政期の文化

地図　記述　私大対策

次の文章を読み，あとの設問に答えよ。

院の近臣として成長したのが，あ伊勢を地盤とした桓武平氏の一族である。平正盛・忠盛父子は白河上皇・い後鳥羽上皇の信任を得て重く用いられた。忠盛の子清盛は，1156年，皇位継承や摂関の地位をめぐる争いで，う源義朝とともに後白河天皇に味方し，［ A ］上皇方を破った。その3年後，源平武士団の棟梁は互いに争い，平清盛が勝利をおさめた。この2つの乱をえ保元・平治の乱という。

(a)「平大納言時忠卿ののたまひけるは，この一門にあらざらむ人はみな人非人なるべしとぞのたまひける」という時代が到来した。平清盛を始めとして，平氏一族は高位高官を独占した。

(b)また，娘徳子を入内させ，外戚政策を展開した。平氏は経済基盤として500余の荘園や30カ国にのぼる知行国を持つなど，貴族政権的要素を持つが，その一方㋔家人を派遣して地方を経営する武家政権的要素も持っていた。また，(c)日宋貿易の利益に着目し，瀬戸内海航路を整備し，音戸の瀬戸の開削や㋐大輪田泊の修築を行った。

貴族化する平氏に対し，旧勢力と武士の両方から反発は強まった。(d)1177年，後白河法皇の側近たちが平氏打倒計画を企てた。1180年には法皇の皇子［　B　］と源頼政が全国の源氏に呼びかけ挙兵した。挙兵は失敗したが，伊豆の［　C　］・木曽の源義仲らがこれに応じた。この後，内乱は全国に拡大した。平氏は都を㋕大宰府に遷(うつ)したが，大寺院や貴族の反対で元の京都に戻した。平清盛の死や西国を中心とする飢饉などで弱体化した平氏は，源義仲の軍に追われ，都落ちした。やがて［　C　］の命を受けた弟の［　D　］・源範頼らの軍に攻められた平氏は，一の谷，㋑屋島と敗北し，ついに1185年に㋒壇の浦で滅亡した。

貴族勢力が衰退し，武士が台頭したこの時代の気風を受けて，文化の面でも新しい動きがみられた。聖と呼ばれた民間布教者などによって浄土教の思想が地方に広まり，㋓中尊寺金色堂や㋔富貴寺大堂などが造営された。また，平氏が尊崇した㋕厳島神社には豪華な「平家納経」が奉納された。絵画と詞書が交互に連なっていく絵巻物もこの時期に隆盛した。

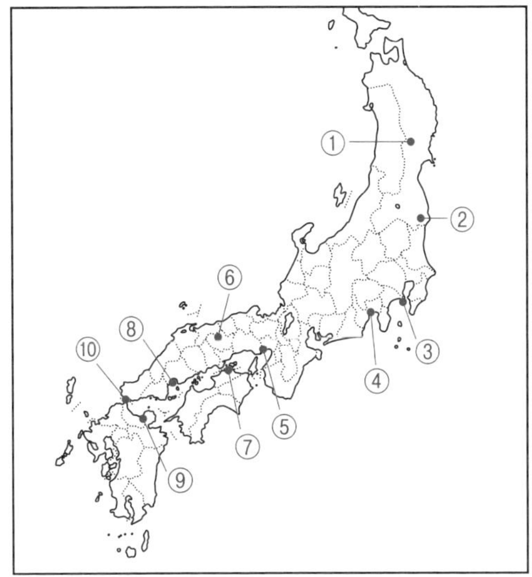

問1　㋐　～㋕　のうち2カ所は誤っている。**誤っている部分の記号**を選び，正しい語句を答えよ。

問2　空欄［　A　］～［　D　］に適切な人名を入れよ。

問3　波線㋐～㋕に該当する位置を，右の地図から各々1つずつ選び番号で答えよ。

問4　下線部(a)について，鎌倉期に成立した『平家物語』は，右下の図のような人々による弾き語りで広まって行った。このような人々を何と呼ぶか，答えよ。

問5　下線部(b)について，清盛が外祖父となった天皇を答えよ。

問6　下線部(c)について，この後の社会・経済に大きな影響を与えた重要な輸入品は何か。

問7　下線部(d)について，この事件名を答えよ。

24 武士の成長

系図　記述　文章・語句選択　私大対策

次の系図について，あとの設問に答えよ。

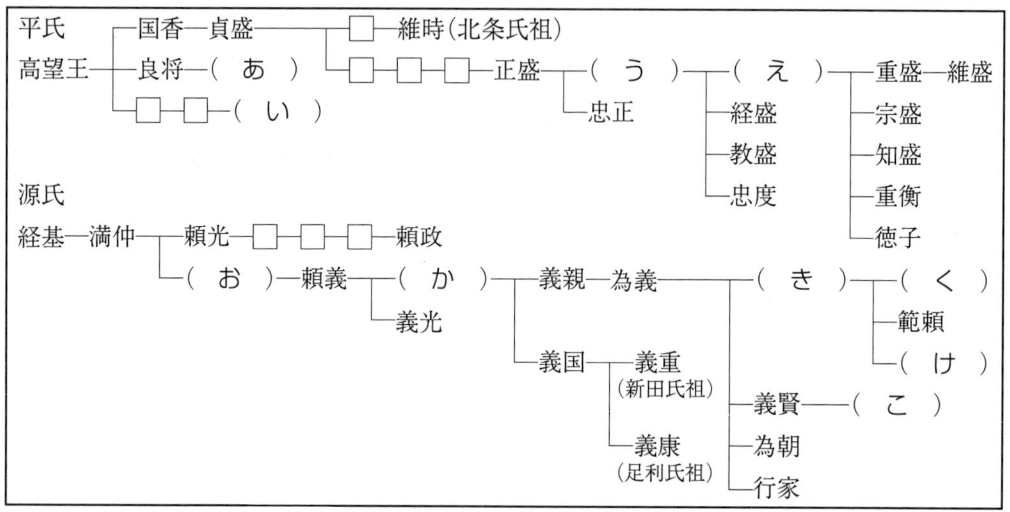

問1　系図中の人物（　あ　）～（　こ　）の説明として該当するものを，次のア～コから選び記号で答えよ。

ア．父とともに摂関家に近づき保護を得て，その威勢を高め，(a)系図中の人物（　い　）の起こした乱を鎮圧して，源氏の東国進出のきっかけをつくった。

イ．1156年の争乱で系図中の人物（　え　）とともに天皇方につき，上皇方に対し勝利をおさめたが，その後の争乱では人物（　え　）に敗れた。

ウ．この人物の父は出雲で起こった源義親の乱を討って武名をあげ，この人物は瀬戸内海の海賊平定などで(b)上皇の信任を得て，武士としても院近臣としても重く用いられるようになった。

エ．系図中の人物（　く　）の命を受け，平氏を長門の壇の浦で滅ぼした。のちに人物（　く　）と対立し奥州に逃れたが，藤原泰衡によって滅ぼされた。

オ．(c)1159年の争乱で系図中の人物（　き　）に勝利し，その後，異例の昇進をとげて太政大臣となり，一族の全盛期を迎えた。

カ．下総を根拠地にして一族と私闘を繰り返すうちに(d)反乱を起こして新皇と称したが，同じ関東の武士の平貞盛と藤原秀郷らによって滅ぼされた。

キ．伊豆に流されていたが，1180年，以仁王令旨に応じて挙兵し平氏を滅ぼした。1192年には念願の征夷大将軍に任じられた。

ク．1028年に上総・下総・安房で反乱を起こしたが，系図中の人物（　お　）に降伏した。しかしその後も，子孫は関東で繁栄した。

ケ．信濃の木曽谷で挙兵し，1183年に平氏を追って入京したが，のちに系図中の人物（　け　）とその兄の範頼に攻められて敗死した。

コ．陸奥守・鎮守府将軍の父とともに東国の武士を率いて豪族安倍氏を滅ぼし，その後に陸奥守であったこの人物が(e)藤原清衡を助けて清原氏を滅ぼした。

問2　**問1**中の下線部(a)について，この反乱を何というか答えよ。

問3　問1中の下線部(b)について，この上皇は誰か答えよ。

問4　問1中の下線部(c)について，この争乱名を答えよ。

問5　問1中の下線部(d)について，この反乱名を答えよ。

問6　問1中の下線部(e)について，この争乱名を答えよ。

25 武家政権の成立

語句選択　私大対策

つぎの文章を読み，あとの各設問に答えよ。

平治の乱で勝利をおさめた平清盛は，1167年武家出身者としては最初の(　あ　)に就任し，さらに娘の徳子を高倉天皇の中宮として天皇家と姻戚関係を結んだ。清盛は彼らの子を幼少のまま即位させ，天皇の外祖父として平氏の独裁を確立した。しかし(a)平氏政権に対する不満もうずまき始め，1180年から各地で打倒平氏の挙兵が始まった。平治の乱に負けて(　い　)に流されていた源頼朝も，義父の北条時政とともに挙兵した。その後，平氏討伐は弟の範頼や義経に任せ，頼朝自身は鎌倉を根拠に新政権樹立に専念した。やがて平氏は各地で敗退を続け，1185年についに滅亡した。

頼朝は鎌倉で御家人との主従関係の確立につとめ，1180年，御家人統率の機関として(　う　)を設置した。1184年には(b)一般政務を担当する公文所，裁判事務を取り扱う(　え　)をあいついで設置した。公文所はのちに(　お　)と改称された。また，朝敵となった義経追討を理由として，後白河法皇より(c)各国ごとに守護を，荘園・公領に地頭を任命する権利を得た。その後，頼朝は義経をかくまった奥州藤原氏を攻め滅ぼし，陸奥・出羽両国を掌握した。さらに後白河法皇死後の1192年，頼朝は念願の征夷大将軍に就任し，名実ともに鎌倉幕府が成立した。

当初(d)鎌倉幕府は頼朝の独裁であったが，1199年の頼朝の死後，武家の棟梁として不安のある頼家が将軍になると，将軍専制から有力御家人による合議制で政治が行われた。こうしたなかで台頭してきたのが北条氏であった。(e)北条時政は有力御家人をつぎつぎに滅ぼし，1203年には将軍頼家を廃してみずから(　お　)別当に就任し，幕府の実権を握った。これが執権政治の始まりである。その地位は子の(　か　)に受け継がれ，1213年には(　き　)を滅ぼし，(　う　)別当を兼任して，執権政治の基礎を固めた。

問1　文中の(　あ　)にあてはまる語句を，次のうちから1つ選び番号で答えよ。

①　征夷大将軍　②　摂政　③　太政大臣　④　関白

問2　下線部(a)について，平氏に対する不満が現れた事件を年代順に並べたものとして正しいものはどれか。次のうちから1つ選び番号で答えよ。

Ⅰ　以仁王・源頼政の挙兵　Ⅱ　福原京遷都　Ⅲ　鹿ケ谷の陰謀

①　Ⅰ－Ⅱ－Ⅲ　②　Ⅰ－Ⅲ－Ⅱ　③　Ⅱ－Ⅲ－Ⅰ

④　Ⅱ－Ⅰ－Ⅲ　⑤　Ⅲ－Ⅰ－Ⅱ　⑥　Ⅲ－Ⅱ－Ⅰ

問3　文中の(　い　)にあてはまる場所を，次のうちから1つ選び番号で答えよ。

①　相模　②　隠岐　③　尾張　④　伊豆　⑤　信濃

問4　下線部(b)について，初代の公文所別当となった人物を，次のうちから1人選び番号で答えよ。

① 三善康信　② 大江広元　③ 細川勝元　④ 山名持豊

問5　文中の(　う　)～(　お　)に入る語句の組合せとして正しいものを，次のうちから1つ選び番号で答えよ。

① う－侍所　え－問注所　お－政所　② う－侍所　え－政所　お－問注所
③ う－政所　え－侍所　お－侍所　④ う－政所　え－問注所　お－侍所

問6　下線部(c)について，鎌倉時代の守護の任務として**誤っているもの**を，次のうちから1つ選び番号で答えよ。

① 謀叛人の逮捕　② 使節遵行　③ 京都大番役の催促　④ 殺害人の逮捕

問7　下線部(d)について，頼朝が行った政策として正しいものを，次のうちから1つ選び番号で答えよ。

① 六波羅探題の設置　② 関東御領の設定　③ 引付の設置　④ 貞永式目制定

問8　下線部(e)について，この時期に滅ぼされた有力者として**誤っているもの**を，次のうちから1つ選び番号で答えよ。

① 梶原景時　② 比企能員　③ 安達泰盛　④ 畠山重忠

問9　文中の(　か　)にあてはまる人物を，次のうちから1人選び番号で答えよ。

① 北条政子　② 北条時宗　③ 北条泰時　④ 北条時頼　⑤ 北条義時

問10　文中の(　き　)にあてはまる人物を，次のうちから1人選び番号で答えよ。

① 和田義盛　② 安達泰盛　③ 三善康信　④ 梶原景時　⑤ 比企能員

26 執権政治の展開

年表　記述　文章・語句選択　私大対策

鎌倉幕府に関する次の年表をみて，あとの設問に答えよ。

1213年	侍所別当の[　A　]が鎌倉で挙兵したが敗死。[　B　]別当の北条義時が侍所別当を兼任。
1219年	将軍[　C　]が鎌倉の鶴岡八幡宮において暗殺される。
1221年	(a)承久の乱が起こり，幕府軍が勝利をおさめる。
1225年	(b)評定衆設置。
1226年	[　D　]が将軍に就任(最初の摂家将軍)。
1232年	(c)御成敗式目制定。
1247年	[　E　]合戦が起こり，有力御家人の三浦泰村一族が滅ぼされる。
1249年	(d)引付・引付衆設置。
1252年	後嵯峨上皇の子の[　F　]が将軍に就任(最初の皇族将軍)。
1261年	『立正安国論』の著者の[　G　]を伊豆に配流。
1274年	(e)文永の役が起こり，幕府軍が元軍を迎え撃つ。
1281年	(f)弘安の役が起こり，幕府軍がふたたび元軍を迎え撃つ。
1285年	[　H　]騒動が起こり，安達泰盛一族が滅ぼされる。
1293年	執権[　I　]が御内人の代表である[　J　]の平頼綱を滅ぼす。
1297年	(g)永仁の徳政令を発布。

問1　空欄[　A　]～[　J　]に適語を入れよ。

問2　下線部(a)に関して述べた文として正しいものを，次のうちから1つ選び番号で答えよ。

①　幕府軍は，石橋山の戦いや富士川の戦いで朝廷の軍勢を撃破した。
②　「尼将軍」と呼ばれた北条政子が率いる幕府軍は，京都を占領した。
③　乱後，後鳥羽上皇は隠岐へ流され，土御門・順徳の両上皇も配流された。
④　乱後，幕府は新たに京都守護を設置し，朝廷に対する監視を強化した。

問3　下線部(b)・(d)に関して述べた文として**誤っているもの**を，次のうちから1つ選び番号で答えよ。

①　評定衆は，執権・連署とともに幕府の政策の決定や政務の処理にあたった。
②　評定衆は，比企能員や三善康信ら，北条氏以外の有力御家人から選任された。
③　引付は北条時頼が執権在任中に設置され，御家人の所領に関する訴訟を担当した。
④　引付・引付衆が設置された目的の1つは，公平・迅速な裁判の実現だった。

問4　下線部(c)に関して述べた文として正しいものを，次のうちから1つ選び番号で答えよ。

①　源頼朝以来の先例や，武士社会での慣習・道徳に基づいて制定された。
②　守護の任務に関しては，大犯三カ条に刈田狼藉を取り締まる権限を追加している。
③　最初は17カ条だったが，つぎつぎと追加され，鎌倉時代末期には51カ条になった。
④　京都の公家や寺社にも適用され，公家法や本所法は無効になった。

問5　下線部(e)・(f)に関して述べた文として**誤っているもの**を，次のうちから1つ選び番号で答えよ。

①　文永の役では，元・高麗の軍は対馬・壱岐を占領し，博多湾沿岸に上陸した。
②　幕府は文永の役以前から全国の御家人に異国警固番役を課し，石塁を構築させた。
③　弘安の役は，元が南宋を滅ぼしたあとに起こり，南宋の人々も戦いに参加した。
④　文永・弘安の役を描いた「蒙古襲来絵巻」は，竹崎季長の活躍を描いている。

問6　下線部(g)が発布されることになった背景の1つである御家人の経済的窮乏に関して述べた文として**誤っているもの**を，次のうちから1つ選び番号で答えよ。

①　分割相続を繰り返したことによって，所領が細分化された。
②　貨幣経済の進展に巻き込まれ，所領を失う御家人が生まれた。
③　蒙古襲来の際に，十分な恩賞を与えられなかった御家人がいた。
④　悪党による侵略や下地中分により，御家人の所領がつぎつぎと失われていった。

27　蒙古襲来とその後の社会政策

史料　記述　文章・語句選択　私大対策

鎌倉時代のⅠ～Ⅲの史料を読み，あとの設問に答えよ。

Ⅰ　(a)蒙古人対馬・壱岐に襲来し，合戦を致すの間，軍兵(ぐんぴょう)を差し遣(つか)はさるる所なり。且は九国の住人等，其の身縦(たと)へ御家人ならずと雖も，軍功を致すの輩(ともがら)有らば，賞(しょう)を抽(ぬきん)ぜらるべきの由(よし)，普(あまね)く告げ知らせしむべきの状，仰(おお)せに依って執達(しったつ)件(くだん)の如(ごと)し。

(b)文永十一年十一月一日

(c)武蔵守(判)
(d)相模守(判)

大友兵庫頭(かみ)入道殿

問1　下線部(a)の「蒙古人」の二度の「襲来」を総称して何と呼んでいるか。漢字２文字で答えよ。

問2　「蒙古人」が中国に建国した国の皇帝で，この時の「襲来」を命じた人物名を答えよ。

問3　この時の「蒙古人」の「襲来」の様子を描いた『蒙古襲来絵巻』を説明した文として**誤っているもの**を，次のうちから１つ選び番号で答えよ。

①　この絵巻物は，肥後の武士竹崎季長が自分の活躍を描かせたものである。

②　この絵巻物には，日本の足軽たちが集団戦法で戦う姿が描かれている。

③　この絵巻物には，「蒙古人」の「てつはう」と呼ばれる火器の様子も描かれている。

④　この絵巻物には，戦功をあげた主人公が鎌倉に赴き，幕府に直訴して恩賞を得た様子も描かれている。

問4　下線部(b)の文永十一年とは西暦何年のことか答えよ。

問5　下線部(c)の武蔵守とは北条義政のことであるが，この時，彼が就(つ)いていた執権を補佐する役職を，次のうちから１つ選び番号で答えよ。

①　評定衆　　②　引付衆　　③　老中　　④　連署

問6　下線部(d)の相模守とは，この時の執権である。その氏名を答えよ。

Ⅱ　西方要害警固の事，用意のため来る七月朔日(ついたち)より同月晦日(みそか)に至るまで，壱番衆の内として，筑後国守護所辺にむかいまうけさせ給うべく候。……又当番にあらず候とも，(e)異敵来着の所へは，時をかえず皆馳(は)せ向わるべく候。恐々謹言。

建治元年(1275)年六月五日

前出羽守(花押)

(豊後守護大友頼泰)

野上太郎殿(豊後国の御家人)

問7　この史料では守護が，西方要害警固のために九州に所領のある御家人に守護所でのつとめを催促している。この役目のことを何というか答えよ。

問8　**問7**の役目を説明した文として**誤っているもの**を，次のうちから１つ選び番号で答えよ。

①　この制度は，九州に所領を持つ御家人を下向させ，九州の要害警備をさせたのが始まりである。

②　石塁をつくる役目を含み，主に御家人が負担したが，やがて非御家人などにも及んだ。

③　この役目をつとめた者は，京都大番役・鎌倉番役が免除された。

④　この制度は，建長寺船が中国に派遣され貿易が再開されると廃止された。

問9　下線部(e)の異敵の来着は1281年にふたたび現実のものとなった。この時の蒙古の襲来を何というか。次のうちから１つ選び番号で答えよ。

①　刀伊の入寇　　②　応永の外寇　　③　弘安の役　　④　慶長の役

問10　蒙古人の２度の襲来以後の政治の状況を説明した文として正しいものを，次のうちから１つ選び番号で答えよ。

①　全国の荘園や公領の武士を動員し，幕府に協力したことで朝廷の権威が高まった。

②　九州の有力御家人は守護として指揮をとったため，強い権限を持つ守護大名に成長した。

③　幕府の支配権が全国的に強化されて行くなかで，北条氏の得宗の勢力が強大となった。

④　外敵に対処するため，幕府は三管領・四職などを新しく設置して組織を整備した。

Ⅲ　関東御事書(おんことがき)の法

一　質券売買地の事　　永仁五年三月六日

右，地頭・(　あ　)の買得(ばいとく)地に於(お)いては，本条を守り，廿(にじゅう)(20)箇年を過ぐるは，本主(ほんしゅ)取返すに及ばず。(　い　)并(なら)びに(f)<u>凡下(ぼんげ)</u>の輩の買得地に至りては，年紀(ねんき)の遠近を謂(い)はず，本主之(これ)を取返すべし。

問11　Ⅲの法令名を答えよ。

問12　(　あ　)(　い　)に入る適語の組合せを，次のうちから１つ選び番号で答えよ。

①　あ－御家人　い－非御家人　　②　あ－非御家人　い－御家人

③　あ－郎党　　い－旗本　　　　④　あ－旗本　　　い－郎党

問13　下線部(f)の凡下は一般に庶民を指す言葉だが，ここでは高利貸業者を指している。当時の高利貸業者を何というか。次のうちから１つ選び番号で答えよ。

①　問丸　　②　借上　　③　掛屋　　④　本両替

問14　Ⅲの法令が出された前後の御家人の状況を説明した文として正しいものを，次のうちから１つ選び番号で答えよ。

①　分割相続や貨幣経済の発展で窮乏した御家人たちは借金を重ねるものが多かった。

②　蒙古の襲来で多くの恩賞を得た九州の御家人は裕福となり，蝦夷と密貿易する者も現れた。

③　この法令と同時に御家人は幕府から扶持米(ふちまい)が支給され，窮乏から救われた。

④　この後，執権への不満を強めた御家人のなかには，尊王攘夷を唱え幕府に抵抗する者が急増した。

28　武士の生活

写真　会話　語句選択　私大対策

次の図版(絵)は，鎌倉時代の武士の館の様子を表したものである。また，それに続く文章は，図版についての先生と生徒の会話である。これについて，あとの設問に答えよ。

Ａ先生：今日は，鎌倉時代の武士の生活について学習しよう。まず，この絵をみて下さい。これは鎌倉時代に時宗を広めた僧侶の布教の様子を表した絵巻物の一場面です。Ｂくん，この絵巻物の名称は，その僧侶の名前から何と呼ばれていますか？

Ｂくん：はい，「(　あ　)上人絵伝」と呼ばれています。

Ａ先生：そうだね。この絵巻物は当時の武士や庶民，社会の様子がわかる貴重な史料です。この場面は，その僧侶が筑前国の武士の館を訪れたところを描いたものです。筑前国とは今の何県にあたりますか？

Ｂくん：(　い　)です。

A先生：ではCさん，この場面で描かれている武士の館について気づいたことをあげて下さい。

Cさん：はい，まず館の正面の出入り口に橋が架かっていて，堀が掘られていることがわかります。それと，その出入り口の上には物見やぐらみたいなものがあって，盾や矢が置かれています。

A先生：そう，武士の館には堀や土塁をめぐらせたものが多いですね。また，弓矢は武士を象徴するものであり，これらは館が武装集団としての武士の拠点であることを示しています。

この頃の武士は，先祖以来の地に住み着いて所領を拡大し，周辺の農民を使って農業を進めていました。このような武士の先祖は，およそ10世紀後半頃から11世紀にかけて各地でみずからの私領を開拓・開発し，一定の地域を支配するまでになった地域の有力者でした。Bくん，このような存在を何と称していますか。

Bくん：はい，（　う　）です。

A先生：そうですね。このように当時の武士は（　う　）の系譜を引き，一定の地域の農業に対して主導的な役割を果たしていました。彼らは年貢や公事のかからない(a)<u>直営地</u>を持ち，みずからの下人や地域内の農民を使って耕作させていました。また地域内には一般農民の耕地も広がっており，彼らの多くは(b)<u>地頭</u>として一般農民から年貢や公事を徴収していました。

さっきCさんが，堀が掘られていると指摘しましたが，堀は防備のためばかりでなく，川の水や湧水をたくわえて田畑に供給する役割も果たしていました。つまり，当時の武士の館は軍事的砦という役割とともに，農業の拠点の役割もあわせ持っていたといえます。

Bくん：先生，テレビの時代劇をみていると，江戸時代の武士は農業をやっているようにはみえないんですが，どうしてですか？

A先生：それはいいところに気づきましたね。江戸時代の武士は，城下町など都市部に集住して武士層全体として農民・農村を支配し，直接農業にかかわらなくなったのです。このように，武士と農民を生業や生活区域の面からも，また身分の面からも明確に区別する政策を（　え　）分離と呼び，（　お　）によってもっとも強力に進められました。これについては，近世のところで詳しく学習しましょう。Cさん，武士の館の図で，ほかに気づいたことはありませんか？

Cさん：いろんな動物がいます。母屋の右手には鷹(たか)がいますし，右手の建物の縁側には犬がいます。厩(うまや)には馬が飼われています。

A先生：鷹は，鷹狩りという軍事訓練を兼ねた狩猟用です。犬といえば，軍事訓練の一種に犬追物があります。この犬追物は，（　か　）（　き　）とともに騎射三物といわれました。

Bくん：武士は武芸を身につけることが重視されたんですね。

A先生：そう，主従の秩序を重んじたり，一門・一家の誉(ほま)れを尊ぶ精神は武士の守るべき道徳であり，「弓馬の道」，「弓矢の道」といわれたくらいです。

Bくん：一門・一家って，何ですか？

A先生：本家と分家との集団を指す言葉で，本家の当主を（　く　）と称し，分家にあたる（　け　）が当主を中心にして結束し，戦時には団結して戦ったのです。

問1　文章中の空欄に入る適語を，次のうちからそれぞれ1つ選び番号で答えよ。

（　あ　）：①　一遍　　②　空也　　③　行基　　④　法然

（　い　）：①　岡山県　　②　福井県　　③　大分県　　④　福岡県

（ う ）：① 守護大名　② 預所　③ 開発領主　④ 国司
（ え ）：① 職住　② 兵農　③ 神仏　④ 公私
（ お ）：① 織田信長　② 豊臣秀吉　③ 北条早雲　④ 武田信玄
（ か ）・（ き ）① 笠懸・流鏑馬　② 巻狩・風流
③ 棒手振・奉公　④ 苗字帯刀・有職故実
（ く ）・（ け ）① 郎党・寄合　② 譜代・外様
③ 惣領・庶子　④ 寄親・寄子

問2　下線部(a)は，当時どのように呼ばれていたか。**あてはまらないもの**を，次のうちから1つ選び番号で答えよ。
① 佃　② 門田　③ 正作　④ 官田

問3　下線部(b)について，地頭が一般農民から徴収した年貢や公事はふつうどこにおさめられていたか。もっともふさわしいものを，次のうちから2つ選び番号で答えよ。
① 国衙　② 荘園領主　③ 守護　④ 侍所　⑤ 名主

29　鎌倉時代の社会経済

写真　記述　文章・語句選択　私大対策

次のア・イの絵とその説明文を読み，あとの設問に答えよ。

ア

説明文
これは，疾走中の馬上から的を射る笠懸（かさがけ）で，もともと笠を的にしたが，のちに板を用いるようになった。(a)鎌倉時代の武士は，「兵（つわもの）の道」が尊ばれ，このような武芸を競うことが多かった。

イ

説明文
これは，鎌倉時代，西日本を中心に普及した牛耕の様子で，牛に引かせる犂（からすき）の構造もよくわかる。この他，馬耕も行われ，(b)農業生産力は向上した。さらに，手工業の発達とともに(c)商品の生産・流通も促進された。

問1　騎射三物とは，アの笠懸以外の2つは何か。それぞれ漢字で答えよ。

問2　下線部(a)の鎌倉時代の武士は，開発領主の系譜を引き，館を構え年貢や公事のかからない直営地を設けていたが，この直営地を何というか。次のうちから1つ選び番号で答えよ。
① 職田　② 公営田　③ 賜田　④ 佃　⑤ 位田

問3　下線部(a)の武士について述べた文として**誤っているもの**を，次のうちから1つ選び番号で答えよ。
① 宗家(本家)の長を惣領といい，血縁で結ばれた一門を統轄して諸役をつとめ，氏神・氏寺を祀った。
② 鎌倉末期まで，武士の相続は嫡子のほか，庶子にも財産が分割して相続された。女性も男性と同じく相続の対象となった。

③　地頭となった武士は，荘園への支配権も強め，荘園領主と一定額の年貢納入を請け負う地頭請所の契約を結んだ者もあった。

④　荘園領主との支配権を争った武士に対して，幕府は調停に乗り出し，当事者間の解決を一切禁じ，幕府の裁定を下した。

問4　荘園領主が地頭と荘園の支配権を分割して，以後，干渉侵略しないように約束する解決法を何というか。漢字4字で答えよ。

問5　下線部(b)の農業生産力の向上について，鎌倉時代の事柄として**誤っているもの**を，次のうちから1つ選び番号で答えよ。

①　二毛作は，西日本だけでなく東日本にも普及し，西日本では三毛作もみられた。

②　肥料は，刈った草葉を地中に埋めて腐敗させた刈敷や，草木を焼いた草木灰などが使われた。

③　生産力の発展に伴い，作人や下人などが，しだいに自立する傾向がみられた。

④　稲作のほか，自然的条件にあわせて，荏胡麻(えごま)・楮(こうぞ)などの商品作物栽培も行われた。

問6　下線部(c)について，鎌倉時代の事柄として正しいものを，次のうちから1つ選び番号で答えよ。

①　京都や鎌倉のような都市には，常設の小売店(見世棚)もみられるようになった。

②　産業の発達によって，納屋物といわれる一般商人の荷物も流通した。

③　月六度の六斎市も全国各地で開かれるようになった。

④　大商人が現れ，幕府や守護の公金を取り扱い，領主経済を左右した。

問7　鎌倉時代，港湾や都市にあって，年貢や商品の保管・運送にあたった業者を何というか。次のうちから1つ選び番号で答えよ。

①　運上　　②　運脚　　③　問丸　　④　蔵元　　⑤　掛屋

問8　名主・僧侶などから現れた鎌倉時代の高利貸を何というか。次のうちから1つ選び番号で答えよ。

①　両替商　　②　借上　　③　札差　　④　連雀商人　　⑤　問屋

問9　鎌倉時代，朝廷や有力寺社を本所と仰ぎ，営業上の特権を得た商工業者の同業者組合を何というか。漢字で答えよ。

30　鎌倉仏教

写真・史料　記述　語句選択　私大対策

次の文章を読み，あとの設問に答えよ。

保元の乱以降，社会は内乱が続き，飢饉に見舞われて不安定であった。人々は社会の変革を体験し，現実社会は常に移り変わるものであると悟り，心の支えを得たいと願った。人々の願いに応え，これまでのような戒律や学問中心の旧仏教にかわり，内面的な信仰を重視し，庶民など広い階層を対象とする新仏教がおこった。

最初に登場したのが法然である。比叡山で天台教学を学んだ彼は延暦寺に受け継がれていた浄土教を発展させ，一心に「南無阿弥陀仏」の[　A　]を唱えれば極楽往生できると説いた。彼は流罪になるなどさまざまな迫害を受けながら，貴族から庶民まで多くの支持を集め，教えは広く信仰された。彼の弟子親鸞も同じく流罪とされたが，師の教えをさらに進め，阿弥陀仏への他力信心だけが本当の仏法であると説いた。そして(a)煩悩の深い人間こそが阿弥陀仏の救済の対象である，という考えに至り，みずからも肉食妻帯するようになった。やや遅れて鎌倉中期に現れた一遍は，(b)諸国を遍歴しながら念仏の札を配って歩き，善人・悪人や信心の有無にかかわらず極楽往生できると説いて布教した。また，一遍と同じ頃，日蓮が現れ，法華経だけが正しい仏法であるとし，「南無妙法蓮華経」と[　B　]を唱えることによってのみ救われると主張した。彼は他宗をきびしく批判し，(c)法華経を純粋に信仰しなければ国難を招くと予言して鎌倉幕府にせまったため，日蓮宗は逆に幕府から迫害された。

法然と同じ頃，やはり比叡山に学んだ栄西は宋から禅宗の一派である臨済宗をもたらした。栄西は密教の祈禱にもすぐれ，公家や幕府有力者の帰依を受けた。きびしい戒律と坐禅によって悟りを開く禅宗は武士の気風にあい，東国の武士たちを中心に受け入れられた。さらに鎌倉幕府は(d)中国から多くの禅僧を招き，鎌倉に禅宗寺院を建立した。幕府との結びつきを強めた禅宗のなかで，道元は権力に近づくことなく(e)ただひたすらに坐禅に徹せよと説き，越前に永平寺を開いてきびしい規律のもとで弟子を育成し，その教えを地方武士のあいだに広めた。

このような新仏教に刺激され，旧仏教側も新たな動きをみせた。鎌倉時代初期，貞慶や(f)高弁(明恵)は，戒律を尊重して南都仏教の復興に力をそそいだ。やや遅れて叡尊や忍性らは戒律を重んじるとともに，(g)貧民や病人の救済・治療などの社会事業にも力を尽くした。

問1　空欄[　A　][　B　]に適語を入れよ。

問2　下線部(a)に関して，下の史料は下線部(a)の考えを弟子の唯円が書きとどめた文章である。この文章に示された親鸞の思想を何というか答えよ。

> 善人なおもちて往生をとぐ，いはんや悪人をや。しかるを世のひとつねにいはく，『悪人なを往生す，いかにいはんや善人をや』と。この条，一旦そのいはれあるにたれども，本願他力の意趣にそむけり。

問3　下線部(b)に関して，右の図は一遍が弟子たちと「南無阿弥陀仏」を唱え，鉦を打ち，床を踏みながら踊っているところである。このような布教の方法を何というか。

問4　右の図は一遍の生涯を描いた絵巻物の一部である。この絵巻物は何というか答えよ。

問5　下線部(c)に関して，日蓮が予言した国難が現実になったような，外国から攻撃を受ける事態が起こる。攻撃をしかけた外国の国名を答えよ。

問6　下線部(d)に関して，ア：幕府が中国から招いた僧と，イ：招いた幕府有力者の組合せとして正しいものを，次のうちから１つ選び番号で答えよ。

①　ア－蘭溪道隆　イ－源実朝　　②　ア－蘭溪道隆　イ－北条時頼

③　ア－無学祖元　イ－源実朝　　④　ア－無学祖元　イ－北条時頼

問7　下線部(e)に関して，道元のこの主張を何というか答えよ。

問8　下線部(f)に関して，法然の主張に反論して高弁が書いた著作を何というか。次のうちから１つ選び番号で答えよ。

①　『立正安国論』　②　『正法眼蔵』　③　『摧邪輪』　④　『教行信証』

問9　下線部(g)に関して，忍性が奈良にハンセン病患者を救済するために建てた施設名を答えよ。

31 鎌倉文化

写真　文章・語句選択　私大対策

次の写真とそれに続く各写真の説明文を読み，あとの設問に答えよ。

ア

イ

ウ

エ

ア　（　あ　）法皇の発願により，1164年，平清盛が造進した天台宗の寺院である。堂内には，湛慶らが制作した1001体の千手観音像が安置されている。現在の本堂は1266年に再建されたものであるが，この時代の（　い　）の建築様式の代表例である。

イ　役小角の創立と伝えられ，真言宗の開祖である（　う　）が再興した寺院である。金堂は（　い　）を主として随所に（　え　）・大仏様の建築様式を取り入れた折衷様の代表例である。

ウ　執権（　お　）の招きによって南宋から渡来した（　か　）の開山による寺院にあり，（　え　）の建築様式の代表例である。この寺院は，元寇の戦没者の菩提を弔(とむら)うために建立されたものであり，建長寺と並ぶ最高学府でもあった。

エ　（　き　）天皇の発願によって創建され，総国分寺と位置づけられた寺院にあったが，1180年，平重衡による南都焼打ちによって焼失し再建された。勧進上人（　く　）が再建の際に採用した，大仏様と呼ばれる建築様式の代表例である。

問1　空欄（　あ　）～（　く　）に入る人名・語句を，それぞれ1つずつ選び番号で答えよ。

①　最澄　②　無学祖元　③　蘭溪道隆　④　聖武　⑤　行基
⑥　重源　⑦　北条時宗　⑧　北条泰時　⑨　空海　⑩　後白河
⑪　後鳥羽　⑫　和様　⑬　禅宗様

問2　ア・ウ・エの建築様式を説明した次の文について，その正誤の組合せとして正しいものを，次のうちから1つ選び番号で答えよ。

X　アは勾配のゆるい水平に伸びた屋根が美しく，平安時代以来の伝統的な建築様式である。

Y　ウは中国の宋の建築様式を取り入れ，豪放で力強い表現により，自由奔放な手法を用いたのがこの建築様式の特徴である。

Z　エは急勾配の屋根と細かな部材を組み合わせて整然とした美しさを表すのがこの建築様式の特色である。花頭形の窓・入口も特色の1つである。

①　X－正　Y－正　Z－正　②　X－正　Y－誤　Z－正
③　X－正　Y－誤　Z－誤　④　X－誤　Y－正　Z－正
⑤　X－誤　Y－誤　Z－正　⑥　X－誤　Y－誤　Z－誤

問3　右の写真オについて，

ⅰ．次の文中の空欄に該当する語句・人名を答えよ。

この写真は，鎌倉時代の俗体肖像彫刻の代表とされる［　A　］重房像である。［　A　］重房は，鎌倉幕府最初の皇族将軍［　B　］親王の供として鎌倉へ下向し，定住した。［　A　］重房の孫娘は足利貞氏に嫁して，尊氏・直義を生み，

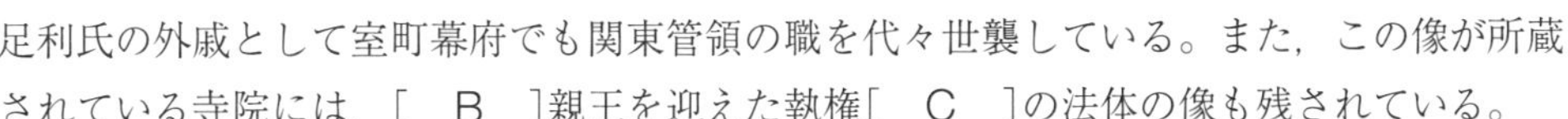

足利氏の外戚として室町幕府でも関東管領の職を代々世襲している。また，この像が所蔵されている寺院には，［　B　］親王を迎えた執権［　C　］の法体の像も残されている。

ⅱ．上の写真ア～エのうち，オの写真の肖像彫刻が所蔵されている寺院がある同じ国の建造物とその旧国名との組合せとして正しいものを，次のうちから１つ選び番号で答えよ。

① **ア**－山城国　② **ア**－相模国　③ **イ**－河内国　④ **イ**－武蔵国
⑤ **ウ**－相模国　⑥ **ウ**－河内国　⑦ **エ**－大和国　⑧ **エ**－播磨国

問4　下の写真**カ**～**ケ**と，それが所蔵されている建造物(上の写真**ア**～**エ**)と，**カ**～**ケ**に関わりの深い事項との組合せとして正しいものを，次のうちから２つ選び番号で答えよ。

カ

キ

ク

ケ

① **カ**－**ア**－浄土教　② **カ**－**イ**－康弁　③ **キ**－**エ**－運慶・快慶
④ **キ**－**ウ**－栄西　⑤ **ク**－**ウ**－神仏習合　⑥ **ク**－**エ**－金銅像
⑦ **ケ**－**イ**－弘仁・貞観文化　⑧ **ケ**－**ア**－鎌倉文化

32　鎌倉末～室町時代の政治

文章・語句選択　私大対策

次の文章を読み，あとの設問に答えよ。

13世紀後半から皇室では(a)持明院統と大覚寺統に分かれて対立が続いた。これを解決させた鎌倉幕府では，執権北条高時のもとで(b)内管領が政治をほしいままにし，御家人の反感が高まっていた。皇位に就いた後醍醐天皇は，(c)1324年と，1331年の二度倒幕を計画するが，いずれも失敗した。しかし，子の護良親王や，楠木正成らが畿内で挙兵した。これを鎮圧するため派遣された足利高氏は，逆に(d)六波羅探題を攻め，鎌倉も新田義貞が攻略して幕府は滅亡した。後醍醐天皇は天皇親政を復活させる(e)建武の新政を行ったが，土地・恩賞問題で武士の不満を招き，(f)足利尊氏の反乱により吉野へ逃れることになった。尊氏は新たに(g)別の天皇を即位させ，(h)室町幕府を開いた。こうして約60年にわたる(i)南北朝の動乱が始まった。

問1　下線部(a)について述べた文として**誤っているもの**を，次のうちから１つ選び番号で答えよ。

① この対立が始まったのは後嵯峨法皇の死後からである。
② 後深草上皇の流れをくむのが持明院統で，亀山上皇の流れをくむのが大覚寺統である。
③ 文保の和談により，持明院統の後醍醐天皇の即位が約束された。

④　幕府は，交替で皇位につく両統迭立でこの対立を調停した。

問2　下線部(b)の内管領とは誰か。次のうちから1つ選び番号で答えよ。

①　長崎高資　②　平頼綱　③　安達泰盛　④　高師直　⑤　名和長年

問3　下線部(c)について述べた文として正しいものを，次のうちから1つ選び番号で答えよ。

①　1324年の倒幕計画を正中の変といい，日野資朝は隠岐へ流された。

②　1324年の倒幕計画を元弘の変といい，後醍醐天皇は佐渡へ流された。

③　1331年の倒幕計画を正中の変といい，日野資朝は佐渡へ流された。

④　1331年の倒幕計画を元弘の変といい，後醍醐天皇は隠岐へ流された。

問4　下線部(d)について述べた文として正しいものを，次のうちから1つ選び番号で答えよ。

①　元寇の後，京都守護にかわって設置され，西国の御家人統轄と朝廷監視にあたった。

②　承久の乱後，京都守護にかわって設置され，西国の御家人統轄と朝廷監視にあたった。

③　元寇の後，京都守護にかわって設置され，朝廷監視と九州防備を担当した。

④　承久の乱後，京都所司代にかわって設置され，朝廷監視と九州防備を担当した。

問5　下線部(e)について述べた文として**誤っているもの**を，次のうちから1つ選び番号で答えよ。

①　天皇の意思を伝える綸旨が絶対万能であるとされた。

②　所領問題などの訴訟は，雑訴決断所が裁決した。

③　京都に設置された武者所の長官である頭人には新田義貞が就任した。

④　東北の統治にあたった奥州総奉行は，多賀城跡に本拠を置いた。

問6　下線部(f)の尊氏挙兵のきっかけになった乱とは何か。次のうちから1つ選び番号で答えよ。

①　明徳の乱　②　応永の乱　③　中先代の乱　④　嘉吉の変　⑤　永享の乱

問7　下線部(g)の別の天皇とは誰か。次のうちから1つ選び番号で答えよ。

①　光厳天皇　②　後小松天皇　③　光明天皇　④　後亀山天皇

⑤　後宇多天皇

問8　下線部(h)の政治を述べた文として正しいものを，次のうちから1つ選び番号で答えよ。

①　鎌倉には鎌倉府を置き，長官の関東管領には尊氏の子である基氏の子孫が就(つ)いた。

②　九州には鎮西探題，東北には奥州探題・羽州探題を置いた。

③　守護に軍事費として荘園・公領の年貢の半分を与える半済令を出した。

④　幕府の直轄軍として約300人からなる評定衆を設置した。

問9　下線部(i)について述べた文として**誤っているもの**を，次のうちから1つ選び番号で答えよ。

①　南朝の重臣として活躍した北畠顕家は『神皇正統記』を著した。

②　南北朝動乱中，観応の擾乱と呼ばれる足利尊氏・直義兄弟の全国的な争乱が起こった。

③　後醍醐天皇の皇子懐良親王は，大宰府を占拠し，一時九州を制圧した。

④　今川了俊は，九州の南朝勢力を圧倒し，懐良親王を大宰府から退去させた。

問10　室町時代に追加された幕府の裁判の判決を強制執行する守護の権限を何というか。次のうちから1つ選び番号で答えよ。

①　刈田狼藉の取締り　②　使節遵行　③　守護請　④　大番催促

⑤　下地中分

33 建武の新政

史料　記述　文章・語句選択　私大対策

次の史料を読み，あとの設問に答えよ。

(a)保元・平治・治承より以来，武家の沙汰として政務を恣(ほしいまま)にせしかども，(b)元弘三年の今は天下一統に成しこそめづらしけれ。君の御聖断は(c)延喜・天暦のむかしに立帰りて，武家安寧に民屋謳歌(みんおくおうか)し，いつしか諸国に国司・守護を定め，卿相雲客各其の位階に登りし体，実に目出度かりし善政なり。《中略》古の興廃を改めて，今の例は昔の新儀なり。(d)朕が新儀は未来の先例たるべしとて，新なる勅裁漸(ようや)くきこえけり。《中略》爰(ここ)に京都の聖断を聞奉るに，(　あ　)・(　い　)ををかるといへども，近臣臨時に内奏を経て非義を申し行う間，(e)綸言朝に変じ暮に改まりしほどに，諸人の浮沈掌(ふちんたなごころ)を返すがごとし。《中略》所帯をめさるゝ輩，恨みをふくむ時分，公家に口ずさみあり。(f)尊氏なしといふ詞を好みつかひける。抑(そもそも)，累代叡慮をもて関東を亡ぼされし事は，武家を立らるまじき御為なり。然(しか)るに，(g)直義朝臣太守として鎌倉に御座ありければ，東国の輩，是に帰伏して京都には応ぜざりしかば，《後略》

問1　下線部(a)の時期について，次の文を時代順に並びかえた組合せとして正しいものを，次のうちから1つ選び番号で答えよ。

Ⅰ　源義朝の子頼朝は捕えられ，伊豆に流された。
Ⅱ　後白河法皇の皇子である以仁王や源頼政らが挙兵した。
Ⅲ　崇徳上皇と後白河天皇との対立が表面化し，戦乱に発展した。

①　Ⅰ→Ⅱ→Ⅲ　②　Ⅰ→Ⅲ→Ⅱ　③　Ⅱ→Ⅰ→Ⅲ
④　Ⅱ→Ⅲ→Ⅰ　⑤　Ⅲ→Ⅰ→Ⅱ　⑥　Ⅲ→Ⅱ→Ⅰ

問2　下線部(b)は鎌倉幕府が滅亡した年であるが，西暦何年か答えよ。

問3　下線部(c)に**関係のない語句**を，次のうちから2つ選び番号で答えよ。

①　村上天皇　②　宇多天皇　③　醍醐天皇　④　荘園整理令
⑤　『続日本紀』　⑥　『古今和歌集』　⑦　三善清行「意見封事十二箇条」

問4　下線部(d)の言葉を述べた天皇は誰か，答えよ。

問5　(　あ　)(　い　)にあてはまる語句を，次のうちからそれぞれ選び番号で答えよ。なお，(　あ　)には重要政務を行う機関，(　い　)には所領問題を扱う機関が入る。

①　政所　②　決断所(雑訴決断所)　③　恩賞方
④　記録所　⑤　武者所　⑥　問注所

問6　下線部(e)は，天皇の命令のことを指している。この状況を揶揄(やゆ)して書かれた史料は何か，答えよ。

問7　下線部(f)は，倒幕に大きくかかわった人物である。鎌倉幕府の滅亡に関連した以下の文について正しいものを，次のうちから1つ選び番号で答えよ。

①　元弘の変のあと，幕府におされて大覚寺統から光厳天皇が即位した。
②　摂津では楠木正成が，京都では護良親王(もりよし(もりなが))が兵をあげ，反幕勢力の結集をはかった。
③　上野の新田義貞は鎌倉を攻めて，北条高時らを滅ぼした。
④　京都では北畠親房が六波羅探題へ攻め込み，幕府軍を壊滅させた。

問8　下線部(g)の人物は，南北朝時代には全国の政務や裁判を統轄していた。彼と対立関係にあった尊氏の執事をつとめた人物名を答えよ。

問9 本史料の出典は，武家の側に立って足利尊氏の活躍を描いた歴史書である。この歴史書を，次のうちから１つ選び番号で答えよ。

① 『太平記』　② 『神皇正統記』　③ 『増鏡』　④ 『梅松論』

34 南北朝の動乱

年表　文章・語句選択　私大対策

下の年表は南北朝動乱期の南朝・北朝の出来事を列記したものである。年表をみて，あとの設問に答えよ。

1336年　後醍醐天皇（　あ　）へ移る→光明天皇の朝廷と対立→南北朝動乱開始

<南朝側の動向>		<北朝側（幕府側）の動向>	
1338年	(a)北畠顕家，和泉の石津で戦死		
1338年	［　A　］，越前の藤島で戦死	1338年	(b)足利尊氏に将軍宣下 ⇒名実ともに室町幕府開設
1339年	(c)後醍醐天皇病死→後村上天皇即位		
1339年	［　B　］，常陸の小田城で『神皇正統記』執筆		
1348年	(d)楠木正行，四条畷(しじょうなわて)の戦いで戦死	1350〜52年	（　い　） 足利尊氏・高師直と足利直義の対立 →尊氏の勝利
		1352年	足利尊氏，（　う　）の三国に一年限りの(e)半済令施行
		1358年	足利尊氏病死 →足利義詮，２代将軍に就任
1359年	（　え　）・菊池武光らが少弐氏を破り，九州を制圧	1368年	足利義詮病死 →足利義満，３代将軍に就任
		1371年	(f)今川貞世（了俊），（　お　）に就任
1378年	肥後の菊池氏，今川貞世に敗北		
1383年	（　え　）の死 →南朝，最後の拠点喪失		
1383年	［　C　］即位		

［　D　］年　南北朝合体←足利義満の斡旋(あっせん)（南朝の［　C　］が北朝の［　E　］へ譲位）

問1 年表中の［　A　］〜［　E　］に適語を入れよ。

問2 （　あ　）に該当する位置を，次頁の地図中の①〜③のうちから１つ選び番号で答えよ。

問3 （　い　）に入る事件名を，次のうちから１つ選び番号で答えよ。

① 中先代の乱　② 明徳の乱　③ 観応の擾乱　④ 正中の変

問4 （　う　）に該当しない国を，次のうちから１つ選び番号で答えよ。

① 近江　② 伊勢　③ 尾張　④ 美濃

問5 （　え　）に入る人名を，次のうちから１つ選び番号で答えよ。

① 尊円親王　② 懐良親王　③ 護良親王　④ 宗尊親王

問6　（　お　）に入る職名を，次のうちから１つ選び番号で答えよ。

①　征西将軍　　②　大宰少弐　　③　鎮西奉行
④　九州探題

問7　下線部(a)は，建武の新政時に，のちに後村上天皇として即位する親王とともに，地方へ派遣された。その地方機関名を，次のうちから１つ選び番号で答えよ。

①　陸奥将軍府　　②　大宰府
③　鎌倉将軍府　　④　鎮守府

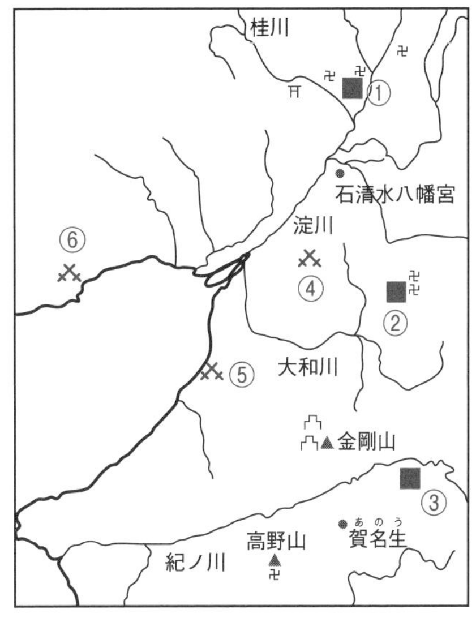

問8　下線部(b)は将軍宣下を受ける前，すでに幕府を開く目的のため，施政方針を発表した。その施政方針の文章に含まれるものを，次のうちから１つ選び番号で答えよ。

①　当所中楽市として仰せ付けらるるの上は，諸座・諸役・諸公事等，ことごとく免許の事。
②　鎌倉元の如く柳営たるべきか，他所たるべきや否やの事。
③　右，右大将家の御時定め置かるる所は大番催促・謀叛・殺害人等の事なり。
④　喧嘩の事，是非に及ばず成敗を加ふべし。ただし，取り懸ると雖も，堪忍せしむるの輩に於いては，罪科に処すべからず。

問9　下線部(d)の父が戦死した戦いの位置を，地図中の④～⑥から１つ選び番号で答えよ。

問10　下線部(e)の内容にもっとも適するものを，次のうちから１つ選び番号で答えよ。

①　荘園・公領の年貢の半分を，軍の維持費にあてるため徴収し，守護の配下の武士たちへ給付を認めたもの。
②　荘園・公領を守護と国司が折半し，土地・人民を分割支配することを認めたもの。
③　荘園・公領の年貢の納入を守護に請け負わせることを認めたもの。
④　荘園・公領の年貢の納入を村に請け負わせることを認めたもの。

問11　下線部(f)が著した書物の名を，次のうちから１つ選び番号で答えよ。

①　『職原抄』　　②　『難太平記』　　③　『梅松論』　　④　『公事根源』

35　室町王権の誕生

文章選択　私大対策

次の文章を読んで，あとの設問に答えよ。

後醍醐天皇は天皇親政をめざし，公武一統の(a)建武の新政を始めたが，新政には不満が高まり，混乱した。こうした状況のもとで足利尊氏は〔　A　〕統の光明天皇を擁立し，(b)建武式目を発表して幕府を開いた。この後，半世紀あまりのあいだを南北朝時代と呼んでいる。南北朝の動乱は足利義満の時代に終息に向かい，1392年南北朝の合体が実現した。ついで1394年には義満は将軍職を息子に譲り，みずからは太政大臣になって事実上公武の両権を握った。義満は京都室町に〔　B　〕と呼ばれる壮麗な邸宅をつくり，そこで政務を行った。(c)幕府の機構や(d)財政，直轄の軍事力である奉公衆も義満の時代にほぼ整えられた。対外的にも(e)中国との正式な国交樹立に成功し，日明貿易を開始した。

室町幕府は，足利氏を中心とする有力守護の連合政権としての性格が強かった。幕府は南北朝動乱のなかで，地方武士を組織させるために(f)半済令を発布するなど(g)守護の権限を拡大したので，守護はしだいに強大になって領国支配を強化し，守護大名に成長していった。幕府の体制を固めることに成功した義満は，機会をとらえて将軍権力の強化と有力守護大名の勢力削減につとめたのである。

問1　文中の〔　A　〕〔　B　〕に適する語をそれぞれ記せ。

問2　下線部(a)について述べた文として**誤っているもの**を，次のうちから１つ選び番号で答えよ。

①　新政府は，政務機関として記録所，所領問題を処理する雑訴決断所などを置いた。
②　新政府は，地方に国司・守護を併置した。
③　新政府は，所領安堵も天皇が出す綸旨によるとした。
④　新政府は，鎌倉幕府のあった関東を重視し，鎌倉府を開いた。

問3　下線部(b)の説明として正しいものを，次のうちから１つ選び番号で答えよ。

①　建武の新政の失敗を長詩の形で批判・風刺したものである。
②　御成敗式目を補足する法令としてまとめられた室町時代の基本法典である。
③　後醍醐天皇の討幕計画から足利尊氏の政権掌握まで，足利尊氏の立場に立ってまとめられた軍記物である。
④　足利尊氏の諮問にこたえ，幕府の施政方針について定めたものである。

問4　下線部(c)について，京都内外の警備や刑事裁判を司る役所の長官は管領につぐ重要職で，多くは主要な四家から任じられる慣例であった。四職と呼ばれる四家にあてはまらないものを，次のうちから１つ選び番号で答えよ。

①　赤松　　②　斯波　　③　京極　　④　一色

問5　下線部(d)について述べた文のうち**誤っているもの**を，次のうちから１つ選び番号で答えよ。

①　幕府直轄領の御料所については奉公衆が管理し，借上が年貢の出納売却を扱った。
②　京都の主な出入り口に関所を設け，関銭を徴収した。
③　京都の土倉や酒屋に対して倉役・酒屋役を課した。
④　国家的行事には，臨時税として従来朝廷が課してきた段銭・棟別銭を幕府が課した。

問6　下線部(e)について述べた文として**誤っているもの**を，次のうちから１つ選び番号で答えよ。

①　足利義満は僧祖阿を正使，博多商人肥富を副使として明と国交を開き，義満は明から日本国王と認められた。
②　明からの輸入品は永楽通宝などの銅銭のほか，生糸，絹織物，陶磁器などであった。
③　正式な貿易船と私貿易船を区別するため，明の皇帝発行の勘合を携える形式であった。
④　朝貢貿易の形をとったことが多くの批判を呼び，足利義教の時に中止された。

問7　下線部(f)に関連して述べた文として，正しいものを，次のうちから１つ選び番号で答えよ。

①　半済令は，荘園に課せられた段銭の半分を国人に与える権限を守護に認めたものであ

る。

② 半済令により，全国の荘園の土地・人民を国司と守護で分割支配させた。

③ 半済令により，農民の負担軽減のため荘園・国衙領の年貢を半減した。

④ 半済令は初め1年限りで特定地域に限定されていたが，やがて永続的になり，全国を対象とするようになった。

問8 下線部(g)について述べた文として**誤っているもの**を，次のうちから1つ選び番号で答えよ。

① 所領の紛争当事者が実力で作物を刈り取る刈田狼藉を取り締まる権限が与えられた。

② 幕府の裁判の判決内容を強制的に執行するため，使者を遣わす権限が与えられた。

③ 荘園領主が年貢の徴収を守護に請け負わせる地下請がさかんに行われた。

④ 守護は国内の武士を家臣に組み込もうとしたが，国人と呼ばれた武士がそれに抵抗し，一揆を形成することもあった。

36 足利義満の政治と外交

語句選択 私大対策

次の文章を読み，あとの設問に答えよ。

1368年に室町幕府の3代将軍に就任した足利義満は，1392年に南朝側と交渉の末に南北朝の合体を実現させ，長く続いた内乱を終わらせることに成功した。1394年には将軍職を(ア)に譲って太政大臣となり，翌年には出家したが，政治の実権は握り続けた。この頃までには(a)室町幕府の政治機構もほぼ整ったが，同時に義満は，1391年の(イ)で山名氏清を一族の内紛に乗じて倒し，1399年の応永の乱で(ウ)を滅ぼすなど，有力な守護の勢力を削減させた。

同じ頃，中国では1368年に(エ)が漢民族の王朝である明を建国した。明は日本に入貢を促すとともに，倭寇の取り締まりを要求した。義満はこれに応じ，(b)1401年に使者を派遣して国交を求めた。これに対して(c)明は日本に対して返書を与え，(d)日明貿易が開始された。また義満は，朝鮮半島で1392年に(オ)が建国した(e)朝鮮とも国交を開き，貿易を行った。

問1 文中の空欄(ア)に適する将軍の名前を，次のうちから1人選び番号で答えよ。

① 足利義持 ② 足利義昭 ③ 足利義教 ④ 足利義政

問2 文中の空欄(イ)に適する語句を，次のうちから1つ選び番号で答えよ。

① 嘉吉の変 ② 永享の乱 ③ 明徳の乱 ④ 応仁の乱

問3 文中の空欄(ウ)に適する守護大名の名前を，次のうちから1人選び番号で答えよ。

① 細川頼之 ② 大内義弘 ③ 土岐康行 ④ 山名持豊

問4 文中の空欄(エ)に適する人名を，次のうちから1人選び番号で答えよ。

① 朱元璋 ② 李鴻章 ③ 尚巴志 ④ 李成桂

問5 文中の空欄(オ)に適する人名を，問4の語群から1人選び番号で答えよ。

問6 文中の下線部(a)について，将軍の補佐役である管領には足利一門の有力守護が交代で任命されたが，いわゆる三管領ではないものを，次のうちから1つ選び番号で答えよ。

① 細川氏 ② 斯波氏 ③ 赤松氏 ④ 畠山氏

問7 文中の下線部(b)について，派遣された正使の名前を，次のうちから1人選び番号で答えよ。

①　夢窓疎石　②　尊円　③　祖阿　④　義堂周信

問8　文中の下線部(c)について，明の皇帝からの返書で義満は何と呼ばれたか。次のうちから1つ選び番号で答えよ。

①　日本皇帝　②　日本大君　③　日本将軍　④　日本国王

問9　文中の下線部(c)について，この貿易の特徴として**誤った文**を，次のうちから1つ選び番号で答えよ。

①　日本からは銅・硫黄・刀剣などが輸出され，明からは銅銭・生糸などが輸入された。

②　貿易をする港が日本側では博多，明側では寧波に限定された。

③　明の皇帝が発行する勘合を持参する義務があった。

④　日本が明の皇帝に朝貢し，その返礼として品物を受け取るという形をとった。

問10　文中の下線部(d)について，対馬で日本と朝鮮の貿易の仲介をつとめたのは何氏か。次のうちから1つ選び番号で答えよ。

①　細川氏　②　蠣崎氏　③　大内氏　④　宗氏

37　室町時代の政治と社会

共通テスト・私大対策

次の文章を読んで，あとの設問に答えよ。

室町幕府は，3代将軍足利義満の時代に安定期を迎えた。義満のあとを継いだ足利義持の時代も将軍と有力守護大名の勢力均衡が保たれ，比較的安定していたが，6代将軍足利義教は，将軍権力の強化をねらい専制的な政治を行った。義教は(a)鎌倉公方と対立し，有力大名を弾圧したため，播磨国守護の（　あ　）満祐が将軍を殺害する事件が起こり，これ以降将軍の権威は大きく揺らいだ。

8代将軍の時，将軍家で起きた家督争いは，管領家の相続問題ともからみ，幕府の実権争いに発展して（　い　）方(西軍)と（　う　）方(東軍)に分かれ，(b)応仁・文明の乱が始まった。乱は京都を中心に11年間続いた。戦乱により，幕府の権威は著しく失墜した。守護大名らが戦争で京都に釘づけになっているあいだに，地方では守護代や国人たちが力を伸ばして守護大名を倒し，領国の実権を握った。このような(c)下の地位の者が上位の者をしのいで実力を伸ばす風潮のなかで，それまでの秩序は壊れ，およそ150年間戦国の世が続いた。守護大名の家督争いがはげしくなり，国人たちが共通の権益を守るため，一揆を結ぶことが多くなった。山城国では，応仁・文明の乱後も（　え　）氏の相続争いが長引いていた。(d)1485年，国人や有力農民が平等院で集会し，戦闘を続ける両（　え　）氏に対して国外退去を求め，以後8年間にわたり自治を展開した。また浄土真宗は本願寺の（　お　）が平易な文章で布教し，近畿・東海・北陸地方に広まった。浄土真宗門徒の国人・百姓が中心となり，(e)加賀国では1488年，守護（　か　）氏を倒し，約百年間にわたって門徒百姓の一揆が国を支配したため，加賀国は「百姓の持ちたる国」といわれた。また，京都では日蓮宗の（　き　）の布教で富裕な商工業者のあいだに日蓮宗が広まった。彼らは法華一揆を結び，一向一揆に対抗し，自治を行った。しかし，比叡山との対立を生んで，(f)1536年京都市中の日蓮宗寺院は比叡山の僧兵による焼討ちにあった。

問1　空欄（　あ　）～（　き　）に入る適語を，次のうちから1つ選び番号で答えよ。

①　親鸞　②　蓮如　③　畠山　④　細川　⑤　斯波

⑥　山名　⑦　富樫　⑧　日親　⑨　日蓮　⑩　赤松

問2　下線部(a)について，足利義教が鎌倉公方を討ち滅ぼした事件を，次のうちから1つ選び番号で答えよ。

①　応永の乱　②　明徳の乱　③　永享の乱　④　土岐康行の乱

問3　下線部(b)について，この時代頃から右の絵のような軽装の兵が活躍するようになった。彼らを何と呼ぶか。

問4　下線部(c)について，この風潮を何というか。

問5　下線部(d)について，この事件を何というか。

問6　下線部(e)について，この体制が続いた約百年のあいだに起こった出来事として正しいものはどれか。次から1つ選び番号で答えよ。

①　嘉吉の徳政一揆

②　フランシスコ＝ザビエルのキリスト教伝道

③　正長の土一揆

④　応永の外寇

問7　下線部(e)について，1580年に加賀国を平定した戦国大名は誰か。

問8　下線部(f)について，この事件を何というか。

38　室町時代の外交

地図　記述　私大対策

次の図は室町時代の東アジア図である。これをみて，あとの設問に答えよ。

Ⅰ　この地の商人が東南アジア・中国・朝鮮との中継貿易に活躍し，東アジアの重要な貿易拠点となった。

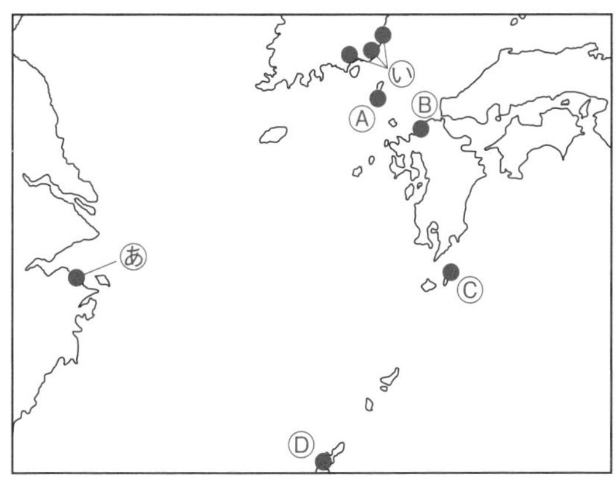

Ⅱ　勘合貿易の実権を握った大内氏がこの地の商人と結びつき，この地は日明貿易の拠点となった。

Ⅲ　この地にポルトガル人の乗った船が漂着したことを契機に，ヨーロッパ人が日本にくるようになった。

Ⅳ　倭寇の活動が活発化したので，1419年，朝鮮軍は倭寇の本拠地とみなし，この地を攻撃した。

問1　上の文Ⅰ～Ⅳに述べられたこの地を，上の地図中のⒶ～Ⓓより記号で答えよ。

問2　15世紀前半にⅠの国を統一した人名を漢字で答えよ。

問3　Ⅳの事件名を漢字で答えよ。

問4　図中㋐の貿易港名を漢字で答えよ。また日本側が明に献上物をおさめ，明が返礼の品物を授けるという貿易形式名を漢字で答えよ。

問5　図中㋑の日本との貿易港の総称を漢字2字で答えよ。また，この国との貿易を統制した

のは何氏か，漢字で答えよ。

39 室町時代の農村史料

史料　記述　文章・語句選択　私大対策

次のⅠ，Ⅱの史料を読み，あとの設問に答えよ。(ただし史料文の表記は一部改めている)

Ⅰ　　定　条々事

一 (第1条)，㋐□□触れ二度に出でざる人は，五十文咎(とが)たるべき者也。

一 (第2条)，(a)森林木苗切木は，五百文充，咎たるべき者也。

衆議に依て定むる所，件の如し。

文安五年十一月十四日　之を始む。

定 (b)今堀地下掟の事。　　合 (c)延徳元年己酉十一月四日

一 (第5条)，㋑□より屋敷請(うけ)候て，村人にて無(なき)物置くべからざるの事。

一 (第8条)，㋑□の地と私の地と，さいめ争論は，金にてすますべし。

一 (第16条)，家売りたる人の方(かた)より，百文(もん)には三文づつ，壱貫文には三十文ずつ㋑□へ出すべき者なり。この旨(むね)を背(そむ)く村人は，座をぬくべきなり。

Ⅱ　近日，四辺の(d)土民蜂起す。(e)土一揆と号し，御㋒□□と称し，借物を破り，少分を以て押して質物を請く。……侍所多勢を以て防戦するもなお承引せず。土民数万の間，防ぎ得ずと云々。賀茂の辺か，今夜時の声を揚ぐ。……今土民等，(f)代始にこの沙汰は先例と称すと云々。言語道断の事なり。……

問1　史料Ⅰは，それぞれ同じ村の規則である。このような村の規則を何というか，史料中より選び漢字3字で答えよ。

問2　史料文中の波線部㋐～㋒の空欄(□□ないし□)に入る語句を漢字で答えるとともに，それぞれの語句の説明文として，もっとも適切なものを①～⑤より1つずつ選べ。

①　為政者が債務の破棄，借金の帳消しを公認すること。

②　鎮守を祭祀する組織で，村の結合の中心となった。

③　自治の中心となる協議機関で，村民により構成された。

④　警察権・裁判権を村民がみずから行使すること。

⑤　中世における農民の自治的な組織・村落。

問3　下線部(a)の条文は，村民が共同で利用し肥料や燃料を得る土地(山野)に関する規定であるが，このような土地を何というか答えよ。

問4　(1)史料Ⅰの規定を残した下線部(b)の村はどこの国にあったか。次のうちから1つ選び番号で答えよ。

①　武蔵　　②　薩摩　　③　近江　　④　越後

(2)下線部(c)は西暦何年にあたるか，次のうちから1つ選び番号で答えよ。

①　1392年　　②　1428年　　③　1467年　　④　1489年

問5　農業・農村について記した次の各文のうち，史料Ⅰの時代の内容としてもっとも適切な文を，次のうちから1つ選び番号で答えよ。

①　刈敷・草木灰などの肥料の使用や牛馬など畜力の利用が，一部の有力農民層に広がるようになった。

② 村落の名主・百姓が，荘園領主に対して，土地管理や年貢徴収を請け負うことがなされるようになった。

③ 一部先進地帯では，米を栽培した田地の裏作として，冬に麦を植えつける二毛作がみられるようになった。

④ 一土地の耕作者を一人の百姓とする施策が進められ，従来の土地に対する複雑な権利関係は解消された。

問6 下線部(d)は，具体的にはどのような人々か，次のうちから1つ選び番号で答えよ。

① 農村内の土豪・地侍とそれらに指導された百姓

② 町衆と呼ばれる自律的な手工業者・商人

③ 荘園内で広い面積の名田を経営する名主層

④ 土地所有権を有さない作人層や最底辺の下人層

問7 (1)下線部(e)の名称を，次のうちから1つ選び番号で答えよ。

① 正長の土一揆　② 嘉吉の土一揆　③ 山城の国一揆　④ 加賀の一向一揆

(2)下線部(f)となった少し前に殺害された将軍名を，次のうちから1つ選び番号で答えよ。

① 足利義政　② 足利義昭　③ 足利義教　④ 足利義満

問8 史料Ⅱは，ある人物の記した日記の一部である。その人物の社会階層・身分と，その人物の一揆に対する評価・態度を述べた文でもっとも適切なものを，次のうちから1つ選び番号で答えよ。

① この一揆に参加した一向宗の僧により記されており，一揆の指導者としての自信がみなぎっている。

② 日記を残したのはある守護大名の家臣であり，利害関係がなかったためか，一揆を客観的に記録している。

③ 筆者は都市に居住する町衆・商人と考えられており，一揆による被害の拡大を懸念している。

④ 日記の筆者は貴族であり，記事より荘園領主の立場からの一揆に対する反感・嫌悪感がうかがえる。

40 室町時代の社会経済

記述　文章・語句選択　私大対策

室町時代を中心とする中世後期の産業・商業・交通・都市などについて述べた次の文章を読み，あとの設問に答えよ。

農業では，鎌倉時代に畿内・近国で広く行われていた[　A　]が関東地方へも広まっていった。鉄製の農具や，[　B　]・馬などの家畜を使った耕作，[　C　]・竜骨車などの揚水具を使う灌漑技術の進歩，下肥や草木からつくられる草木灰・[　D　]などの肥料，稲の品種改良などが[　A　]の可能性を広げた。農民は，米・麦以外にも販売用の野菜や手工業の原料となる作物も栽培するようになった。農業や手工業の発展に伴い，(a)各地に特産品が生まれ，商業も一層さかんになった。石清水八幡宮を[　E　]とする大山崎の[　F　]座，北野神社を[　E　]とする酒麹座など，京都を中心に座の種類や数が著しく増えた。地方の市場も活況を呈し，鎌倉時代から開かれていた[　G　]といわれる定期市のほか，戦国時代になると，月[　H　]回開かれる定期市も一般的になった。このような地方の市場や京都などの都市の常設の小売店では，貨幣による売買が行われた。貨幣は，従来の宋銭とともに，日明貿易でもたらされた洪武通宝や明の第３代皇帝の名がついた［　Ｉ　］などの明銭が大量に使用されたが，それでも不足したので国内で製造された粗悪な私鋳銭も流通した。そのため(b)商取引の際に悪銭の受取りを拒否する者がいたりして，流通に混乱が生じた。この時代，酒屋などの富裕な商工業者が［　Ｊ　］と呼ばれる高利貸業者を兼ね，活発に金融活動を行った。

経済活動が活発化するに伴って，交通や都市も発展した。物資の運搬では特に水上交通が栄えた。瀬戸内海は九州・中国・四国方面から京都への，［　Ｋ　］は北陸方面から京都への物資の運搬に利用され，多くの廻船が往来した。(c)瀬戸内海沿岸の港町の発展は顕著であり，［　Ｋ　］でも坂本・大津には［　Ｌ　］と呼ばれた運搬業者が多く集まり，京都とのあいだを往来した。［　Ｌ　］は徳政一揆の先導役になったこともある。室町幕府・寺社・公家などが，［　Ｍ　］や関銭と呼ばれる通行税を徴収するための関所を設置したのもこの時代である。［　Ｋ　］や淀川沿岸，京都の出入口には特に多くの関所が置かれていた。戦国大名はそのような関所を撤廃していった。室町・戦国時代には港町以外にも，城下町，門前町，浄土真宗（一向宗）門徒らが集まる［　Ｎ　］など，多様な形態の都市が発展した。

問１　空欄［　Ａ　］～［　Ｎ　］に適語を入れよ。

問２　下線部(a)に関して述べた文として**誤っているもの**を，次のうちから１つ選び番号で答えよ。

①　加賀・丹後・京都西陣は絹織物の産地として有名だった。
②　美濃・越前・播磨は和紙の産地として有名だった。
③　京都・大和・摂津は酒の産地として有名だった。
④　信濃・甲斐・陸奥は塩の産地として有名だった。

問３　下線部(b)を抑制するために，室町幕府や戦国大名がしばしば発布した法令名を答えよ。

問４　下線部(c)の１つで，門前町としても栄えた都市を，次のうちから１つ選び番号で答えよ。

①　大湊　　②　草戸千軒町　　③　十三湊　　④　坊津　　⑤　一乗谷

41　北山文化と東山文化

写真　記述　文章・語句選択　私大対策

次の文章を読み，写真をみて，あとの設問に答えよ。

室町時代には，文化の面でも武家が中心的な役割を果たすようになり，禅宗の影響を強く受けた武家文化が公家の伝統文化と融合しながら京都を中心に花開いた。南北朝動乱を背景とした動乱期の文化のあと，足利義満の時代には北山文化が，足利義政の時代には東山文化が生まれた。

将軍職を退いた義満は，1397年，京都北山に写真アを含む北山山荘を営んだ。写真アは，三層からなる楼閣建築で［　Ａ　］造と禅宗様という建築様式を統合している。北山山荘は義満の死後，（　あ　）となった。禅宗は，（　い　）が足利尊氏の保護を受けて以来，室町幕府と深く結びついた。南宋の官寺の制を取り入れた(a)五山・十刹の制も義満の頃に整えられた。

(b)五山では宋学の研究や漢詩文の創作もさかんであり，経典や詩文などの出版も行われた。中国から来日・帰国した禅僧たちによってもたらされた水墨画に対する関心が高まったのもこの時期で，(c)４代将軍の支持を受けたと伝えられる相国寺の(d)如拙らが活躍している。

15世紀後半，８代将軍義政の時代には，北山文化にかわって，より洗練された簡素で趣のある文化が生まれた。[　B　]に将軍職を譲っていた義政は，京都の東山に写真**イ**を含む山荘を造営した。写真**イ**には上層は禅宗様，下層は東求堂同仁斎と同様の[　C　]造という新しい建築様式が採用されている。この山荘には，僧体で阿弥号を名乗る(　う　)と呼ばれる人々が能・茶の湯・立花・造園などの才能をもって，義政の側近として仕えていた。北山文化の頃に基礎が築かれた水墨画には(e)雪舟が出てこれを大成した。また，水墨画に大和絵の手法を取り入れた(f)狩野派がおこり，東山山荘の襖にもその作品が描かれていたと伝えられる。

写真**カ**は写真**オ**が収蔵されている(g)大徳寺大仙院の庭園である。このような岩石と砂利を組み合わせて象徴的な自然をつくり出した庭園は(　え　)の庭園と呼ばれる。この庭園も，(　お　)文化の禅の精神に基づくものである。

ア

イ

ウ

エ

オ

カ

問1　空欄[　A　]〜[　C　]に適語を入れよ。

問2　空欄(　あ　)に入る寺院名を，次のうちから1つ選び番号で答えよ。

①　天竜寺　②　慈照寺　③　南禅寺　④　鹿苑寺　⑤　本願寺

問3　空欄(　い　)(　う　)に入る人名・語の組合せとして正しいものを，次のうちから1つ選び番号で答えよ。

①　い－夢窓疎石　う－同朋衆　②　い－無学祖元　う－奉公衆
③　い－夢窓疎石　う－奉公衆　④　い－無学祖元　う－同朋衆

問4　下線部(a)に関して述べた文として正しいものを，次のうちから1つ選び番号で答えよ。

①　五山には，永平寺や円覚寺など曹洞宗・臨済宗の禅寺が組織されている。
②　五山の上には，知恩院を置き，その下に京都・鎌倉の五寺が格づけられた。
③　京都五山・鎌倉五山の第三位に位置づけられた寺院はいずれも，栄西が開いた。
④　幕府は興福寺に僧録司を置いて官寺を管理し，住職などを任命した。

問5　下線部(b)に関して述べた文として正しいものを，次のうちから1つ選び番号で答えよ。

①　鎌倉五山では，日常語の辞書である『庭訓往来』が出版された。
②　宋学を研究した桂庵玄樹は，後醍醐天皇にも影響を与えた。
③　義満の頃，義堂周信や絶海中津らが出て五山文学をおおいに発展させた。
④　五山では，室町時代の初めから活字印刷機を用いて出版事業が行われた。

問6　下線部(c)が将軍在職時(1394～1423年)の出来事として正しいものを，次のうちから１つ選び番号で答えよ。

①　寧波の乱　②　応永の乱　③　嘉吉の変　④　永享の乱

問7　下線部(d)～(f)と彼らの作品である写真**ウ**～**オ**について述べた文の正誤を判断し，組合せとして正しいものを，次のうちから１つ選び番号で答えよ。

X　**ウ**は曹洞宗で出される公案を図示したものであり，これを描いたのは(d)である。

Y　**エ**を描いた(e)は，明に渡って水墨画を学び，帰国後は大内氏の城下である山口に庵を結んだ。

Z　**オ**は，(f)の創始者で御用絵師にもなった狩野探幽が描いた作品である。

①　X－正　Y－正　Z－正　②　X－正　Y－誤　Z－誤

③　X－誤　Y－正　Z－誤　④　X－誤　Y－誤　Z－正

問8　北山・東山文化について述べた文として正しいものを，次のうちから１つ選び番号で答えよ。

①　義満の保護を受けた宗鑑は，正風連歌を確立し，『菟玖波集(つくばしゅう)』を編纂した。

②　観世座の世阿弥は，義満の保護を受け，猿楽能を完成した。

③　義政の保護を受けた千利休は，茶と禅の精神の統一を主張し，侘茶を創出した。

④　義政の保護を受けた吉田兼倶は，本地垂迹説に基づく唯一神道を完成した。

問9　空欄(　え　)(　お　)に入る語の組合せとして正しいものを，次のうちから１つ選び番号で答えよ。

①　え－池泉廻遊式　お－北山　②　え－池泉廻遊式　お－東山

③　え－枯山水　お－北山　④　え－枯山水　お－東山

問10　大徳寺・妙心寺や総持寺のように，五山に組織されず，より自由な活動を求めて地方布教を志した禅宗諸派を何というか。漢字２字で答えよ。

42　戦国期の社会経済

史料　記述　文章・語句選択　私大対策

次の文章を読み，あとの設問に答えよ。

戦国大名は常に近隣の大名との戦いに直面していたので，富国強兵につとめて領国を安定させる努力を行った。まず，(a)武器など大量の物資の生産・調達が必要とされ，そのため大名は領国内の商工業者を再編成し，統制した。領国内の交通の要地には城郭を築き，家臣団や商工業者を集住させたので，日本各地に(b)城下町が成立した。大名は，その城下町を中心とした経済圏をつくるため宿駅や伝馬などの交通制度を整え，関所を廃止したり，楽市令を出したり，室町幕府にならって(c)撰銭令を出したりするなど商品流通を促す政策をとった。その他，各大名は領国ごとに鉱山開発や，大河川の治水灌漑工事を進めるなど，領国内の発展に力をそそいだので，戦国期は日本全体からみれば国土の開発が大きく前進した時代でもあった。

また，このような顕著な経済発展は，都市の発達を促した。戦国期は城下町のほかに(d)さまざまな立地の都市(町場・市場)が発展した。なかには(e)自治都市の性格を備えた都市も登場し，次の安土桃山期の豪商の活躍の歴史的前提ともなったのである。

問1　下線部(a)について，この時期鉄砲の火縄や兵衣の素材として需要が高まり，その栽培が三河など各地に広がったものは何か。

問2 下線部(b)について，この時期の城下町と戦国大名の組合せとして**誤っているもの**を，次のうちから１つ選び番号で答えよ。

① 島津氏－鹿児島　② 上杉氏－米沢　③ 大友氏－豊後府内

④ 北条氏－小田原　⑤ 大内氏－山口

問3 下線部(c)の説明について**誤っているもの**を，次のうちから１つ選び番号で答えよ。

① 庶民はつとめて良質の貨幣を撰び，流通させるように命じた法令。

② 悪銭の流通を禁止し，その他の銭貨のなかでは撰銭を禁じた法令。

③ 撰銭令では良銭の基準や種類を定め，主に宋・元・明銭が良銭とされた。

④ 撰銭令のなかには，悪銭と良銭の交換比率や混入比率を決めた法令もあった。

問4 下線部(d)について，次の(1)〜(3)に示された各都市は，どのような種類の立地条件を共通に持つ都市か。あとの語群から選び，それぞれ番号で答えよ。

(1) 坊津，敦賀，桑名，尾道　(2) 金沢，今井，富田林，吉崎

(3) 宇治・山田，長野，坂本，奈良

【語群】 ① 港町　② 門前町　③ 宿場町　④ 寺内町　⑤ 鉱山町

問5 下線部(e)について，代表的な自治都市であった堺について，次の(1)〜(3)に答えよ。

(1)次の史料は，堺について記した当時の宣教師の本国宛ての書簡である。史料中の空欄［　A　］に適語を入れ，また宣教師名をあとの語群から選び番号で答えよ。

> 堺の町は甚(はなは)だ広大にして，大(おお)いなる商人多数あり，此の町は［　A　］市の如(ごと)く執政官に依(よ)りて治めらる。

【語群】 ① ガスパル＝ヴィレラ　② ルイス＝フロイス　③ヴァリニャーニ

④ フランシスコ＝ザビエル

(2)堺は36人の豪商の合議によって市政が運営されていた。この豪商たちを何と呼ぶか。

(3)自治都市として繁栄を誇った堺を武力で屈服させ，直轄領とした人名を答えよ。

43 戦国期の文化

地図　記述　文章・語句選択　私大対策

戦国時代(15世紀後半〜16世紀の中頃)の文化について次の文章を読み，あとの設問に答えよ。

Ⅰ この地には，関東管領［　A　］が再興した学校がある。北条氏の保護のもとで，この学校には，学問を志ざす僧侶や武士が全国から集まり，「坂東の大学」として宣教師にもその名が知られた。

Ⅱ 関白一条兼良は，応仁の乱の戦火を避けて，息子である興福寺大乗院門跡の尋尊を頼ってこの地に疎開し，乱後，将軍［　B　］のために『樵談治要』を著した。

Ⅲ 戦国大名のなかには儒学に強い関心を寄せるものもあった。朱子学者の［　C　］は，肥後の菊池氏やこの地の大名に招かれ，薩南学派を開くとともに，『大学章句』を刊行した。

Ⅳ この地に庵を開いていた［　D　］は，この地の大名の船で明にわたった。明から帰国した後，諸国をめぐって日本の自然を描き，水墨山水画を完成した。

Ⅴ 本願寺８世法主であった［　E　］は，農民の門徒を講に組織して惣村を直接把握し，この地に道場を開くなどして強大な教団をつくりあげた。

Ⅵ 貿易港としても栄えたこの地では会合衆による自治が行われた。ここでは［　F　］が侘茶

を芸術性の高いものにし，千利休に引き継いだ。

Ⅶ　この地に漂着した（　あ　）人から領主が鉄砲を購入したことによって，日本に鉄砲が伝えられた。鉄砲は戦国大名のあいだに普及し，それまでの戦闘方法や築城技術に大きな変化をもたらした。

問1　空欄［　A　］～［　F　］に適語を入れよ。

問2　（　あ　）に入る国名を，次のうちから１つ選び番号で答えよ。

①　イスパニア　　②　オランダ　　③　フランス　　④　イギリス　　⑤　ポルトガル

問3　Ⅰ～Ⅶの文中のこの地の位置を，地図中からそれぞれ１つずつ選び番号で答えよ。

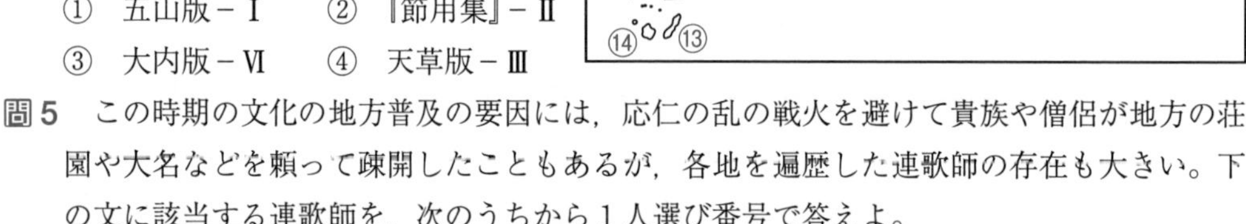

問4　この時代には各地で出版事業がさかんに行われた。下の出版物とその事業が行われた場所（Ⅰ～Ⅶの「この地」）の組合せとして正しいものを，次のうちから１つ選び番号で答えよ。

①　五山版－Ⅰ　　②　『節用集』－Ⅱ

③　大内版－Ⅵ　　④　天草版－Ⅲ

問5　この時期の文化の地方普及の要因には，応仁の乱の戦火を避けて貴族や僧侶が地方の荘園や大名などを頼って疎開したこともあるが，各地を遍歴した連歌師の存在も大きい。下の文に該当する連歌師を，次のうちから１人選び番号で答えよ。

> 古典を一条兼良に学び，東常縁から古今伝授を受けⅣのこの地や越後国などにもたびたび赴き，箱根湯本で生涯を終えた。早雲寺に辞世の句碑がある。弟子とともに詠んだ「水無瀬三吟百韻」や勅撰に準ぜられた『新撰菟玖波集』の編纂で知られている。

①　二条良基　　②　山崎宗鑑　　③　宗祇　　④　松永貞徳　　⑤　肖柏

問6　Ⅰの文中にある宣教師は，Ⅲのこの地に渡来し滞在した後，Ⅳのこの地を経て上京したが，幕府や朝廷から布教許可を得るという目的は果たせず，Ⅳのこの地に戻り領主の保護を得て布教，ついで九州の大名の領内でも布教活動を行い，わずか２年で日本を去った。この宣教師と彼に帰依した大名の組合せとして正しいものを，次のうちから１つ選び番号で答えよ。

①　フランシスコ＝ザビエル－大友義鎮　　②　ヴァリニャーニ－有馬晴信

③　フランシスコ＝ザビエル－毛利元就　　④　ヴァリニャーニ－大内義隆

近世

44 キリスト教の布教と南蛮文化

地図　記述　文章・語句選択　私大対策

次の文章を読み，地図をみて，あとの設問に答えよ。

1548年，イエズス会の宣教師フランシスコ＝ザビエルがマラッカで一人の日本人に出会った。彼の名は‘アンジロウ’といい，ポルトガル語や新約聖書を熱心に覚えた。翌年，ザビエルは(a)‘アンジロウ’を伴って来日し，キリスト教の伝道を始めた。ザビエルはその後，将軍の布教許可を得るため上京したが果たせず，大名の(b)大内義隆や(c)大友義鎮の保護を受けて布教を行い，およそ2年で日本を去った。その後も(d)宣教師がつぎつぎと来日し，ザビエルの志を受け継いで，京都を始め主に西日本でキリスト教の布教を行った。その結果，信者数は肥前・肥後・壱岐で11万5000人，豊後で1万人，畿内などで2万5000人にのぼった。また(e)大名のなかにも洗礼を受ける者が現れ，なかには(f)イエズス会に領地を寄付する者もいた。キリスト教に帰依した大名のうち，大友義鎮ら3大名は1582年，宣教師の勧めにより，(g)伊東マンショら4人の少年使節を教皇グレゴリウス13世のもとに派遣した。

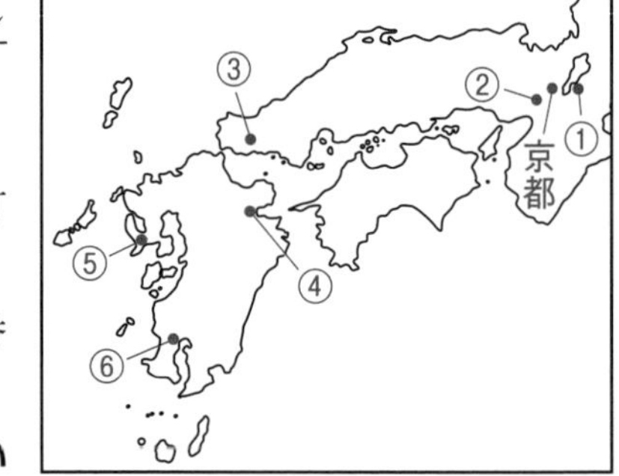

問1　下線部(a)について，ザビエルが最初に上陸した町を，地図から1つ選び番号で答えよ。

問2　下線部(b)(c)の本拠地を，地図から1つずつ選び番号で答えよ。

問3　下線部(d)の活動について述べた文として**誤っているもの**を，次のうちから1つ選び番号で答えよ。

①　ヴァリニャーニによって金属製の活字を用いた活字印刷術が伝えられた。

②　ローマ字によるキリスト教文学・宗教書の翻訳，日本語辞書などの出版を行った。

③　安土に神学校であるコレジオ，豊後府内に宣教師の養成学校であるセミナリオを建てた。

④　ガスパル＝ヴィレラは『耶蘇会士日本通信』で堺を「ベニス市の如く」と報告した。

問4　下線部(e)について，次の(1)(2)に答えよ。

(1)キリスト教の洗礼を受けた大名のことを，何と呼ぶか答えよ。

(2)1587年のバテレン追放令で領地を取りあげられ，1614年の禁教令によりマニラに追放された大名を答えよ。

問5　下線部(f)について，次の(1)(2)に答えよ。

(1)豊臣秀吉が九州平定におもむいた際，イエズス会に領地を寄進していた大名を答えよ。

(2)またその領地を，地図から1つ選び番号で答えよ。

問6　下線部(g)について，次の(1)(2)に答えよ。

(1)この使節名を答えよ。

(2)この使節の航路を，右図から1つ選び番号で答えよ。

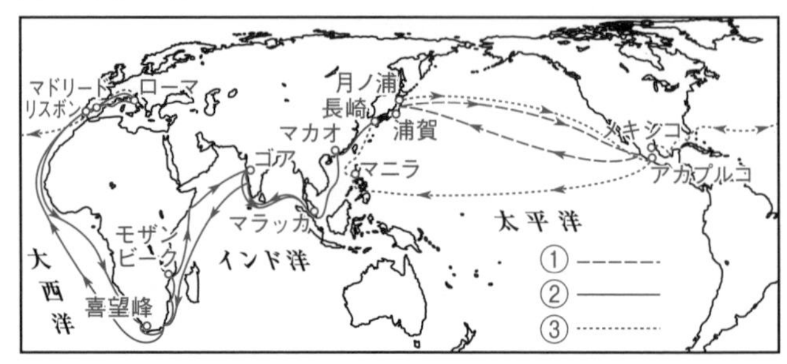

45 織豊政権

史料　文章・語句選択　私大対策

次の各史料（Ⅰ～Ⅲ）を読み，あとの設問に答えよ。

Ⅰ　定　　(a)安土山下町中

一　当所中（　あ　）として仰(おお)せつけらるるの上は，諸座・諸役・諸公事等，悉(ことごと)く免許の事。

（中略）

一　分国中（　い　）之(これ)を行ふと雖(いえど)も，当所中免除の事。

（中略）

右の条々，若(も)し違背の族(やから)有らば，速かに厳科に処せらるべき者なり。

天正五年六月　日　(b)（朱印）

Ⅱ　条々

一　諸国百姓，刀，脇指(わきざし)，弓，やり，てつはう（鉄砲），其外(そのほか)武具のたぐひ（類）所持候事，堅(かた)く御停止候(ごちょうじそうろう)。…

一　右取をかるべき刀，脇指，ついえ（費）にさせらるべき儀にあらず候の間，今度(c)大仏御建立の釘(くぎ)，かすかひに仰せ付けらるべし。…

一　（　う　）…

右，道具急度(きっと)取集め，進上有るべく候也。

天正十六年七月八日　(d)（朱印）

Ⅲ　右今度御検地を以て相定むる条々

一　六尺三寸の棹(さお)を以て，五間六拾間，(e)三百歩壱反(いったん)に相極(あいきわ)むる事。

一　田畠幷(たばたならび)に在所の上中下見届け，(f)斗代(とだい)相定むる事。

一　口米壱石に付いて弐升宛(にしょうずつ)，其外役夫一切出すべからざる事。

一　［　A　］升(ます)を以て年貢を納所致すべく候，売買も同じ升たるべき事。

一　年貢米，五里百姓として持届くべし。其外は代官給人として持届くべき事。

問1　史料Ⅰ中の空欄（　あ　）（　い　）に入る適語を，次のうちから１つ選び番号で答えよ。

①　関所　②　徳政　③　町衆　④　検地　⑤　楽市

問2　史料Ⅰ中の下線部(a)の安土について述べた文として正しいものを，次のうちから１つ選び番号で答えよ。

①　安土は近江北部の北陸道と東海道の結節点にあって，交通の要衝であった。

②　安土は琵琶湖に面する城下町で，湖上交通の利用に便利な地であった。

③　安土城は，現存する城郭建築ではもっとも古くかつ規模が大きい。

④　安土は，富裕な商工業者による自治組織がある代表的な自由都市であった。

問3　史料Ⅰ中の下線部(b)の朱印にはどのような文字が刻まれていたか。次のうちから１つ選び番号で答えよ。

①　喧嘩両成敗　②　使節遵行　③　有職故実　④　天下布武　⑤　鎮護国家

問4　史料Ⅱ中の下線部(c)の大仏とはどこの寺院の大仏か。次のうちから１つ選び番号で答えよ。

①　京都方広寺　②　奈良東大寺　③　鎌倉長谷寺

④　大坂石山本願寺　⑤　比叡山延暦寺

問5　史料Ⅱ中の空欄(　う　)にはどのような条文が入るか。次のうちから１つ選び番号で答えよ。

①　百姓は財の余らぬ様に不足なき様に，治むること道なり。

②　胡麻の油と百姓は絞れば絞る程出るものなり。

③　百姓は農具さへもち，耕作専らに仕り候へば，子々孫々まで長久に候。

④　郷村の百姓共は死なぬ様に，生きぬ様にと合点致し，収納申し付く様に仰せ出されしと云へり。

問6　史料Ⅱ中の下線部(d)は誰の朱印か。次のうちから１つ選び番号で答えよ。

①　織田信長　②　豊臣秀吉　③　徳川家康　④　後陽成天皇　⑤　後水尾天皇

問7　史料Ⅲ中の下線部(e)は「300歩を一反（段）とする」という意であるが，それまで一反は何歩であったか，算用数字で答えよ。

問8　史料Ⅲ中の下線部(f)の「斗代」の説明として正しいものを，次のうちから１つ選び番号で答えよ。

①　斗代とは石盛ともいい，一反(段)あたりの米の公定収穫高のことである。

②　斗代とは石盛ともいい，軍役の賦課基準となる米の公定年貢高のことである。

③　斗代とは年貢率のことであり，石高の大きさに比例して高くなっていった。

④　斗代とは年貢率のことであり，軍役の大きさに比例して高くなっていった。

問9　史料Ⅲ中の[　A　]に入る適語を，漢字１字で答えよ。

46　幕藩体制の成立

年表・史料　記述　文章・語句選択　私大対策

下の年表は幕藩体制の成立過程を記したものである。年表をみて，あとの設問に答えよ。

年	事項
1600年	(a)関ヶ原の戦い⇒徳川氏が覇権を握る
1603年	徳川家康，(b)征夷大将軍に就任⇒江戸幕府を開く
1605年	[　A　]に将軍職を譲り，家康は(　あ　)に移り(　い　)となる
1615年	大坂[　B　]の陣で豊臣氏を滅ぼす
	[　C　]発布⇒大名の居城以外の城を破却し，大名の軍事力を削減
	(c)武家諸法度(元和令)・禁中並公家諸法度制定
	寺院法度制定(1601～1616年)⇒宗派ごとに(　う　)を組織
1616年	家康死去⇒(d)後水尾天皇より神号授与
1617年	[　A　]は領知宛行状を発給⇒全国の土地領有者としての地位を明示
1623年	３代将軍に徳川家光が就任⇒[　A　]も(　い　)として幕府権力の基礎固め
1635年	(e)武家諸法度(寛永令)制定
ア	
1643年	(f)農民統制令制定
1651年	家光死去

問1　空欄[　A　]～[　C　]に適語を入れよ。

問2　空欄(　あ　)に入る地名を，次のうちから１つ選び番号で答えよ。

①　伏見　②　大坂　③　駿府　④　京都

問3　空欄(い)(う)に入る語の組合せとして正しいものを，次のうちから1つ選び番号で答えよ。

① い－大御所　う－五山・十刹　② い－大御所　う－本山・末寺
③ い－太閤　う－五山・十刹　④ い－太閤　う－本山・末寺

問4　下線部(a)に関して述べた文として正しいものを，次のうちから1つ選び番号で答えよ。

① 五奉行の一人であった石田三成が，五大老の一人毛利輝元を盟主として兵をあげた。
② 小西行長や上杉景勝は徳川家康の東軍について戦った。
③ この戦いに勝った家康は，翌年京都守護職を設けて西国や朝廷の動向を監視させた。
④ この戦い前後から徳川氏に従うようになった外様大名を，監視のため，江戸の周辺に配置した。

問5　下線部(b)に就任した人物として適切なものを，次のうちから1つ選び番号で答えよ。

① 坂上田村麻呂　② 豊臣秀吉　③ 平清盛　④ 織田信長

問6　下線部(c)の起草者を，次のうちから1つ選び番号で答えよ。

① 隠元　② 崇伝　③ 林羅山　④ 沢庵

問7　下線部(d)に関して述べた文として正しいものを，次のうちから1つ選び番号で答えよ。

① 豊臣秀吉は京都の聚楽第(じゅらくてい)にこの天皇を招き，諸大名に秀吉への忠誠を誓わせた。
② この天皇は内親王に譲位した後，上皇として院政をとり，洛北に桂離宮を造営した。
③ 朝鮮から伝えられた印刷法と木活字を用いて，この天皇の勅命で活字本が開版された。
④ この天皇は高僧に紫衣を与えたが，禁中並公家諸法度にそむくとして，幕府によって取り消された。

問8　下線部(e)に関して，この時期に制定された事柄として正しいものを，次のうちから1つ選び番号で答えよ。

① 城郭の無断修理を禁止する条文が加わり，これに違反した福島正則が処罰された。
② 末期養子の禁を緩和することと，殉死を禁止する条文が加えられた。
③ 五百石積以上の大船建造禁止と参勤交代を義務化する条文が加えられた。
④ 第一条の「文武弓馬の道」が政策転換によって「文武忠孝を励まし」に変更された。

問9　下線部(f)に該当するものを，次のうちから1つ選び番号で答えよ。

① 質流し(れ)禁令　② 田畑永代売買の禁令　③ 分地制限令　④ 人掃令

問10　家光の頃に幕府の職制も整えられた。江戸幕府の職制について述べた文として正しいものを，次のうちから1つ選び番号で答えよ。

① 臨時の最高職である大老には，徳川家綱の代の堀田正俊や徳川綱吉の代の井伊直弼ら10万石以上の譜代大名が就任した。
② 老中を補佐する若年寄には旗本が任命され，配下に置かれた大目付とともに御家人を監察した。
③ 家光は，年寄を新たに老中とし，大名統制・外交・財政などの重要政務を担当させた。老中には譜代大名が就任した。
④ 寺社奉行・勘定奉行は譜代大名が，江戸町奉行は大岡忠相のように旗本が任命された。

問11　幕藩体制を支える要素の1つである外交に関する次の各史料のうち，年表中のアの時期に出されたものを，次のうちから1つ選び番号で答えよ。

① 異国え奉書(ほうしょ)船の外，舟遣(つかわ)すの儀，堅(かた)く停止(ちょうじ)の事。

② 黒船着岸の時，定置年寄共，糸のねいたさざる以前，諸商人長崎へ入るべからず候。糸の直相定候上は，万望次第に商売致すべき者也。

③ 一 長崎表廻銅，凡一年の定数四百万斤より四百五拾万斤迄の間を以て，其限とすべき事。……

④ 右茲に因り，自今以後，かれうた渡海の儀，之を停止せられ訖。此上若し差渡るニおゐてハ，其船を破却し，幷乗来る者速に斬罪に処せらるべきの旨，仰せ出さる者也。

問12 幕藩体制成立期の文化について述べた文として正しいものを，次のうちから１つ選び番号で答えよ。

① 朱子学は，君臣・父子の別をわきまえ，上下の秩序を重んじる学問であったので幕府や大名に歓迎された。

② 家康を祀る日光東照宮に代表される神明造の霊廟建築が流行した。

③ 有田では，朝鮮から連行された陶工の影響を受けた野々村仁清が赤絵の技法を完成させた。

④ 京都の町衆であった本阿弥光悦は，建仁寺の「風神雷神図屛風」などの絵画を残している。

47 江戸幕府の支配体制

史料　記述　語句選択　私大対策

江戸幕府の統制法に関する史料Ⅰ～Ⅲを読み，あとの設問に答えよ。なお，史料は文字を改めたところもある。

Ⅰ 一 [　A　]弓馬ノ道，専ラ相嗜ムベキ事。

　一 (a)大名小名，在江戸ノ交替相定ル所也。毎歳夏四月中，参勤致スベシ。……

　一 五百石以上ノ船停止ノ事。

Ⅱ 一 (b)天子諸芸能事，第一御(　あ　)也。……

　一 (c)紫衣の寺は住持職，先規希有の事也。近年猥に勅許の事……甚だ然るべからず。

Ⅲ 一 身上能き(d)百姓は田地を買取り，弥宜く成り，身体成らざる者は田畠沽却せしめ，猶々身上成るべからざるの間，向後(e)田畑売買停止たるべき事。……

問1 史料ⅡとⅢの法令名を答えよ。

問2 空欄[　A　]に入る適当な語句を漢字２字で答えよ。

問3 史料Ⅰに違反すると大名は処罰されるが，領地を没収され，家を断絶させられる処分を何というか。

問4 史料Ⅰを発布した時の将軍は誰か，次のうちから１つ選び番号で答えよ。

① 徳川家康　② 徳川秀忠　③ 徳川家光　④ 徳川家綱

問5 下線部(a)の制度は大名統制の中心的なものであったが，８代将軍吉宗は幕府の財政難をしのぐため，大名に上米を命じ，かわりにこれを緩和した。その内容として適当なものを，次のうちから１つ選び番号で答えよ。

① ３年に１回，100日間江戸に滞在させるようになった。

② １年交代で江戸・国元を往復するようになった。

③ 人質とされていた妻子の帰国を許可するようになった。

④ 江戸滞在の期間を半年とするようになった。

問6 空欄(あ)にあてはまる語句を，次のうちから1つ選び番号で答えよ。

① 政治　② 宗教　③ 学問　④ 詠歌

問7 下線部(b)は鎌倉時代につくられた順徳天皇の儀式書からの抄出である。その儀式書を，次のうちから1つ選び番号で答えよ。

① 禁秘抄　② 公事根源　③ 職原抄　④ 愚管抄

問8 下線部(c)の条文に関して，のちに紫衣事件が起こったが，その際，退位した天皇は誰か，次のうちから1つ選び番号で答えよ。

① 後水尾天皇　② 後陽成天皇　③ 明正天皇　④ 孝明天皇

問9 下線部(d)の負担について，次の文の空欄に入る語句を答えよ。

貢租の中心をなすものは，田畑と屋敷にかけられる[B]で，さらに[B]の徴収にあたる代官の事務費として口米と呼ぶ付加税もあった。これらのほかに，山野・河海からの収益や農民の副業に対する雑税があり，その総称を[C]という。伝馬宿入用などの費用にあてる雑税としては高掛物がある。地域によっては，河川堤防の修復費や朝鮮使の接待費などを臨時に賦課する国役がある。また街道沿いの村には，宿駅の定置の人馬を補充するため，村高に応じて一定の人馬を徴発する[D]を課した。

問10 下線部(e)が解禁された翌年，土地制度が大きく変更されたが，その年を次のうちから1つ選び番号で答えよ。

① 1869年　② 1873年　③ 1911年　④ 1946年

48 近世初期の外交

図表・地図　記述　語句選択　私大対策

次の図は，近世初期における日本と西欧諸国(A・B・C・D)との外交関係を表したものである。●印は接触の始まりを，×印は外交関係の断絶を示している。これについて，あとの設問に答えよ。

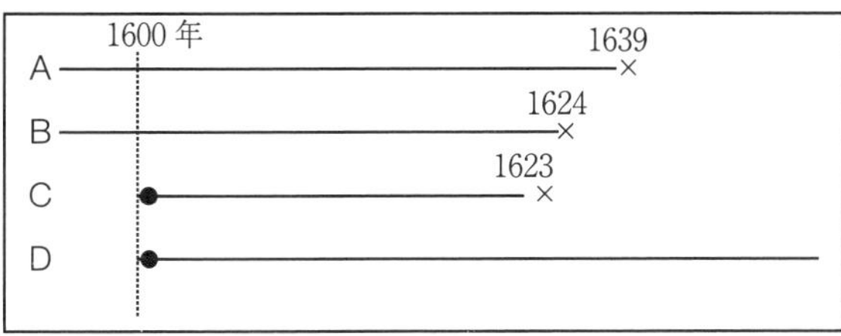

問1 次のⅠ～Ⅳの各文は，図表のA・B・C・Dとの外交関係について述べたものである。各文中の空欄[ア]～[エ]には，図のA・B・C・Dのどの国が入るか，それぞれ記号と国名を答えよ。

Ⅰ (あ)に漂着した[ア]船サン＝フェリペ号の乗組員から，領土拡張に宣教師を利用しているという話が伝わったことによって，宣教師・信者ら26名が捕えられて，(い)で処刑された。

Ⅱ 出島に置かれた[イ]商館は，(う)の東インド会社の支店として日本との貿易の窓口となり，中国産の生糸や絹織物・毛織物・綿織物などの織物類と，薬品・砂糖・書籍などをもたらした。

Ⅲ　(え)を根拠地に活動していた[ウ]商人は中国産の生糸を日本に運んで巨利を得ていたが，幕府が糸割符制度を設けたことによって利益独占が排除され，大きな打撃を被った。

Ⅳ　(お)に漂着したリーフデ号の水先案内人であったウィリアム＝アダムズは徳川家康の外交顧問に用いられ，それをきっかけに[エ]は幕府から自由貿易の許可を受け，(か)に商館を開いた。

問2　**問1**のⅠ～Ⅳの各文中の空欄(あ)～(か)に入る地名を次のうちから１つずつ番号で選び，またその場所を下の地図中から選び，それぞれ記号で答えよ。

①　土佐　②　豊後　③　紀伊　④　長崎　⑤　堺
⑥　平戸　⑦　ゴア　⑧　マニラ　⑨　マカオ　⑩　バタヴィア

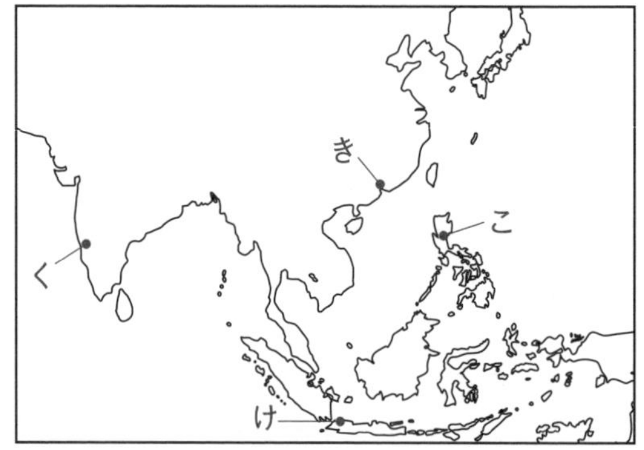

49 寛永期の文化

写真　記述　文章・語句選択　私大対策

次の文章を読み，あとの設問に答えよ。

江戸時代初期には，特徴的な建築物がいくつかみられる。桃山文化の絢爛豪華な様式を受け継ぐ(a)日光東照宮は，[A]造の代表的な建築物で，徳川家康を祀る。また，[B]天皇の弟八条宮智仁親王の別荘として造営された(b)桂離宮は[C]造の建物である。ほかにも，江戸時代に黄檗宗を伝えた明の[D]が，[B]天皇の次の天皇である(c)後水尾天皇から与えられた宇治の地に創建した(d)万福寺は，中国風の建築様式となっている。

一方，茶道の普及により(e)製陶もさかんになり，技術も発達した。なかでも，京都の町衆出身の(f)本阿弥光悦は陶芸だけでなく，蒔絵や書道などにその才を発揮し，家康から洛北の鷹ヶ峰の地を与えられ，芸術家たちを集めて芸術村をつくった。

儒学では相国寺の僧であった(g)藤原惺窩が朱子学を学び，京学派を形成した。

問1　空欄[A]～[D]に適語を入れよ。

問2　下線部(a)(b)(d)は次の写真のどれか。ア～オから，それぞれ１つずつ選び番号で答えよ。

ア

イ

ウ

エ 　オ 

問3　下線部(c)の人物は，紫衣事件を契機として娘の明正天皇に譲位したが，幕府が紫衣の授与などについて規定した，朝廷に対する統制法を何というか答えよ。

問4　**問3**の統制法を起草した京都南禅寺の金地院の僧を答えよ。

問5　下線部(e)に関して述べた文として正しいものを，次のうちから1つ選び番号で答えよ。

① 文禄・慶長の役で連れ帰った朝鮮人陶工らにより，薩摩焼や瀬戸焼などのお国焼きが各地でおこった。

② 有田の陶工であった酒井田柿右衛門は，釉薬のうえに模様をつける上絵付の技法で，赤絵を完成させた。

③ 朝鮮人陶工の李参平は，京都の聚楽第で陶器を焼き，楽焼を始めた。

④ 野々村仁清は，白地に青色で模様をつける染付の技法を完成させた。

問6　下線部(f)の人物の作品として正しいものを，次のうちから1つ選び番号で答えよ。

① 
② 
③ 
④ 

問7　下線部(g)の門弟で，彼の推挙により家康に仕えた人物は誰か。

50 文治政治の展開

史料　文章・語句選択　私大対策

次の史料は，江戸幕府の出した法令である。これを読み，あとの設問に答えよ。

Ⅰ　一　名主(なぬし)百姓，各田畑持ち候大積(おおづもり)，名主弐拾石(にじゅっこく)以上，百姓拾石(じゅっこく)以上，夫(それ)より内(うち)持ち候ものは石高猥(みだり)に分け申す間敷旨(まじきむね)……仰(おお)せ付(つ)けられ畏(かしこ)まり奉(たてまつ)り候……

Ⅱ　一　文武(　あ　)を励(はげま)し，礼儀を正すべきの事

Ⅲ　一　犬計(いぬばか)りに限らず，惣(すべ)て生類(しょうるい)人々慈悲(じひ)の心を本(もと)といたし，(　い　)候儀肝要(ぎかんよう)の事

Ⅳ　一　長崎表廻銅(おもてかいどう)，凡(およ)そ一年の定数四百万斤(きん)より四百五拾万斤の間を以て其限(そのかぎり)とすべき事
　　一　唐人方(とうじんかた)商売之(の)法，凡そ一年の船数，口船(くちぶね)・奥船(おくぶね)*合せて三拾艘(さんじゅっそう)……

＊注：口船は中国本土からくる船，奥船は南方からくる船を指す。

問1　空欄(　あ　)(　い　)に入る語句の組合せとして正しいものを，次のうちから1つ選び番号で答えよ。

① あ－弓馬　い－うやまひ　　② あ－忠孝　い－うやまひ

③　あ－弓馬　い－あはれみ　　④　あ－忠孝　い－あはれみ

問2　史料Ⅰについて述べた文ア・イについて正誤を判断し，その組合せとして正しいものを，次のうちから1つ選び番号で答えよ。

ア　この法令は相続等の際の土地分割を防止し，小農経営を維持するためのものである。

イ　この法令と田畑永代売買禁止令により，幕末まで農民の経済階層が固定・維持された。

①　ア－正　イ－正　　②　ア－正　イ－誤

③　ア－誤　イ－正　　④　ア－誤　イ－誤

問3　史料Ⅱについて述べた文として正しいものを，次のうちから1つ選び番号で答えよ。

①　この法令は，徳川家綱の将軍就任後すぐに制定された。

②　この法令では，末期養子をきびしく禁じている。

③　この法令は，徳川綱吉が定めた武家諸法度である。

④　この法令の他の条文で初めて参勤交代が定められた。

問4　17世紀半ば，幕政が法制の整備や人心の教化など儒教的徳治主義で治める政治に転換された。このような政治を何というか答えよ。

問5　史料Ⅲを制定した将軍について述べた文として**誤っているもの**を，次のうちから1つ選び番号で答えよ。

①　大老堀田正俊の死後，老中を遠ざけ柳沢吉保ら側用人を重用した。

②　湯島に聖堂を建て，林信篤(鳳岡)を大学頭に任じて儒学を奨励した。

③　古代から後陽成天皇までの歴史書である『大日本史』の編纂に着手した。

④　勘定吟味役荻原重秀の上申により，金の含有率を減らした小判を発行した。

問6　史料Ⅲの制定前に起こった事柄として正しいものを，次のうちから1つ選び番号で答えよ。

①　明暦の大火　　②　堂島米市場の公認

③　銅座の設置　　④　漢訳洋書の輸入緩和

問7　史料Ⅳの法令名を漢字6文字で答えよ。

問8　史料Ⅳの制定に関わった新井白石について，次の(1)～(3)に答えよ。

(1)白石の著書として**誤っているもの**を，次のうちから1つ選び番号で答えよ。

①　『西洋紀聞』　②　『采覧異言』　③　『古史通』　④　『古事記伝』

(2)側用人として白石とともに政治を行った人物を，次のうちから1つ選び番号で答えよ。

①　間部詮房　②　室鳩巣　③　荻生徂徠　④　保科正之

(3)白石の建議で幕府が費用を献上して創設した宮家を，次のうちから1つ選び番号で答えよ。

①　有栖川宮　②　伏見宮　③　閑院宮　④　東久邇宮

51　江戸時代の経済・産業

絵画　記述　語句選択　私大対策

江戸時代の経済・産業の発達に関する次の文章を読み，あとの設問に答えよ。

江戸時代には，(a)交通の発達や(b)全国的規模での市場の拡大などにより，(c)地方での経済的発達がいちじるしいものがあった。また，(d)商業的農業の発展により，(e)全国各地に特産物が生まれた。さらに，(f)手工業でも諸藩の国産奨励もあり，全国各地で産業が発達した。

問1　下線部(a)について，(1)については設問に答え，(2)は空欄に入る語句を記入せよ。

(1)内陸部から河口の港に運送する淀川などの河川交通が発達したが，17世紀初めに富士川，高瀬川，保津川などの水路を開いた人物は誰か。

(2)17世紀後半に，江戸の商人で，出羽国最上郡の幕府直轄領から年貢米を江戸に輸送することを請け負った[　A　]は，日本海側から大坂へ至る[　B　]り航路(海運)と，陸奥から江戸へ至る[　C　]り航路を整備した。

問2　下線部(b)について，(1)と(3)の空欄に入る語句を記入し，また(2)と(4)については設問に答えよ。

(1)全国の物資の集散地として，大坂や江戸に諸藩の[　A　]が設けられたが，全国最大の消費地としての江戸には，さらに，大坂から多くの生活物資が輸送されなければならなかった。この大坂・江戸間の輸送は南海路だったが，その航路で[　B　]廻船が，さらに17世紀中頃に，それより独立した[　C　]廻船が定期的に運行されるようになった。

(2)(1)と関連して，江戸・大坂間の荷物の運送と流通の独占をめざして，株仲間の連合組織が結成されていたが，主に荷物を出荷する大坂の二十四組問屋に対して，荷受する江戸の組織は何と呼ばれているか。

(3)当時，東日本では[　A　]貨が，西日本では[　B　]貨がそれぞれ取引の中心となり，また銭貨が全国的に流通していたが，全国的な貨幣制度が成立していなかった。そのため，それぞれの貨幣の交換を中心とし，銀行のような決済業務を行う業者が必要だった。

(4)前問(3)の貨幣交換，銀行のような決済業務を行う業者は何と呼ばれているか。

問3　下線部(c)について，地方での経済発展の大きな要因として，新しい耕作具の普及による収穫量の増大があげられる。図の農具Aは，深耕を可能とし，また農具Bはそれまでのものより効率よく脱穀できる農具として知られている。農具A，Bの名称をそれぞれ示せ。

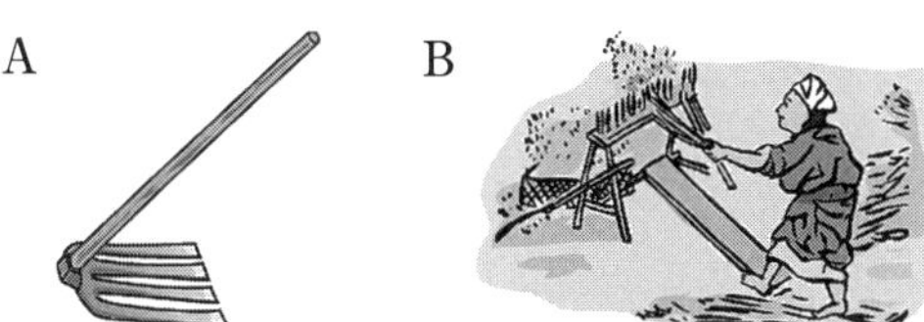

問4　下線部(d)の発展とともに，農業で使用される肥料でも，以前の自給肥料に加え，油かすや干鰯などの購入肥料が使われるようになった。このような購入肥料は何と呼ばれているか。漢字2文字で答えよ。

問5　下線部(e)について，俳人の松尾芭蕉は，著書の『奥の細道』のなかで，

「まゆはきを　俤(おもかげ)にして　<u>紅(べ)粉(に)の花</u>」

という俳句のなかで，ある地方の産物を取りあげている。

(1)この俳句がつくられた場所は，現在の何県にあたるか。次のうちから1つ選び番号で答えよ。

①　新潟　　②　山形　　③　青森　　④　秋田

(2)俳句の下線の産物は船で京都へ送られて染料となった。どの港から送られたか。次のうちから1つ選び番号で答えよ。

①　直江津　　②　石巻　　③　酒田　　④　八戸

問6　下線部(f)について，木綿などの繊維を扱う農村手工業で大きな発展がみられたが，

(1)木綿の生産地で有名な地名を，次のうちから1つ選び番号で答えよ。

① 信濃　② 上野　③ 陸奥　④ 河内

(2)問屋商人が原料や資源を生産者に前貸しして，製品を買い占める形態を何というか答えよ。

(3)生産者を家内工場に集め，分業と協業によって，生産の能率をあげる手工業の形態を何というか答えよ。

52 江戸時代の交通・商業の発達

地図　記述　文章・語句選択　私大対策

近世の交通，商業について次の文章を読み，右下の地図を参考にあとの設問に答えよ。

江戸幕府は全国支配を進めるため，江戸を起点に各地の城下町をつなぐ(a)五街道を幕府直轄とし，陸上交通網を整備した。統治の必要から設けた公道のため，参勤交代や公務の通行が優先された。主要街道には通行者の目安となる一里塚や(b)宿駅が置かれ，要所には(c)関所が設けられた。

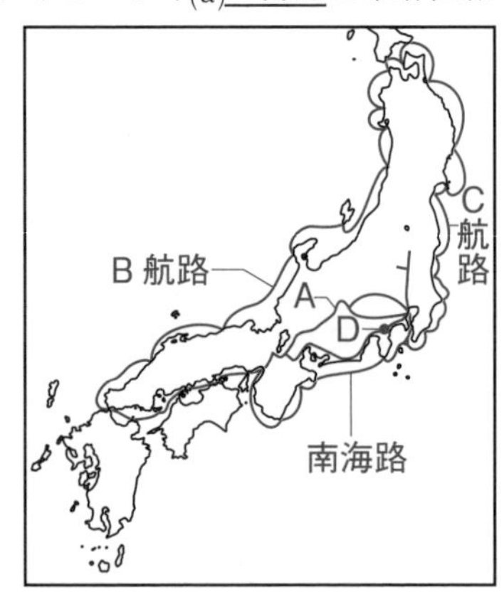

一方，大量の物資輸送には水運が利用された。水上交通網の整備は，全国的な商品流通の発展を促進した。琵琶湖や大河川が利用され，(d)高瀬川・保津川・富士川などの水路が開発された。(e)江戸・大坂間を結ぶ南海路は物流の大動脈となった。17世紀後半になると(f)東北地方と江戸・大坂を結ぶB航路やC航路が整備された。諸藩は大坂や江戸に蔵屋敷を置き，(g)領内の年貢米や産物を，商人を通じて販売した。

また，産業の発達によって(h)一般商人の荷物も増加し，活発に取引された。

商業の発達に伴い，貨幣制度も整備された。(i)幕府は全国に通用する貨幣を発行し，三貨の制度を整えたが，三貨の交換比率は常に変動し，また使用される貨幣に地域差があったため，三貨の交換を業務とする両替商が繁栄した。

問1　下線部(a)について，五街道のうち，地図中Aの街道の名称を答えよ。

問2　下線部(b)の宿駅について，

(1)参勤交代の大名，公家や幕府役人が宿泊する施設として設けられたのは何か。

(2)幕府の公用の文書や荷物を継ぎ送りするために置かれた施設は何か。

問3　下線部(c)について，地図中Dに置かれた関所として正しいものを，次のうちから１つ選び番号で答えよ。

① 碓氷　② 小仏　③ 箱根　④ 新居　⑤ 白河

問4　下線部(d)について，これらの水路を開発した京都の豪商を答えよ。

問5　下部部(e)について述べた文として正しいものを，次のうちから１つ選び番号で答えよ。

① 樽廻船は主に関東地方の酒を上方へ輸送する酒専用の廻船である。

② 菱垣廻船は樽廻船より所要時間が短く，樽廻船を圧倒した。

③ 菱垣廻船よりあとに開発された北前船は菱垣廻船と競合し，紛争を生じた。

④ 商品の安全な輸送や取引の円滑化をはかるため，江戸に十組問屋，大坂に二十四組問屋が結成された。

問6　下線部(f)について，幕命によりBやC航路の整備を行った，江戸の商人を答えよ。

問7　下線部(g)について，年貢として蔵屋敷に集められた物資の売却代金の管理，藩への送金を行う商人を何というか。次のうちから1つ選び番号で答えよ。

①　蔵元　②　土倉　③　札差　④　掛屋　⑤　蔵役人

問8　下線部(h)について，一般商人の流通させる物資を何というか。次のうちから1つ選び番号で答えよ。

①　俵物　②　蔵物　③　下り物　④　貢納物　⑤　納屋物

問9　下線部(i)に関して，近世の貨幣制度について述べた文として正しいものを，次のうちから1つ選び番号で答えよ。

①　幕府は諸藩での藩札発行に対応して，全国共通の統一紙幣を発行した。

②　江戸では主に金貨が，上方では主に銀貨が商取引の決済に使われた。

③　金貨は秤量貨幣であり，小判や豆板金などが使用された。

④　幕府は江戸などの金座・銀座・銅座で三貨を鋳造した。

53 享保の改革

史料　共通テスト対策

次の史料は，享保年間に出された法令である。これを読んで，あとの設問に答えよ。

Ⅰ　近年(a)金銀出入段々(だんだん)多く成(な)り，(b)評定所寄合(よりあい)之節も此儀(このぎ)を専取扱(もっぱらとりあつかい)，公事(くじ)訴訟は末(すえ)に罷成(まかりなり)，評定之本旨を失(うしない)候。借金銀・買懸(かか)り等の儀は，人々(　ア　)の上の事に候へば，自今(じこん)は三奉行所にて済口(すみくち)の取扱致す間敷(まじく)候。

Ⅱ　(c)万石以上の面々より(d)八木(はちぼく)差上げ候様(よう)ニ仰付(おおせつけ)らるべしと思(おぼし)召し，……御恥辱(ちじょく)を顧(かえり)みられず仰せ出され候。高壱万石ニ付(つき)八木百石積り差上げらるべく候。……これにより(e)在江戸半年充(ずつ)御免(ごめん)成され候間，緩々(ゆるゆる)休息いたし候様ニ仰せ出され候。

Ⅲ　……今迄定め置かれ候御役料にては，(f)小身(しょうしん)の者御奉公(ほうこう)続き兼ね申すべく候。これに依(よ)り，今度(このたび)御吟味(おぎんみ)これ有り，役柄により，其(その)場所不相応(ふそうおう)に小身にて御役勤め候者は，御役勤め候内御(　イ　)仰(おお)せ付(つ)けられ，御役料増減これ有り……。

問1　史料中の空欄(　ア　)(　イ　)にあてはまる用語を，次のうちから1つずつ選び番号で答えよ。

①　公事　②　足高　③　相対　④　人足　⑤　異学　⑥　上知

問2　下線部(a)は何を指しているか。

問3　下線部(b)の構成員として**誤っているもの**を，次のうちから1つ選び番号で答えよ。

①　勘定奉行　②　寺社奉行　③　若年寄　④　老中

問4　下線部(c)・(d)の意味をそれぞれ漢字2字・1字で答えよ。

問5　下線部(e)により，参勤交代による江戸在住期間はどのようになったか。次のうちから1つ選び番号で答えよ。

①　3か月間　②　半年間　③　9か月間　④　1年間

問6　下線部(f)は，幕府のどのような人を指しているか説明せよ。

問7　史料Ⅲはどのようなことを規定したものか説明せよ。

54 田沼の政治

史料　文章・語句選択　共通テスト・私大対策

次の文章を読み，あとの設問に答えよ。

田沼意次は，10代将軍徳川（　あ　）の時代に幕政を担当した人物である。将軍の信任が厚く，その意思を老中に伝える(a)側用人と，将軍の意思を執行する老中とを兼任した意次はきわめて強い権勢をふるい，これまでにない諸政策を打ち出していった。

(b)享保期の諸政策により持ち直した幕府財政もふたたび行き詰まったため，意次は年貢増徴政策だけに頼らない新たな増収策を採用した。第一に，発展してきた商品生産とそれに伴う流通網の発達が生み出す新たな富を幕府の財源に取り込むため，都市や農村の商人・手工業者の同業者組織を（　い　）として広く公認し，営業税である［　A　］や［　B　］などを課税した。第二に，大商人の資金を積極的に活用し，下総印旛沼・手賀沼の新田開発に取り組んだ。第三に，(c)工藤平助の著書に注目し，［　C　］らを(d)蝦夷地に派遣して新田開発や鉱山開発，(e)新たなる交易の可能性などを調査させ，蝦夷地の直轄と大規模開発を推進した。

この(f)田沼意次に対して，大名や旗本などが彼の一族や縁者に賄賂を送ってさまざまな願望を実現しようとした。このような賄賂が横行する政治に対して，社会を退廃させたという批判も強かった。また，意次在職中の天明年間には，東北地方の冷害から始まった天明の飢饉が発生し，弘前藩で８万人(13万人とも)，津軽藩で10万人以上ともいわれる多数の餓死者が出た。

問１　空欄（　あ　）（　い　）に入る語句の組合せとして正しいものを，次のうちから１つ選び番号で答えよ。

①　あ－家重　い－株仲間　　②　あ－家治　い－株仲間

③　あ－家重　い－座　　④　あ－家治　い－座

問２　下線部(a)について，この役職をつとめたことのある人物を，次のうちから１つ選び番号で答えよ。

①　田沼意知　　②　佐野政言　　③　柳沢吉保　　④　荻原重秀

問３　空欄［　A　］［　B　］にあてはまる語句を答えよ。(順不同)

問４　次の**史料**は，下線部(c)の著作を一部抜粋し，書き改めたものである。この**史料**を読み取り，関連して述べた文として正しいものを，次のうちから１つ選び番号で答えよ。

史料

扨(さて)，日本の力を増(ます)には蝦夷の金山をひらき，並びに其の出産物の多くするにしくはなし。蝦夷の金山を開く事，昔より山師共の云(いい)ふらす所なるが，入用(にゅうよう)と出高(でだか)と相当せず，これに依(よ)りすたれ有る所なり。然(しかる)に先に云ふ所の『ヲロシア』と交易の事おこらば，この力を以(もって)開発有度(ありたき)事なり。此(この)開発と交易の力をかりて，えぞの一国を伏従せしめば，金，銀，銅に限らず一切の産物皆我国の力を助(たす)くべし。

①　引き続き幕府主導で蝦夷の金山を開発すると同時に，産出量を増やそうという提言がなされた。

②　幕府とロシア人との交易について言及し，江戸初期のように交易を再開しようという提言がなされた。

③　蝦夷の金山開発とロシアとの貿易をすることで，蝦夷を征服しようという提言がなされた。

④　日本の海防策の弱さが指摘され，台場などが建設される契機となった。

問５　空欄［　Ｃ　］にあてはまる人物名を答えよ。

問６　下線部(d)に関連して，寛政期から文政期にかけて北方探検が行われたが，それについて述べた文Ⅰ～Ⅲについての正誤を判断し，その組合せとして正しいものを，次のうちから１つ選んで番号で答えよ。

Ⅰ　近藤重蔵と最上徳内が，択捉島に標柱を設置した。

Ⅱ　間宮林蔵が千島へ派遣され，間宮海峡を発見した。

Ⅲ　伊能忠敬が，大日本沿海輿地全図の完成に道を開いた。

①　Ⅰ－正　Ⅱ－正　Ⅲ－誤　　②　Ⅰ－正　Ⅱ－誤　Ⅲ－正

③　Ⅰ－誤　Ⅱ－誤　Ⅲ－正　　④　Ⅰ－誤　Ⅱ－正　Ⅲ－正

問７　下線部(e)に関連して，その後日本近海には多くの外国船が現れるようになる。次の文Ⅰ～Ⅲの各文を年代順に並べたものとして正しいものはどれか。次のうちから１つ選び番号で答えよ。

Ⅰ　ロシアの使節プチャーチンが長崎に来航した。

Ⅱ　ラクスマンが大黒屋光太夫を伴い，根室に来航した。

Ⅲ　モリソン号事件を批判した尚歯会メンバーが処罰された。

①　Ⅰ－Ⅱ－Ⅲ　　②　Ⅰ－Ⅲ－Ⅱ　　③　Ⅱ－Ⅰ－Ⅲ

④　Ⅱ－Ⅲ－Ⅰ　　⑤　Ⅲ－Ⅰ－Ⅱ　　⑥　Ⅲ－Ⅱ－Ⅰ

問８　下線部(f)について，彼が新たに発行した計数貨幣を答えよ。

55　寛政の改革

史料　文章・語句選択　共通テスト・私大対策

次のＡ～Ｃの史料を読み，あとの設問に答えよ。

Ａ　(a)越中守，御老中仰(おおせ)付(つ)けられ，(b)主殿頭(とのものかみ)の悪習をため直さんと仕(つかまつ)り候。志はよろしく候へ共，世人初めて見込み候と違ひ器量少なく，学問に名之有(これあ)り候てもいまだ文面にかゝわることをまぬかれず。世を安んずべき深意の会得疎(おろそか)にて，片端より押直さんと仕り，たとえば手にもみ立候如く瑣細(ささい)に取動し候故，(c)大小の罪科夥敷出来(おびただしくいできた)り，……利を専一と仕り候事は主殿頭に上越し，聚斂(しゅうれん)益重く，(d)土民一同大に望みを失ひ，……。

問１　文中の下線部(a)越中守とは寛政の改革を主導した老中のことである。氏名を答えよ。

問２　越中守を「老中職を仰付けた」将軍は誰か。次のうちから１つ選び番号で答えよ。

①　徳川綱吉　　②　徳川吉宗　　③　徳川家治　　④　徳川家斉

問３　文中の下線部(b)主殿頭とは，越中守の前に幕政を担当した老中のことである。その人物は誰か。

問４　主殿頭の悪習（政治）の内容として**適当でないもの**を，次のうちから２つ選び番号で答えよ。

①　商人や手工業者の仲間を株仲間として広く公認し，運上や冥加など営業税の増収をめざした。

②　初めて定量計数銀貨である慶長金銀を鋳造し，貨幣制度への一本化をこころみた。

③　江戸や大坂の商人の力を借りて印旛沼・手賀沼の大規模な干拓工事を始めるなど，新

田開発を積極的にこころみた。

④ 堂島の米市場を開設して米相場に積極的介入し,「米価高」の状態をつくろうとこころみた。

⑤ 工藤平助の意見を取り入れ, 最上徳内らを蝦夷地に派遣して, その開発やロシア人との交易の可能性を調査させた。

問5 文中の下線部(c)について,「海国兵談」の著者で1792年に出版禁止と禁固刑を受けた人物は誰か。次のうちから1つ選び番号で答えよ。

① 間宮林蔵　② 林子平　③ 高野長英　④ 近藤重蔵

問6 文中の下線部(d)について, 幕府の改革を批判した狂歌を, 次のうちから2つ選び番号で答えよ。

① 世の中に蚊ほどうるさきものはなし　ぶんぶといふて夜もねられず

② 上げ米といへ上げ米は気に入らず　金納ならばしゞうくろふぞ

③ 年号は安く永しと変われども　諸色高直いまにめいわ九

④ 白河の清き流れに魚の住みかねて　もとの濁りの田沼こひしき

⑤ 泰平の眠りをさます上喜撰　たった四はいで夜もねむれず

B 朱学(しゅがく)の儀は, (a)慶長以来御代々(おんだいだい)御信用の御事にて, 已(すで)に其方家(そのほういえ), 代々右学風維持の事仰せ付置かれ候得者, 油断無く(b)正学相励み, 門人共取立て申すべく筈(はず)ニ候。然る処, 近年世上(せじょう)種々新規の説をなし, (c)異学流行, 風俗を破り候類これ有り, 全く正学衰微の故ニ候哉, ……急度(きっと)門人共異学を相禁じ, 猶又(なおまた), (d)自門に限らず他門に申し合せ, 正学講窮致(こうきゅういた)し, 人才取立て候様相心掛(あいこころがけ)申すべく候事。

問7 Bの法令を何と呼ぶか。

問8 下線部(a)について, 徳川家康の信用を得て以降, 4代の将軍にわたってその侍講となり, 幕政にも参与した「其方家」の祖にあたる人物は誰か。

問9 下線部(b)「正学」とはどのような学問を指すか, 次のうちから1つ選び番号で答えよ。

① 朱子学　② 陽明学　③ 古文辞学　④ 本草学

問10 下線部(c)「異学」とはどのような学問を指すか, 次のうちから1つ選び番号で答えよ。

① 蘭学　② 国学　③ 古学　④ 農学

問11 下線部(d)について, ここで「正学を講窮(講義)」するように命じられた施設を, 次のうちから1つ選び番号で答えよ。

① 尚古集成館　② 和学講談所　③ 湯島聖堂学問所　④ 蛮書和解御用

C 寛政元酉年九月　大目付え

此度, 御蔵米取(おくらまいどり)御旗本・御家人勝手向御救(おすくい)のため, (a)蔵宿借金仕法御改正仰出され候事。

一, 御旗本・御家人, 蔵宿共より借入金利足の儀は, 向後金壱両に付(つき)銀六分宛(あて)の積り, 利下(りさ)ケ(げ)申渡候間, 借り方の儀は, 是迄の通り蔵宿と(　あ　)に致すべき事。

一, 旧来の借金は勿論, 六ケ年以前辰年までニ借請候(かりうけそうろう)金子は, 古借・新借の差別無く, (　い　)の積り相心得べき事……。

問12 （　あ　）（　い　）に入る適語の組合せを，次のうちから１つ選び番号で答えよ。

① あ＝相対・い＝棄捐　② あ＝棄捐・い＝相対

③ あ＝毀釈・い＝徳政　④ あ＝徳政・い＝毀釈

問13 下線部(a)の「蔵宿」とは「旗本・御家人」の代理として蔵米の受取・売却を行うとともに，金融で利を得ていた商人のことである。「蔵宿」の別のいい方を，次のうちから１つ選び番号で答えよ。

① 蔵元　② 掛屋　③ 本両替　④ 札差

問14 Cの法令の**内容**について述べた文a・bと**考えられる影響**について述べた文c・dの各文について，正しいものの組合せを，次のうちから１つ選び番号で答えよ。

内容

a 物価上昇の原因は，株仲間の米の買占めにあるとして，これを解散させること。

b 今後，蔵宿からの借金の利息を引き下げ，６カ年以前の借金債務はすべて破棄させること。

考えられる影響

c この法令で蔵宿はばく大な損害を被り，新規の融資を拒否する事態が起こるだろう。

d この法令で旗本たちの生活は立て直され，以後借金に苦しむことはなくなるだろう。

① a・c　② a・d　③ b・c　④ b・d

56 幕藩体制の動揺

史料　記述　文章・語句選択　共通テスト・私大対策

次のⅠ，Ⅱの史料について，あとの設問に答えよ。

Ⅰ

第一ケ条　一日本と合衆国とハ，其(その)人民永世不朽の和親を取結び，場所，人柄の差別これ無き事。

第二ケ条　一伊豆〔　A　〕・松前地〔　B　〕の両港ハ，日本政府ニ於て，亜墨利加(アメリカ)船薪水(しんすい)・食料・石炭欠乏の品を，日本にて調(ととのい)候丈(だけ)ハ給(きゅうし)候為メ，渡来の儀差免(さしゆる)し候。……

第八ケ条　一薪水・食料・石炭幷(ならびに)欠乏の品を求(もとむ)る時にハ，其地の役人にて取扱すべし，私(わたくし)に取引すべからざる事。

第九ケ条　一日本政府，外国人江当節亜墨利加人江差免(さしゆる)さず候廉(かど)相免し候節ハ，亜墨利加人江も同様差免し申すべし，右に付，談判猶予(だんぱんゆうよ)致さす候事。

Ⅱ　異国船渡来の節取計(せつとりはからい)方，前々より数度仰せ出(いだ)されこれ有り。をろしや船の儀については，(a)文化の度(たび)改めて相触れ候次第も候処(ところ)，(b)いきりすの船，先年長崎において狼藉(ろうぜき)に及び，近来は所々へ小舟ニて乗寄せ，薪水食料を乞(こ)い，(c)去年ニ至り候ては猥(みだり)ニ上陸致し（中略）一体いきりすニ限らず，南蛮，西洋の儀は，御制禁邪教の国ニ候間，以来，何れの浦方においても，異国船乗寄(のりよせ)候を見受(みうけ)候ハヾ，其所に有合(ありあわせ)候人夫を以(もって)，有無ニ及ばず，一図に打払(うちはらい)，（以下略）……

問1 Ⅰの史料中の〔　A　〕〔　B　〕にあてはまる地名を答えよ。

問2　Ⅰの史料の条約名を答えよ。

問3　Ⅰの史料の第9条は，日本がⅠの史料の相手国にある対応を一方的に供与した規定である。一般的になんという対応か，漢字5字で答えよ。

問4　Ⅰの条約が締結される前年，相手国の艦隊はその国の大統領の国書をたずさえて来航している。その大統領の名前を，次のうちから1つ選び番号で答えよ。

①　ペリー　②　ワシントン　③　フィルモア　④　ボルティモア

問5　Mさんは，Ⅰの条約締結後の国内外の状況に興味を持ち，歴史的事象を調べた。Mさんが調べた次の4つの事象のうち，Ⅰの条約を締結したことによる影響で**発生した事象でないもの**を，次のうちから1つ選び番号で答えよ。

①　ロシアとも条約を締結し，日露間の国境が策定された。

②　オランダの国王は，江戸幕府に対して開国の勧告をした。

③　国防強化のため，江戸湾に台場を建設し，伊豆に反射炉を築造した。

④　アメリカの領事であるハリスが在日し，通商条約の締結がめざされた。

問6　下線部(a)の内容について，正しいものを，次のうちから1つ選び番号で答えよ。

①　外国船が求める最小限の薪水・食料を給したうえ，できるだけすみやかに退去させる。

②　自由な通商はいっさい認めないが，積載の商品についてのみ長崎での売買を認める。

③　日本の沿岸に近づく外国船は絶対に上陸させてはならず，ただちに撃退するように。

④　難破船は救助してもよいが，交易は勅許を得たうえで，長崎でのみ行うこと。

問7　下線部(b)の「狼藉」に及んだ「いきりすの船」の名称を，次のうちから1つ選び番号で答えよ。

①　サスケハナ号　②　モリソン号　③　リーフデ号　④　フェートン号

問8　下線部(c)の「去年」とはⅡの法令が出された前年であるが，Ⅱの法令が出されたのは西暦何年になるのか。次のうちから1つ選び番号で答えよ。

①　1806年　②　1808年　③　1825年　④　1837年　⑤　1842年

問9　Ⅱの史料の法令が出された時の将軍は誰か。次のうちから1つ選び番号で答えよ。

①　徳川家慶　②　徳川家斉　③　徳川家治　④　徳川家重　⑤　徳川吉宗

問10　Ⅱの史料の法令の名称を答えよ。

57　近世思想史

語句選択　共通テスト・私大対策

次のⅠ，Ⅱの文章を読み，あとの設問に答えよ。

Ⅰ　江戸時代前期，儒学では朱子学がさかんであり，(a)幕府だけでなく諸藩でも採用され，多くの学者を輩出した。陽明学では「近江聖人」と讃えられた中江藤樹がおり，その門人の（　あ　）は岡山藩に仕え藩政にも参与した。また朱子学・陽明学を後世の考えとしてしりぞけ，孔子・孟子の古典に返ろうとする古学もおこった。(b)山鹿素行は，最初，朱子学を学んだが，のち朱子学への疑義を表し，幕府より罰せられた。京都堀川の（　い　）は孔子・孟子の教えに立ち返ることを説き，その子の東涯とともに多くの門人を育成した。江戸では（　う　）が出て蘐園塾を開いた。彼は将軍徳川吉宗にも用いられたことでも知られるが，その弟子には，世を経(おさ)め，民を済(すく)うための手だてを意図して書かれた『経済録』の筆者（　え　）も出た。この時期には日本古典の新しい研究も始まったが，なかでも僧（　お　）は『万葉集』

の実証的研究を行い，のちの国学成立に大きな影響を及ぼした。

問1　空欄（　あ　）〜（　お　）にあてはまる人名を，次のうちからそれぞれ選び番号で答えよ。

①　室鳩巣　②　伊藤仁斎　③　太宰春台　④　野中兼山　⑤　熊沢蕃山
⑥　契沖　⑦　谷時中　⑧　荻生徂徠　⑨　北村季吟

問2　下線部(a)について，加賀の前田家に仕え，徳川綱吉の侍講にもなった人物を答えよ。

問3　下線部(b)の人物が聖人の行いと武士の日用道徳について著し，赤穂配流の原因にもなった著作の名称を答えよ。

Ⅱ　江戸後期になると，幕藩制の動揺のなかでさまざまな思想がおこった。18世紀半ば，京都で（　か　）は公家たちに尊王を説き罰せられたが，江戸では(c)山県大弐が尊王論の立場より武家支配を批判し，幕府より処罰された。また八戸の医者であった（　き　）は「万人直耕ノ自然世」を理想とし身分制社会に疑問をいだき，天皇・将軍による支配を否定した。また江戸後期には，封建制の維持・改良を主張する経世思想がさかんとなった。（　く　）や(d)海保青陵らは，積極的な貿易・交易推進を説き，重商主義的ともいえる思想を展開した。ついで現れた（　け　）は『農政本論』を著して，一君万民の国政を論じた。大坂には懐徳堂に学んだ（　こ　）・(e)山片蟠桃らの町人学者が現れ，独特な思想を展開した。

問4　空欄（　か　）〜（　こ　）にあてはまる人名を，次のうちから1つ選び番号で答えよ。

①　竹内式部　②　佐藤信淵　③　本居宣長　④　本多利明　⑤　大槻玄沢
⑥　富永仲基　⑦　安藤昌益　⑧　柴野栗山　⑨　緒方洪庵

問5　下線部(c)について，この事件は何と呼ばれているか，答えよ。

問6　下線部(d)の代表的著述を，次のうちから1つ選び番号で答えよ。

①　『西域物語』　②　『古事記伝』　③　『稽古談』　④　『自然真営道』

問7　次の史料は，下線部(e)の人物が著した『夢の代』の一部である。史料中の空欄［　A　］にあてはまる語句を漢字1字で答えよ。

生熟スルモノハ，年数ノ短長ハアレドモ，大テイソレゾレノ持マエアリテ死枯セザルハナシ。生ズレバ智アリ，神アリ，血気アリ，四支・心志・臓腑(注1)ミナ働キ，死スレバ智(注2)ナシ，神ナシ，血気ナク，四支・心志・臓腑ミナ働クコトナシ。然レバ何クンゾ［　A　］アラン。又神アラン。……

人ノ死シタルヲ［　A　］トナヅク。コレ亦死シタル後ハ性根ナシ，心志ナシ，コノ［　A　］ノ外ニ［　A　］ナシ。

注1　四支・心志・臓腑…手足・心臓・はらわた　注2　智…知能のはたらき

58 国学と洋学

系図　記述　文章・語句選択　私大対策

国学と洋学の発達について，次の文章と図を読み，あとの設問に答えよ。

17世紀後半より日本古典の研究がさかんになったが，18世紀になると，古典研究を通して外来思想が入る以前の日本古来の道を探求しようとする国学が成立した。

伊勢松坂の医師（　あ　）は『源氏物語』『古事記』の研究などから国学を大成した。彼は日本の古典にみられる日本古来の「真心」による生活が古道にかなうものであり，「漢心」を排して古代日本の精神に立ち返ることを主張した。

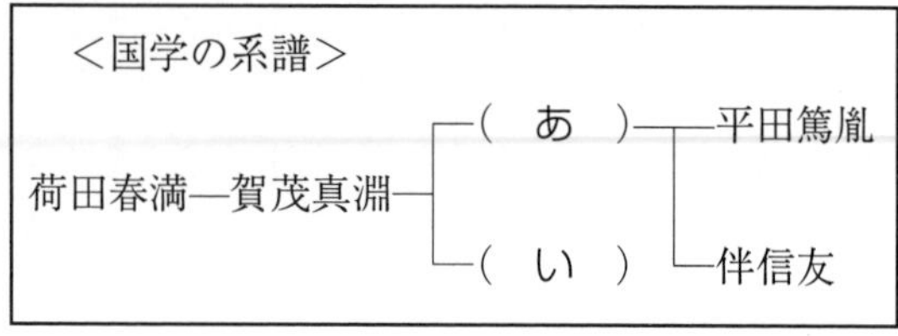

（　い　）は和学講談所を設立して(a)多くの古典を項目別に分類し，編纂・刊行した。19世紀には（　あ　）の影響を受けた平田篤胤が(b)排外主義，国粋主義的な神道を唱え，幕末の尊王攘夷運動に影響を与えた。

洋学は享保期に８代将軍徳川吉宗が漢訳洋書輸入の禁を緩和し，オランダ語を野呂元丈・（　う　）に学ばせ，実用に役立つ学問の振興をはかったことで，まず蘭学として発達した。医学の分野で（　え　）や(c)杉田玄白らがオランダ語の解剖書の訳書『[　A　]』を刊行したことを機に洋学の実用性が評価され，大槻玄沢の『蘭学階梯』や稲村三伯の『[　B　]』によって飛躍的に発展した。ついで，天文・暦学の分野でも高橋至時が寛政暦をつくり，高橋至時の弟子（　お　）とその弟子たちは全国の測量を行って精密な『大日本沿海輿地全図』を作成した。1811年，幕府は天文方高橋景保の建議に基づき(d)洋書の翻訳にあたらせる部局を設置した。

(e)蘭学教育の場として，大槻玄沢は江戸に（　か　）を開き，19世紀にはシーボルトが長崎に（　き　），幕末には緒方洪庵が大坂に（　く　）を開いて多彩な人材を育成した。

問１　空欄（　あ　）～（　お　）に入る適語を，次のうちからそれぞれ１つ選び番号で答えよ。

①　塙保己一　②　前野良沢　③　平賀源内　④　吉田松陰　⑤　青木昆陽
⑥　新井白石　⑦　伊能忠敬　⑧　広瀬淡窓　⑨　本居宣長　⑩　契沖

問２　空欄（　か　）～（　く　）に入る適語を，次のうちからそれぞれ１つ選び番号で答えよ。

①　鳴滝塾　②　松下村塾　③　適塾　④　懐徳堂　⑤　芝蘭堂

問３　下線部(a)について，この書物名を，次のうちから１つ選び番号で答えよ。

①　国意考　②　古事記伝　③　群書類従　④　本朝通鑑　⑤　読史余論

問４　下線部(b)について，この神道の名称を，次のうちから１つ選び番号で答えよ。

①　伊勢神道　②　復古神道　③　吉田神道　④　唯一神道

問５　下線部(c)について，杉田玄白が翻訳の苦心談を書いた回想録を答えよ。

問６　空欄[　A　]・[　B　]に適切な書名を入れよ。

問７　下線部(d)について，この時に設置された部局を答えよ。

問８　下線部(e)に関して述べた文として**誤っているもの**を，次のうちから１つ選び番号で答えよ。

①　大槻玄沢は江戸の蘭学者を塾に集めてオランダ正月と呼ぶ祝宴を開いた。
②　シーボルトの門下からは，高野長英が出た。
③　緒方洪庵の門下には，橋本左内や高杉晋作，福沢諭吉らがいる。
④　シーボルトは帰国時に日本地図を持ち出そうとしたことが発覚し，国外追放された。

59 儒学と学問

記述　文章・語句選択　私大対策

次の文章を読み，あとの設問に答えよ。

幕政が文治政治へと転換され，幕藩体制の安定とともに儒学はおおいにさかんとなり，(a)諸藩でも儒学思想に基づき，家臣・領民の教化や，儒学者を顧問にして藩政の刷新をはかったりした。なかでも朱子学は，為政者に歓迎され手厚く保護された。しかし，18世紀後半には幕藩体制の動揺とともに，朱子学はその勢いを減じていった。

一方，西洋の学術・知識の研究は，鎖国のもと困難であったが，新井白石らの研究がそのさきがけとなった。ついで，将軍(　あ　)は，キリスト教に関係のない漢訳洋書の輸入を許し，洋学は蘭学として発展していった。なかでも，(b)『解体新書』の訳述はその画期的な成果である。18世紀半ばには，幕府は洋書翻訳事業を始め，民間でも蘭学への関心が高まったが，鎖国政策などの幕政に対する批判には弾圧をもって臨んだ。しかし，幕末には欧米諸国の学術文化を受け入れて，近代化をはかろうとする動きが強まっていった。

問1　空欄(　あ　)に入る適語を，次のうちから1つ選び番号で答えよ。

①　徳川綱吉　　②　徳川吉宗　　③　徳川家重　　④　徳川家宣

問2　次の文で，朱子学を説明しているものを，1つ選び番号で答えよ。

①　大義名分論にみられるように，上下の秩序を重んじ礼節を尊んだ。
②　古代の聖賢，すなわち孔子や孟子の教えに立ち返ることを主張した。
③　現実を批判して，知行合一の立場で矛盾を改めることを主張した。
④　日本の古典研究に始まり，日本古来の道を説くようになった。

問3　下線部(a)に関して述べた文として**誤っているもの**を，次のうちから1つ選び番号で答えよ。

①　会津の保科正之は，山崎闇斎に朱子学を学んだ。
②　岡山の池田光政は，熊沢蕃山を招いて重用し，郷学閑谷学校を設けた。
③　水戸の徳川光圀は，江戸に彰考館を設けて『大日本史』の編纂を始めた。
④　加賀の前田綱紀は，谷時中らを招いて学問の振興をはかった。

問4　幕府と朱子学との関係を述べた文として**誤っているもの**を，次のうちから1つ選び番号で答えよ。

①　林羅山は藤原惺窩の推薦で徳川家康に仕え，のちに家塾を上野忍ケ岡に開いた。
②　将軍徳川綱吉は，林家の家塾を整備して聖堂学問所とし，林信篤を大学頭に任じて旗本子弟の教育にあたらせた。
③　林家の門下であった新井白石は，政策立案者として，林信篤の協力を得て儒教理念にも基づく政治を行った。
④　幕命により林鵞峰は，その父とともに『本朝通鑑』という史書を編纂した。

問5　儒学者の荻生徂徠について述べた文のうち，正しいものを，次のうちから1つ選び番号で答えよ。

①　将軍の諮問に答えて『政談』を著し，武士土着論や礼楽制度の確立を主張した。
②　政治批判のかどで，幕府により下総古河に幽閉された。主著である『大学或問』は長く出版されなかった。

③　実用の学を主張して朱子学を批判し，『聖教要録』を刊行したため，幕府により赤穂に配流された。

④　『論語』などの原典批判を通じて直接聖人の道を正しく理解することを旨とし，京都の堀川に塾を開いた。

問6　江戸初期の海外知識の摂取について述べた文のうち，正しいものを，次のうちから１つ選び番号で答えよ。

①　東南アジアの情勢については，ジャガタラ文と呼ばれる通信によって，比較的多くを知ることができた。

②　幕府の海外事情の入手については，オランダ商館長が幕府に提出するオランダ風説書が主な手段であった。

③　長崎の通詞らにより，西欧の政治思想や科学技術が伝習されていた。

④　新井白石が著した『西洋紀聞』は，宣教師に対する尋問をもとにした書で，当時，社会的に大きな反響を巻き起こした。

問7　対外関係が緊張してきた18世紀後半以降の西洋の学術研究について記した文のうち，正しいものを，次のうちから１つ選び番号で答えよ。

①　シーボルトの帰国の際に，持ち出し禁止の日本地図の所持が発覚し，関係者が処罰されたが，この事件を蛮社の獄と呼ぶ。

②　18世紀後半以降，幕府は幕藩体制を補強する技術の学として蘭学を民間にも奨励し，蘭学がさかんになっていった。

③　19世紀初めには，幕府は洋書翻訳事業を本格的に開始し，西欧の近代思想などについても早急に研究を始めた。

④　幕末期には，幕府や薩摩・長州などの諸藩は海外に留学生を送り，学問受容が人文・社会科学の領域にまで広がった。

問8　大槻玄沢について述べた文のうち，正しいものを，次のうちから１つ選び番号で答えよ。

①　『海国兵談』を著して海防論を展開し，幕府の無策を主張したので処罰された。

②　蘭学入門書としての『蘭学階梯（らんがくかいてい）』を著した。

③　最初の蘭日対訳辞書である『ハルマ和解』を著した。

④　『暦象新書』の訳述により天文学の発達に貢献した。

問9　下線部(b)の訳述事業にたずさわった人物を２名答えよ。

60　藩政改革

地図　記述　文章・語句選択　私大対策

次の地図と文章について，あとの設問に答えよ。

18世紀半ば以降，財政を立て直すために，(a)藩主みずから改革を主導する藩が現れた。

19世紀になると，西南諸藩などで，有能な中下級武士を登用して藩政改革を行う藩が多く現れた。

薩摩藩では，［　A　］が中心となり，ばく大な藩債を，無利子の250年賦とした。また，奄美諸島の特産である（　あ　）の藩専売を強化し，琉球貿易を利用した密貿易も推進した。長州藩では［　B　］を登用し，下関などに，金融や積荷の保管を行う（　い　）を設置した。これらの藩は，幕末に強い力を持つようになり，（　う　）と呼ばれた。ほかにも，橋本左内や由利公正ら中下級武士を登用した越前藩主［　C　］や，藤田東湖らを登用した(b)水戸藩主［　D　］らもいた。しかし，水戸藩では，藩内の抗争により，改革は失敗した。

問1　空欄［　A　］～［　D　］に適語を入れよ。

問2　空欄（　あ　）にあてはまる語を，次のうちから1つ選び番号で答えよ。

①　陶磁器　　②　黒砂糖　　③　俵物　　④　菜種

問3　空欄（　い　）に適語を入れよ。

問4　空欄（　う　）にあてはまる語を，次のうちから1つ選び番号で答えよ。

①　親藩　　②　官軍　　③　攘夷派　　④　雄藩

問5　下線部(a)について，地図中のA・Bの藩の改革について述べた文として正しいものの組合せを，次のうちから1つ選び番号で答えよ。

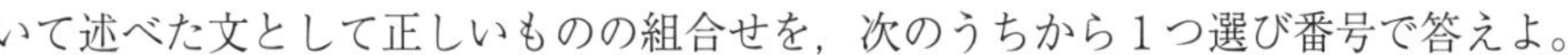

Ⅰ　Aでは，藩主上杉治憲が興譲館を再興し，改革を行った。

Ⅱ　Aでは，藩主佐竹義和が明徳館を設立し，改革を行った。

Ⅲ　Bでは，藩主島津重豪が造士館を設立し，改革を行った。

Ⅳ　Bでは，藩主細川重賢が時習館を設立し，改革を行った。

①　Ⅰ・Ⅲ　　②　Ⅰ・Ⅳ　　③　Ⅱ・Ⅲ　　④　Ⅱ・Ⅳ

問6　下線部(b)について，水戸藩の藩学を，次のうちから1つ選び番号で答えよ。

①　懐徳堂　　②　閑谷学校　　③　弘道館　　④　芝蘭堂

問7　地図中のCの藩の改革について述べた文として正しいものを，次のうちから1つ選び番号で答えよ。

①　藩主のもと「おこぜ組」を結成し，改革を進めた。

②　殖産興業を推進し，紙・蠟の専売を行った。

③　反射炉を建造し，大砲の鋳造を行った。

④　税収を確保するため，地主層を保護した。

61　宝暦・天明期の文化，化政文化

文章・語句選択　共通テスト・私大対策

次の文章を読み，あとの設問に答えよ。

文化・文政期を中心とする江戸時代後期の文化は，武士や町人といった多数の都市民がその担い手となった。学問の分野においては(a)政治や社会の現実を批判する思想や実践が登場し，国学や洋学が発展をとげた。

(b)新井白石や西川如見に始まり(c)享保期以降しだいに行われるようになった西洋学術の研究は，初め蘭学として始められ，(d)『解体新書』の出版を機に大いに発展した。洋学がいち早く取り入れられたのは実用の学問で，(e)医学のほか物理学や暦学などが飛躍的に発展した。

19世紀に入ると，オランダ商館医であったドイツ人シーボルトが長崎郊外に診療所と(f)私塾を開き，備中出身の蘭学者緒方洪庵も大坂に(g)私塾を開いて多くの人材を育成するようになった。

一方，幕府も18世紀半ばから天文方において洋書の翻訳を始めていたが，1811年に(h)蕃書和解御用を設置して翻訳活動を本格化した。

問1　下線部(a)について，文化・文政期の思想家とその著作の組合せとして正しいものを，次のうちから1つ選び番号で答えよ。

①　荻生徂徠－『政談』　②　高野長英－『戊戌夢物語』

③　蒲生君平－『新論』　④　大蔵永常－『農政本論』

問2　屋久島に潜入して捕らえられたイタリア人宣教師で，下線部(b)が訊問（じんもん）した人物名と，この訊問をもとに著された著作の組合せとして正しいものを，次のうちから1つ選び番号で答えよ。

①　ケンペル－『采覧異言（さいらんいげん）』　②　ケンペル－『北槎聞略（ほくさぶんりゃく）』

③　シドッチ－『采覧異言』　④　シドッチ－『北槎聞略』

問3　下線部(c)の頃の幕府の実学奨励策として正しいものを，次のうちから1つ選び番号で答えよ。

①　稲生若水にオランダ語を学ばせ，『庶物類纂（しょぶつるいさん）』を編纂させた。

②　稲村三伯に蘭学の入門書『蘭学階梯』を著述させた。

③　オランダ語を学んだ渋川春海に命じて，『貞享暦』を作成させた。

④　漢訳洋書の輸入制限を緩め，青木昆陽にオランダ語を学ばせた。

問4　下線部(d)の出版に**関わりのない人物**を，次のうちから1つ選び番号で答えよ。

①　杉田玄白　②　小田野直武　③　貝原益軒　④　前野良沢

問5　下線部(d)の出版と同じ頃，エレキテルの実験や不燃性の布をつくるなどして人々を驚ろかせた平賀源内が描いたとされる西洋画を，次のうちから1つ選び番号で答えよ。

①　『不忍池図』　②　『柳鷺群禽図屛風（りゅうろぐんきん）』　③　『西洋婦人図』　④　『浅間山図屛風』

問6　下線部(e)について，次の(1)・(2)にあてはまる人物を，①～⑦のうちから1つずつ選び番号で答えよ。

(1)初めて西洋の内科医学書を翻訳し，『西説内科撰要』を著した。

(2)長崎通詞で，『暦象新書』を著して万有引力説や地動説を紹介した。

①　志筑忠雄　②　中江藤樹　③　伊藤仁斎　④　広瀬淡窓　⑤　宇田川玄随

⑥　山県大弐　⑦　佐藤信淵

問7　下線部(f)・(g)の私塾の組合せとして正しいものを，次のうちから1つ選び番号で答えよ。

①　(f)－鳴滝塾　(g)－適塾　②　(f)－鳴滝塾　(g)－松下村塾

③　(f)－蘐園塾（けんえんじゅく）　(g)－適塾　④　(f)－蘐園塾　(g)－松下村塾

問8　下線部(g)について，この私塾で学んだ人物を，次のうちから1つ選び番号で答えよ。

①　山片蟠桃　②　大槻玄沢　③　富永仲基　④　福沢諭吉

問9　下線部(h)の設置を建議し，シーボルト事件で獄死した人物を，次のうちから1つ選び番号で答えよ。

①　渡辺崋山　②　高橋景保　③　竹内式部　④　安藤昌益

62 近世社会経済思想

文章選択　共通テスト・私大対策

次の文章を読み，あとの設問に答えよ。

経世論(経世済民論(けいせいさいみん))とは，政治・経済・社会のありようを論じ，ときには改革をも主張する論説・思想である。経世論への道を開いたのは(　あ　)で，将軍(　い　)の顧問の役割を果たした彼は，『政談』において武士の土着が必要と説いた。(　あ　)の弟子の(a)太宰春台は，師の説を継承しながらも商品経済の進展を踏まえて経世論を発展させた。

18世紀半ば頃からは，非武士身分のなかに封建社会のあり方を批判したり，政治改革の必要性を主張したりする在野の知識人が現れた。(b)大坂町人の共同出資で設立された私塾からは(c)合理主義の立場から儒教や仏教などの既存の権威を否定した異色の学者が生まれた。八戸の医者の安藤昌益は，著書『[　A　]』で，理想的世界としての(d)「自然世(しぜんせ)」を説き，社会を痛烈に批判していた。

18世紀後半，[　B　]人が南下政策を進めているとの情報は，海防論や，外国論を含んだ改革論をさかんにした。江戸詰の仙台藩医工藤平助は，老中田沼意次に献上するために『赤蝦夷風説考』を執筆し，[　B　]への対処策として，[　B　]との貿易と蝦夷地の開発を提案した。彼に学んだ林子平は，『三国通覧図説』や(e)『海国兵談』を刊行して海防論を説き，幕府から処罰された。工藤平助の貿易による対処策は継承され，(　う　)は，『西域物語』で西洋諸国の様子を紹介し，『経世秘策』で鎖国を解いてヨーロッパを理想とした交易体制を確立することを提唱した。続いて(　え　)は，『経済要録』で産業の国営化や積極的海外進出を説いた。

問1　空欄(　あ　)(　い　)に入る人名の組合せとして正しいものを，次のうちから1つ選び番号で答えよ。

①　あ－保科正之　い－徳川家綱　　②　あ－柳沢吉保　い－徳川綱吉

③　あ－新井白石　い－徳川家宣　　④　あ－荻生徂徠　い－徳川吉宗

問2　下線部(a)が著し，武士が商業活動を行い，専売制度によって利益をあげるべきと説いた著述の名称を答えよ。

問3　下線部(b)の私塾の名称を答えよ。

問4　下線部(c)にあてはまる人物を，次のうちから2つ選び番号で答えよ。

①　石田梅岩　②　伊藤仁斎　③　賀茂真淵　④　杉田玄白　⑤　富永仲基

⑥　山鹿素行　⑦　山片蟠桃

問5　空欄[　A　]にあてはまる書名を答えよ。

問6　下線部(d)について，安藤昌益は以下のように述べている。彼の理想とする「自然世」とはどのようなものか，簡潔に答えよ。

> 彼ニ富メルモ無ク，此ニ貧キモ無ク，此ニ上モ無ク，彼ニ下モ無ク，……上無ケレバ下ヲ責メ取ル奢欲モ無シ，下無ケレバ上ニ諂ヒ巧ムコトモ無シ，……各耕シテ子ヲ育テ，子壮ンニナリ，能ク耕シテ親ヲ養ヒ子ヲ育テ，一人之レヲ為レバ万万人之レヲ為テ，貪リ取ル者無ケレバ貪ラルル者モ無ク，……是レ自然ノ世ノ有様ナリ。

問7　空欄[　B　]にあてはまる外国の国名を答えよ。

問8　下線部(e)の内容として正しいものを，次のうちから1つ選び番号で答えよ。

① 江戸の日本橋から唐(中国)やオランダまで，さえぎるものが何もなく，ひと続きの水路のようだ，と指摘した。
② 江戸・大坂周辺の地は幕府が直接支配すべき，という説を展開した。
③ 外国から侵略される前に，積極的に海外侵略を行え，と説いた。
④ 清・オランダ以外の外国船はためらうことなく撃退せよ，と主張した。

問9 空欄(う)(え)に入る人名の組合せとして正しいものを，次のうちから1つ選び番号で答えよ。

① う－本多利明　え－佐藤信淵　② う－海保青陵　え－本多利明
③ う－佐藤信淵　え－本多利明　④ う－佐藤信淵　え－海保青陵

63 近世の災害と農民運動

地図　写真　共通テスト・私大対策

台風による大災害を経験した長野君は，近世の災害について調査しカードに整理した。これについて，あとの設問に答えよ。

カードⅠ

1640　蝦夷駒ケ岳噴火・降灰
　⇒東北で凶作
1641　西日本で旱魃(かんばつ)
　東日本の日本海側で長雨
▼
会津藩で(a)大規模な農民運動

カードⅢ

1782　異様な暖冬が訪れる
1783　岩木山・浅間山の大噴火
～88　降灰による日照不足・冷害
　餓死者は(c)東北を中心に数十万人
▼
下層住民が各地で(d)民衆運動

カードⅡ

1731　年末から天候不順
1732　西日本で梅雨の長雨・冷夏
　イナゴやウンカが大発生
　⇒餓死者12,000人以上(96,900人とも)
▼
(b)救荒作物の栽培を奨励・栽培の普及

カードⅣ

1833　「巳年のけかち」と呼ばれた大飢饉
　出羽の大洪水・関東の暴風雨
1836年頃まで全国的な飢餓状態
▼
1836　(d)郡内一揆・(e)加茂一揆
1837　(f)元大坂町奉行与力の蜂起

カードⅤ

1月18日未刻，本郷丸山の本妙寺より出火
⇒霊巌寺で1万人，浅草橋で2万人が犠牲
1月19日巳刻，新鷹匠町の大番衆与力宿所より出火
⇒江戸城は天守を含む大部分が焼失
1月19日申刻，麹町5丁目の在家より出火
⇒新橋の海岸に至って鎮火

▼

(g)火災後の復興費用は幕府の財政を圧迫した。

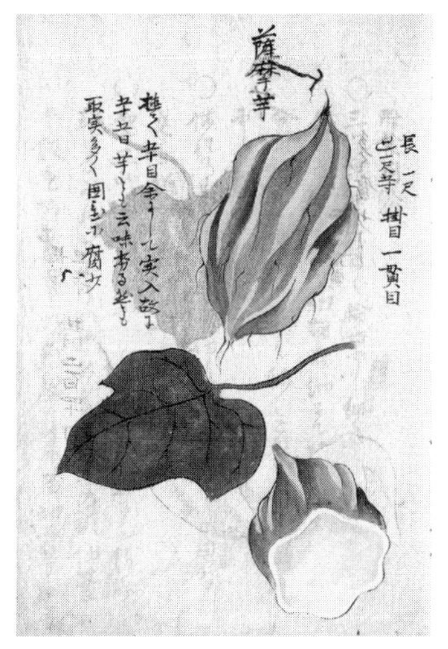

問1 下線部(a)の運動は中世的色彩の濃い形態であった。この運動形態を，次のうちから1つ選び番号で答えよ。

① 世直し一揆　② 逃散　③ 代表越訴型一揆　④ 村方騒動

問2 下線部(b)として，写真にある作物の栽培を勧めた儒学者・蘭学者は誰か。

問3 下線部(c)について，飢饉の影響の残る1785年，蝦夷地への渡航を断念した三河の旅行家・国学者は，逗留(とうりゅう)先の浪岡で飢饉の惨状を聞き取り，生々しく記録している。この旅行家・国学者とは誰か。

問4 下線部(d)・(e)の発生地を，下の地図からそれぞれ1つ選び番号で答えよ。

問5 下線部(f)とは誰のことか。

問6 下線部(g)について，荻原重秀の意見により幕府が実施した財政再建策とはどのようなものか答えよ。

問7 Ⅰの飢饉以後，幕府は農民対策を本格的に講じるようになった。農民が没落して農村が荒廃するのを防ぐため，1643年に幕府が発令した法令名を，次のうちから1つ選び番号で答えよ。

① 分地制限令
② 人返しの法
③ 生類憐みの令
④ 田畑永代売買禁止令

問8 長野君はうっかりカードⅤの年号を記し忘れてしまった。Ⅰ～Ⅴのカードを正しく年号順に並べるには，Ⅴはどのカードの後に挿入すべきか。Ⅰ～Ⅳの記号で答えよ。

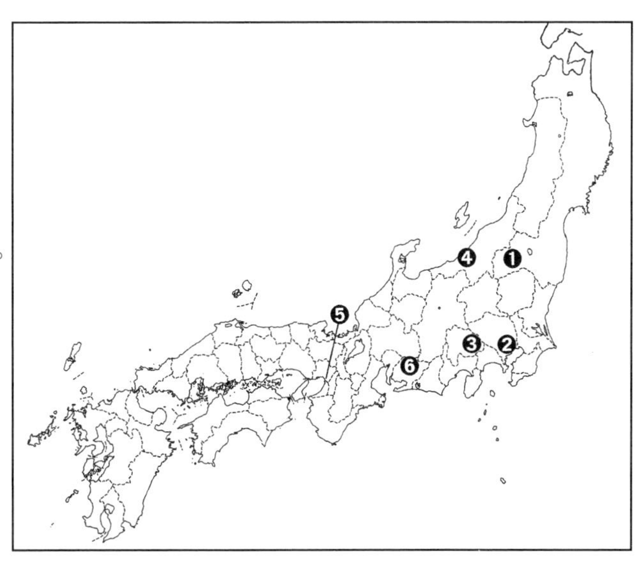

近代

64 内憂外患

写真　記述　文章・語句選択　私大対策

右の写真をみてその説明文を読み，あとの設問に答えよ。

右の図は，(a)肥前（佐賀）藩が建設した大砲製造所の様子を示している。同藩が大砲製造所を建設した19世紀半ばは，幕藩体制が衰退し，近代への胎動が起こった時期であった。

松平定信は(b)1825年，著書のなかで「泰平(たいへい)二百年，ただ恐るべきは蛮夷(ばんい)と百姓の一揆なり」と記し，幕藩制国家を脅(おびや)かすものとして，対外的危機である蛮夷と国内的危機である百姓一揆とを見抜いた。また，水戸学者の(c)会沢安は，異国船とキリスト教という外患と，民衆・民心の離反という内憂の結合である，「内憂外患」の危機を指摘し，その打開策として尊王攘夷論を展開した。このような危機は，天保期を通じて現実のものとなっていった。

豊作が続いた文政期が終わり，天保期には飢饉が訪れ，人々の暮らしに深刻な打撃を与えた。その影響で(d)一揆や騒動はその数だけでなく規模も大きくなっていった。一方，(e)外国船の日本近海への来航はますます増加し，(f)外国船や外国人に関わるトラブルも発生した。さらに1840年にはオランダ商館長からアヘン戦争の情報が伝えられ，幕府は大きな衝撃を受けることとなった。

このような対外的危機と国内的危機に対応するために実行された天保改革は，享保・寛政の政治を模範としながらも，渡辺崋山と親交のあった，(g)江川太郎左衛門（英竜）を大筒方へ登用するなど，保守派と洋学者という相容れない二者に軸足を置く矛盾した状況で始められたのである。これに対し(h)諸藩のなかには多額の借財を処理し，専売制の強化などで収益をあげて藩財政の再建に成功したところもあった。

問1　下線部(a)について，大砲製造所を建設した当時の藩主は誰か答えよ。

問2　下線部(b)の年に，海防に関する下記のような法令が出された。この法令名を答えよ。

「以来いずれの浦方においても異国船乗り寄せ候を見受け候はば，其処に有合せ候人夫を以て有無に及ばず一図に打払い…御察度はこれ有る間敷候間，二念無く打払いを心掛け…」

問3　下線部(c)の主著を，次のうちから１つ選び番号で答えよ。

①『柳子新論』　②『慎機論』　③『稽古談』　④『新論』

問4　下線部(d)について，1836年のきびしい飢饉を受けて起こった大規模な一揆として，正しいものを，次のうちから１つ選び番号で答えよ。

①磔(はりつけ)茂左衛門(もざえもん)一揆　②元文一揆　③佐倉惣五郎一揆　④郡内騒動

問5　下線部(e)について，19世紀の来航者ではない人物を，次のうちから１つ選び番号で答えよ。

①ラクスマン　②ビッドル　③プチャーチン
④レザノフ　⑤ロッシュ

問6　下線部(e)などへの対応として，幕府は18世紀末から北方の探査を行ってきた。1808年からの探査により，樺太が島であることを発見した人物は誰か。次のうちから１つ選び番号で答えよ。

①　大黒屋光太夫　②　間宮林蔵　③　近藤重蔵　④　最上徳内　⑤　桂川甫周

問7　下線部(f)について，1808年にイギリスの軍艦が，敵国となっていたオランダ船を捕獲するために長崎に入り，オランダ商人を人質にして薪水・食糧を強要した事件名を答えよ。

問8　下線部(g)の人物に関係のある写真を，次のうちから１つ選び番号で答えよ。

①

②

③

④

問9　下線部(h)の代表例として，薩摩藩と長州藩があげられる。これらの藩の改革政治として正しく述べられている文章を，次のうちからそれぞれ１つ選び番号で答えよ。

①　「おこぜ組」と呼ばれる改革派が支出の緊縮を行い，財政を再建し軍事力を強化した。
②　村田清風による藩借財の整理と，越荷方による越荷の委託販売により財政を再建した。
③　均田制を実施したり，有田焼（陶磁器）の専売を進めたりして財政を再建した。
④　藩主伊達宗城は，大村益次郎を招いて軍制の近代化を進めた。
⑤　調所広郷により藩借財を整理し，奄美特産の黒砂糖の専売強化などで財政を再建した。
⑥　藩主松平慶永（春嶽）が，由利公正や橋本左内らに補佐されて軍制改革などを実施した。

65 幕末の政局

年表　グラフ　史料　文章・語句選択　共通テスト対策

ペリー来航以後の外交に関する次の年表をみて，あとの設問に答えよ。

1853年６月	(a)ペリー，（　あ　）に来航
1854年３月	(b)日米和親条約調印
1856年７月	アメリカ総領事（　い　）来日
A	
1858年６月	(c)日米修好通商条約調印
1859年６月	(d)自由貿易開始
1860年１月	(e)遣米使節出発
B	

1862年8月	生麦事件勃発
C	
1864年8月	(f)四国艦隊，(う)砲撃
D	
1866年5月	(g)改税約書調印
E	
1868年1月	戊辰戦争開始

問1 空欄(あ)(う)に入る地名の組合せとして正しいものを，次のうちから1つ選び番号で答えよ。

① あ－浦賀 う－箱館 ② あ－下田 う－鹿児島

③ あ－浦賀 う－下関 ④ あ－下田 う－長崎

問2 空欄(い)に入る人名を，次のうちから1つ選び番号で答えよ。

① プチャーチン ② オールコック ③ ロッシュ

④ ビッドル ⑤ ハリス

問3 下線部(a)に関連した記述として**誤っているもの**を，次のうちから1つ選び番号で答えよ。

① ペリーは，大統領の国書を提出し，開国を要求した。

② 老中首座安藤信正は，従来通り朝廷への報告を行い，諸大名や幕臣にも意見を求めた。

③ 幕府は，人材を登用するとともに，長崎に海軍伝習所を設け洋式兵制を導入した。

④ 幕府は，国防の充実をはかるため江戸湾に台場を築き，大船建造を解禁した。

問4 下線部(b)・(c)に含まれる条文の組合せとして正しいものを，次のうちから1つ選び番号で答えよ。

Ⅰ(b)：総(すべ)て国地に輸入輸出の品々，別冊の通，日本役所へ運上を納べし。

Ⅱ(b)：日本政府，外国人江当節亜墨利加(あめりか)人江差し免(ゆる)さす候廉(かど)相免し候節ハ，亜墨利加人江も同様差し免し申すべし。右に付，談判猶予致さす候事。

Ⅲ(c)：一 雑穀 一 水油 一 蠟 一 呉服 一 糸

右の品々ニ限り，貿易荷物の分者(は)，都而(すべて)御府内より相廻し候筈(はず)ニ候間，在々より決而(けっして)神奈川表江積出し申す間敷(まじく)候。

Ⅳ(c)：日本人に対し，法を犯せる亜墨利加人は，亜墨利加コンシユル裁断所にて吟味の上，亜墨利加の法度(はっと)を以て罰すべし。亜墨利加人に対し，法を犯したる日本人は，日本役人糺(ただし)の上，日本の法度を以て罰すべし。

① Ⅰ・Ⅱ ② Ⅱ・Ⅲ ③ Ⅲ・Ⅳ ④ Ⅱ・Ⅳ

問5 下線部(d)について，1865年の輸出品の割合を表したグラフを，次のうちから1つ選び番号で答えよ(グラフの数字は％を示す)。

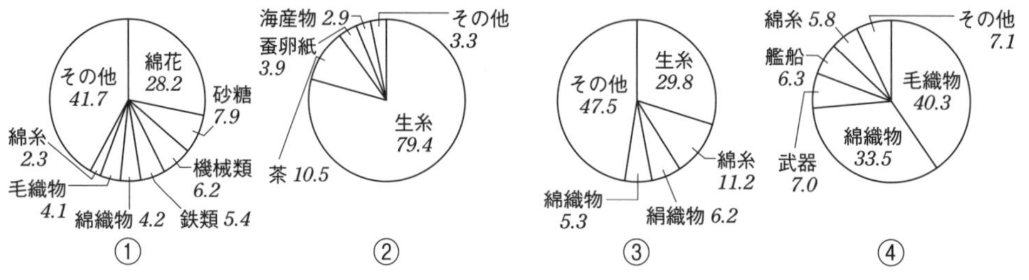

問6　下線部(e)の使節団や随行員に**関わりのない人物**を，次のうちから１つ選び番号で答えよ。

①　新見正興　　②　福沢諭吉　　③　岩倉具視　　④　勝海舟

問7　下線部(f)について述べた文として正しいものを，次のうちから１つ選び番号で答えよ。

①　四国艦隊とは，イギリス・アメリカ・ロシア・フランスの四カ国が結成した艦隊である。

②　幕府の命令を受けて行われた，外国船砲撃に対する報復として起こった事件である。

③　この事件が起こった直接の原因は，年表にある生麦事件にある。

④　この事件をきっかけに，幕府と薩摩藩は攘夷を断念した。

問8　下線部(g)について述べた文として正しいものを，次のうちから１つ選び番号で答えよ。

①　これが調印されるまでは，貿易は輸出超過であったが，こののち輸入超過に転じた。

②　これを調印した後，列国は条約の勅許を勝ち取り兵庫と箱館を開港させた。

③　これの調印によって，関税率が引き上げられ，自由貿易に制限が加えられた。

④　これが調印された結果，輸入品の価格が上がってインフレが発生した。

問9　この年表中にあるＡ～Ｄの時期の出来事として**誤っているもの**を，次のうちから１つ選び番号で答えよ。

①　Ａの時期に，老中堀田正睦は条約調印の勅許を求めたが，孝明天皇の許可を得られなかった。

②　Ｂの時期に，和宮降嫁による公武合体策を実施した大老井伊直弼が，水戸脱藩士らに襲撃された。

③　Ｃの時期に，八月十八日の政変で京都を追われた長州藩は，池田屋事件を契機に京都に攻めのぼったが，薩摩・会津の軍勢に敗北した。

④　Ｄの時期に，薩摩藩は，土佐出身の坂本竜馬らの仲介で長州藩と軍事同盟を結んだ。

問10　年表中のＥの時期に，倒幕運動が急速に進み，新政府が誕生した。このあいだに行われたことについて述べた文として**誤っているもの**を，次のうちから１つ選び番号で答えよ。

①　土佐の後藤象二郎らが，山内豊信を通して，将軍徳川慶喜に政権返還を進言した。

②　討幕の密勅が出された日に，徳川慶喜は大政奉還の上表を朝廷に提出した。

③　王政復古の大号令が発せられ，明治天皇を中心とする新政府が樹立され，摂政・関白や幕府が廃止された。

④　新政府の三職による小御所会議で，徳川慶喜に征夷大将軍辞退と朝廷への領地の一部返上を命じる処分が決定された。

66 幕末維新の社会

錦絵　記述　文章・語句選択　私大対策

次のⅠ・Ⅱの錦絵とその説明文を読み，あとの設問に答えよ。

Ⅰ　この絵は，江戸幕府倒壊前夜の1867年夏から1868年にかけて，東海・近畿・中国・四国地方で，(a)伊勢神宮の御札や仏像・金塊が降ってきたとして，多くの人々が熱狂的に乱舞した「[　A　]」である。また，19世紀に誕生した天理教・黒住教・金光教など，のちに明治政府に公認され[　B　]と呼ばれた民衆宗教が，この頃急激に普及した。

開国以来の(b)物価上昇や政局をめぐる抗争は社会不安を増大させ，国学の尊王思想も農村へ広まり，[　C　]一揆と呼ばれる農民一揆も拡大した。また，江戸や大坂で起こった大規模な(c)打ちこわしも，こうした政治への不信が一因であった。

問1　空欄[　A　]～[　C　]に適語を入れよ。

問2　下線部(a)への参拝が江戸時代に流行したが，特に17世紀半ばから約60年周期での熱狂的な集団参拝がみられた。この集団参拝を何というか答えよ。

問3　下線部(b)などの経済をめぐる情勢について述べた文として**誤っているもの**を，次のうちから１つ選び番号で答えよ。

①　開国により，生糸・茶・蚕卵紙・海産物などの農水産物やその加工品が多く輸出され，それに刺激されて物価が上昇した。

②　日本と外国の金銀比価が違ったため，多量の銀貨が流出した。幕府は，これを防ぐため万延貨幣改鋳を行ったが，貨幣の実質価値が下がり，物価上昇に拍車がかかった。

③　幕府は，物価抑制を理由に五品江戸廻送令を出したが，在郷商人や商取引の自由を主張する列国の反対で効果はあがらなかった。

④　機械で生産された安価な綿織物の大量輸入により，農村で発達していた綿作や綿織物業が一時的に圧迫された。

問4　下線部(c)が起こった1866年の６月～８月にあった出来事を，次のうちから１つ選び番号で答えよ。

①　第２次長州征討　　②　兵庫開港勅許　　③　四国艦隊下関砲撃事件

④　薩英戦争　　⑤　禁門の変

Ⅱ　この絵は，現在の三重県を中心に起こった地租改正反対一揆の様子を描いたものである。明治新政府は，田畑勝手作りを許可し，[　D　]の禁(禁止令)を解き，[　E　]を発行して従来の年貢負担者に交付し，土地の所有権をはっきり認めた。そして，(d)地租改正条例を公布して地租改正に着手した。

地租改正は，従来の年貢収入を減らさない方針で進められたので，農民は負担の軽減などを求めて各地で(e)地租改正反対一揆を起こした。

問5　空欄[　D　][　E　]に適語を入れよ。

問6　下線部(d)が公布された年に起こった出来事として正しいものを，次のうちから１つ選び番号で答えよ。

①　民撰議院設立の建白書提出　　②　江華島事件　　③　国立銀行条例公布

④　郵便制度発足　　⑤　徴兵令公布

問7　下線部(e)の結果，明治政府は地租を地価の何％に改訂したか。次のうちから１つ選び番号で答えよ。

①　２％　　②　2.5％　　③　３％　　④　3.5％　　⑤　４％

67 明治維新期の社会

記述　文章・語句選択　私大対策

明治維新期の諸改革に関する次のⅠ～Ⅴの文章を読み，あとの設問に答えよ。

Ⅰ　明治政府の当面の課題は，封建的支配体制を崩し，天皇を中心とした中央集権国家体制の基礎を固めることであった。戊辰戦争の最中の1868年３月には，天皇が群臣を従えて神々に誓うという形式で，(a)五箇条の御誓文を定め，新しい政治理念の基本を宣言した。ついで，政府は[　A　]を発布して，太政官に権力を集中した。

Ⅱ　明治政府は，諸大名がみずからの領地と領民を支配するこれまでの体制を打ち破るため，1869年，諸大名に領地と領民を天皇に返上させた。さらに1871年７月に，まず薩摩・長州・土佐３藩から[　B　]をつのって中央の軍事力を固め，ついでいっきょに(b)廃藩置県を断行し，中央集権体制の確立をはかった。

Ⅲ　明治政府は，四民平等の原則に立って，身分制に基づく特権の廃止をはかった。版籍奉還ののち，大名と上層公家を華族とし，武士を士族，農工商ら庶民を[　C　]とした。一方，華族や士族に与えられていた秩禄は，政府にとって大きな負担となっていた。そのため，(c)政府は秩禄処分に乗り出し，金禄公債証書を交付してすべての禄制を廃止した。

Ⅳ　明治政府は，1872年に[　D　]を解き，土地の所有者と納税者を確認するため，地券を発行した。ついで，翌年には地租改正条例を公布し，政府の定めた地価を基準にその３％を税率とし，豊凶にかかわらず一定額の地租を金銭で地券所有者に納めさせることにした。これによって近代的租税制度が確立し，政府は，それをもとに(d)殖産興業政策を進めることで，資本主義発展の基礎を形づくることとなった。

Ⅴ　明治政府は，熱心に欧米の制度や文物を取り入れたので，さまざまな分野でいわゆる(e)文明開化の風潮が高まった。また『文明論之概略』などを著した[　E　]や，中村正直らの啓蒙思想家たちは，西洋の近代思想を紹介し，封建思想を批判した。政府は，近代化を進めるためには，国民の知識を高めることが必要であると考え，1872年には，国民皆学を理念とし，教育を国民の義務とする学制を公布した。

問1　空欄[　A　]～[　E　]に適語を入れよ。

問2　下線部(a)の内容に関する記述として**誤っているもの**を，次のうちから１つ選び番号で答えよ。

① 広く会議を開いて，政治はすべて公議世論によって決定すべきである。

② 旧来からの悪習である攘夷をやめ，国際法に基づく和親を進める。

③ 人として守るべき五倫の道徳を正しく実践するべきである。

④ 知識を世界に求め，おおいに天皇国家の基礎を確立するべきである。

問3 下線部(b)に関する記述として正しいものを，次のうちから1つ選び番号で答えよ。

① これによって，徴税と軍事の権限のうち，軍事の権限のみが中央政府のものとなった。

② 多くの旧藩主は石高にかわる家禄の支給を受け，府知事・県令として府県を治めた。

③ 太政官に立法機関である正院，司法機関である左院，行政機関である右院が設置された。

④ 中央政府の要職が旧薩摩・長州・土佐・肥前4藩の出身者によって占められたことから，のちに藩閥政府と呼ばれた。

問4 下線部(c)に関する記述として**誤っているもの**を，次のうちから1つ選び番号で答えよ。

① 多額の公債を交付された華族や上級士族は，それを投資して経済的な安定を得る者もあった。

② 秩禄処分に反対して不平士族を率いた江藤新平は，郷里の熊本で神風連の乱を起こした。

③ 士族のなかには「士族の商法」といわれたように，商業に手を出して失敗する者もあった。

④ 政府は開墾・帰農の奨励や生業資金の貸付けなどの士族授産を進めた。

問5 下線部(d)に関する記述として**誤っているもの**を，次のうちから1つ選び番号で答えよ。

① 岩崎弥太郎の建議により，飛脚にかわって，海運を使った官営の近代的郵便制度が始まった。

② 北海道では，開拓使が置かれ，札幌農学校を中心に農業技術・経営の改良などが行われた。

③ 政府は，外国からの技術導入をはかり，富岡製糸場などの官営模範工場を設立した。

④ 政府は，円を基準とする新貨条例や国立銀行条例を制定し，近代的な金融制度の確立をめざした。

問6 下線部(e)に関する記述として**誤っているもの**を，次のうちから1つ選び番号で答えよ。

① 太陽暦が使われ，1日24時間制，1週7日制が採用された。

② 東京の銀座通りには，煉瓦造の建物やガス灯が並び，人力車や馬車などが走った。

③ 大都市に始まるこの風潮は，またたくまに農村に抵抗なく受容され，旧来からの生活を一変させた。

④ ざんぎり頭が流行し，軍人・警官以外の者の帯刀が禁止された。

68 文明開化

写真　文章・語句選択　共通テスト・私大対策

下の錦絵と文章に関して，あとの設問に答えよ。

上の錦絵は，1880年代の東京の銀座通りである。(a)学制が公布された(b)1872年の京橋・銀座の大火の後，明治政府は銀座通りを洋風化することに決め，1874年には，ほぼ絵に描かれたような街並みが完成した。この絵をみると，(c)人力車や1882年に開通した鉄道馬車が走っている。また，(d)ガス灯もみられ，観光名所として賑わっている様子がわかる。煉瓦造建物が並ぶなか，馬車の馬の上の方に(e)朝野新聞社の建物がみえる。朝野新聞は，当初から成島柳北・(f)末広鉄腸らにより自由民権派の立場だったが，1884年の柳北の死後，犬養毅らが入社してから立憲改進党系の新聞となった。

問1　下線部(a)の学制に始まる明治の教育制度に関しての各文中の下線部について，正しいものを次のうちから１つ選び番号で答えよ。

① 学制は，アメリカ式の近代的学校制度を定めた法令で，全国を当初８大学区に分け，そのもとに中学区・小学区を設置した。

② 1879年，学制の中央集権的画一主義を改めて，地方に権限を移管するなどの教育令が出されたが，翌年改正され，中央集権化がふたたび強められた。

③ 1886年，初代文部大臣の森有礼が公布した学校令では，尋常小学校６年間が義務教育とされた。

④ 1890年，元田永孚・伊藤博文らが起草した教育の指導原理を示す教育勅語が発布された。

問2　下線部(b)の年に関して述べた文として**誤っているもの**を，次のうちから１つ選び番号で答えよ。

① この年に出版された中村正直の『自由之理』は，イギリス人スマイルズの『Self Help』を翻訳したものである。

② この年に太政官布告で制定された紀元節は，改暦に伴って２月11日となり，新年節・天長節とともに国の祝日とされた。

③ この年，西洋諸国にならって暦法を改め，旧暦を廃して太陽暦を採用し，１日24時間，

日曜日を休日とした。

④　福沢諭吉の『学問のすゝめ』は，この年から76年にかけて発行され，ベストセラーとなった。

問3　下線部(c)の人力車・鉄道馬車に関して，各文中の下線部について**誤っているもの**を，次のうちから１つ選び番号で答えよ。

①　鉄道馬車は，1872年に開通した日本最初の蒸気機関車による鉄道の始発駅である品川と日本橋を結んでいた。

②　鉄道馬車が登場する前には，レールのない乗合馬車が往来していた。

③　1903年，電車が施設され，銀座の鉄道馬車は衰退していった。

④　人力車は，官許を得て駕籠にかわる交通機関として定着した。

問4　下線部(d)のガス灯は，1874年に銀座に設置されたが，これより先に設置されたのはどの都市か。次のうちから１つ選び番号で答えよ。

①　長崎　　②　神戸　　③　横浜　　④　函館　　⑤　新潟

問5　下線部(e)の朝野新聞など明治初期の新聞に関しての各文中の下線部について**誤っているもの**を，次のうちから１つ選び番号で答えよ。

①　1870年，日本最初の日刊新聞として発刊されたのが大阪毎日新聞である。

②　1872年に創刊された東京日日新聞は，1874年，のちに立憲帝政党を設立した福地源一郎が入社し，政府系御用新聞と目(もく)された。

③　イギリス人ブラックが1872年に創刊した日新真事誌は，74年民撰議院設立建白書を掲載したことで反響を呼んだ。

④　1880年代，娯楽本位で小型版の小新聞に対して，政治評論中心で大判の大新聞が政治思想の国民への普及に寄与した。

問6　下線部(e)の新聞が普及した要因として，活字印刷の発達があるが，1869年に鉛製活字の量産技術の導入に成功した人物は誰か。次のうちから１つ選び番号で答えよ。

①　渋沢栄一　　②　キヨソネ　　③　臥雲辰致　　④　岩崎弥太郎　　⑤　本木昌造

問7　下線部(f)の人物らが明治初期に政治思想の宣伝・啓蒙目的に政治小説を書いたが，代表的な政治小説家矢野竜渓の作品として正しいものはどれか。次のうちから１つ選び番号で答えよ。

①　雪中梅　　②　浮雲　　③　安愚楽鍋　　④　経国美談　　⑤　当世書生気質

問8　次の各学校の創立年を古い順に並べたものとして正しいものを，次のうちから１つ選び番号で答えよ。

Ⅰ　同志社　　Ⅱ　東京専門学校　　Ⅲ　東京大学

①　Ⅰ－Ⅱ－Ⅲ　　②　Ⅰ－Ⅲ－Ⅱ　　③　Ⅱ－Ⅲ－Ⅰ　　④　Ⅲ－Ⅰ－Ⅱ

問9　1873年に設立された啓蒙的思想団体の明六社に参加しなかった人物を，次のうちから１人選び番号で答えよ。

①　西周　　②　加藤弘之　　③　津田真道　　④　中江兆民　　⑤　西村茂樹

問10　文明開化の風潮について述べた文として**誤っているもの**を，次のうちから１つ選び番号で答えよ。

①　洋服の着用は，都会では官吏や巡査からしだいに民間に広まった。

②　新聞が普及したため，江戸時代からの錦絵は衰退した。

③ 断髪令(散髪令)により，断髪したざんぎり頭が文明開化の象徴とされた。

④ 肉食も広がり，牛鍋は特に学生間に流行した。

69 自由民権運動の展開

年表　文章・語句選択　私大対策

自由民権運動が展開した時代の年表を読み，あとの設問に答えよ。

1874(明治7)年	板垣退助らが(a)民撰議院設立の建白書を政府の左院に提出し，自由民権運動が開始された。板垣退助らは高知に［　A　］という政社を設立した。
1875(明治8)年	大阪会議が開催され，その結果，政府は漸次立憲政体樹立の詔を出し，左院にかわる［　B　］を設置し，大審院なども開設した。また政府は讒謗律(ざんぼうりつ)や［　C　］を制定し，出版条例を改正して言論弾圧を強めた。
1877(明治10)年	西南戦争の最中，［　A　］は片岡健吉を総代として国会開設を求める意見書を提出したが，政府に却下された。
1880(明治13)年	大阪で結成された［　D　］が国会開設の請願書を政府に提出したが，政府は受理せず，集会条例を制定して運動を弾圧しようとした。
1881(明治14)年	高知出身の［　E　］が一院制議会や抵抗権・革命権を認める「東洋大日本国国憲按」を発表するなど，私擬憲法がつぎつぎと作成された。(b)開拓使官有物払下げ事件を機に，国会開設の勅諭が出され，明治十四年の政変が起こった。その直後に板垣退助らは［　D　］を中心に自由党を結成した。また松方正義が大蔵卿に就任し，(c)松方財政と呼ばれる財政政策を開始した。
1882(明治15)年	福地源一郎らが，自由民権派に対抗するために［　F　］を結成した。道路建設や自由党弾圧をめざす県令の三島通庸と，道路工事に反対する農民や自由党の河野広中らが衝突した［　G　］が起こった。
1884(明治17)年	(d)自由党の党員や困窮農民たちによる激化事件があいついで起こった。
1886(明治19)年	旧自由党の星亨らが，自由民権派の再結集をめざして［　H　］を提唱した。
1887(明治20)年	［　I　］外相による条約改正交渉の失敗を機に，片岡健吉らの自由民権派が(e)三大事件建白運動を起こした。これに伴い［　H　］運動も高揚した。政府は［　J　］を制定して活動家を東京から追放する一方，運動の指導者を入閣させるなどして運動の鎮静化をはかった。

問1　年表中の空欄［　A　］〜［　J　］に適語を入れよ。

問2　下線部(a)に関して，次の史料は建白書の一部である。史料中の空欄（　あ　）に入る語句を，次のうちから1つ選び番号で答えよ。

臣等(しんら)伏(ふ)シテ方今(ほうこん)政権ノ帰(き)スル所ヲ察(さっ)スルニ，上帝室(かみていしつ)ニ在(あ)ラズ，下(しも)人民ニ在ラズ，而(しか)シテ独(ひと)リ（　あ　）ニ帰ス……。

① 有司　② 藩閥　③ 士族　④ 知藩事

問3　下線部(b)に関して，明治十四年の政変で政府から追放された参議は誰か，答えよ。

問4　下線部(c)について述べた文として**誤っているもの**を，次のうちから１つ選び番号で答えよ。

①　煙草税・酒造税の増徴や，醤油税・菓子税の新設など，増税を行った。

②　軍事費を除いた徹底した拡大財政(予算の拡大)を行った。

③　不換紙幣を回収・消却し，1882年に中央銀行として日本銀行を創立した。

④　米価や繭価などの下落による生活苦から，多くの農民が土地を失って小作人に転落した。

問5　下線部(d)にあてはまるものを，次のうちから１つ選び番号で答えよ。

①　伊勢暴動　②　大阪事件　③　血税一揆　④　竹橋事件　⑤　秩父事件

問6　下線部(e)に**あてはまらないもの**を，次のうちから１つ選び番号で答えよ。

①　徴兵制を廃止すること　②　外交失策を挽回すること

③　言論・集会の自由を認めること　④　地租を軽減すること

70　国会の開設と初期議会

史料　記述・語句選択　私大対策

次の史料とその説明文を読み，あとの設問に答えよ。

Ⅰ　今般憲法発布式ヲ挙行セラレ，［　A　］及之ニ付随スル諸法令ハ，(a)昨日ヲ以テ公布セラレタリ。……政治上ノ意見ハ人々其所説ヲ異ニシ，其説ノ合同スル者相投シテ一ノ団結ヲナシ，政党ナル者ノ社会ニ存立スルハ情勢ノ免レサル所ナリト雖，(b)政府ハ常ニ一定ノ政策ヲ取リ，［　B　］政党の外ニ立チ，至正至中ノ道ニ居ラサル可ラス。……　(牧野伸顕文書)

Ⅱ　(c)臨時撰挙ノ事アルニ至リ，……撰挙勅令ノ未ダ発布セラレザル前ヨリ，知事・警部長ハ各郡長・各警察署長ヲ招集シ，数日秘会，撰挙ニ付訓諭スル所アリ……警部長・保安課長等ノ人々ハ東西撰挙区ヲ奔走シ，各警察署長・巡査ハ日夜管轄内撰挙者ノ家ニ就イテ其ノ候補者ト定ムル人ニ投票ヲ勧告シ，郡役所ニ在テハ之レガ為メ全ク其ノ常務ヲ放棄スト云フベカラザルモ，各警察署ニ至テハ吏員四出シ，署内寂寥殆ンド常務ヲ廃ス……

(川田瑞穂『片岡健吉先生伝』より)

Ⅲ　若し自由党が立憲政躰の既に立ツたる今日に於て，猶明治七八年から明治廿二三年迄の間に於けるが如き行ひを為したならば，所謂時勢に反対したる者であるから世の中は自由党を信頼致さず(中略)自由党は如何なる人が政府に居るに拘らず，自由党の主義を奉ずれば，自由党は進んで賛成する。だから是から後，国家必要の仕事がある時分には，今の政府を信用せんでも，矢張国家の必要已むを得ざれば，積極の運動を自由党は致す。……

【説明文】

史料Ⅰは鹿鳴館で行われた地方官会議において，第２代首相黒田清隆が行った演説の草稿と考えられる。下線部(a)にある「昨日」とは［　C　］年２月11日を指す。民党が大勢を占めるなかで総選挙を翌年に控えたこの日，首相は下線部(b)のように，政党の動向にとらわれず独自に政策実現をはかることを地方官に宣言したが，このような政策主義を［　B　］主義という。

史料Ⅱは，(d)第二議会の解散を受けて1892年２月に実施された下線部(c)の，高知県における実態を当時の第４代首相［　D　］に報告し，警告したものである。内務大臣［　E　］の指示を受けた県知事や警部長が各郡長や警察署長を通じて，吏党への投票を勧告している。そのため，郡役所や警察署における通常業務が行われていないという実態が明らかにされている。選挙後，内閣は史料にあるような選挙干渉をめぐる閣内不一致により総辞職した。

史料Ⅲは，大同団結を唱えて民党を主導してきた[　F　]が，1893年1月に『(自由党)党報』に述べた「自由党方針転換」意見の一部である。不況に見舞われ，地域産業のための積極的財政投資を政府に求める声が高まっていた当時，自由党では[　F　]の指導のもとで1892年11月頃から政府の掲げる積極主義へ同調し，党勢を挽回しようとした。第2次[　G　]内閣は，このような自由党の方針転換に加え，和衷協同の詔にも後押しされて，軍艦建造予算を含んだ国家予算の成立に成功した。その後(e)[　G　]内閣は積極的に政党と手を握って政治運営をするようになった。

問1　空欄[　A　]に入る憲法名を漢字7文字で答えよ。

問2　空欄[　B　]に入る語句を漢字2文字で答えよ。

問3　空欄[　C　]に入る年号を西暦で答えよ。

問4　空欄[　D　]〜[　G　]に入る人名をそれぞれ漢字で答えよ。

問5　史料Ⅰ〜Ⅲの頃，民党が多数を占める議会と内閣がはげしく対立したが，民党がスローガンに掲げた言葉を，次のうちから2つ選び番号で答えよ。

①　門戸開放　②　民力休養　③　挙国一致　④　内憂外患　⑤　政費節減
⑥　機会均等　⑦　憲政擁護　⑧　臥薪嘗胆

問6　下線部(d)の直前，次のような演説を行って民党側の強い反発を引き起こし，議会の解散の一因をつくった海軍大臣は誰か。下の①〜④のうちから1人選び番号で答えよ。

「……現政府は此の如く内外国家多難の艱難(かんなん)を切抜けて今日迄来た政府である。薩長政府とか何政府とか云っても今日国の此安寧を保ち，四千万の生霊に関係せず，安全を保ったと云ふことは誰の功力であるか。(笑声おこる) 御笑に成る様なことではございますまい。」

①　樺山資紀　②　西郷従道　③　大山巌　④　寺内正毅

問7　下線部(e)に対し，条約改正問題で政府の外交が軟弱であると批判した立憲改進党などの勢力を何というか。次のうちから1つ選び番号で答えよ。

①　条約派　②　艦隊派　③　国粋主義派　④　対外硬派

71 条約改正

記述　語句選択　私大対策

次のⅠ〜Ⅳの文章を読み，あとの設問に答えよ。

Ⅰ　当時の外相の(　あ　)は，条約改正を行おうとして，日本の法典を欧米流の近代法とすることを急ぎ，(a)極端な欧化政策をとった。この交渉の過程のなかで示された改革案のなかに，(b)わが国の主権をおびやかす恐れがある条件が入ったため，国内での反対が強く，また，(c)当時の御雇い外国人の法律家のなかでも，この改正案に強く反対する人物がおり，この改正案は中止された。

Ⅱ　当時の外相の(　い　)は，各国別に条約改正交渉を行おうとしたが，(d)その改正案がイギリスの新聞『ロンドンタイムズ』に掲載されてしまったために，国内で大きな反対運動が起こった。この結果，条約改正交渉を担当した外相が玄洋社の一青年に襲われるという事件が起こり，失敗に終わった。

Ⅲ　当時の外相の（　う　）は，(e)前任の青木周蔵外相がイギリスと交渉した経験を生かし，［　A　］を撤廃する条約の調印に成功した。この条約は［　B　］と呼ばれている。この交渉の成功には，(f)当時の東アジア情勢における列強間の関係がその背景にあった。

Ⅳ　外相（　え　）の時に，［　C　］の回復に成功し，わが国の貿易上の不利益が改善された。

問1　空欄［　A　］～［　C　］に適語を入れよ。

問2　空欄（　あ　）～（　え　）にあてはまる人物を，次のうちからそれぞれ選び番号で答えよ。

①　陸奥宗光　②　井上馨　③　大隈重信　④　黒田清隆　⑤　小村寿太郎
⑥　寺島宗則　⑦　岩倉具視　⑧　山県有朋　⑨　木戸孝允　⑩　大久保利通

問3　下線部(a)について，この時，政府高官・内外貴顕(きけん)の社交場として，また，政治的な会合の場所として，極端な欧化政策の象徴とされた建造物を漢字３字で答えよ。

問4　下線部(b)について，どのような点が，わが国の主権を脅(おびや)かすとされたか。次のうちから１つ選び番号で答えよ。

①　日本の裁判所に外国人判事を採用する。
②　居留地に限定されていた外国人との取引が，わが国のすべての地域に認められる。
③　外国人の軍隊を首都の大使館に配属することを認める。
④　貿易に関する税を，すべての商品の５％になるようにする。

問5　下線部(c)について，この時，フランスから招かれていて，改正案に反対していた法学者は誰か。次のうちから１つ選び番号で答えよ。

①　コンドル　②　ベルツ　③　ロエスレル　④　ボアソナード　⑤　クラーク

問6　下線部(d)について，これを問題とした新聞『日本』の発刊者を，次のうちから１つ選び番号で答えよ。

①　福地源一郎　②馬場辰猪　③陸羯南　④　徳富蘇峰　⑤　黒岩涙香

問7　下線部(e)について，この人物がほぼ交渉に成功しかけていたが，ある出来事が起こり交渉が中断された。その出来事を，次のうちから１つ選び番号で答えよ。

①　江華島事件　②　壬午軍乱　③　大津事件　④　甲申事変　⑤　義和団事件

問8　下線部(f)について，当時のわが国の条約改正の交渉相手国のイギリスが，東アジアである列強の進出を恐れていた。その国の国名を，次のうちから１つ選び番号で答えよ。

①　ポルトガル　②　ロシア　③　ドイツ　④　フランス　⑤　アメリカ

問9　欧米諸国と条約改正交渉を進めていた日本は，清や朝鮮と条約を結んだ。そのうち日朝修好条規が結ばれた時期を，次のうちから１つ選び番号で答えよ。

①　Ⅰ～Ⅳのすべてより以前　②　ⅠとⅡの間　③　ⅠとⅢの間
④　ⅢとⅣの間　⑤　Ⅰ～Ⅳのすべてより以後

72 明治の風刺画

風刺画　記述　文章・語句選択　共通テスト・私大対策

次の風刺画を参考にして，あとの設問に答えよ。

ア

イ（　え　）

ウ

エ

図アは「士族の商法」を風刺した絵画である。明治政府は，1876年に金禄公債証書を発行して華・士族の禄制を全廃した。これを（　あ　）という。士族のなかには，公債を元手にして事業をおこしたが，「士族の商法」で失敗して没落する者が多く発生し，(a)士族反乱の一因となった。

図イは，漫画雑誌「トバエ」に掲載された言論弾圧の風刺画である。この風刺画が描かれた頃は(b)自由民権運動が高揚していた時期で，政府は民権論を唱える記者を取り締まったり，(c)保安条例などを公布して多くの民権派に弾圧を加えた。

図ウは，1887年のフランス船メンザレ号事件を描いたものだが，これを利用して1886年に紀伊半島沖でイギリスの貨物船（　い　）号が難破した事件を風刺したものである。この事件は領事裁判で処理され，その判決内容を知った国民は憤慨し，(d)条約改正における法権回復の必要性を痛感させた。

図エは，初期の(e)総選挙の投票風景を描いたものである。政府は憲法発布後に(f)超然主義の立場を表明し，投票においても警官を立ち会わせて圧力を加えたが，第一回総選挙では，（　う　）と立憲改進党などの民党が衆議院の過半数を占めた。

問1　空欄（　あ　）～（　う　）にあてはまる適語を，それぞれに対応する語群から１つずつ選び番号で答えよ。

（　あ　）：①　地租改正　　②　士族授産　　③　版籍奉還　　④　秩禄処分

（　い　）：①　サン＝フェリペ　　②　ノルマントン　　③　アロー　　④　モリソン

（　う　）：①　立憲国民党　　②　立憲帝政党　　③　立憲民政党　　④　立憲自由党

問2　図イの（　え　）の人物は，この風刺画を描いたフランス人画家である。その名を答えよ。

問3　下線部(a)の不平士族の反乱の説明で**誤っているもの**を，次のうちから１つ選び番号で答えよ。

①　征韓論に敗れて下野（げや）した副島種臣を首領として，佐賀の不平士族が反乱を起こしたが，政府軍に鎮圧された。

②　1876年に廃刀令が発せられると，これに憤慨した熊本の不平士族の神風連が挙兵した。

③　1876年に前参議の前原一誠が不平士族を組織して山口県萩で挙兵したが鎮圧された。

④　1877年に鹿児島県の私学校を中心とする不平士族は，西郷隆盛を首領とあおいで西南戦争を起こした。

問4　下線部(b)の自由民権運動の説明で**誤っているもの**を，次のうちから１つ選び番号で答えよ。

①　1874年，板垣退助らが左院に民撰議院設立の建白書を提出することによって，自由民権運動の口火が切られた。

② 国会期成同盟の結成によってさかんになった自由民権運動を弾圧するために，政府は1880年に集会条例を定めた。

③ 松方財政下での農村の不況は，1884年に起きた埼玉県の加波山事件など，自由民権運動の激化をもたらした。

④ 1886年に星亨らが大同団結を唱え，翌年には井上馨外相の外交政策などに反対する三大事件建白運動が展開された。

問5 下線部(c)に関して，保安条例で東京から追放された者のうち，ルソーの『社会契約論』を翻訳紹介した人物を答えよ。

問6 下線部(d)の条約改正に関する説明で**誤っているもの**を，次のうちから１つ選び番号で答えよ。

① 大隈重信は，外国人判事を大審院に任用することで条約改正にあたったが，玄洋社員に襲われて負傷し交渉は断絶した。

② 青木周蔵は，イギリスと交渉して法権の回復などの同意を得たが，大津事件で辞任し，改正交渉は中断した。

③ 寺島宗則は，1894年に日英通商航海条約を締結し，領事裁判権の撤廃と関税自主権の一部回復に成功した。

④ 小村寿太郎は，1911年に関税自主権の完全回復を定めた条約の締結に成功した。

問7 下線部(e)の総選挙に関する説明で**誤っているもの**を，次のうちから１つ選び番号で答えよ。

① 第一回総選挙は山県有朋内閣の時に行われ，有権者は全国民の約1.1%であった。

② 第二回総選挙では，内務大臣の品川弥二郎が大選挙干渉を行ったために，民党は圧迫されて衆議院での勢力を失った。

③ 原敬内閣の時に選挙法が改正され。納税資格がそれまでの10円以上から３円以上に引き下げられた。

④ 加藤高明内閣の時に成立した普通選挙法では，納税額に関係なく満25歳以上の男性に選挙権が与えられた。

問8 下線部(f)に関して，憲法発布の翌日に鹿鳴館で超然主義を表明した総理大臣は誰か。

73 明治時代の政党

系譜　史料　記述　文章・語句選択　共通テスト対策

次の明治時代の政党系譜をみて，以下の設問に答えよ。ただし，系譜中の数字は西暦年を表す。また，設問中の史料は一部読みやすいように改めてある。

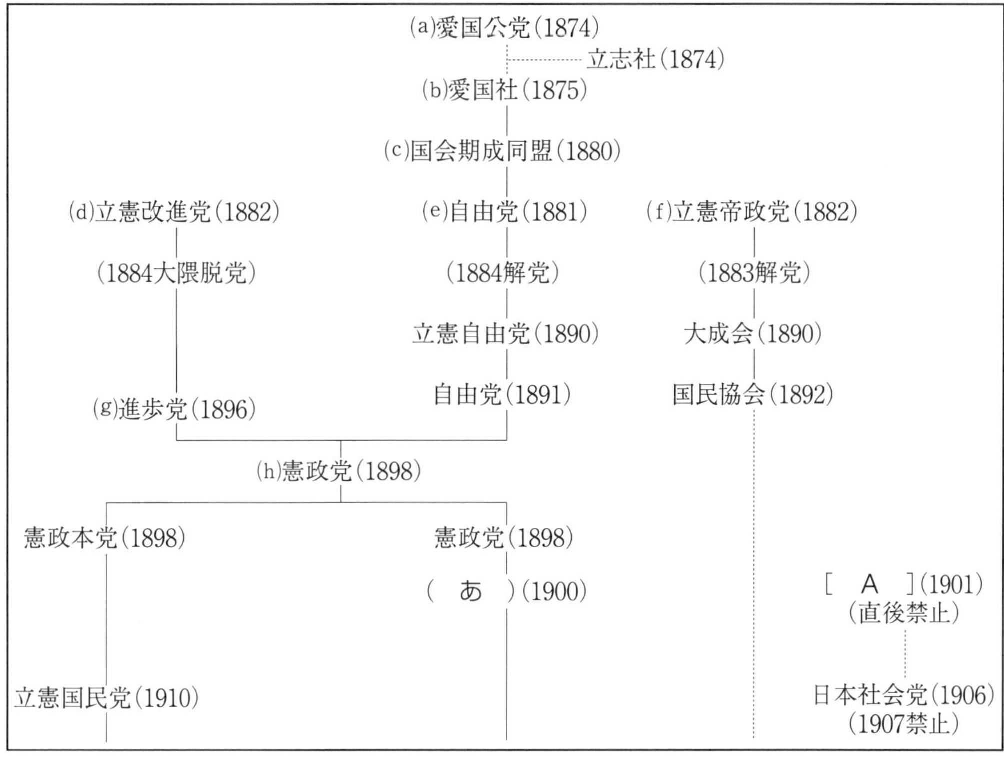

問1　図中(a)と関連する史料を，次のうちから1つ選び番号で答えよ。

① 第一　某等が政府に要むべき者は，租税徴収を軽減するに在るなり。
　第二　某等が政府に要むべき者は，言論集会を自由にするに在るなり。
　第三　某等が政府に要むべき者は，外交失策を挽回するに在るなり。

② 政府は常に一定の政策を取り，超然政党の外に立ち，至正至中の道に居らざるべからず。

③ 我日本の国土は亜細亜の東辺に在りと雖ども其の国民の精神は既に亜細亜の固陋を脱して西洋文明に移りたり。

④ ……天下の公議を張るは民撰議院を立るに在るのみ。則ち有司の権限る所あつて，而して上下其安全幸福を受る者あらん……。

問2　図中(b)は結成後すぐに崩壊している。その原因となったものを，次のうちから1つ選び番号で答えよ。

①　明治十四年の政変　②　大同団結運動　③　大阪会議　④　秩父事件

問3　図中(c)が結成されたことに対して，政府が制定した弾圧の法令を，次のうちから1つ選び番号で答えよ。

①　新聞紙条例　②　集会条例　③　保安条例　④　讒謗律

問4　図中(d)について記した組合せとして**誤っているもの**を，次のうちから1つ選び番号で答えよ。

① 中心人物＝大隈重信

② 綱領＝フランス流の急進的自由主義，主権在民，普通選挙

③ 機関紙＝『郵便報知新聞』

④　支持層＝知識層，実業家

問5　図中(e)の結党とほぼ同時に出された史料として正しいものを，次のうちから１つ選び番号で答えよ。

①　朕惟ふに，我が皇祖皇宗国を肇むること宏遠に，徳を樹つること深厚なり。

②　将に明治二十三年を期し，議員を召し，国会を開き，以て朕が初志を成さんとす。

③　宜く上下心を一にし，忠実業に服し勤倹産を治め，惟れ信惟れ義，醇厚俗を成し，華を去り実に就き，荒怠相誡め，自彊息まざるべし。

④　国体を変革し，又は私有財産制度を否認することを目的として結社を組織し，又は情を知りて之に加入したる者は，十年以下の懲役又は禁錮に処す。

問6　図中(f)について記した組合せとして**誤っているもの**を，次のうちから１つ選び番号で答えよ。

①　中心人物＝福地源一郎

②　綱領＝欽定憲法，主権在君，制限選挙

③　機関紙＝『東京日日新聞』

④　支持層＝農村の自作農中心

問7　図中(g)と提携して首相として内閣を組織した人物を，次のうちから１つ選び番号で答えよ。

①　大隈重信　　②　伊藤博文　　③　山県有朋　　④　松方正義

問8　図中(h)は陸・海軍大臣を除くすべての閣僚を憲政党員で占めた日本最初の政党内閣を成立させたが，この内閣で内務大臣に就任した人物は誰か。次のうちから１つ選び番号で答えよ。

①　西郷従道　　②　尾崎行雄　　③　梅謙次郎　　④　板垣退助

問9　図中（　あ　）に該当する政党の初代総裁に就任し，これを与党として内閣を組織した人物は誰か，答えよ。

問10　図中の［　A　］は日本で結成された最初の社会主義政党が入る。党名を答えよ。

74　日清・日露戦争

地図　記述　文章・語句選択　私大対策

次のⅠ～Ⅲの文章と地図について，あとの設問に答えよ。

Ⅰ　1876年の日朝修好条規締結以来，朝鮮国内では日本へ接近する勢力が台頭してきたが，これに反対する人々が（　あ　）を起こして以降，朝鮮政府は清国へ依存するようになった。これに対し，あくまで日本との接近をめざす金玉均らの独立党は，（　い　）を起こしたが失敗した。この事件により悪化した日清関係を改善するため，1885年に政府は，(a)伊藤博文を全権として派遣し，清国とのあいだに(b)天津条約を結んだ。しかし，1894年，（　う　）により清国は朝鮮政府の要請を受けて出兵し，日本もこれに対抗して出兵した。このなかで，日本は朝鮮政府に清国との宗属関係断絶を要求し，拒否されると(c)漢城の朝鮮王宮を占領した。こうして日清両国は対立を深め，８月１日，日本が清国に宣戦布告して日清戦争が始まった。

Ⅱ　日清戦争により清国の弱体ぶりが知られると，帝国主義政策をとり始めた欧米諸国は清国分割に乗り出していった。すなわち，ドイツは膠州湾，ロシアは(d)旅順・大連，イギリスは(e)威海衛・(f)九竜半島を，フランスは広州湾をそれぞれ租借し，これを拠点として周辺への鉄道敷設権や沿線の鉱山などの採掘権を獲得していった。

Ⅲ　北清事変により，満州を事実上占領したロシアに対し，日本は日英同盟協約を結び対抗した。日本とロシアの交渉は，1904年に決裂し，日露戦争が始まった。日本は，多くの犠牲を払いながら有利に戦いを進めたが，長期の戦争は国力が許さなかったため，アメリカ大統領セオドア＝ローズベルトの調停で，1905年，アメリカのポーツマスで講和条約が調印された。この結果，日本は韓国支配を強化し，1910年，ついに韓国併合条約を強要して植民地とした。一方，満州ではロシアから得た新しい権益を清国に承認させ，1906年，関東都督府を置き，長春・旅順間の鉄道及び沿線の炭鉱などを経営する［　A　］株式会社を設立した。

問1　下線部(a)の伊藤博文について述べた文として**誤っているもの**を，次のうちから1つ選び番号で答えよ。ただし，西暦の年はいずれも正しい。

① 1882年，国会開設を約束した政府により，憲法調査のためヨーロッパに派遣された。

② 1900年，立憲政友会を結成し，みずから党首となり，これを背景に第4次伊藤内閣を組閣した。

③ 1905年に設立された朝鮮総督府の初代総督に就任した。

④ 1909年，ハルビン駅頭で韓国の安重根に殺された。

問2　下線部(b)〜(f)の地名を下の地図中より選び，記号で答えよ。

問3　空欄（　あ　）〜（　う　）に適する事件を，下からそれぞれ選び番号で答えよ。

① 甲午農民戦争　② 甲申事変　③ 壬午軍乱(壬午事変)　④ 太平天国の乱

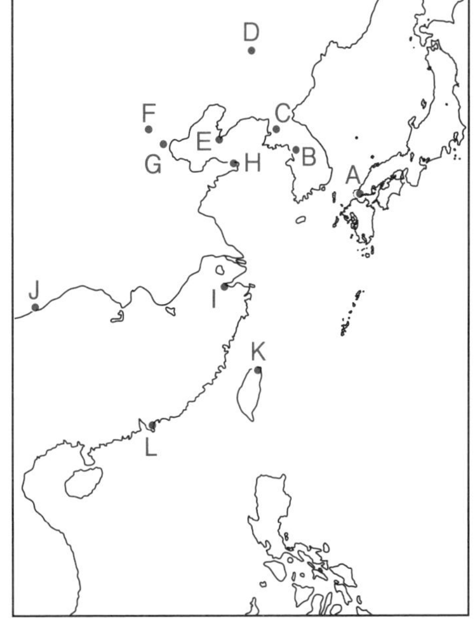

問4　日清戦争後，開港された港は沙市・蘇州のほか2つある。右の地図中より選び記号で答えよ。

問5　日清戦争後，遼東半島返還を勧告したいわゆる三国干渉の三国とはどこか，次のなかから番号で答えよ。

① ロシア・フランス・イギリス

② ロシア・ドイツ・イギリス

③ ロシア・フランス・ドイツ

④ ロシア・アメリカ・ドイツ

問6　空欄［　A　］に入る会社名を答えよ。

問7　地図中のAで結ばれた講和条約の清国全権は誰か答えよ。

問8　日露戦争前，ロシアへの主戦論が高まるなか，幸徳秋水・堺利彦らは，1903年発刊の何という新聞で非戦論を主張したか，次のうちから1つ選び番号で答えよ。

① 平民新聞　② 国民新聞

③ 朝野新聞　④ 万朝報　⑤ 東京日日新聞

問9　ポーツマス講和会議のロシア全権は誰か，次のうちから1つ選び番号で答えよ。

① プチャーチン　② ロバノフ　③ ローゼン

④ ランシング　⑤ ウィッテ

75 日露戦争と戦後の国際関係

会話　記述　文章・語句選択　共通テスト・私大対策

次の文章は，主に日露戦争後の国際関係に関する教師と生徒との会話である。あとの設問に答えよ。

生徒：日本が日露戦争後に，韓国を植民地化していく過程をもう一度教えて下さい。授業でもう1つ納得できなかったのは，なぜ，欧米列強が，日本による韓国の植民地化を容認したかということです。

教師：日本は，まず，アメリカとは，日露戦争中に[　A　]という秘密協定を結んでいましたよね。アメリカもフィリピンの支配を確かなものにしたくて，韓国については譲ったんですよ。一方，イギリスとの関係はどうなっていましたか。

生徒：イギリスは，[　B　]の適用範囲をインドに広げることで，日本の韓国支配を容認します。

教師：何といっても，韓国に対する日本の指導権は，日露戦争を終結させる[　C　]条約で，国際的に認められたということが，いちばんの基本的なことだね。

生徒：ある国が他国を支配するには，いろんな段階を経るものだと，先生は話されておられましたが，日本の場合，まず，1905年の[　D　]で韓国の外交権をうばうことから始めたわけですね。

教師：1905年には，韓国の保護国化をめざして[　E　]を設置していますが，当時の国際関係の冷徹さを示す象徴的な事件が，その直後に起こっていますね。

生徒：(a)1907年に，韓国皇帝がオランダでの国際会議に日本の行動に抗議して使者を送った事件ですね。驚いたのは，韓国皇帝の使者による抗議が取り上げられず，韓国にそもそも外交権がないとされていることなんです。また，使者の内容を韓国における日本の最高責任者の[　F　]に教えていますね。

教師：これを知った[　F　]は，どのような行動を取りましたか。

生徒：[　F　]は韓国皇帝に退位をせまります。他国の政治家が一国の皇帝に退位をせまり，実際に皇帝が退位することになったのには驚きました。

教師：この事件の後，日本はどのように韓国の支配強化を進めることになりましたか。

生徒：皇太子を即位させ，1907年の[　G　]で，韓国の内政権までうばいます。

教師：そのほかに，日本はどのようなことをしましたか。

生徒：軍隊も解散させます。解散させられた軍人たちも加わったので，韓国の植民地化に反対して，日本に対する[　H　]が一気に拡大することになるんですね。

教師：1909年にハルビン駅頭で[　I　]に暗殺された[　F　]は，むしろ，韓国を日本の領土にしようとする日本政府の方針には反対だったようだが，日本による韓国支配の象徴的人物として，民衆からうらまれていました。この事件後，日本政府は，どのように韓国の植民地化を進めましたか。

生徒：韓国の警察を解散させ，1910年に，一気に韓国併合を強行します。(b)「韓国」という国名までも消され，日本の一地方としての植民地朝鮮とされたということですね。

教師：そういう理解でいいと思います。朝鮮にはどのような役所が置かれましたか。

生徒：[　J　]が設置され，長官は，当初，天皇直属の武官に限られていたんですね。

教師：満州での半官半民の会社であれば有名かと思うのですが，少し難しい話になりますが，韓国でも，韓国の拓殖事業を進めるために，1908年に国策会社として東洋拓殖会社が設立されていますね。

生徒：(c)その東洋拓殖会社が，結果的には，朝鮮の多くの農民が土地を手放してしまう事業に深く関係することになるんですね。

教師：ええそうです。今度は，先に少し触れた満州についてですが，日本は，やはり［　C　］条約での南満州の利権をテコに(d)中国大陸への進出をはかって行きますが，韓国の場合とは異なり，(e)それによって日米関係が悪化します。一方では，戦後，日露の関係はどうなりましたかね。これが意外な展開となるんですね。

生徒：1907・1910・1912・1916年と［　K　］を結び，むしろ日露関係はよくなりましたね。(f)これは両国間で利害の調整をしたからですね。

問1　空欄［　A　］～［　K　］に適語を入れよ。

問2　下線部(a)について，この事件名を答えよ。

問3　下線部(b)について，韓国は略称であるが，朝鮮王朝は，1897年に国名をどのようにかえたか。正式名称を答えよ。

問4　下線部(c)の事業は1918年に完了している。この事業の名称を答えよ。

問5　下線部(d)について，

(1)遼東半島南端の日本の租借地の行政組織として，1906年に設置された組織名を答えよ。

(2)1906年に設置され，長春・旅順間の鉄道やその沿線の炭鉱などを経営して，日本の大陸進出の拠点となった半官半民の会社名を答えよ。

問6　下線部(e)について，日米関係の悪化を示している事項を，次のうちから１つ選び番号で答えよ。

①　中国でのアメリカの資金援助による新たな鉄道建設の開始

②　フロリダ州での日本人移民の排斥運動

③　ニューヨークでの日本人の学童排斥事件

④　カリフォルニア州での排日土地法の制定

⑤　日米共同での北京・奉天間の鉄道建設協定の破棄

問7　下線部(f)について，日本が認めたロシアの権益を，次のうちから１つ選び番号で答えよ。

①　沿海州の権益　②　千島列島の権益　③　山東半島の権益　④　外蒙古の権益

76 資本主義の発展

語句・文章選択　共通テスト・私大対策

次の文章を読み，あとの設問に答えよ。

Ⅰ　富国強兵を急ぐ明治政府は(a)殖産興業政策によって国内産業の育成につとめた。政府は旧幕府や諸藩の炭鉱，鉱山，施設を接収して官営とした。また民間への手本として(b)群馬県に生糸を製造する近代的工場を設立した。その後，(c)多くの官営事業は民間へ払い下げられることになった。

Ⅱ　日清戦争が終わると，政府は清国からの賠償金の一部によって八幡製鉄所を設立し，重工業発展の基礎とした。また繊維部門では1897年に，（　あ　）。日露戦争後は政府の軍備拡張政策により，さらに重工業は発展した。

Ⅲ　第一次世界大戦が始まると，ヨーロッパから輸出の途絶えたアジア市場への（　い　）や好況にわくアメリカ市場への（　う　）の輸出が飛躍的に伸びた。このため日露戦争後の慢性的不況はいっきに解消した。

Ⅳ　資本主義の発展は大量の労働者を生み出したが，劣悪な労働条件に対する反発から各地で労働争議が発生するようになった。(d)1890年代以降，労働組合も徐々に結成され，労働運動もしだいに活発になった。こうした動きを受け，桂太郎内閣の時代にようやく(e)工場法が制定された。

問1　下線部(a)について，製糸や紡績など，軽工業部門で殖産興業を推進した政府機関を，次のうちから１つ選び番号で答えよ。

①　逓信省　②　工部省　③　商工省　④　内務省

問2　下線部(b)について，この工場はどの国の技術を導入してつくられたか。次のうちから１つ選び番号で答えよ。

①　ドイツ　②　イギリス　③　フランス　④　ロシア

問3　下線部(c)について，次の事業のうち，民間へ**払い下げられなかったもの**はどれか。次のうちから１つ選び番号で答えよ。

①　三池炭鉱　②　長崎造船所　③　大阪砲兵工廠(ほうへいこうしょう)　④　院内銀山

問4　空欄（　あ　）に入る適切な文を，次のうちから１つ選び番号で答えよ。

①　綿糸輸出量が輸入量を上回るようになった。
②　綿糸輸入量が輸出量を上回るようになった。
③　生糸輸入量が輸出量を上回るようになった。
④　生糸輸出量が輸入量を上回るようになった。

問5　Ⅰに関連して，元幕臣で郵便制度の創設に尽力した人物は誰か，次のうちから１つ選び番号で答えよ。

①　黒田清隆　②　五代友厚　③　住友友純　④　前島密

問6　Ⅱの時期に関して，利益優先の企業活動によって公害問題が発生した。足尾銅山鉱毒事件において，議員を辞職して明治天皇に直訴した元衆議院議員は誰か，答えよ。

問7　空欄（　い　）（　う　）に入る商品の組合せとして正しいものを，次のうちから１つ選び番号で答えよ。

①　い－生糸　う－綿製品　②　い－鉄鋼　う－生糸　③　い－生糸　う－鉄鋼
④　い－綿製品　う－鉄鋼　⑤　い－綿製品　う－生糸　⑥　い－鉄鋼　う－綿製品

問8　Ⅲの時期に，工業動力も蒸気から電力に移ったが，1915年に完成し，東京への長距離送電に成功した水力発電所を何というか，次のうちから１つ選び番号で答えよ。

①　猪苗代水力発電所　②　喜撰山水力発電所　③　今市水力発電所
④　大河内水力発電所

問9　下線部(d)について，1897年，高野房太郎や片山潜らによって結成された団体を，次のうちから１つ選び番号で答えよ。

①　日本労働総同盟　②　労働組合期成会　③　友愛会　④　日本労働組合評議会

問10　下線部(e)について，工場法の説明として**誤っているもの**を，次のうちから１つ選び番号で答えよ。

① 従業員が15人未満の零細工場には適用されなかった。
② 12歳未満の就労禁止や女子の深夜業禁止を定めたが，例外規定が多く不十分であった。
③ 1911年に制定されたが，施行されたのは1916年であった。
④ 労働条件の監督機関として労働省が設置された。

77 明治文化①

記述　文章・語句選択　私大対策

次の文章を読み，あとの設問に答えよ。

近代化をはかる明治政府は，西洋の近代文化や生活様式などの導入を積極的に進めた。これに伴い，国民生活においては，[　A　]と呼ばれる新しい風潮が生じて，大都市を中心に広まった。思想面では，それまでの古い考え方や習慣が時代遅れのものとして排され，自由主義・個人主義の新しい思想がもてはやされた。1873年には，福沢諭吉・(　あ　)らにより(a)明六社が組織され，近代思想の普及と国民思想の啓蒙につとめた。

一方，宗教の面についてみれば，維新当初より政府は古代以来の神仏習合を禁止して，神仏分離を命じたが，そのため全国的に[　B　]の嵐が吹き荒れ，多くの仏寺・仏像などが破却された。政府はさらに1870年，大教宣布の詔を発して，神道による国民教化を進めた。

こうした政府による神道国教化は成功しなかったが，幕末に民間で起こっていた(　い　)を創始者とする天理教や，金光教，黒住教などが多くの人々の信仰を集め，教派神道として公認されるようになった。また，仏教も[　B　]により大きな打撃を受けたものの，浄土真宗の僧(　う　)らの努力で立ち直り，国民のあいだに定着していった。

キリスト教も1873年に禁教が解かれると，外国人宣教師の熱心な布教活動もあって，しだいに青年・知識人らに広まっていった。明治初期に来日したクラークの影響を受けた(　え　)や内村鑑三は，キリスト教・西洋近代思想の啓蒙家としておおいに活躍した。

明治10年代には(　お　)・中江兆民・馬場辰猪らによって，自由民権思想が知識人・青年層を中心に広まったが，明治20年代に入ると，鹿鳴館の建設に示されたような政府の極端な[　C　]への反発もあって，(b)さまざまな論が民間においてなされた。

問1　空欄(　あ　)～(　お　)に入る語句を，次のうちから1つずつ選び番号で答えよ。
① 島地黙雷　② 川手文治郎　③ 杉浦重剛　④ 植木枝盛　⑤ 新島襄
⑥ 西周　⑦ 浅井忠　⑧ 新渡戸稲造　⑨ 中山みき　⑩ 海老名弾正

問2　下線部(a)について，次の文章は明六社とその同人の活動について述べたものであるが，文中のⓐ～ⓞの語句中には全体の文意より考えて明らかに**誤っているもの**が1つある。その語句の記号を指摘したうえで，正しい語句を，次のうちから選び番号で答えよ。

『学問のすゝめ』ⓐ『西洋事情』などを著し，慶應義塾の創始者として知られる福沢諭吉は，教育家・啓蒙思想家として近代社会に大きな影響を及ぼした。また，ⓘ中村正直は翻訳書のⓤ『自由之理』によってイギリスの功利主義思想を紹介し，個人と自由の重要性を説いて，当時の青年・知識人層に影響を与えた。同人の一人であるⓔ森有礼は当初は，天賦人権論を主張したが，のちにⓞ『人権新説』を著して国家主義の立場を取り，自由民権運動には反対した。

① 文明論之概略　② 加藤弘之　③ 西国立志編　④ 津田真道

⑤　国体新論　　⑥　岡倉天心　　⑦　民約訳解

問3　空欄[　A　]～[　C　]に入る漢字4字の語句を，それぞれ答えよ。

問4　次の文章は下線部(b)について述べたものであるが，文中のあ～おの語句中には全体の文意より考えて明らかに**誤っているもの**が1つある。その語句の記号を指摘したうえで，正しい語句を，次のうちから選び番号で答えよ。

　あ三宅雪嶺は，い政教社を設立して雑誌『日本人』を創刊し，皮相的な欧米文化の模倣を非難し，日本の伝統文化の保存を主張した。また陸羯南(くがかつなん)は，う新聞『日本』で政府の欧米追随を批判した。すでに，1887年に雑誌『国民之友』を創刊したえ徳富蘇峰は，欧米文化の積極的接収は認めつつ，お国民主義の立場から一部の特権階級にかたよった政府の文化政策を批判した。

①　北村透谷　②　硯友社　③　平民主義　④　国粋主義　⑤　民友社
⑥　高山樗牛　⑦　国民新聞

78 明治文化②

年表　共通テスト対策

和香さんと令也君は，日本史Bの授業で明治文化についてのレポートを作成した。その際，1937年(昭和12年)の第1回文化勲章受章者に注目した。受賞者一覧表に基づいた各レポートをみて，あとの設問に答えよ。

文化勲章受賞者一覧

回数	章年	受章者名	専攻分野	官職・称号など
1	昭和12年	(　A　)	物理学	東京・大阪帝国大学名誉教授・帝国学士院会員
		本多光太郎	金属物理学	東北帝国大学教授・帝国学士院会員
		(　B　)	地球物理学	緯度観測所所長・帝国学士院会員
		佐佐木信綱	和歌・和歌史	帝国学士院会員
		(　C　)	文学	帝国学士院会員
		岡田三郎助	洋画	東京美術学校教授・帝国美術院会員
		(　D　)	洋画	東京美術学校教授・帝国美術院会員
		竹内栖鳳	日本画	帝国美術院会員
		(　E　)	日本画	帝国美術院会員

問1　和香さんは，受章者の(　A　)について調べ，下記の年表を作成した。この年表から，(　A　)の人物名とその研究業績の組合せとして正しいものを，①～④から1つ選び番号で答えよ。

年	出来事
1865年(慶応元年)	現在の長崎県大村市に生まれる。
1882年(明治15年)	東京大学理学部入学。
1890年(明治23年)	帝国大学助教授に任じられる。
1893年(明治26年)	ドイツ留学。

1896年(明治29年)	帰国後，帝国大学教授就任。
1931年(昭和6年)	大阪帝国大学初代総長就任。
1939年(昭和14年)	帝国学士院院長・日本学術振興会理事長 この年(　F　)をスウェーデンのノーベル委員会に推薦。 10年後，日本人初のノーベル賞受賞につながる。
1950年(昭和25年)	85歳で死去。

人物名　Ⅰ　北里柴三郎　　Ⅱ　田中舘愛橘　　Ⅲ　大森房吉　　Ⅳ　長岡半太郎

業　績　ア　濃尾地震に伴う磁力線の変位

　　　　イ　ペスト菌の発見

　　　　ウ　土星型原子モデルの理論

　　　　エ　地震の初期微動と震源地との距離に関する公式

①　Ⅰ－イ　　②　Ⅱ－エ　　③　Ⅲ－ア　　④　Ⅳ－ウ

問2　(　F　)の人物は誰か。次のなかから選び番号で答えよ。

①　野口英世　　②　朝永振一郎　　③　湯川秀樹　　④　高峰譲吉

問3　令也君は(B)について下記のレポートをまとめた。これを読んで，(B)について人名と業績の組合せとして正しいものを，1つ選び番号で答えよ。

> (B)は東京帝国大学理科大学星学科を卒業後，地球物理学などを研究していました。1898年(明治31年)，ドイツで開かれた万国測地学協会総会で地軸の動きを調べるための緯度観測所を世界6カ所に置くことが決まり，日本にも岩手県水沢に観測所が設けられることになりました。(B)は1899年(明治32年)水沢観測所長に弱冠29歳で就任し，若い学者とともに観測を続けました。ところが，観測結果をドイツの中央局に報告したところ，世界の他の観測結果と水沢の観測結果が違う。日本の観測に問題があると発表されてしまったのです。(B)は再度観測データを検証し，報告に誤りがないことを確認します。そして他の観測結果と照合し，緯度計算式にもう1つ項を増やしてみることを考えつきました。これをもとに計算し直してみると，水沢の数値と世界各地の数値が一致しました。1902年(明治35年)，これをまとめて発表した論文は世界中の学者を驚かせました。1922年(大正11年)，ドイツから水沢に万国緯度観測中央局が移され，(B)はその局長に就任しました。

人名　Ⅰ　牧野富太郎　　業績　ア　緯度変化に関するX項を発見した。

　　　Ⅱ　木村栄　　　　　　　イ　緯度変化に関するZ項を発見した。

①　Ⅰ－ア　　②　Ⅰ－イ　　③　Ⅱ－ア　　④　Ⅱ－イ

問4　次の小説のあらすじは，(C)の代表作である。これを読んで，(C)についての①～④の文章で正しいものを，1つ選び番号で答えよ。

> 「のっそり」と揶揄(やゆ)された十兵衛という大工は，腕はあるが，人付き合いが悪く，大きな仕事に巡り会えなかった。十兵衛が世話になっていた源太親方が，谷中感応寺の五重塔建立の棟梁に指名された。十兵衛は，勝手に五重塔の精巧な模型をつくり，源太ではなく自分に仕事を任せて欲しいと，感応寺の上人に直談判に行く。上人は，どちらが仕事

を請けるかは，源太と十兵衛で話し合うよう促す。源太は，十兵衛のやり方に腹立たしさを感じながらも，十兵衛に譲る。十兵衛に職人たちは言うことを聞かないばかりか，源太の弟子にいたっては十兵衛を闇討する。源太は弟子の不始末に，深々と頭を下げる。やがて五重塔が完成。落成式を前にしたとき，大型の台風が襲う。源太は五重塔を心配して見に行くが，当の十兵衛は動かない。自分はどんな大嵐にも負けない塔をつくったのだから行く必要はない，と言い放つ。人々は損傷一つなく暴風雨に耐えた塔をつくった十兵衛を名人だと褒め称えた。そんな十兵衛の成功を，自分のことのように心から喜ぶ源太であった。

① 現実をありのまま表現する写実主義文学のなかでも理想主義と呼ばれる作品を描いた。
② 文学の自立を説き，根強く残る封建道徳からの解放を主張するロマン主義文学の先駆者である。
③ フランス・ロシア文学の影響を受け，人間社会の現実をありのまま表現する自然主義文学を唱えた。
④ 硯友社を創設し，文学の大衆化を進め，『金色夜叉』などを執筆した。

問5 下線部の東京美術学校に関する①〜④の文で，**誤っているもの**を，１つ選び番号で答えよ。
① 岡倉天心・フェノロサの尽力により1887年(明治20年)に設立された。
② 戦後，東京音楽学校と統合され東京芸術大学となった。
③ 設立当初は，文人画を除く伝統的日本美術の保護を目的とした。
④ 1896年には西洋画科が新設され，黒田清輝らが学生として入学した。

問6 (D)の代表作である右の作品についての説明文として正しいものを，次のなかから１つ選び番号で答えよ。
① この作品は邪馬台国女王を描いた安田靫彦の『卑弥呼』である。
② この作品は奈良時代の貴族を描いた藤島武二の『天平の面影』である。
③ この作品は正倉院宝物の『鳥毛立女屏風』である。
④ この作品は肖像画を得意とした安井曾太郎の『金蓉』である。

問7 (E)は東京美術学校の主任教授(G)に指導を受けた学生であった。(E)と(G)の代表作の絵画と作者名の組合せを，それぞれ下から選び番号で答えよ。

Ⅰ

Ⅱ

Ⅲ

Ⅳ

Ⅴ

Ⅵ

あ　下村観山　　い　菱田春草　　う　横山大観　　え　橋本雅邦

① Ⅰ－う　② Ⅱ－あ　③ Ⅲ－い

④ Ⅳ－う　⑤ Ⅴ－え　⑥ Ⅵ－い

79 明治の教育制度

年表　文章・語句選択　共通テスト・私大対策

次の年表をみて，設問に答えよ。ただし，年号は一部省略している。

年号	事　項
1871	文部省設置
1872	(a)学制公布
1877	(b)東京大学を設立
1879	(c)教育令公布
1880	改正教育令公布
1886	(d)学校令公布
(　)	(e)「教育に関する勅語」発布
1903	(f)小学校の教科書は文部省著作に限る
1907	小学校就学率が(　ア　)％を超える

問1　下線部(a)について述べた文として**誤っているもの**を，次のうちから１つ選び番号で答えよ。

① 国民皆学教育の建設をめざし，小学校教育の普及に力を入れた。

② アメリカの学校制度にならった，統一的な学校制度であった。

③ 全国を８大学区に分け，その下に中学校区，小学校区を設けた。

④ 前文として「学事奨励に関する太政官布告」が発せられた。

問2　下線部(b)に関して述べた次の文Ｘ・Ｙについて，その正誤の組合せとして正しいものを，次のうちから１つ選び番号で答えよ。

Ｘ　旧幕府の開成所・医学所を起源とする諸校を統合して設立された。

Ｙ　東京に初めてできた女学校や女子師範学校がこの傘下(さんか)に入った。

① Ｘ 正　Ｙ 正　② Ｘ 正　Ｙ 誤

③ Ｘ 誤　Ｙ 正　④ Ｘ 誤　Ｙ 誤

問3　下線部(b)より前に設立された私学と創設者の組合せとして正しいものを，次のうちから

1つ選び番号で答えよ。

① 同志社英学校－新島襄　② 東京美術学校－岡倉天心

③ 慶應義塾　－大隈重信　④ 東京専門学校－板垣退助

問4 下線部(c)について述べた次の文a～dについて，正しいものの組合せを，次のうちから1つ選び番号で答えよ。

a 小学校が尋常と高等に分けられ，尋常小学校が義務教育となった。

b 町村を小学校の設置単位とし，その管理を地方に移管した。

c 義務教育期間の授業料が廃止され，就学率が急速に高まった。

d 就学年限を緩和し，設立経営も町村の自由裁量とした。

① a・c　② a・d　③ b・c　④ b・d

問5 下線部(d)に関して述べた文として正しいものを，次のうちから1つ選び番号で答えよ。

① 小学校令・中学校令・専門学校令・帝国大学令の総称である。

② この法令により，単科大学や公立・私立の大学の設置が認められた。

③ この法令により，東京大学は帝国大学と改称された。

④ この法令が発布された年に，義務教育は6年に延長された。

問6 下線部(e)と同じ年に起こった事柄を，次のうちから1つ選び番号で答えよ。

① 大日本帝国憲法の発布　② 東海道線の全通

③ 第1回帝国議会の召集　④ 日英通商航海条約の調印

問7 下線部(e)の奉読の際，拝礼を拒否したとして，第一高等中学校の教壇を追われたキリスト教徒は誰か。次のうちから1人選び番号で答えよ。

① 内村鑑三　② 大井憲太郎　③ 賀川豊彦　④ 新渡戸稲造

問8 下線部(f)のような教科書を何教科書というか。漢字2文字で答えよ。

問9 空欄(　ア　)にあてはまる数字を，次のうちから1つ選び番号で答えよ。

① 37　② 57　③ 77　④ 97

80 大正時代の政治

年表　文章・語句選択　共通テスト・私大対策

次の年表をみて，各問にそれぞれ答えよ。

西暦	内　閣	政治・外交	経済・社会
1912	西園寺公望(Ⅱ)	(a)第二次西園寺内閣総辞職	
1913	桂太郎(Ⅲ)	(b)第一次護憲運動	
1914	山本権兵衛(Ⅰ)	(　あ　)の改正 (　い　)事件	
1916	大隈重信(Ⅱ)		吉野作造，(c)「憲政の本義を説いて其有終の美を済すの途を論ず」を発表
1918	寺内正毅	(d)米騒動発生	
1919	(e)原敬	(f)選挙法改正	
1920	高橋是清		(g)新婦人協会結成

1922	加藤友三郎		(h)全国水平社結成 (i)日本農民組合結成
1923	山本権兵衛(Ⅱ)	(j)日本共産党結成（非合法），(k)関東大震災	
1924	清浦奎吾	(l)第二次護憲運動	
	加藤高明(Ⅰ)	(m)護憲三派連立内閣成立	

問1 下線部(a)の原因を述べた次の文中の空欄［　X　］・［　Y　］に入る語句の組合せとして正しいものを，次のうちから１つ選び番号で答えよ。

> ［　X　］ため陸軍は第二次西園寺公望内閣へ二個師団増設要求を行ったが，第二次西園寺公望内閣は二個師団増設要求を否決した。それに対し，［　Y　］陸相が単独辞任し，後任を推薦しなかったため，第二次西園寺公望内閣は総辞職に追い込まれた。

① X：ロシア革命が起き，社会主義革命の波及を恐れた　Y：荒木貞夫
② X：ロシア革命が起き，社会主義革命の波及を恐れた　Y：上原勇作
③ X：辛亥革命が起き，朝鮮半島の緊張が高まった　Y：荒木貞夫
④ X：辛亥革命が起き，朝鮮半島の緊張が高まった　Y：上原勇作

問2 下線部(b)に関する資料を，次のうちから１つ選び番号で答えよ。

① 蓋(けだし)国家独立自衛ノ道ニ二途(と)アリ。第一ニ主権線ヲ守禦(しゅぎょ)スルコト，第二ハ利益線ヲ保護スルコトデアル。
② 彼等ハ玉座(ぎょくざ)ヲ以(もっ)テ胸壁(きょうへき)トナシ，詔勅ヲ以テ弾丸ニ代ヘテ政敵ヲ倒サントスルモノデハナイカ。
③ 臣等(しんら)伏シテ方今(ほうこん)政権ノ帰スル所ヲ察スルニ，上帝室(かみていしつ)ニ在(あ)ラス，下(しも)人民ニ在ラス，而(しこう)シテ独リ有司(ゆうし)ニ期ス。
④ 自今(じこん)以後，一般ノ人民(華士族農工商婦女子(ふじょし))必ス邑(むら)ニ不学ノ戸ナク，家ニ不学ノ人ナカラシメン事ヲ期ス。

問3 年表中の(　あ　)(　い　)に入る語句の組合せとして正しいものを，１つ選び番号で答えよ。

① (あ)　文官任用令　(い)　シーメンス
② (あ)　文官任用令　(い)　大逆
③ (あ)　治安警察法　(い)　シーメンス
④ (あ)　治安警察法　(い)　大逆

問4 下線部(c)の評論のなかで，提唱されたデモクラシー思想を何というか。

問5 下線部(d)の事件は何県から発生したか。

問6 下線部(e)の人物及びその内閣について記した次の文章Ⅰ～Ⅳのうち**誤っているもの**と，その**誤っている文章**が記している人物についてその組合せを，次のうちから１つ選び番号で答えよ。

Ⅰ　彼は立憲政友会総裁として軍部・外務大臣以外は立憲政友会員で占める最初の本格的な政党内閣を組閣した。
Ⅱ　彼は衆議院に議席を持ち，爵位を持たない最初の首相で，平民宰相と呼ばれた。

Ⅲ　彼は首相になる以前，第一次護憲運動ではリーダーとして活躍した。

Ⅳ　彼の首相時は積極政策を推進したが汚職事件も続発し，しだいに国民の批判が高まっていった。

①　Ⅰ－高橋是清　②　Ⅱ－高橋是清　③　Ⅲ－犬養毅　④　Ⅳ－犬養毅

問7　下線部(f)の内容について，正しいものを，次のうちから１つ選び番号で答えよ。

①　選挙権は納税額に関係なく25歳以上の男性全員に与える。

②　選挙権は直接国税15円以上おさめる25歳以上の男性に与える。

③　選挙権は直接国税10円以上おさめる25歳以上の男性に与える。

④　選挙権は直接国税３円以上おさめる25歳以上の男性に与える。

問8　下線部(g)(h)(i)(j)の設立にかかわった中心人物の組合せで**誤っているもの**を，次のうちから１つ選び番号で答えよ。

①　新婦人協会－平塚らいてう　②　全国水平社－西光万吉

③　日本農民組合－杉山元治郎　④　日本共産党－幸徳秋水

問9　下線部(k)の前に起こった事件として正しいものを，次のうちから１つ選び番号で答えよ。

①　亀戸事件　②　森戸事件　③　甘粕事件　④　虎の門事件

問10　下線部(l)を展開した下線部(m)についての組合せで**誤っているもの**を，次のうちから１つ選び番号で答えよ。

①　立憲政友会－高橋是清　②　憲政会－加藤高明

③　立憲民政党－若槻礼次郎　④　革新倶楽部－犬養毅

81　第一次世界大戦と大戦景気

文章・語句選択　共通テスト・私大対策

次の文章を読み，あとの設問に答えよ。

(a)日露戦争後の慢性的不況を脱し，空前の好景気を謳歌(おうか)するきっかけになったのは第一次世界大戦である。大戦を「日本国運ノ発展ニ対スル大正新時代ノ（　あ　）」とみなし，参戦を主張したのは元老（　い　）であるが，直接的な戦争被害を受けなかった日本はアジア市場を独占し，かつ(b)連合国への輸出も増えたため，日本は(c)大戦景気と呼ばれる好景気となった。(d)この大戦中に，日本の経済と社会は大きく性格をかえていった。工場労働者は男性労働者を中心に増え，（　う　）人を大きく超えることになったが，好況下において（　え　）が（　お　）を上回り（　か　）が生じたため，労働争議件数も急激に増加した。

問1　空欄（　あ　）（　い　）に入る語・人名の組合せとして正しいものを，次のうちから１つ選び番号で答えよ。

①　(あ)天佑－(い)井上馨　②　(あ)特需－(い)井上馨

③　(あ)天佑－(い)寺内正毅　④　(あ)特需－(い)寺内正毅

問2　空欄（　う　）に入る数字を，次のうちから１つ選び番号で答えよ。

①　20万　②　100万　③　1000万　④　2000万

問3　空欄（　え　）～（　か　）に入る適切な語句を，次のうちから１つずつ選び番号で答えよ。

①　実質賃金の上昇　②　米価の上昇　③　賃金の上昇

④　諸物価の上昇　⑤　名目賃金の下落　⑥　諸物価の下落

⑦　米価の下落　　　⑧　実質賃金の下落

問4　下線部(a)の時期に関する次の短文のうち，正しいものを２つ選び番号で答えよ。

①　政府は不況克服策として労働時間を延長する目的で工場法を制定した。

②　政府は鉄鋼の国産化をめざし，北九州に官営八幡製鉄所を設立した。

③　三井財閥が三井合名会社を設立し，コンツェルンの形態を整え始めた。

④　官営の東海道線が全通したが，全営業キロ数では民営鉄道が官営を上回った。

⑤　生糸や綿糸の輸出は増えたが，原料綿花や重工業資材の輸入が増加し，貿易収支では赤字が続いた。

⑥　高野房太郎らが労働組合期成会を結成し，鉄工組合など最初の労働組合が誕生した。

問5　下線部(b)に該当しない国を，次のうちから１つ選び番号で答えよ。

①　ロシア　　②　ドイツ　　③　フランス

④　イタリア　⑤　中華民国

問6　下線部(c)に関して，次の文章に記されたX・Yについて，そのX・Yの原因をそれぞれXはⅠ・Ⅱ，YはⅢ・Ⅳから選ぶ場合，その組合せとして正しいものを，１つ選び番号で答えよ。

X：生糸の輸出が増大した。

Y：国内の化学工業が勃興した。

Ⅰ：アメリカの好景気

Ⅱ：アジア市場の空白化

Ⅲ：交戦国からの薬品・染料・肥料の輸入の途絶え

Ⅳ：交戦国の薬品・染料・肥料の需要拡大

①　X－Ⅰ　Y－Ⅲ　　②　X－Ⅰ　Y－Ⅳ

③　X－Ⅱ　Y－Ⅲ　　④　X－Ⅱ　Y－Ⅳ

問7　下線部(d)に関する次の文のうち，正しいものを２つ選び番号で答えよ。

①　社会運動の組織化が進み，労働組合では初の全国組織となる友愛会が結成された。

②　工業の躍進で，工業生産額が農業生産額を上回るようになった。

③　大戦中に始まる貿易収支の黒字基調は，金融恐慌の発生前まで続いた。

④　中小銀行の整理・合併が進み，預金が財閥系の大銀行に集中するようになった。

⑤　米騒動の背景には，都市部への人口集中と米消費人口の増大がある。

⑥　従来債権国だった日本が，第一次世界大戦後には債務国になった。

82　資本主義の発展と労働問題

記述，語句・文章選択　私大対策

次の日本資本主義の発展と社会運動について述べた文章を読み，あとの設問に答えよ。

Ⅰ　1880年代後半，日本は最初の企業勃興期をむかえる。(a)紡績業では（　あ　）らが1883年に開業した大阪紡績会社の成功がその刺激剤になり，鉄道業でも1881年，（　い　）の出資を主体にした日本鉄道会社が誕生して以後，私鉄の設立がさかんになった。機械技術を本格的に用いる産業革命の始まりである。ただ，企業勃興は株式の払込みを集中させて資金不足を生じ，これに（　う　）の輸出不振が重なって1890年には最初の恐慌が到来した。しかし，(b)政府は貨幣価値の安定と貿易の振興をはかり，軽工業を中心に資本主義が本格的に成立した。1897年には（　え　）の輸出量がその輸入量を初めて上回った。

問1　空欄（　あ　）（　い　）に入る適語の組合せとして正しいものを，次のうちから１つ選び番号で答えよ。

①　あ－渋沢栄一　い－華族　　②　あ－渋沢栄一　い－士族
③　あ－五代友厚　い－華族　　④　あ－五代友厚　い－士族

問2　下線部(a)に関連して述べた次の文X・Yの正誤の組合せとして正しいものを，次のうちから１つ選び番号で答えよ。

X　大阪紡績会社は，電灯を利用した昼夜２交替制のフル操業で成果をあげた。
Y　生産量の急増により，紡績業は日清戦争後に輸入超過から輸出超過に転じた。

①　X－正　Y－正　　②　X－正　Y－誤
③　X－誤　Y－正　　④　X－誤　Y－誤

問3　空欄（　う　）（　え　）に入る適語の組合せとして正しいものを，次のうちから１つ選び番号で答えよ。

①　う－茶　　え－綿織物　　②　う－茶　　え－綿糸
③　う－生糸　え－綿織物　　④　う－生糸　え－綿糸

問4　下線部(b)に関連して，金本位制を導入するために1897年に制定された法令を記せ。

Ⅱ　産業革命の展開とともに増大した(c)賃金労働者は，苛酷な労働環境・労働条件のもとに置かれていた。特に，(d)繊維産業で雇用されていた女性労働者や鉱業に従事する男性労働者をめぐる悲惨な労働の実情はよく知られている。待遇改善や賃上げを要求する工場労働者のストライキは早くから発生しており，日清戦争後には（　お　）などにより労働組合期成会が結成され，政府側はこうした労働運動を取り締まるため（　か　）を制定した。またその一方で，労働者の生活水準の低さが軍事力の低下につながることも考慮した政府は，労働条件の改善や労資対立の緩和をはかり，労働力の保護をめざす(e)工場法の制定準備に向かうことになる。

問5　下線部(c)のような状況を描いた文献とその著者の組合せとして正しいものを，次のうちから１つ選び番号で答えよ。

①　『女工哀史』：横山源之助　　②　『あゝ野麦峠』：細井和喜蔵
③　『職工事情』：農商務省　　　④　『貧乏物語』：河上肇

問6　下線部(d)に関連して述べた次の文X・Yの正誤の組合せとして正しいものを，次のうちから１つ選び番号で答えよ。

X　工場制工業の発展により，日清戦争後は賃金労働者の大部分が男性であった。
Y　雑誌『キング』が報道した三井・三池炭鉱の惨状は，大きな反響を呼び起こした。

①　X－正　Y－正　　②　X－正　Y－誤
③　X－誤　Y－正　　④　X－誤　Y－誤

問7　空欄（　お　）（　か　）に入る適語の組合せとして正しいものを，次のうちから１つ選び番号で答えよ。

①　お－杉山元治郎　か－治安警察法　　②　お－杉山元治郎　か－治安維持法

③ お－高野房太郎　か－治安警察法　　④ お－高野房太郎　か－治安維持法

問8 下線部(e)を制定したのは，第二次＿＿＿内閣である。＿＿＿に入る人名を記せ。

Ⅲ 第一次世界大戦は，日本に未曽有(みぞう)の好景気をもたらした。工業が発達した結果，大戦後には(　き　)が(　く　)を上回った。大戦中のインフレ昂進(こうしん)や戦後の恐慌を背景に労働争議も激増し，大正初年に結成された(　け　)が1921年には日本労働総同盟と改名して闘争的労働組合にかわった。また1922年，明治末時点で小作地率が(　こ　)％を超えていた農村では，小作人組合の全国組織として日本農民組合が結成された。

問9 空欄(　き　)(　く　)に入る適語の組合せとして正しいものを，次のうちから1つ選び番号で答えよ。

① き－工業人口　く－農業人口　　② き－工業生産額　　く－農業生産額
③ き－火力発電　く－水力発電　　④ き－重工業生産額　く－軽工業生産額

問10 空欄(　け　)(　こ　)に入る語・数字の組合せとして正しいものを，次のうちから1つ選び番号で答えよ。

① け－友愛会　こ－45　　② け－新人会　こ－45
③ け－友愛会　こ－75　　④ け－新人会　こ－75

83 普選運動の展開と普通選挙法

年表　記述　文章・語句選択　私大対策

次の年表は，近代の選挙制度や普通選挙運動(普選運動)にかかわる事項をまとめたものである。これに関して，あとの設問に答えよ。

A 1889年	衆議院議員選挙法，制定される。
1897年	中村太八郎ら，長野県松本で普通選挙期成同盟会を結成。
1899年	東京でも，(　あ　)・弁護士・新聞記者らが普通選挙期成同盟会を結成。
1911年	普通選挙法案が初めて衆議院を通過するが，貴族院で否決。
B 1919年	普通選挙運動が高揚。原敬内閣，衆議院議員選挙法を改正。
1920年	第14回総選挙で，与党の(　い　)が圧勝。
C 1924年	第15回総選挙で，野党の護憲三派が勝利。
D 1925年	衆議院議員選挙法の改正で，選挙人の納税資格が撤廃される。
1928年	第16回総選挙で，田中義一総裁の(　い　)と(　う　)総裁の立憲民政党がそれぞれ200議席以上を獲得。
E 1945年	敗戦後，女性の結社権を否定した(　え　)が廃止され，女性の選挙権を認める衆議院議員選挙法の改正が公布される。

問1 〈a〉(　あ　)－(　い　)と，〈b〉(　う　)－(　え　)に入る適語・人名の組合せを，それぞれの選択肢から1つずつ選び番号で答えよ。

〈a〉(　あ　)－(　い　)　① 軍隊経験者－憲政党　　② 軍隊経験者－立憲政友会
　　　　　　　　　　　　③ 旧自由民権家－憲政党　④ 旧自由民権家－立憲政友会
〈b〉(　う　)－(　え　)　① 浜口雄幸－治安維持法　② 浜口雄幸－治安警察法

③　犬養毅－治安維持法　　④　犬養毅－治安警察法

問2　普通選挙制以前には選挙人の資格は「直接国税」の納入額で左右された。Aの時期における「直接国税」とは何税か。所得税以外のものを1つ答えよ。

問3　Bの時期の普選運動の高まりは原内閣の成立と関係が深い。原敬・原内閣について**誤っているもの**を，次のうちから1つ選び番号で答えよ。

①　原は華族でなく，衆議院に議席を持つ史上初の首相で，「平民宰相」と呼ばれた。

②　原は普通選挙制の導入には積極的でなく，普選運動も総選挙後には沈滞した。

③　原内閣は例外なくすべての閣僚が与党の党員で，本格的な最初の政党内閣とされる。

④　原内閣は米騒動で倒れた寺内正毅内閣のあとを受けて成立した。

問4　Bの時期の選挙法改正で，<有権者の直接国税必要納入額>と<有権者の対人口比>はどうかわったか。正しい組合せを，次のうちから1つ選び番号で答えよ。

①　5円以上－5.5%　　②　5円以上－20.8%

③　3円以上－20.8%　　④　3円以上－5.5%

問5　Cの第二次護憲運動について述べた各文(Ⅰ～Ⅲ)の正誤の組合せとして正しいものを，次の選択肢から1つ選び番号で答えよ。

Ⅰ　清浦奎吾首相は陸海軍大臣以外の閣僚をすべて枢密院から選んだため，「憲法違反」として主要政党から大審院への訴えがなされた。

Ⅱ　清浦首相は辞任を拒否し，あえて一部政党を味方につけて衆議院を解散したが，選挙では普通選挙などを公約した野党に大敗した。

Ⅲ　総選挙後，「衆議院における第一党」の党首となった加藤高明は，初めて選挙結果によって首相に指名されて就任することになった人物である。

①　Ⅰ－誤　Ⅱ－正　Ⅲ－正　　②　Ⅰ－正　Ⅱ－正　Ⅲ－誤

③　Ⅰ－誤　Ⅱ－誤　Ⅲ－正　　④　Ⅰ－誤　Ⅱ－正　Ⅲ－誤

⑤　Ⅰ－正　Ⅱ－誤　Ⅲ－正　　⑥　Ⅰ－正　Ⅱ－誤　Ⅲ－誤

問6　Dの選挙法改正について，**誤っているもの**を，次のうちから2つ選び番号で答えよ。

①　この改正により，有権者はいっきょに4倍に増えた。

②　この改正で，初めて小選挙区制が導入された。

③　被選挙人の納税資格の撤廃については，この改正においても実現しなかった。

④　この改正の後，地方議会の選挙制度も普通選挙制に改正された。

⑤　この改正前から女性参政権を求める運動も存在したが，その主張は顧みられなかった。

⑥　治安維持法の制定と，この選挙法の改正はほぼ同時期となった。

問7　Eの時期の選挙法改正において，<改正を行った内閣名>と<有権者の対人口比>の組合せとして正しいものを，次のうちから1つ選び番号で答えよ。

①　幣原喜重郎内閣－50%　　②　幣原喜重郎内閣－70%

③　吉田茂内閣－50%　　④　吉田茂内閣－70%

問8　Eに先立ちマッカーサーから首相に対しては，「婦人参政権の付与」を含む民主改革にかかわる口頭指令が出されている。この指令はふつう(通称)何と呼ばれているか答えよ。

84 普通選挙制への道程

史料　記述　文章・語句選択　私大対策

いわゆる普通選挙制の採否は，日本近代政治史上の重要課題であった。これにかかわる，次のⅠ～Ⅲの史料を読み，あとの設問に答えよ。

Ⅰ　憲政をして其有終の美を済さしめんとせば，政策決定の形式上の権力は，思ひ切って之を民衆一般に帰し，而かも少数の賢者は常に自ら民衆の中に居って，其指導的精神たる事を怠ってはならぬ。此点に於て(a)予は，我国の(b)元老を初め，其他所謂官僚政治家等の態度に甚だ嫌焉たる〔閉口する〕ものがある。……民本主義といふ文字は，日本語としては極めて新しい用例である。従来は民主々義といふ語を以て普通に唱へられて居ったやうだ。……然し民主々義といへば，(c)社会民主党などといふ場合に於けるが如く，「国家の主権は人民にあり」といふ危険なる学説と混同され易い。

Ⅱ　漸次に〔徐々に〕(d)選挙権を拡張する事は何等異議なき処にして，又他年国情こゝに至れば，所謂普通選挙も左まで憂ふべきに非ざれども，階級制度打破と云ふが如き，現在の社会組織に向て打撃を試んとする趣旨より納税資格を撤廃すと云ふが如きは，実に危険極る次第にて……寧ろ此際，議会を解散して政界の一新を計るの外なきかと思ふ……

Ⅲ　……学制，兵制，(e)自治制等の創始以来五十年内外，憲政施行以来三十有六年でありまして，国民の知見能力に対する試練は既に相当に尽されたりと認むるのであります。今や正に(f)普通選挙の制を定め，周く国民をして国運進展の責任に膺らしむべきの秋であると信ずるのであります。

問1　史料Ⅰが書かれたのはいつ頃か。次のうちから1つ選び番号で答えよ。

①　日清戦争終結～日露戦争開戦

②　日露戦争中

③　日露戦争終結～第一次世界大戦開戦

④　第一次世界大戦中

問2　下線部(a)は民本主義の提唱者としてよく知られる。この人物に関する説明として正しいものを，次のうちから1つ選び番号で答えよ。

①　東京帝国大学助教授の時，クロポトキンの研究をとがめられ処分を受けた。

②　早稲田大学教授として黎明会を組織し，時代の流れは平和・協調にあると主張した。

③　労働団体の友愛会を支援したり，学生団体の東大新人会を指導する活動を行った。

④　『大阪朝日新聞』の記者として筆禍事件を起こし，退社を余儀なくされた。

問3　史料Ⅰが書かれた時期の，下線部(b)に該当する人物の組合せとして正しいものを，次のうちから1つ選び番号で答えよ。

①　松方正義・山県有朋　　②　井上毅・伊藤博文

③　松方正義・井上毅　　④　山県有朋・伊藤博文

問4　下線部(c)は日本の社会主義運動史にも登場する。この近代日本の社会民主党と関係の深い事項として正しいものを，次のうちから1つ選び番号で答えよ。

①　最初の社会主義政党　　②　大逆事件による解党

③　米騒動の勃発　　④　日ソ基本条約の締結

問5　史料Ⅱは1920年，当時内閣総理大臣をつとめていた人物が書いた文章である。この内閣の行った政策として正しいものを，次のうちから１つ選び番号で答えよ。

① シベリアからの撤兵　② ワシントン海軍軍縮条約の調印
③ 大学令の公布　④ 重要産業統制法の制定

問6　下線部(d)の方向でこの内閣は選挙制度を改正した。改正後の選挙制度にあてはまるものを，次のうちから２つ選び番号で答えよ。

① 納税資格３円以上　② 納税資格５円以上　③ 納税資格10円以上
④ 大選挙区制　⑤ 中選挙区制　⑥ 小選挙区制

問7　史料Ⅲは，第二次護憲運動で勝利した政党党首が首相として，いわゆる普通選挙法案を議会に提案した際の演説の一部である。この政治家の氏名を答えよ。

問8　下線部(e)については明治期にいくつかの法令が制定された。これらの法令を左側から古い順に並べた時，正しい組合せを，次のうちから１つ選び番号で答えよ。

① 市制・町村制→府県制・郡制→地方三新法
② 府県制・郡制→市制・町村制→地方三新法
③ 地方三新法→府県制・郡制→市制・町村制
④ 地方三新法→市制・町村制→府県制・郡制

問9　下線部(f)にあわせて，次の条文を持つ治安維持法が制定された。[　A　]に適語を補え。

第一条　[　A　]を変革し又は私有財産制度を否認することを目的として結社を組織し，又は情を知りて之(これ)に加入したる者は十年以下の懲役(ちょうえき)又は禁錮(きんこ)に処す。

85 大正文化

写真　記述　私大対策

次の写真ア～オに関する説明文を読み，あとの設問に答えよ。

ア

イ

ウ

エ

オ

アは，1916（大正５）年に雑誌『中央公論』に「憲政の本義を説いて其有終の美を済すの途を論ず」という論文を発表した[　A　]である。[　A　]が説いた[　B　]主義は，美濃部達吉の説く[　C　]とともに大正デモクラシーの理念となった。

イは，1923（大正12）年に[　D　]が制作した『生々流転』である。これは，再興第10回[　E　]展覧会（院展）に出品された際に(a)関東大震災が起こり，あやうく難を逃れた作品としても有名である。なお，[　D　]は1914年に下村観山らと[　E　]の再興に尽力した。

ウは，1924（大正13）年に[　F　]や土方与志が創設した[　G　]である。[　F　]は1909年に自由劇場を創立して(b)新劇運動を開始した。自由劇場は1919年に解散したが，[　F　]は

[G]において演出家として多くの新劇俳優を養成した。

エは，1925（大正14）年に刊行され，発行部数が100万部に達した大衆向けの雑誌『[H]』の創刊号の表紙である。この時期になると，『大阪毎日新聞』『大阪朝日新聞』のように発行部数が100万部を超える新聞が現われ，昭和初期には，文学全集などのシリーズを１冊１円で販売する[I]や岩波文庫なども登場し，大衆のあいだに活字文化が普及した。その背景の１つに，義務教育が普及したうえに，中学校・高等学校・(c)大学が急増したことがあった。さらに1925年に，東京・大阪・名古屋において[J]が開始され，当時[K]といわれた映画とともに大衆娯楽の中心となっていった。なお，昭和初期になるとトーキーといわれる有声映画が上映されるようになった。

オは，1929（昭和４）年に出版された[L]の小説の表紙である。大正末期から昭和初期にかけて，社会主義運動・労働運動の高まりを背景に[M]文学運動が起こり，[L]は，『種蒔く人』や，[N]派作家の志賀直哉の影響を受けて創作を始めたのだが，[M]文学に傾斜していった。彼は1933年に東京の築地警察署で拷問を受け，虐殺された。

問1　空欄[A]～[N]に適語を入れよ。

問2　下線部(a)をきっかけに，大都市部ではどのような建物が建築されるようになったか。

問3　下線部(b)の俳優で，イプセン作の『人形の家』のノラ役，トルストイ作の『復活』のカチューシャ役などで人気を集めた女優の名前を答えよ。

問4　下線部(c)は，1918年に出された教育に関するある法令がきっかけになっている。その法令とは何か答えよ。

86 恐慌の時代

記述　文章・語句選択　共通テスト・私大対策

次の文章を読み，あとの設問に答えよ。

大戦景気に沸(わ)いた日本経済は，ヨーロッパ諸国の復興や株式市場の暴落を契機とする戦後恐慌の発生で，一転して苦況に立たされた。さらに，1923年の関東大震災によって大打撃を受けた日本経済は，決済不能となった震災手形の処理が大きな課題となった。

この間，富山県から全国に波及した[A]や世界的なデモクラシーと国際協調の高まりを受けた日本社会では，大正デモクラシーといわれる民主的傾向が強まった。(a)本格的政党内閣や護憲三派内閣が成立する一方，労働運動や農民運動，女性解放運動，部落解放運動などが高まり，(b)文学や芸術の新傾向や大正自由教育も広がっていた。

しかし，1927年の議会における震災手形処理法案の審議中，大蔵大臣の失言から[B]が発生すると，これをおさめようとする若槻礼次郎内閣に対し，その協調外交に異論を唱える枢密院が反対したため，若槻内閣は総辞職した。次に成立した田中義一内閣は，(あ)によって[B]を鎮めたが，(c)共産党員の弾圧を始めとする強圧的な内政を行うとともに，山東出兵など強硬な積極外交を推進した。しかし，[C]が引き起こした(d)張作霖爆殺事件は，かえって息子である張学良の反発を招き，中国東北部は国民政府の支配下に入った。田中首相自身もこの爆殺事件の処理をめぐって(い)の不興を買い，辞任に追い込まれた。

1930年代に入ると，日本のアジア政策は動揺を深めた。(e)南満州鉄道株式会社（満鉄）は，中国資本の並行線の営業開始と1929年秋にアメリカから始まった[D]の影響で1931年には創業以来の赤字に転落した。「満蒙は日本の生命線」と声高に唱えられるなか，［　C　］の司令官たちは(f)満蒙を領有するための軍事行動計画を秘かに完成させた。

こうして(g)あいつぐ恐慌による国民生活の窮乏と，軍部や(h)ファシズム的な勢力の台頭の前に，大正デモクラシーの潮流は，風前の灯（ともしび）となった。

問1　空欄［　A　］～［　D　］に適語を入れよ（ACは漢字3文字，BDは漢字4文字）。

問2　下線部(a)に関して述べた文として**誤っているもの**を，次のうちから1つ選び番号で答えよ。

①　首相となった原敬は，陸軍・海軍・外務の3大臣以外を立憲政友会党員で組閣した。

②　原首相が暗殺されたあとは，立憲政友会の高橋是清内閣が継いだが，半年で瓦解（がかい）した。

③　高橋是清内閣ののち，非政党内閣が3代続いたため，第二次護憲運動が始まった。

④　総選挙で護憲三派が勝利し，犬養毅が護憲三派内閣を組閣して普通選挙法を公布した。

問3　下線部(b)に関して述べた文として**誤っているもの**を，次のうちから1つ選び番号で答えよ。

①　菊池寛らは1918年，児童文芸雑誌『赤い鳥』を創刊した。

②　人道主義や理想主義を掲げた雑誌『白樺』の同人たちが，文学や芸術をリードした。

③　小山内薫らが創設した築地小劇場は，翻訳劇を中心とする新劇運動の拠点となった。

④　大正期に就学率が100％近くになっていた小学校では，児童中心主義の教育をこころみる学校も登場した。

問4　空欄（　あ　）に入る文としてもっとも適当なものを，次のうちから1つ選び番号で答えよ。

①　3週間のモラトリアムや重要産業統制法の公布

②　3週間のモラトリアムや日本銀行の巨額融資

③　金輸出解禁の実施や日本銀行の巨額融資

④　金輸出解禁の実施や重要産業統制法の公布

問5　下線部(c)に関して述べた文として**誤っているもの**を，次のうちから1つ選び番号で答えよ。

①　三・一五事件や四・一六事件で，非合法の日本共産党をきびしく弾圧した。

②　治安維持法の最高刑を死刑に改めた。

③　全府県に特別高等課（特高）を設置して，警察権力を強化した。

④　『貧乏物語』を執筆した小林多喜二が，特高に連行されて拷問虐殺された。

問6　下線部(d)の事件は，日本では何と呼ばれたか。もっとも適当なものを，次のうちから1つ選び番号で答えよ。

①　張鼓峰事件　　②　ノモンハン事件　　③　満州某重大事件

④　盧溝橋事件　　⑤　柳条湖事件

問7　空欄（　い　）に入る人物は誰か。もっとも適当なものを，次のうちから1つ選び番号で答えよ。

①　幣原喜重郎　　②　北一輝　　③　段祺瑞　　④　桂太郎

⑤　大正天皇　　⑥　昭和天皇

問8　下線部(e)が創設されたのは，次の年表のどの時期か。もっとも適当なものを，次のうちから１つ選び番号で答えよ。

Ⅰ…1905年　ポーツマス条約締結

Ⅱ…1910年　韓国併合

Ⅲ…1914年　第一次世界大戦勃発

Ⅳ…1920年　国際連盟発足

Ⅴ…1925年　日ソ基本条約締結

①　ⅠとⅡの間　②　ⅡとⅢの間　③　ⅢとⅣの間　④　ⅣとⅤの間

問９　下線部(f)が実施された事件としてもっとも適当なものを，次のうちから１つ選び番号で答えよ。

①　張鼓峰事件　②　ノモンハン事件　③　満州某重大事件　④　盧溝橋事件

⑤　柳条湖事件

問10　下線部(g)に関して述べた文としてもっとも適当なものを，次のうちから１つ選び番号で答えよ。

①　米を始め食料が配給制となり，買出しや闇市に走る人々が出現した。

②　失業者があふれ，労働争議や小作争議が激発し，娘の身売りや欠食児童が続出した。

③　財閥と深く結びつく立憲政友会や立憲民政党は，減税や借金棒引きで困窮者を救った。

④　食糧メーデーが行われ，ゼネストも計画された。

問11　下線部(h)に**関係のない事件**はどれか。次のうちから１つ選び番号で答えよ。

①　五・一五事件　②　血盟団事件　③　滝川事件　④　虎の門事件

87　協調外交の展開

年表　記述　文章・語句選択　私大対策

大正後期から昭和初期にかけての対外関係の年表をみて，あとの設問に答えよ。

1919(大正８)年	ヴェルサイユ条約が調印される。
1920(大正９)年	[　A　]が発足し，日本はその常任理事国となる。
1921(大正10)年	ワシントン会議が開催され，日本からは海軍大臣[　B　]，駐米大使(a)幣原喜重郎らが全権として参加。 ワシントン会議で(b)四カ国条約が調印される。
1922(大正11)年	ワシントン会議で(c)海軍軍縮条約・[　C　]条約が調印される。
1924(大正13)年	幣原喜重郎が[　D　]内閣(護憲三派内閣)の外務大臣になる。
1926(昭和元)年	中国で孫文の後継者の[　E　]が北伐を開始。
1927(昭和２)年	[　F　]といわれる経済混乱のなかで，[　G　]総裁の田中義一が首相兼外務大臣となる(田中義一内閣の成立)。 スイスの[　H　]で海軍軍縮会議が開催され，斎藤実が全権として参加。
1928(昭和３)年	(d)「満州某重大事件」が起こる。 パリで開催された[　I　]条約会議に参加した全権の内田康哉が条約に調印。
1930(昭和５)年	ロンドン海軍軍縮会議が開催され，日本からは元首相の[　J　]・海軍大臣財部彪が全権として参加し，海軍軍縮条約に調印。
1931(昭和６)年	(e)柳条湖事件が勃発し，満州事変が始まる。

問1　空欄[　A　]～[　J　]にあてはまる人名や語句を答えよ。

問2　下線部(a)が外務大臣時代の出来事を，次のうちから１つ選び番号で答えよ。

①　東方会議で，満蒙における日本の権益の擁護が決定された。
②　中国で五・四運動という反日運動が起こった。
③　中国の済南で日中両軍が交戦し，多数の死傷者が出た。
④　中国の関税自主権を承認する日中関税協定が締結された。

問3　下線部(b)について述べた文として正しいものを，次のうちから１つ選び番号で答えよ。

①　「四カ国」とは，日本・アメリカ・イギリス・フランスである。
②　中国の領土と主権の尊重，中国における機会均等を約束したものである。
③　この条約に基づいて日本は，赤道以北の南洋諸島をドイツに返還した。
④　これにより日本は，アメリカと結んでいた石井・ランシング協定を廃棄した。

問4　下線部(c)について述べた文として正しいものを，次のうちから１つ選び番号で答えよ。

①　すべての軍艦の保有量を従来の７割に削減することを定めた。
②　主力艦の保有比率をアメリカ・イギリス各５，日本は３とすることを定めた。
③　日本の補助艦の保有量を対米約７割に制限することを定めた。
④　条約調印に反対する人々は，統帥権干犯であるとして政府をきびしく批判した。

問5　下線部(d)について述べた文として正しいものを，次のうちから１つ選び番号で答えよ。

①　この事件は旅順で起こった。
②　首謀者は石原莞爾・板垣征四郎だった。
③　張作霖が関東軍によって殺害された。
④　事件の責任をとって浜口雄幸内閣が総辞職した。

問6　下線部(e)の前に起きた出来事を，次のうちから１つ選び番号で答えよ。

①　五・一五事件　　②　四・一六事件　　③　第１次上海事変　　④　血盟団事件

88　軍部の台頭と日中戦争

文章・語句選択　共通テスト・私大対策

次のⅠ～Ⅲの写真について，あとの設問に答えよ。

Ⅰ　この新聞は，海軍青年将校らが，首相官邸を襲撃し，首相を射殺した事件を報じる新聞である。前年には２度にわたって，政党内閣を倒して軍事政権をつくろうとする軍部急進派のクーデタ未遂事件があり，また，この事件の年には(a)団琢磨三井合名会社理事長らが暗殺される事件が起こっていた。

Ⅱ　(b)陸軍内部の派閥の対立ともからんで，（　あ　）の思想的影響を受けた青年将校らが約1400名の兵を率いて政府要人を殺害。陸軍省・参謀本部，首相官邸などの一帯を占拠し，陸軍上層部に対して国家改造の断行を要請した。これに対して，政府側は陸軍を中心に鎮圧に乗り出し，反乱は４日で終わりを告げた。写真は，蜂起部隊に帰順を呼びかけるビラであり，この他にアドバルーンやラジオ放送を通じて下士官や兵に帰順を呼びかけた。

Ⅲ　日中戦争が長期化すると，国家の総力を戦争に集中できるよう

Ⅰ
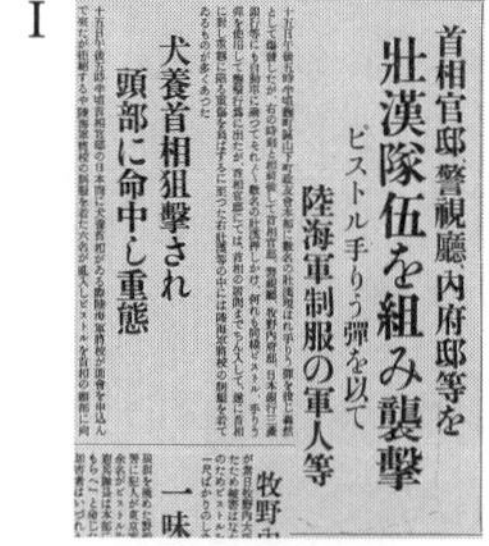
首相官邸、警視廳、内府邸等を
壯漢隊伍を組み襲撃
ピストル手りう彈を以て
陸海軍制服の軍人等
犬養首相狙撃され
頭部に命中し重態

Ⅱ

下士官兵ニ告グ
一、今カラデモ遲クナイカラ原隊へ歸レ
二、抵抗スル者ハ全部逆賊デアルカラ射殺スル
三、オ前達ノ父母兄弟ハ國賊トナルノデ皆泣イテオルゾ
二月二十九日
戒嚴司令部

な体制をつくることが緊急の課題となり，第１次［　Ａ　］内閣は国民精神総動員運動を展開するとともに，翌年には(c)国家総動員法を成立させた。街では，この写真にあるようなスローガンが掲げられ，戦争の影が濃くなり始めた。子どもたちは，パーマネントをかけた女性をみると，「パーマネントはやめましょう！」と叫んで，その女性に恥をかかせた。「日の丸弁当」などが望ましい食生活のあり方とされた。政府の強い統制のもと，軍需産業は発展し，生活物資の生産や輸入は制限され，(d)国民生活はきびしく切り詰められた。

Ⅲ

問１　下線部(a)の事件を，次のうちから１つ選び番号で答えよ。

①　血盟団事件　②　相沢事件　③　三月事件　④　十月事件

問２　Ⅰの事件で暗殺された首相の内閣における出来事の組合せとして正しいものを，①〜④のうちから１つ選び番号で答えよ。

ア　柳条湖事件　イ　金輸出再禁止　ウ　日満議定書調印　エ　第一次上海事変

①　ア・ウ　②　ア・エ　③　イ・ウ　④　イ・エ

問３　Ⅰの事件後に成立した内閣の首相を，次のうちから１つ選び番号で答えよ。

①　岡田啓介　②　斎藤実　③　平沼騏一郎　④　林銑十郎

問４　下線部(b)に関して，Ⅱの事件を起こした派閥を答えよ。

問５　空欄（　あ　）に入る人名を，次のうちから１つ選び番号で答えよ。

①　上杉慎吉　②　滝川幸辰　③　佐野学　④　北一輝

問６　Ⅱの事件で内閣がかわっている。前内閣における出来事Ｘ，のちの内閣における出来事Ｙの組合せとして正しいものを，次のうちから１つ選び番号で答えよ。

①　Ｘ－日独伊三国防共協定の調印　Ｙ－軍部大臣現役武官制の復活
②　Ｘ－日独伊三国防共協定の調印　Ｙ－国際連盟脱退の通告
③　Ｘ－国体明徴声明の表明　Ｙ－軍部大臣現役武官制の復活
④　Ｘ－国体明徴声明の表明　Ｙ－国際連盟脱退の通告

問７　空欄［　Ａ　］に首相名を入れよ。

問８　次の短文は，Ⅲの写真の時期について述べたものである。**誤りのあるもの**を次のうちから１つ選び番号で答えよ。

①　社会主義運動の高まりに対応して政府は取締りを強化するとともに，失業救済・児童福祉・健康保険など各種の社会政策を実施して，運動の急進化を阻止(そし)しようとした。

②　大政翼賛会が発足すると国民はその末端組織である隣組に組み込まれ，隣組を通じて勤労奉仕，兵士の送迎や防空演習などに参加した。

③　労働組合・労働団体は解散し，労働者と資本家を一体化して工場ごとに産業報国会が結成され，この機関を通じて労働者の戦争協力を強制した。

④　毎月１日を興亜奉公日として国民に自粛が要求され，皇紀二千六百年記念式典が行われるなど戦意高揚の施策が実施された。

問９　下線部(c)の法律では，「国家総動員トハ戦時（戦争ニ準ズベキ［　Ｂ　］ノ場合ヲ含ム，以下之(これ)ニ同ジ）ニ際シ（中略），人的及物的資源ヲ統制運用スル」ことであり，「必要アルトキハ，

[　C　]ノ定ムル所ニ依リ，帝国臣民ヲ徴用シテ総動員業務ニ従事」させることができると定めている。史料中の空欄[　B　][　C　]に入る適語の組合せとして正しいものを，次のうちから1つ選び番号で答えよ。

①　B－事変　C－議会　　②　B－事変　C－勅令

③　B－内乱　C－議会　　④　B－内乱　C－勅令

問10　下線部(d)に関して，政府は日用品の統制を強めるために配給制を実施した。その具体例は，通帳制ともう一つは何か。

89 近代産業の発達

語句選択　共通テスト・私大対策

次のⅠ～Ⅲは近代の工業化過程に触れた文章である。各文を読み，あとの設問に答えよ。

Ⅰ　富国強兵をめざす政府は，近代産業の保護・育成につとめた。この殖産興業政策を推進する中心的官庁として，1870年に(　あ　)が，73年には内務省が設置され，旧幕府の諸工場・諸鉱山が官営となり，明治後期には民間へ払い下げられる(　い　)などの官営模範工場も各地に開設された。政府から官営事業の払下げを受けたり，特権を与えられ独占的利益を得たりした商人資本は(a)政商と呼ばれ，のちに財閥を形成する者も多かった。

交通・通信分野でも政府を中心に近代化が進められ，1871年には前島密の建議により官営の(　う　)事業が始まった。

Ⅱ　日露戦後の日本資本主義は，重工業部門で飛躍がみられ，(　え　)年には，軍事上の必要と一部私鉄の経営難を背景に鉄道国有法が制定され，全国の鉄道の(　お　)%以上が国有化された。また，多角的経営を展開する財閥は，日露戦後の(　か　)を経て，持株会社を中心とする(　き　)形態を整え，産業界への支配を強めた。

第一次世界大戦では，ヨーロッパ列強がアジア市場からしりぞき，連合国からの軍需品注文も増えたため，日本は大幅な(　く　)を達成し，1918年には工業生産額が農業生産額を上回った。一方，社会運動の組織化も進み，1921年には，かつての友愛会が(　け　)と改称し，労働組合の産業別全国的組織体制を整えていった。

Ⅲ　世界大恐慌と満州事変を経て，日本経済は(b)管理通貨制度に移行した。その後の産業合理化で輸出産業も伸びたが，特に軍需と政府保護に支えられた重化学工業はいちじるしい発達をみた。重化学工業部門では，(　こ　)などの新興財閥が台頭し，大陸へも積極的に進出した。

しかし，(　さ　)内閣の制定した国家総動員法により，統制経済が強化されると，旧財閥系大企業の軍需生産も積極化し，財界全体が国策協力につとめるようになった。

問1　空欄(　あ　)～(　う　)に入る適語を，各語群から1つずつ選び番号で答えよ。

(　あ　)：①　鉄道省　②　農商務省　③　通商産業省　④　民部省　⑤　工部省

(　い　)：①　大阪砲兵工廠　②　横須賀造船所　③　富岡製糸場　④　芝浦製作所　⑤　八幡製鉄所

(　う　)：①　鉄道　②　郵便　③　電信　④　乗合馬車　⑤　電話

問2　下線部(a)では，台湾出兵や西南戦争での軍需輸送(海運)を独占し，のちの財閥の基礎を築いた土佐人が好例である。この人物を，次のうちから1つ選び番号で答えよ。

① 古河市兵衛　② 五代友厚　③ 渋沢栄一　④ 岩崎弥太郎　⑤ 住友友純

問3 空欄(え)－(お)，(か)－(き)及び(く)－(け)に入る数字や語の組合せを，次のうちから1つ選び番号で答えよ。

(え)－(お)：① 1906－90　② 1906－50　③ 1910－80　④ 1910－60

(か)－(き)：① 恐慌－カルテル　② 好景気－シンジケート
③ 好景気－トラスト　④ 恐慌－コンツェルン

(く)－(け)：① 債務超過－日本労働倶楽部
② 輸出超過－日本労働総同盟
③ 輸出超過－労働組合期成会
④ 債務超過－日本労働組合総評議会

問4 下線部(b)と関連の深い事項を，次のうちから1つ選び番号で答えよ。

① 貿易自由化　② 金本位制復帰　③ 金輸出再禁止　④ 価格等統制令

問5 空欄(こ)には**入らない財閥名**を，次のうちから1つ選び番号で答えよ。

① 安田　② 日産　③ 森　④ 日窒　⑤ 理研

問6 空欄(さ)に入る適当な人名を，次のうちから1つ選び番号で答えよ。

① 斎藤実　② 近衛文麿　③ 広田弘毅　④ 東条英機　⑤ 米内光政

90 日本の帝国主義政策

地図　語句選択　共通テスト・私大対策

[A]～[C]はそれぞれ日本の帝国主義政策と関係の深い地名である。設問に答えよ。

[A]省：第一次世界大戦勃発後，日本政府は日英同盟を理由に(あ)に宣戦し，この省にあった(あ)の権益を接収したうえ，袁世凱政府に(a)二十一カ条要求を突きつけ，日本による同権益継承を認めさせた。戦後のヴェルサイユ条約がこれを追認したため，中国では(い)と呼ばれる反日国民運動が起きたが，1922年の(う)条約では中国領土保全や機会均等主義が明記され，同権益の中国への返還が決った。

[B]市：中国国民革命軍は1928年，日本政府筋とも関係のあった軍閥張作霖を北京から敗走させたが，その際，南満州鉄道沿線の守備を担当する(え)軍の参謀らは，張を爆殺し，これを機に満州占領を開始する謀略をこの都市の郊外で実行に移した。

戦争は不発に終わり，結果的にはこの事件が(お)内閣を総辞職に追い込んだ。しかし，1931年に同じこの都市の北郊で起きた(か)事件は，(b)満州事変勃発の合図となった。

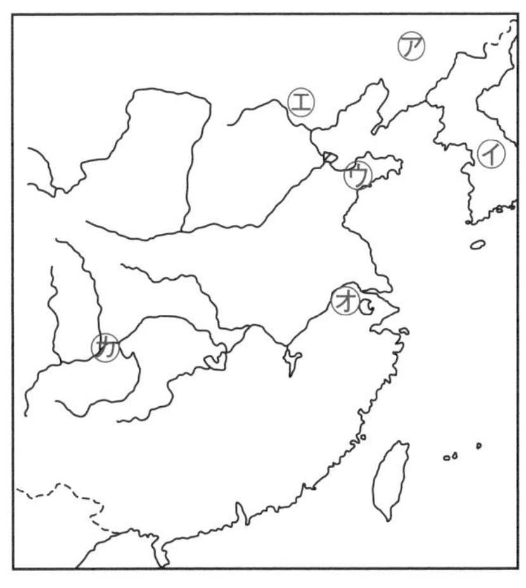

[C]市：日中戦争が始まった(き)年の12月，中国国民政府の首都であったこの都市は日本軍に占領された。前年の(く)事件を機に国民党と共産党の内戦は停止し，(き)年後半には第二次国共合作が実現して抗日機運はいよいよ高まっており，この都市には大量の日本軍が投入された。戦時国際法に反する略奪・暴行・殺戮行為が日本軍によって

繰り返されたことはよく知られるが，中国側をあなどった(　け　)首相は首都占領から1カ月後，(c)声明を発して和平への道をみずから閉ざした。

問1　空欄[　A　]～[　C　]の地名を，次の①～⑧の選択肢から選び番号で答えるとともに，上の図中からその位置を示す記号を選んで答えよ。

①　漢城　②　北京　③　上海　④　南京　⑤　山東
⑥　長春　⑦　奉天　⑧　重慶

問2　空欄(　あ　)－(　い　)に入る適語の組合せと，(　う　)に入る適語を，次のうちから1つ選び番号で答えよ。

(　あ　)－(　い　)：①　ロシア－五・四運動　②　フランス－三・一独立運動
③　イタリア－三・一独立運動　④　ドイツ－五・四運動

(　う　)：①　四カ国　②　ワシントン海軍軍縮
③　九カ国　④　ロンドン海軍軍縮

問3　下線部(a)に**含まれないもの**を，次のうちから1つ選び番号で答えよ。

①　中国政府への日本人顧問の採用
②　上海－南京間での日本の鉄道敷設権承認
③　日本の旅順・大連租借権の延長
④　漢冶萍公司の日中共同経営

問4　空欄(　え　)－(　お　)に入る適語の組合せと，(　か　)に入る適語を，次のうちから1つ選び番号で答えよ。

(　え　)－(　お　)：①　朝鮮－斎藤実　②　関東－田中義一
③　支那駐屯－広田弘毅　④　北支那－若槻礼次郎

(　か　)：①　柳条湖　②　万宝山　③　盧溝橋　④　張鼓峰

問5　下線部(b)にかかわる日本側の一連の行動を検証するため，国際連盟が日中両国に派遣した調査団の団長名を答えよ。

問6　空欄(　き　)－(　く　)に入る適語の組合せと，(　け　)に入る人名を，次のうちから1つ選び番号で答えよ。

(　き　)－(　く　)：①　1933－西安　②　1935－済南
③　1937－西安　④　1939－済南

(　け　)：①　近衛文麿　②　平沼騏一郎　③　林銑十郎　④　米内光政

問7　下線部(c)の内容として適当なものを，次のうちから1つ選び番号で答えよ。

①　満州国独立は住民の自由意志に基づく
②　中国国民政府は認めず対手にしない
③　戦争の目的は東亜新秩序建設にある
④　自存自衛のため対米戦争も辞さない

91　太平洋戦争下の政治・社会・経済

文章選択　共通テスト・私大対策

太平洋戦争下の政治・社会・経済について，あとの設問に答えよ。

1941年9月，(a)日米交渉が妥結しなければ対米英開戦に踏み切る[　A　]を御前会議は決定した。しかし，日米交渉は進展せず，10月，近衛文麿内閣は東条英機内閣にかわった。11月26日になって，アメリカ側から［　B　］の提示があり，日本側は，それを最後通告と受け取り，12月1日，御前会議は，最終的に対米英開戦を決定した。

1941年12月8日，［　C　］奇襲上陸とハワイ真珠湾攻撃によって太平洋戦争が始まった。緒戦の勝利にわく日本国内では，1942年4月，東条英機内閣が衆議院総選挙を実施した。政府が候補を推薦し，(b)大政翼賛会などを総動員して選挙運動を行ったので翼賛選挙と呼ばれた。結果，政府の援助を受けた推薦候補が絶対多数を獲得し，議会は政府提案に承認を与えるだけの機関となった。

開戦後，(c)戦線の拡大に伴って兵力不足が深刻になった。そのため1943年には，学徒出陣を行った。必然的に労働力も不足したので，勤労動員したりした。また，数十万人の朝鮮人や占領地域の中国人を強制連行し，鉱山や土木工事現場などで働かせた。一方，軍需最優先政策の結果，民需物資の生産が減少し，(d)国民は生活必需品にも事欠くようになった。1944年にマリアナ諸島の［　D　］が陥落すると，同年秋からB29による本土空襲が激化した。そのため，大都市では，国民学校の児童たちの学童疎開も始まった。こうして国民の生活が悪化し，戦意も低下していった。

1945年にアメリカ軍は，(e)4月に沖縄本島に上陸し，6月にはこれを占領した。同年7月にポツダム宣言が発表されたが，日本政府は黙殺した。アメリカは2発の原子爆弾を広島と長崎に投下し，ソ連も［　E　］を破棄して日本に宣戦布告し，満州・朝鮮にいっきょに攻め込んできた。8月14日，日本政府は，ポツダム宣言受諾を決定し，8月15日，天皇のラジオ放送で戦争終結を国民に知らせた。

問1　空欄［　A　］～［　E　］に適語を入れよ。

問2　下線部(a)の日米交渉が行われていた時期に起きた出来事として**誤っているもの**を，次のうちから1つ選び番号で答えよ。

①　独ソ戦が開始された。
②　日本陸軍が北部仏印に進駐した。
③　満州で関東軍特種演習が行われた。
④　アメリカが対日石油輸出を全面禁止をした。

問3　下線部(b)に関して述べた文として**誤っているもの**を，次のうちから1つ選び番号で答えよ。

①　大政翼賛会は，首相を総裁とした国民統制組織であった。
②　大政翼賛会は，社会大衆党・立憲政友会・立憲民政党など既成政党がつぎつぎと解散したのちに結成された。
③　大政翼賛会は，翼賛政治体制を樹立するために東条英機首相が結成した。
④　大政翼賛会は，太平洋戦争末期，国民義勇隊の設置に伴って解散した。

問4　下線部(c)に関して述べた文として**誤っているもの**を，次のうちから1つ選び番号で答えよ。

①　学徒出陣が行われても，理工系・教員養成系の学生には猶予が継続された。
②　労働力不足を補うために職場ごとに産業報国会がつくられた。
③　中学生以上の学生・生徒も兵器生産などに従事させられた。

④　25歳未満の未婚女性は，女子挺身隊に組織され，軍需工場へ動員された。

問5　下線部(d)に関して述べた文として正しいものを，次のうちから１つ選び番号で答えよ。

①　配給だけでは生活が困難なので，都市の人々は闇取引や買出しで生活を維持した。

②　都市の失業者の帰農などで農家が困窮し，欠食児童や農家の娘の身売りが社会問題となった。

③　海外からの復員・引揚げによる人口増大も物資不足の原因となった。

④　食糧難を背景に，皇居前広場で食糧メーデーが開かれた。

問6　下線部(e)に関して述べた文として正しいものを，次のうちから１つ選び番号で答えよ。

①　沖縄は，アメリカ軍占領後，琉球政府による間接統治が行われた。

②　沖縄の中学生たちは，「鉄血勤皇隊」に組織され，戦闘に動員された。

③　沖縄の未婚の女性たちは，「ひめゆり隊」として軍需工場に動員された。

④　沖縄の指導者であった謝花昇は，最後までアメリカ軍に抵抗して自決した。

現代

92 占領政策

グラフ　文章・語句選択　共通テスト対策

占領期の日本について次の文章を読んで，あとの設問に答えよ。

(a)日本は，受諾したポツダム宣言に基づいて連合国に占領されることになった。(b)マッカーサー元帥を最高司令官とする連合国軍最高司令官総司令部（GHQ／SCAP）の指令・勧告に基づいて，日本政府が政策を実施する間接統治が行われた。連合国の対日占領政策決定の最高機関として（　あ　）がワシントンに置かれたが，占領政策はアメリカの主導で立案・実施された。当初の占領政策の目標は，非軍事化・民主化を通じて日本社会を改造し，アメリカや東アジア地域にとって日本がふたたび平和の脅威となるのを防ぐことに置かれた。

ポツダム宣言受諾後，皇族の東久邇宮稔彦内閣が成立したが，「一億総懺悔」「国体護持」を唱えてGHQの占領政策と対立し，GHQが1945年10月に人権指令を出したのを機に，総辞職した。かわった（　い　）内閣に対してマッカーサーは，五大改革指令を発した。ついで，GHQは神道指令を発し，神社神道に対する政府の保護・監督の廃止を命じ，戦前期の軍国主義・天皇崇拝の思想的基盤となった国家神道を解体した。

陸海軍の武装解除が進み，日本軍は完全に解体・消滅した。（　う　）らを戦争犯罪容疑者として逮捕し，1946年5月から極東国際軍事裁判（東京裁判）でその戦争責任を追及した。天皇の戦争責任も取りざたされたが，GHQは，天皇制を占領支配に利用しようとして，天皇を戦犯容疑者に指定せず，天皇は訴追をまぬかれた。

またGHQが46年1月，公職追放を指令したのに基づき，1948年5月までに，政・財・官界から言論界に至る各界の指導者が戦時の責任を問われて職を追われた。

GHQは，財閥と寄生地主制の解体を推進し，経済面での民主化を進めた。1945年11月三井・三菱・住友・安田などの大財閥の解体を指令し，そのために翌年には（　え　）が発足した。1947年には，独占禁止法や過度経済力集中排除法が制定された。GHQは，寄生地主制を除去し，安定した自作農経営を大量に創出するために，1945年12月農地改革の指令を出した。しかしながら，これは不徹底であったので，GHQに批判され，翌年，第2次改革が実施された。

GHQの労働政策は，労働基本権の確立と労働組合の結成支援に向けられ，労働三法が制定された。なかでも1947年に制定されたのが，8時間労働制などを定めた（　お　）であった。

GHQは，1945年10月，（　い　）内閣に憲法改正を指示した。日本政府内に設置された憲法問題調査委員会の改正試案が保守的なものだったために，GHQは，マッカーサー草案を急きょ作成し，1946年2月，日本政府に提示した。日本政府はそれをもとに同年4月，日本国憲法改正草案を発表した。改正案は，帝国議会で修正・可決され，11月3日，日本国憲法として公布され，翌1947年5月3日に施行された。

1948年，中国内戦で共産党の優勢が明らかになると，アメリカは対日占領政策を転換した。日本を極東戦略の要として位置づけ，日本が反共の防壁になることを期待し，日本の再軍備と経済復興を進める政策を推進した。1948年12月，GHQは，経済安定九原則を示し，その実行を日本政府に求めた。翌49年に成立した第3次吉田内閣は，（　か　）に基づいて，(c)政府の予算を作成させた。1950年になると，マッカーサーは，日本における共産党勢力の排除をめざして公職追放を指令し，官公庁・企業から多数の日本共産党員・支持者を追放した。また，朝鮮戦争が始まると，アメリカは，日本を国連軍の中継地として利用し，アメリカ軍出動後の日本の治安維持に必要として（　き　）を創設させた。一方，戦争犯罪人の釈放，旧軍人・政治家らの公職追放の解除が行われた。

問1　下線部(a)において，ソ連に占領されたのは次のどの地域か，次のうちから1つ選び番号で答えよ。

①　北海道　②　千島列島　③　小笠原諸島　④　奄美諸島

問2　下線部(b)において，GHQの指令・勧告などを実行するために制定された勅令を何というか，次のうちから1つ選び番号で答えよ。

①　カイロ勅令　②　テヘラン勅令　③　ポツダム勅令　④　ヤルタ勅令

問3　文中の(　あ　)にあてはまる語句を，次のうちから1つ選び番号で答えよ。

①　対日理事会　②　極東委員会　③　国際連合　④　安全保障理事会

問4　文中の(　い　)にあてはまる語句を，次のうちから1つ選び番号で答えよ。

①　幣原喜重郎　②　吉田茂　③　岸信介　④　鈴木貫太郎

問5　文中の(　う　)にあてはまる語句を，次のうちから1つ選び番号で答えよ。

①　石原莞爾　②　米内光政　③　岡田啓介　④　東条英機

問6　文中の(　え　)にあてはまる語句を，次のうちから1つ選び番号で答えよ。

①　労働委員会　②　企画院　③　持株会社整理委員会　④　公正取引委員会

問7　文中の(　お　)にあてはまる語句を，次のうちから1つ選び番号で答えよ。

①　労働基準法　②　労働関係調整法　③　労働組合法　④　労働契約法

問8　文中の(　か　)にあてはまる語句を，次のうちから1つ選び番号で答えよ。

①　シャウプ勧告　②　ドッジ＝ライン　③　プラザ合意　④　リットン報告書

問9　下線部(c)の予算に関連して，この時代の経済状況について，次のグラフから読み取れるのはどれか，次のうちから1つ選び番号で答えよ。

日本銀行券発行高・物価水準の推移(1945年10月～1950年6月)

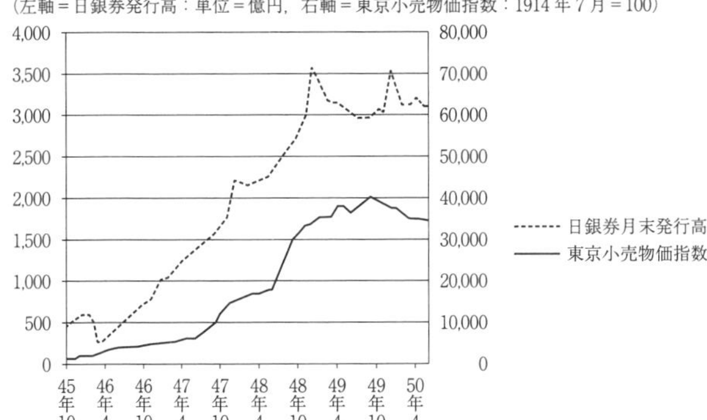

(大蔵省財政史室編『昭和財政史―終戦から講和まで』第19巻(統計)，日本銀行統計局『金融統計月報』より作成)

①　物価の上昇が続き，激しいインフレが進行した。

②　戦後一貫して日本銀行券の発行を増やしていった結果，1950年においてもインフレはおさまらなかった。

③　戦後の激しいインフレーションがおさまった。

④　日本銀行券発行を抑制したにもかかわらず，物価が上昇し続けた。

問10　文中の(　き　)にあてはまる語句を，次のうちから1つ選び番号で答えよ。

①　自衛隊　②　保安隊　③　警備隊　④　警察予備隊

93 占領期の政治

史料　語句選択　共通テスト・私大対策

次のⅠ～Ⅳの文章は，戦後史にかかわるものである。これらについて，あとの設問に答えよ。

Ⅰ　連合国軍最高司令官総司令部＝GHQ の指導下に進められることになる，日本の戦後改革は，1945年に発表された（　あ　）という文書に基づき政治・経済の非軍事化と民主化を目標に開始された。GHQ は，開設後間もなく人権指令や五大改革指令を発し，(a)最初の皇族内閣を退陣に追い込んだ。

問1　（　あ　）に入る語を，次のうちから１つ選び番号で答えよ。

①　ヤルタ協定　　②　国際連合憲章　　③　大西洋憲章

④　ポツダム宣言　　⑤　トルーマン・ドクトリン

問2　下線部(a)における首相の言葉としてふさわしい言葉を選ぶのに際し，次の①～④の言葉について正しい説明をしているのはどれか，１つ選び番号で答えよ。

①　「もはや戦後ではない」は，戦後という表現を否定したい皇族内閣にふさわしい言葉である。

②　「一億総ざんげ」は，国民全体が敗戦の責任を天皇に対して負い，天皇や政府の開戦責任をあいまいにする言葉で，皇族内閣にふさわしい言葉である。

③　「国体明徴」は，統治権が天皇にあることを声明した言葉で，皇族内閣にふさわしい言葉である。

④　「国民政府を対手とせず」は，アジア太平洋戦争が終わり，もはや国民政府を戦争の相手(対手)としないと宣言した言葉で，終戦後の内閣にふさわしい言葉である。

Ⅱ　Ａ級戦犯容疑者として逮捕された者のうち，28名が極東国際軍事裁判（東京裁判）に付(ふ)された。裁判は，(b)1946年５月に開始され，1948年11月，死亡または免訴の３名を除く25名の被告に有罪判決を下して終結した。しかし，同年12月，対米戦争開戦時の首相（　い　）ら７名の死刑が執行された翌日，不起訴のＡ級戦犯容疑者は全員釈放された。

問3　下線部(b)のあいだに行われたものを，次のうちから１つ選び番号で答えよ。

①　自由民主党の結成　　②　婦人参政権の実現

③　日本国憲法の施行　　④　レッドパージ

問4　（　い　）に入る人名を，次のうちから１つ選び番号で答えよ。

①　東条英機　　②　近衛文麿　　③　小磯国昭　　④　岸信介　　⑤　鈴木貫太郎

問5　上記の裁判では，特に「平和に対する罪」が裁かれたが，日本がすでに第二次世界大戦前に結んだ条約のなかには，侵略戦争を「違法」とするものがあった。その条約の条文の一部を，次の史料から１つ選び番号で答えよ。

①　締約国は，(中略)主力艦を各自保有することを得。

②　支那の主権，独立並びにその領土的及び行政的保全を尊重すること。

③　国家ノ政策ノ手段トシテノ戦争ヲ放棄スルコト。

④　武力の行使は，国際紛争を解決する手段としては，永久にこれを放棄する。

Ⅲ　中国における共産党と国民党との内戦は，アメリカのアジア政策や対日占領政策に大きな影響を与え，アメリカはしだいに(c)日本の民主化よりも経済的自立を重視することになった。（　う　）を主席とする中華人民共和国の成立は，その占領政策の転換を決定的にした。さらに(d)1950年の朝鮮戦争勃発で，アメリカは日本政府に再軍備を求めることになり，憲法第9条をめぐる論議が高まった。

問6　（　う　）に入る人名を，次のうちから1つ選び番号で答えよ。
①　毛沢東　　②　蔣介石　　③　周恩来　　④　李承晩　　⑤　金日成

問7　下線部(c)の立場と関係の深い事項を，次のうちから1つ選び番号で答えよ。
①　傾斜生産方式の推進　　②　金融緊急措置令の発令
③　自作農創設特別措置法の制定　　④　国際通貨基金(IMF)への加盟
⑤　経済安定九原則による予算編成

問8　下線部(d)と直接関係する事項を，次のうちから1つ選び番号で答えよ。
①　防衛庁の発足　　②　日米相互防衛援助(MSA)協定の締結
③　警察予備隊の創設　　④　破壊活動防止法の制定　　⑤　保安隊の発足

Ⅳ　連合国と日本との戦争状態，そしてアメリカの日本占領に終止符を打つため，1951年にはサンフランシスコ平和条約が締結された。しかし，平和条約には，（　え　）に対するアメリカ統治の継続や，日本への外国軍隊駐留の承認など，アメリカの利害を優先した内容が含まれており，（　お　）のように，そもそも講和会議に招請された国々のなかから不参加を表明する国も現れていた。

問9　（　え　）に入る地名を，次のうちから1つ選び番号で答えよ。
①　南樺太　　②　台湾　　③　朝鮮南部　　④　南西諸島　　⑤　南千島

問10　（　お　）に入る国名を，次のうちから1つ選び番号で答えよ。
①　ソ連　　②　インド　　③　北朝鮮　　④　フィリピン　　⑤　中華民国

94　戦中・戦後の対外関係

記述　語句選択　共通テスト・私大対策

次のⅠ～Ⅴの各群の文章について，あとの設問に答えよ。

Ⅰ　米英両国への宣戦から約半年後に戦われた〔　A　〕海戦以降，太平洋戦線で守勢に立たされることになった日本は，1943年11月，日本に協力するアジア諸国首脳を東京に集めて〔　B　〕会議を開催し，共同宣言を発表した。

①　しかし，同時期に連合国首脳の名で発表されたカイロ宣言は，近代日本が獲得したすべての植民地の解放と，連合国側に領土拡張の意図がないことをうたい，日本に無条件降伏を求めていた。

②　また1945年，クリミア半島の保養地ヤルタで行われた米英ソ三首脳会談では，ドイツの戦後処理，国際連合の結成などの協議とともに，ソ連の対日参戦や千島列島のソ連引き渡しの取り決めが行われた。

③　ドイツ降伏後に発表されたポツダム宣言は，カイロ宣言・ヤルタ協定の履行，戦争犯罪

人の処罰などを明記するとともに，天皇制存続の可能性をほのめかしており，天皇自身がその受け入れを決定した。

Ⅱ　連合国による占領は，日本政府を通じて政策を実施する間接統治の形式で行われ，占領政策の最高決定機関は〔　C　〕であったが，実質的には連合国軍最高司令官総司令部(GHQ)がこれにあった。

①　戦後最初の東久邇宮稔彦内閣は，GHQの民主化指令を受け，政治犯の釈放，思想警察の解体などを実施したが，指導者の戦争責任を回避する「一億総懺悔(ざんげ)」論を唱え，国民の支持を失って退陣した。

②　一方，平和に対する罪を犯したとされるＡ級戦犯は，極東国際軍事裁判で裁かれることとなったが，天皇制を維持したいと考えた米国政府の判断を背景に，昭和天皇を訴追対象から除外した。

③　マッカーサーが幣原喜重郎首相に与えた，いわゆる「五大改革指令」は，婦人の解放，労働組合の促進，教育の自由主義化，秘密検察制度などの撤廃，経済の民主化をうたい，憲法改正を促すものであった。

Ⅲ　冷戦の激化で米国の占領政策は転換し，日本経済の復興が追求された。1948年末，インフレ克服をめざして〔　D　〕が指令され，翌年初めには〔　E　〕公使が来日し，歳入超過の超均衡予算の編成を日本政府に命じた。

①　同公使はまた，１ドル＝300円の単一為替レートを実施してデフレ政策を強行し続けたが，大量の人員整理に反発した労働組合の反撃にあい，吉田茂内閣を危機に追い込んだ。

②　1950年に勃発した朝鮮戦争では，日本に駐留する米軍が，国連軍の主力として派兵され，その軍事的な空白を補うため，マッカーサーは日本政府に警察予備隊の創設や海上保安庁の人員増を指示した。

③　朝鮮戦争は，不況にあえぐ日本経済にいわゆる「特需」をもたらし，この戦争中に日本の実質国民総生産(GNP)は戦前水準を上回った。

Ⅳ　米英主導化に開かれたサンフランシスコ講和会議では，ユーゴスラヴィア・ビルマ・〔　F　〕が欠席したうえ，ソ連など東側諸国も調印を拒否した。最大の交戦国ともいえる〔　G　〕は，米英の確執で招待さえされなかった。

①　サンフランシスコ平和条約において，日本は，戦前の下関条約やポーツマス条約で得た領土権も千島列島の領有権も放棄し，沖縄・小笠原諸島を米国の信託統治に委ねることになった。

②　平和条約とともに結ばれた日米安全保障条約では，米軍は駐留権を保持しながら日本防衛の義務を負わなかった。

③　日米安全保障条約の調印に対しては，平和四原則を唱える日本労働組合総評議会(総評)などを中心に安保条約締結阻止国民会議が結成されて，激しい反対運動が展開され，アイゼンハワー大統領の訪日は中止に追い込まれた。

Ⅴ　1965年の〔　H　〕条約は，日本と韓国の関係正常化をはかるものであったが，その間ベトナム戦争への本格的介入を進めていた米国は，韓国軍事政権を支え韓国軍のベトナム派兵を実現するためにも，日韓会談の進展を促した。

①　ベトナム戦争の激化は日本経済に好景気をもたらす間接的要因となったが，1971年の沖縄返還協定調印に至る過程では，ベトナム戦争と沖縄の米軍基地との関係が問題となった。

② 高度経済成長を支えてきた国際関係は，1971年のジョンソン大統領による中国訪問と為替の変動相場制への移行により，大きく揺らぎ始めた。

③ 米国について，日本の田中角栄首相も1972年に訪中し，日中共同声明によってようやく日中国交正常化を実現した。

問1 Ⅰ～Ⅴ各群の①～③の文章で，歴史的に**誤りを含んだもの**を，それぞれ１つずつ選び番号で答えよ。

問2 文中の〔 A 〕～〔 H 〕に入る適語を記入せよ。

問3 次にあげる事項と最も関係の深い文はどれか，Ⅰ～Ⅴのなかから１つ選び記号で答えよ。

① 「非核三原則」 ②シャウプ勧告

95 55年体制と経済成長

語句選択 共通テスト・私大対策

次のⅠ～Ⅳは，戦後日本の高度経済成長期に政権を担当した内閣名で，各ローマ数字の下の短文は，それぞれの時期に関わる記事である。これらについて，あとの設問に答えよ。

Ⅰ 第１～３次（ あ ）内閣<1954年12月～1956年12月>

◎ 左派・右派に分裂していた（ い ）は，衆議院議員選挙で全議席の３分の１を確保した後，護憲勢力として統一を回復するが，改憲を志向する保守陣営も，財界の要望を受けて合同し，以後，(a)政権交替のない保守一党優位の体制が長く続くことになった。

◎ 改憲とともに自主外交を唱える（ あ ）内閣は，（ う ）に調印して社会主義大国との国交正常化を実現し，ようやく国際連合への加盟を果たした。

Ⅱ 第１～２次岸信介内閣<1957年２月～1960年７月>

◎ 革新勢力との対決姿勢を強めた岸内閣は，外交では（ え ）の改定をめざし，米軍の日本防衛義務などを明記した新条約に調印したが，条約の内容や条約批准を行う衆議院での採決強行が多くの国民の反発を招き，同条約反対運動は空前の大衆闘争に発展した。

Ⅲ 第１～３次池田勇人内閣<1960年７月～1964年11月>

◎ 池田内閣は革新勢力との政治的な正面対決を避け，（ お ）を発表して経済成長を促進する政策を推進したが，欧米からは貿易の自由化，為替・資本の自由化を求められるようになり，(b)経済協力開発機構にも加盟した。

◎ 農業の構造改革を進める（ か ）が制定され，化学肥料・農薬・農業機械の普及で生産性が向上する一方，出稼ぎなどによる農家の農業外収入も増加し，農業人口あるいは農村人口の減少もしだいに顕著になっていった。

Ⅳ 第１～３次佐藤栄作内閣<1964年11月～1972年７月>

◎ 公害被害者たちが企業や国の責任を問うた四大公害訴訟で最初の裁判が提訴された年には，東京都に革新知事が誕生し，富山の（ き ）裁判で初めて被害者側が勝訴した年には，公害・環境行政を統一する中央官庁が発足した。

◎ （ く ）がはげしくなるなかで，基地の集中する沖縄の返還問題が日米首脳会談の議題となり，佐藤内閣は非核三原則を明確にしつつ，沖縄返還協定の調印にこぎつけたが，基地の機能と規模はその後も基本的に維持された。

問1 空欄(あ)〜(く)に入る適語を，それぞれに対応する語群から1つずつ選び番号で答えよ。

(あ)① 吉田茂 ② 芦田均 ③ 鳩山一郎 ④ 片山哲

(い)① 自由民主党 ② 日本社会党 ③ 日本民主党 ④ 日本共産党

(う)① 日中平和友好条約 ② 日ソ基本条約 ③ 日中共同声明 ④ 日ソ共同宣言

(え)① サンフランシスコ平和条約 ② 日米安全保障条約 ③ 日米地位協定 ④ MSA 協定

(お)① 所得倍増計画 ② 新全国総合開発計画 ③ 日本列島改造論 ④ 傾斜生産方式

(か)① 食糧管理法 ② 自作農創設特別措置法 ③ 農業協同組合法 ④ 農業基本法

(き)① イタイイタイ病 ② カネミ油症 ③ 四日市ぜんそく ④ 水俣病

(く)① 第2次中東戦争 ② 朝鮮戦争 ③ ベトナム戦争 ④ 湾岸戦争

問2 下線部(a)のような政治体制を表す歴史用語(単語)を答えよ。

問3 下線部(b)の略称を，アルファベットで答えよ。

96 戦後の外交

文章・語句選択 共通テスト・私大対策

戦後の外交について，次のⅠ・Ⅱの文章を読んで，あとの設問に答えよ。

Ⅰ 朝鮮戦争が起きると，日本と連合国との講和問題が話しあわれるようになった。日本の国内ではソ連・中国との講和を含む(あ)運動が起きた。しかし，第3次吉田茂内閣は，資本主義諸国中心の(い)を選択した。1951年9月，(a)サンフランシスコ講和会議が開かれ，日本は48カ国とのあいだにサンフランシスコ平和条約を結んだ。条約は，翌年4月に発効し，日本は主権を回復した。さらに，平和条約と同じ日に(う)に調印した。また，この条約に基づいて，1952年(え)が結ばれた。しかし，独立後も，沖縄・小笠原・奄美の各諸島は，アメリカの施政権のもとで統治された。その後，鳩山一郎内閣は，それまでのアメリカにかたよった外交に対して，日中・日ソ国交回復をめざした。国際情勢の変化のなかで，1956年に(お)に調印してソ連との国交を回復した。その結果，第二次世界大戦以来の日本とソ連との戦争状態は終わった。また，これに伴って同年末には(か)への加盟が認められた。

Ⅱ 1957年に成立した［ A ］内閣は再軍備強化に取り組み，復活した経済力を背景に「日米新時代」を唱え，日米の相互協力体制の強化をめざした。そして，1960年に(き)を調印した。全国的な反対運動が盛りあがるなかで条約が国会で承認されると，内閣は総辞職した。その後に登場した［ B ］内閣は，先進国として世界経済に加わることをめざし，貿易の自由化につとめた。日本は1964年には(b)国際通貨基金8条国に移行し，(く)にも加盟して国際的な資本の取引も自由化した。続いて［ C ］内閣になると，1965年に(け)を結んで大韓民国と国交を開いた。さらに，1972年には(こ)の日本復帰が実現した。

問1 （ あ ）～（ こ ）に入る適語を，それぞれに対応する語群から１つずつ選び番号で答えよ。

（ あ ） ① 単独講和 ② 全面講和 ③ 非同盟 ④ 護憲
（ い ） ① 単独講和 ② 全面講和 ③ 非同盟 ④ 護憲
（ う ） ① 日米修好通商条約 ② 日米新通商航海条約 ③ 日米安全保障条約 ④ 日米相互協力及び安全保障条約
（ え ） ① 日米行政協定 ② MSA 協定 ③ ヤルタ協定 ④ 石井・ランシング協定
（ お ） ① 日ソ基本条約 ② 日ソ中立条約 ③ 日ソ共同宣言 ④ 日ソ平和条約
（ か ） ① 国際連盟 ② 国際連合 ③ 経済協力開発機構 ④ 先進国首脳会議
（ き ） ① 相互安全保障法 ② 日米安全保障条約 ③ 日米行政協定 ④ 日米相互協力及び安全保障条約
（ く ） ① 国際連盟 ② 国際連合 ③ 経済協力開発機構 ④ 先進国首脳会議
（ け ） ① 日朝修好条規 ② 日韓議定書 ③ 日韓協約 ④ 日韓基本条約
（ こ ） ① 沖縄 ② 奄美 ③ 小笠原 ④ 北方領土

問2 下線部(a)について**誤った説明**はどれか，次のうちから１つ選び番号で答えよ。

① ソ連やポーランドは講和会議に出席したが，平和条約には調印しなかった。
② 中華人民共和国は講和会議に招かれず，日本は1952年に同国と日華平和条約を結んだ。
③ インドは講和会議に招かれたが参加せず，日本はインドと1952年に平和条約を結んだ。
④ サンフランシスコ平和条約で日本は朝鮮の独立を認め，台湾・南樺太・千島列島を放棄した。

問3 ［ A ］～［ C ］に首相の氏名を入れよ。

問4 下線部(b)について正しい説明は次のどれか。次のなかから１つ選び番号で答えよ。

① １ドル＝360円の単一為替レートに設定された。
② 国際収支を理由に為替管理を行えなくなった。
③ 日本は，金本位制に復帰した。
④ 日本は，これによって深刻な不況におそわれた。

97 戦後の社会・経済

年表 語句選択 私大対策

次のⅠ～Ⅴの文章について，あとの設問に答えよ。

Ⅰ 日米安保条約改定をめぐる政治闘争の直後に成立した（ あ ）内閣は，国民に「寛容と忍耐」を訴えるとともに，「国民所得倍増計画」を決定し，高度経済成長政策を推し進めた。

問1 （ あ ）に入る人名を，次のうちから１つ選び番号で答えよ。

① 石橋湛山 ② 佐藤栄作 ③ 鳩山一郎 ④ 池田勇人 ⑤ 岸信介

Ⅱ　来日したドッジは，歳入にみあった超均衡予算の作成を政府に求めるとともに，１ドル＝360円の単一為替レートを設定した。また，税制についても(a)別のアメリカ使節団の勧告を受け，大幅な改革が実施された。

問2　下線部(a)は何と呼ばれるか。次のうちから１つ選び番号で答えよ。

①　マーシャル・プラン　②　シャウプ勧告　③　ベヴァリッジ報告
④　プライス勧告　⑤　ハル・ノート

Ⅲ　(b)アメリカの介入する戦争は泥沼化して大国アメリカの財政と経済を圧迫し，ドル危機が深まるなかで，金とドルの交換停止が一方的に発表された。この年，為替の固定相場制は揺らいでドルの切り下げが決まり，日本経済を不安におとしいれた。

問3　下線部(b)はどこでの戦争か。次のうちから１つ選び番号で答えよ。

①　キューバ　②　中東　③　ボスニア　④　ペルシア湾岸　⑤　ベトナム

Ⅳ　GHQ から五大改革指令を受けて（　い　）が制定された。この法律は，新憲法の姿がまだ国民にはみえていない時期に，労働者の団結権・団体交渉権・争議権を明文化しており，社会の変革を促進することになった。

問4　（　い　）に入る法律名を，次のうちから１つ選び番号で答えよ。

①　工場法　②　労働基準法　③　労働組合法
④　労働関係調整法　⑤　職業安定法

Ⅴ　日本の(c)GATT 加盟が認められた翌年，経済企画庁の発表した『経済白書』は「もはや戦後ではない」と述べ，復興ではなく，技術革新・近代化による経済成長を唱えた。また，この頃家庭用に普及し始めた耐久消費財は，「三種の神器」と呼ばれるようになった。

問5　下線部(c)とともに，当時の世界的な開放経済体制を支えた機構名を，次のうちから１つ選び番号で答えよ。

①　ILO　②　EEC　③　WTO　④　UNCTAD　⑤　IMF

問6　Ⅴの時期の好景気は何と呼ばれるか。次のうちから１つ選び番号で答えよ。

①　岩戸景気　②　神武景気　③　オリンピック景気　④　特需景気
⑤　いざなぎ景気

問7　Ⅰ～Ⅴの文章のうち，次の「戦後社会経済史年表」中のＡ～Ｇの時期のいずれかにあてはまる文章を４つ選び，どの文章がどの時期に対応するか，次の例にならって記号で答えよ。（例：Ⅰ→Ａ）

戦後社会経済史年表

1945年　ポツダム宣言受諾。	1962年　新産業都市建設促進法公布。
1946年　第二次農地改革始まる。	1964年　東海道新幹線開通。
1947年＝A	1965年　名神高速道路全通。
1948年　GHQ，経済安定九原則を指令。	1967年＝E
1949年＝B	1970年　日本万国博覧会開幕。
1950年　朝鮮戦争勃発。	1971年＝F
1952年　対日平和条約発効。	1973年　第一次石油危機(ショック)。
1953年　NHKのテレビ本放送始まる。	1975年　第一回先進国首脳会議に参加。
1956年＝C	1976年　ロッキード事件で元首相逮捕。
1958年　インスタント・ラーメンが発売される。	1979年＝G
1960年＝D	1980年　自動車生産台数で世界第一位となる。

98 冷戦とサンフランシスコ講和会議

記述　語句選択　共通テスト・私大対策

次の文章を読んで，あとの設問に答えよ。

ヨーロッパでは1949年に資本主義国のドイツ連邦(西ドイツ)と社会主義国のドイツ民主共和国(東ドイツ)が成立し，アジアでは1948年に朝鮮半島で北に朝鮮民主主義人民共和国(北朝鮮)と南に大韓民国(韓国)が成立し，翌49年には，中国で(　あ　)に率いられた中国共産党が中華人民共和国を建国した。1950年６月には，北朝鮮軍が北緯38度線を突破して韓国に侵入し，朝鮮戦争が始まった。こうした国際情勢の変化に伴って，アメリカの政策も変化した。アメリカは，朝鮮戦争が進行するなかで，日本をアジアにおける共産主義に対する防壁にすることをめざした。それゆえ，平和条約を結んで日本を独立した西側陣営の一員とすることを急いだ。アメリカの外交顧問(　い　)らは，対日講和からソ連・中国などを除外し，講和後もアメリカ軍を日本に駐留させることなどを条件に講和の準備を進めた。この(　い　)の案は単独講和論と呼ばれた。日本国内では，ソ連・中国を含む連合国すべてとの講和を何としても求めるべきだとの[　A　]論が，日本共産党や日本社会党，総評，さらには東京大学総長(　う　)らの知識人によって主張され，単独講和反対運動が展開された。そのなかで，第３次吉田内閣は，経済復興の実現を最優先して多数の国との早期の講和を進めるとの方針をとった。1951年９月，日本と連合国51カ国が参加してサンフランシスコ講和会議が開かれ，日本と48カ国とのあいだにサンフランシスコ平和条約が調印された。(　え　)・ポーランド・チェコスロバキアは講和会議には出席したが調印せず，(　お　)・ビルマ・ユーゴスラヴィアは講和会議に招かれたが出席しなかった。中国については，中華人民共和国，中華民国(台湾)の両方とも招かれなかった。

この平和条約は，翌52年４月に発効し，約７年間に及んだ占領が終わり，日本の主権は回復した。また，この条約では，日本の交戦国に対する賠償責任をいちじるしく軽減したが，領土については，きびしい制限を加え，朝鮮の独立，(　か　)の放棄が定められ，沖縄・奄美はアメリカの施政権下におかれた。また，平和条約の調印と同時に，日本の安全保障のための方策としてアメリカ軍の日本駐留を継続させるため，日本は[　B　]に調印した。そして，この安全保障条約に基づいて翌52年２月には(　き　)が締結され，日本は駐留軍に基地を提供し，駐留費用を分担することになった。

多数国との講和が達成されても，日本はまだまだ国際社会の完全な一員とはみなされなかった。戦後の国際秩序を形成したさまざまな国際的枠組みに参加することが課題となったのである。経済の復興こそが戦後最大の目標であると考えた当時の日本の政権にとっては，国際的経済組織への復帰は必要不可欠とみられた。しかし，GATT への加盟交渉にみられるように，国際社会への復帰はなかなか容易ではなかった。さらに，より多くの日本人にとって象徴的にもっとも重要だと考えられたのは，(a)国際連合への加盟であった。これもまたただちには実現せず，紆余曲折があった。

問1　空欄(　あ　)にあてはまる人名を，次のうちから１つ選び番号で答えよ。
　①　蔣介石　②　金日成　③　毛沢東　④　孫文

問2　空欄(　い　)にあてはまる人名を，次のうちから１つ選び番号で答えよ。
　①　シャウプ　②　ドッジ　③　マーシャル　④　ダレス

問3　空欄(　う　)にあてはまる人名を，次のうちから１つ選び番号で答えよ。
　①　南原繁　②　西田幾多郎　③　滝川幸辰　④　北一輝

問4　空欄(　え　)にあてはまる国名を，次のうちから１つ選び番号で答えよ。
　①　イギリス　②　ハンガリー　③　ソ連　④　東ドイツ

問5　空欄(　お　)にあてはまる国名を，次のうちから１つ選び番号で答えよ。
　①　インド　②　フィリピン　③　バングラデシュ　④　タイ

問6　空欄(　か　)に**ふさわしくないもの**を，次のうちから１つ選び番号で答えよ。
　①　台湾　②　南樺太　③　千島列島　④　小笠原諸島

問7　空欄(　き　)にあてはまるものを，次のうちから１つ選び番号で答えよ。
　①　MSA 協定　②　日米行政協定　③　PKO 協力法　④　日米安全保障共同宣言

問8　[　A　]にあてはまる語を漢字４字で答えよ。

問9　[　B　]にあてはまる語を漢字８字で答えよ。

問10　下線部(a)についての国連加盟よりも前にあった出来事はどれか。次のうちから１つ選び番号で答えよ。
　①　日韓基本条約調印　②　日本の OECD 加盟
　③　日ソ共同宣言調印　④　日中共同声明調印

99　戦後の文化

写真　語句選択　共通テスト対策

次の写真とその説明文を読み，あとの設問に答えよ。

A

戦争から解放された日本の大衆のあいだには，国から統制されていた時代とは打ってかわって明るくのびやかな歌謡や映画が人気を博した。なかでも映画では，（　あ　）監督，三船敏郎主演で芥川龍之介原作の作品「（　い　）」がイタリアのヴェネツィア国際映画祭でグランプリを受賞した。左の写真は，その１シーンである。この受賞は，日本の映画界のみならず，日本人に明るい希望を持たせるものであった。

問1　（　あ　）と（　い　）にあてはまる語句の組合せで正しいものはどれか。次のうちから１つ選び番号で答えよ。

①　あ　黒澤明　　い　西鶴一代女
②　あ　溝口健二　い　羅生門
③　あ　黒澤明　　い　羅生門
④　あ　溝口健二　い　西鶴一代女

問2　この時期の大衆娯楽としての映画・歌謡曲・ラジオ放送について説明した文として**誤っているもの**はどれか。次のうちから１つ選び番号で答えよ。

①　石坂洋二郎の小説「青い山脈」が今井正監督で映画化され，同名の主題歌とともにヒットした。
②　映画「そよかぜ」は，主演の並木路子の歌う挿入歌「リンゴの唄」で終戦直後の人々に明るさと希望を与えた。
③　日本放送協会のラジオ放送は，復活した東京六大学野球の中継で人気を博した。
④　宝塚少女歌劇が創設され，戦後を代表する大衆娯楽に成長した。

問3　近代日本の映画・演劇の歴史について述べた文章Ⅰ・Ⅱ・Ⅲを正しい時代順に並べたものはどれか。次のうちから１つ選び番号で答えよ。

Ⅰ　円谷英二監督による映画「ゴジラ」が大ヒットした。
Ⅱ　松井須磨子の劇中歌の「カチューシャの唄」が大流行した。
Ⅲ　浅草で活動写真の常設館ができた。

①　Ⅰ・Ⅱ・Ⅲ　②　Ⅰ・Ⅲ・Ⅱ　③　Ⅱ・Ⅰ・Ⅲ
④　Ⅱ・Ⅲ・Ⅰ　⑤　Ⅲ・Ⅰ・Ⅱ　⑥　Ⅲ・Ⅱ・Ⅰ

B

左の写真は，理論物理学者の（　う　）である。彼は，1949年，日本人で初めてノーベル賞を受賞した。彼の受賞は，占領下にあって自信を失っていた日本人に希望を与えるものであった。その後，彼に続く受賞者はしばらく現れず，日本人２人目は，高度経済成長期の1965年に受賞した理論物理学者の（　え　）であった。その後，物理学のみならず化学賞，文学賞，医学生理学賞など多岐にわたって受賞者が出ている。

問4　（　う　）（　え　）にあてはまる語句の組合せで正しいものはどれか。次のうちから１つ選び番号で答えよ。

①　う　朝永振一郎　　え　江崎玲於奈
②　う　福井謙一　　え　田中耕一
③　う　湯川秀樹　　え　朝永振一郎
④　う　山中伸弥　　え　南部陽一郎

問5　戦後の日本の学術界について，**誤っている説明**はどれか。次のうちから１つ選び番号で答えよ。

①　理化学研究所が創設され，特許や発明を工業化した。
②　あらゆる分野の科学者を代表する組織として日本学術会議が設立された。
③　社会科学では，政治学の丸山真男，経済史学の大塚久雄が大学生や知識人に大きな影響を与えた。
④　考古学では，相沢忠洋が岩宿を発見し，旧石器時代研究を大きく前進させた。

問6　近代日本の学問の歴史について述べた文章Ⅰ・Ⅱ・Ⅲを正しい時代順に並べたものはどれか。次のうちから１つ選び番号で答えよ。

Ⅰ　北里柴三郎がペスト菌を発見した。
Ⅱ　柳田国男が「遠野物語」を書いた。
Ⅲ　法隆寺金堂の焼損を機に文化財保護法ができた。

①　Ⅰ・Ⅱ・Ⅲ　②　Ⅰ・Ⅲ・Ⅱ　③　Ⅱ・Ⅰ・Ⅲ
④　Ⅱ・Ⅲ・Ⅰ　⑤　Ⅲ・Ⅰ・Ⅱ　⑥　Ⅲ・Ⅱ・Ⅰ

C

スポーツ界では，水泳の（　お　）が自由形でつぎつぎと世界記録を塗りかえ，「フジヤマのトビウオ」と世界から絶賛された。左の写真は，彼の競泳中の写真である。テレビ放送が始まると，プロレスが人気を集め，大相撲出身の（　か　）の試合中継には，街頭テレビに大勢の人が詰めかけた。

問7　（　お　）と（　か　）にあてはまる語句の組合せで正しいものはどれか。次のうちから1つ選び番号で答えよ。

①　お　古橋広之進　　か　長嶋茂雄
②　お　力道山　　　　か　古橋広之進
③　お　力道山　　　　か　大鵬
④　お　古橋広之進　　か　力道山

問8　戦後のスポーツ界の説明として正しいものはどれか。次のうちから1つ選び番号で答えよ。

①　ベルリンオリンピックで前畑秀子が日本人女性初の金メダリストになった。
②　大相撲の横綱，プロ野球のスター選手が活躍するテレビ実況中継が人気を集めた。
③　新聞社主催の全国中等学校優勝野球大会が行われるようになった。
④　欧米のスポーツが外国人教師らによって導入され，正岡子規らが野球に熱中した。

問9　近代日本のスポーツ・芸能・娯楽の歴史について述べた文章Ⅰ・Ⅱ・Ⅲを正しい時代順に並べたものは次のどれか。次のうちから1つ選び番号で答えよ。

Ⅰ　東京オリンピックでは，東洋の魔女といわれた女子バレーボールが活躍した。
Ⅱ　三井呉服店が三越呉服店と改称し，百貨店が誕生した。
Ⅲ　阪神電鉄が甲子園球場を建設した。

①　Ⅰ・Ⅱ・Ⅲ　　②　Ⅰ・Ⅲ・Ⅱ　　③　Ⅱ・Ⅰ・Ⅲ
④　Ⅱ・Ⅲ・Ⅰ　　⑤　Ⅲ・Ⅰ・Ⅱ　　⑥　Ⅲ・Ⅱ・Ⅰ

D

終戦直後の都会の人々には，生活必需品や食料を手に入れるために，自分の大切な衣類や時計などと物々交換しようと近郊の農村に（　き　）に行く光景がみられた。また，各都市の焼け跡や駅前の広場には，正規の流通経路を通らず売り買いする（　く　）が出現し，飢えをしのいだ。

問10　（　き　）と（　く　）にあてはまる語句の組合せで正しいものはどれか。次のうちから1つ選び番号で答えよ。

①　き　闇市　　　く　買出し
②　き　農作業　　く　楽市
③　き　買出し　　く　闇市
④　き　買出し　　く　楽市

問11　戦後占領期の庶民の生活の説明として正しいものはどれか。次のうちから1つ選び番号で答えよ。

①　戦費を調達用の国債が乱発されて，インフレーションが進行し，生活が圧迫された。
②　学校給食が再開され，アメリカの援助で脱脂粉乳が使われた。
③　金属回収運動が行われ，一般家庭から鍋・釜が供出された。

④　電気洗濯機が登場し，主婦たちは「たらいと洗濯板」から解放された。

問12　近代日本の庶民の生活の歴史について述べた文章Ⅰ・Ⅱ・Ⅲを正しい時代順に並べたものはどれか。次のうちから１つ選び番号で答えよ。

Ⅰ　文化住宅と呼ばれる電気・ガス・水道を備えた１戸建ての住宅が建てられた。

Ⅱ　スーパーマーケットが登場し，流通革命が起こった。

Ⅲ　男性には散髪が奨励され，洋服が公式の服となった。

①　Ⅰ・Ⅱ・Ⅲ　　②　Ⅰ・Ⅲ・Ⅱ　　③　Ⅱ・Ⅰ・Ⅲ

④　Ⅱ・Ⅲ・Ⅰ　　⑤　Ⅲ・Ⅰ・Ⅱ　　⑥　Ⅲ・Ⅱ・Ⅰ

100　高度成長期の政治と経済

文章・語句選択　共通テスト・私大対策

高度経済成長期の政治と経済について，次の文章を読み，あとの設問に答えよ。

1950年代後半の日本経済は，景気が急上昇し，「（　あ　）景気」と呼ばれる好況となった。1956年の『経済白書』には「［　A　］」という言葉が記された。1960年，保守・革新のはげしい政治的対立のあとに登場した池田勇人内閣は，「寛容と忍耐」をスローガンに「所得倍増論」を掲げて，経済生活の改善を政策の中心にすえた。1959年からの大型景気は42カ月持続し，（　い　）景気と呼ばれた。また，池田内閣は貿易の自由化につとめた。日本は1964年には（　う　）８条国に移行し，経済協力開発機構（OECD）にも加盟して，国際的な資本の取引も自由化した。政府はまた，農業経営の近代化と自立を目標に1961年（　え　）を制定した。

次の佐藤栄作内閣の1966～70年には空前の好景気が訪れ，（　お　）景気と呼ばれた。こうした高度経済成長は，(a)技術革新を始めとするさまざまな要因に支えられた。そして，経済成長の結果，産業構造の高度化や重化学工業が進展した。そして，(b)三種の（　か　）といわれる家電製品の普及を始めとする消費革命が進み，大量生産に基づく大量消費社会が生まれた。国民の所得水準が上昇し，交通が発達し，都市型生活様式が広がった。

しかし，一方で重化学工業の急速な発展や，大都市の過密化によって都市問題や公害・環境破壊が深刻化した。工場から吐(は)き出される煤煙による大気汚染や，工場の汚染物質の垂れ流しによる海や川の水質汚濁は公害病の原因となった。そのため，1960年代には，公害に反対する住民運動があいついで起こり，熊本県の（　き　），富山県の（　く　）などの四大公害訴訟があった。こうした住民運動や公害訴訟が広がるなかで，1967年（　け　）が制定され，1971年には，（　こ　）が設置された。ところが，(c)1973年に変動為替相場制に移行し，第４次中東戦争による石油危機が起きると，1974年，経済成長率が戦後初のマイナスになり，高度経済成長時代は終わった。

問1　空欄（　あ　）～（　こ　）にあてはまる語句はどれか。次のうちから１つ選び番号で答えよ。

①　いざなぎ　　②　神武　　③　岩戸　　④　神器　　⑤　産業基本法

⑥　農業基本法　　⑦　公害対策基本法　　⑧　四日市ぜんそく　　⑨　水俣病

⑩　イタイイタイ病　　⑪　環境庁　　⑫　環境省　　⑬　環境基本法

⑭　関税及び貿易に関する一般協定（GATT）　　⑮　国際通貨基金（IMF）

問2　空欄［　A　］にあてはまる言葉を答えなさい。

問3　下線部(a)の要因について**誤っているもの**を，次のうちから1つ選び番号で答えよ。

①　保守政権の軽武装政策によって防衛費が抑制された。

②　ペルシア湾沿岸の安価な石油が輸入された。

③　1ドル＝360円の為替レートで現在より円高だったため安く原料を輸入できた。

④　教育水準の高い若い労働力が多く，生産性・品質の向上が徹底的に追及された。

問4　下線部(b)について**誤っているもの**を，次のうちから1つ選び番号で答えよ。

①　食生活の合理化が進み，インスタント食品やレトルト食品が普及した。

②　株価と地価が異常に急騰し，全国の至るところで地上げがみられた。

③　自分は，社会のなかの中流に位置しているという意識が人々のあいだに広がった。

④　大都市の郊外には，夫婦とその子どもによる核家族の住む高層アパートがつくられた。

問5　下線部(c)の時期の説明について正しいものを，次のうちから1つ選び番号で答えよ。

①　砂糖やマッチなど国民生活の必需品のほとんどが，配給量を割りあてられる配給制となった。

②　人々は，食料や生活必需品を求めて，闇市や買出しに殺到した。

③　都市では，電気・ガス・水道・市内電車・円タクが普及し，洋食が人気を集めた。

④　狂乱物価と物不足に苦しみ，消費者はトイレットペーパーなどの買いだめに走った。

問6　左記の問題文から読み取れることとして考えられるのはどれか。次のうちから1つ選び番号で答えよ。

①　1950年代後半から始まった日本の高度経済成長は，約20年間続き，農業・工業を始めとする産業に大きな変化をもたらした。その結果，社会のあり方も大きく変容するとともに社会問題も深刻化した。

②　池田勇人内閣は，国際社会に依存しない経済発展を意図して，産業のさまざまな分野の自立と内需拡大をめざした。

③　佐藤栄作内閣は，前内閣までのはげしい政治的対立を避けて，内需拡大につとめたので，重化学工業の発展による経済大国を実現した。

④　高度経済成長は，変動為替相場制と石油危機という内政上の重大課題に直面して終焉を迎えた。

101　戦後の安全保障問題

文章・語句選択　共通テスト対策

次の文章を読み，あとの設問に答えよ。

第二次世界大戦中から国際連盟にかわる国際平和機構が連合国で検討され，1945年6月に採択された国際連合憲章に基づいて，同年10月に正式に(a)国際連合が発足した。

一方，日本は連合国に占領され，日本の主権の及ぶ範囲は北海道・本州・四国・九州と付属の諸小島に限定された。(b)日本統治の権力は，東京に置かれた連合国軍最高司令官総司令部(GHQ)にあり，日本政府はGHQの命令に従属させられた。

大戦後，東欧にソ連型の社会主義陣営が生まれ，アメリカを中心とする資本主義陣営(西側)とソ連を中心とする社会主義陣営(東側)の二大陣営のあいだで「冷たい戦争」(冷戦)と呼ばれる対立が広がった。東アジアでは，1948年，朝鮮半島のソ連軍占領地域に朝鮮民主主義人民共和国(北朝鮮)，アメリカ軍占領地域に大韓民国(韓国)が建国された。翌1949年には，中国に中華人民共和国が成立し，冷戦はアジアにも波及した。

1950年6月，北朝鮮軍が朝鮮半島の武力統一をめざして韓国に侵攻し，朝鮮戦争が始まった。アメリカ軍が国連軍として朝鮮半島に出動したので，GHQは日本の治安維持に必要だとして警察予備隊を創設させた。

朝鮮戦争の勃発によって，アメリカは対日講和を急ぎ，1951年，48カ国とのあいだにサンフランシスコ平和条約を結んだ。条約は，翌1952年に発効し，日本は独立国として主権を回復した。また，(c)日米安全保障条約(安保条約)が同時に調印された。そして，この安保条約に基づいて翌1952年に日米行政協定が結ばれた。警察予備隊は，1954年に保安隊に改められ，1954年には自衛隊に再編された。

1957年に成立した岸信介内閣は，憲法改正と再軍備を唱え，対等な日米関係をめざして日米安全保障条約の改定交渉を進めた。これに対し，日本が戦争に巻き込まれる危険が増大するという批判が起こった。しかし，岸内閣はひき続き在日米軍基地の設置を認めるとともに，(d)日米相互協力及び安全保障条約(新安保条約)に調印した。

1964年に成立した佐藤栄作内閣は，アメリカのアジア政策に協力し，1965年，(e)大韓民国の朴正熙政権と日韓基本条約を結んで国交を樹立した。佐藤首相は，1969年のアメリカのニクソン大統領との会談で沖縄の返還を約束させ，(f)1971年，沖縄返還協定が調印された。翌年，沖縄は日本に復帰した。また，この間，新安保条約が1970年に固定期限を終了したが，条約の規定に基づいて自動延長された。

1970年代末から1980年代にかけて国際的な新保守主義(新自由主義)の流れが強まるなかで，1982年に登場した(g)中曽根康弘内閣は，アメリカの安全保障体制への同調を強めた。1989年，米ソ首脳がマルタ島で会談し，冷戦の終結を宣言し，1991年，ソ連が解体すると，米ソ対立を軸とした東西冷戦の時代は終わり，アメリカは唯一の軍事大国となった。アメリカは，ソ連崩壊後も強大な軍事力を維持し，日本に対しては経済大国としての防衛負担を一層強く求めた。

1990年，イラクがクウェートに侵攻し，翌年アメリカを中心とする多国籍軍がイラクへの武力行使(湾岸戦争)に踏み切ると，日本に国際貢献を要求する国際的圧力が強くなり，(h)日本は多国籍軍を支援した。さらに国際貢献を求められた日本は，1992年にはPKO協力法を成立させ，カンボジアに陸上自衛隊を派遣した。1996年，橋本龍太郎内閣が成立すると，橋本内閣は冷戦終結後の日米安保体制の見直しを進め，同年日米安保共同宣言が発表された。これに基づいて，1997年には，日米間で「周辺事態」の際の「日米防衛協力のための指針」(新ガイドライン)が策定され，1999年に周辺事態法が成立した。

問1　下線部(a)の説明について正しいものを，次のうちから1つ選び番号で答えよ。

① 国際連合には，安全保障理事会が設けられ，国際紛争を解決するために武力行使の権限が与えられた。

② 国際連合の中心的機関である安全保障理事会には，世界平和の維持と発展のために敗戦国のドイツ・イタリア・日本も参加していた。

③ 国際連合の中心的機関である安全保障理事会の常任理事国は，アメリカ・イギリス・ソ連の3カ国であった。

④ 国際連合の提唱者は，アメリカのウィルソン大統領であった。

問2　下線部(b)の沖縄・小笠原を除く日本の統治の方法として正しいものを，次のうちから1

つ選び番号で答えよ。

① 直接統治　② 間接統治　③ 共同統治　④ 軍政

問３　下線部(c)の説明について正しいものを，次のうちから１つ選び番号で答えよ。

① この条約でアメリカは日本に対する防衛義務を負うことになった。

② この条約の破棄にはアメリカの承認が必要であった。

③ この条約で在日米軍に無償で基地を提供することが決められた。

④ この条約の期限は10年であった。

問４　下線部(d)の説明について正しいものを，次のうちから１つ選び番号で答えよ。

① この条約で在日米軍が日本国内の内乱鎮圧に出動できるようになった。

② この条約で在日米軍の極東での軍事行動に事前協議制が定められた。

③ この条約は，衆参両議院の議決を経て批准された。

④ この条約の反対運動は安保改定阻止国民会議として組織されたが，国民の共感は得られず盛りあがらなかった。

問５　下線部(e)について**誤っているもの**を，次のうちから１つ選び番号で答えよ。

① この条約で1910年以前の日韓の諸条約の無効が確認された。

② この条約で大韓民国政府を「朝鮮にある唯一の合法的な政府」と認めた。

③ この条約に付随した協定で，韓国の対日賠償請求権が確認された。

④ この条約に付随した協定で，日本は韓国に資金供与を行うことが定められた。

問６　下線部(f)について**誤っているもの**を，次のうちから１つ選び番号で答えよ。

① アメリカ軍基地は，復帰後もそのまま存続した。

② 復帰後は，基地反対運動はなくなった。

③ 復帰後の基地のあり方は，核兵器を置かずに基地を使用する「核抜き本土並み」といわれた。

④ 沖縄返還交渉のなかで佐藤内閣は，非核三原則を明確にした。

問７　下線部(g)の説明について正しいものを，次のうちから１つ選び番号で答えよ。

① 中曽根内閣は，防衛費の対 GNP 比１％枠の突破をはかった。

② 中曽根内閣は，アメリカと MSA 協定を結び，防衛力強化の義務を負った。

③ 中曽根内閣は，防衛庁を防衛省に改編して防衛力増強をはかった。

④ 中曽根内閣は，首相談話で過去の植民地支配と侵略への反省を表明した。

問８　下線部(h)の説明について正しいものを，次のうちから１つ選び番号で答えよ。

① 日本は，湾岸戦争において陸上自衛隊を派遣し，多国籍軍を軍事支援した。

② 日本は，湾岸戦争後，海上自衛隊の掃海艇をペルシャ湾に派遣し，機雷を除去した。

③ 日本は，湾岸戦争において多国籍軍の戦費の負担をする財政的余裕がなかった。

④ 日本は，湾岸戦争をきっかけに自衛隊の多国籍軍への参加を恒常化させた。

問９　第二次世界大戦終結後から約15年間の日本の安全保障問題について，上記の文章から読み取れることは何か。次のうちから１つ選び番号で答えよ。

① 日本は，第二次世界大戦終結後，連合国に占領され，以後西側陣営として非武装を貫き，自衛力も持たなかった。

② 資本主義陣営（西側）と社会主義陣営（東側）の二大陣営のあいだの「冷たい戦争」を背景にして，日本は自衛力を増強していった。

③　第二次世界大戦中は，連合国として協調していた資本主義陣営（西側）と社会主義陣営（東側）は，連合国による日本占領を機に対立していった。

④　朝鮮半島におけるアメリカ軍占領地域であった韓国が，朝鮮半島の武力統一をめざして国連軍を結成したのを契機に，日本はアメリカと日米安保条約を結んだ。

問10　1960年代から2000年にかけての約40年間の日本の安全保障問題について，問題文の文章から読み取れることは何か。次のうちから１つ選び番号で答えよ。

①　日韓の国交樹立や沖縄返還など，日本の対外関係が大きくかわり，日本はアメリカとの同盟を必要としなくなった。

②　東西冷戦の時代が終焉し，アメリカを中心とする国際秩序が成立した。そのため自衛隊は，日本の自衛力を必要としなくなり，縮小されていった。

③　ソ連崩壊後，中東ではイラクが勢力を増し，旧ソ連をしのいで中東全体を支配しようとしたのに対し，日本はアメリカに協力して自衛隊を派兵するためにPKO協力法を定めた。

④　東西冷戦の終結に伴って，新しい国際秩序と日米関係のもと，日本に自衛隊の海外派遣を求める諸外国の声が強くなった。

102　冷戦の終了と経済大国日本の課題

語句選択　私大対策

次の文章を読み，あとの設問に答えよ。

1985年にソ連共産党書記長になったゴルバチョフは，（　あ　）と呼ばれる国内体制の立て直しに着手し，欧米諸国との関係改善にも積極的に取り組んだ。その結果，1989年には（　い　）でのブッシュ・ゴルバチョフの米ソ首脳会談で冷戦終結を共同宣言するに至った。ソ連での改革の動きは，1980年代末期から東欧諸国に影響を与え，民主化を求める市民の運動が高まった。そして，1989年には，東西冷戦の象徴であったベルリンの壁が崩壊し，翌年には東西ドイツの統一が実現した。1991年には，独立国家共同体（CIS）を創設し，ソ連邦が解体し，東西冷戦は完全に終結となった。

冷戦終結後，米ソの影響力が薄れ，特に東側で独立要求を封じ込められてきた地域において民族単位の分解・独立化が起こり，各地で複雑な背景をもった紛争が多発した。中東では，1990年にイラクがクウェートに侵攻すると，(a)<u>翌91年，国連決議を背景にアメリカ軍を中心とする多国籍軍がイラクに派遣され，武力制裁を加えた</u>。アメリカに「国際貢献」をせまられた日本は，この戦争に対して多額の戦費を負担した。しかし，戦費負担という貢献は国際社会で認められず，日本国内で「国際貢献」のあり方が議論となり，政府は，戦争後のペルシア湾へ機雷除去のため，自衛隊の掃海艇部隊を派遣した。一方，地域紛争に対して，国連平和維持活動（PKO）で対応する動きが国際的に強まり，（　う　）内閣の時に，国連平和維持活動協力法（PKO協力法）が成立した。これによって，PKOへの自衛隊の海外派遣が可能となった。PKO協力法が成立した1992年に，（　え　）の停戦維持と選挙実施のために，自衛隊が海外派遣された。こうした「国際貢献」という名目による自衛隊の海外派遣には，アジア諸国の国民から根強い批判があり，国内でも自衛隊の海外派遣の違憲性について論争が起こった。

冷戦終結を背景に，従来の保守と革新の対立はあいまいとなり，国際協力のあり方をめぐる対立が激しくなるなか，1989年の竹下登内閣のリクルート事件をはじめとする一連の汚職事件による政治不信から政界再編成をめざす動きが強まった。1993年，衆議院総選挙での自民党の大敗北の結果，自民党と共産党を除く８党派が衆議院の議席の過半数を制し，日本新党の(　お　)を首相とする８党派の連立政権が誕生した。この内閣のもとで，小選挙区比例代表並立制を中心とする選挙制度改革が実現した。その後，羽田孜内閣が短命に終わると，1994年６月，これまで保守対革新として対立してきた自民党と社会党が提携し，これに新党さきがけが加わって社会党の[　A　]を首相とする政権が誕生した。社会党は，安保条約や自衛隊を容認するなど自民党の政策と基本的に一致させ，従来の路線を大幅に変更し，いわゆる(b)保守合同以来の体制は，ここに名実共に崩壊した。1996年に成立した橋本龍太郎内閣は，日米安保体制の見直しを進め，日米安保共同宣言が発表された。これにより，安保体制は「日本周辺有事」の際のアメリカ軍と自衛隊の共同対処という性格を強めた。

一方，1990年代に入って，日本は株価や地価が暴落し，(　か　)経済が崩壊して，長期の不況に落ち込んだ。大量の不良債権をかかえて金融機関の経営が悪化し，金融不安が生じ，これが実体経済の不況に波及し，国内の設備投資が落ち込んだ。日本企業は，リストラの名のもとに人員削減などの競争力強化策を大規模に進める一方，工場を東アジアなどに移し，国内産業の空洞化が進んだ。長期不況で失業率が急上昇する状況のなかで，日本の伝統的な雇用形態のあり方が変化し，派遣労働者が増大した。

一方，1988年の(　き　)の輸入自由化(91年実施)に続き，1993年に政府はGATT・ウルグアイラウンドで農産物完全自由化に合意した。1994年には，GATTが終了し，95年に世界貿易機関(WTO)が結成され，経済の国際協力が進んだが，日本は貿易立国として市場のグローバル化へ対応しながら，農業を保護して食料自給率を確保することをめぐって苦しむこととなった。

問1　文中の(　あ　)にあてはまる語句を，次のうちから１つ選び番号で答えよ。
①　グラスノスチ　②　ドイモイ　③　ペレストロイカ　④　ビロード革命

問2　文中の(　い　)にあてはまる語句を，次のうちから１つ選び番号で答えよ。
①　マルタ　②　ヤルタ　③　ポーツマス　④　カイロ

問3　下線部(a)の戦争を何と呼ぶか。次のうちから１つ選び番号で答えよ。
①　イラク戦争　②　イラン・イラク戦争　③　湾岸戦争　④　中東戦争

問4　文中の(　う　)にあてはまる語句を，次のうちから１つ選び番号で答えよ。
①　海部俊樹　②　宮沢喜一　③　中曽根康弘　④　小渕恵三

問5　文中の(　え　)にあてはまる語句を，次のうちから１つ選び番号で答えよ。
①　モザンビーク　②　コンゴ民主共和国　③　ゴラン高原　④　カンボジア

問6　文中の(　お　)にあてはまる語句を，次のうちから１つ選び番号で答えよ。
①　細川護熙　②　河野洋平　③　武村正義　④　鳩山一郎

問7　文中の[　A　]にあてはまる人名を答えよ。

問8　下線部(b)は，何と呼ばれている体制か。

問9　文中の(　か　)にあてはまる語句を，次のうちから１つ選び番号で答えよ。
①　いざなぎ　②　岩戸　③　バブル　④　プラザ

問10　文中の(　き　)にあてはまる語句を，次のうちから１つ選び番号で答えよ。
①　自動車　②　牛肉・オレンジ　③　米　④　繊維

テーマ史

103 日中関係史

史料　記述　語句選択　共通テスト・私大対策

日中関係史にかかわる，あるいはそれに触れた次のⅠ～Ⅶの史料を読み，あとの設問に答えよ。

Ⅰ　(a)臣，去る寛平五年に備中介に任ず。かの国の下道郡に邇磨郷あり。ここにかの国の風土記を見るに，(　あ　)天皇の六年に，大唐の将軍蘇定方，(　い　)の軍を率ゐ百済を伐つ。……天皇筑紫に行幸して将に救兵を出さむとす。……従ひ行きて路に下道郡に宿す。……試みに此の郷の軍士を徴す。即ち勝兵〔優れた兵〕二万人を得たり。天皇大いに悦びて，この邑を名づけて二万郷と曰ふ。……去る延喜十一年，……邇磨郷の戸口今幾何ぞと問ふに〔藤原〕公利答へて曰く，一人も有ることなしと。

Ⅱ　〔推古天皇十六年〕九月辛巳，唐客(　う　)罷り帰る。則ち復た(　え　)臣を以て大使とし……遣はす。……是の時に唐国に遣はせる学生は，倭漢直福因，奈羅訳語恵明，(b)高向漢人玄理……ら并せて八人なり。

Ⅲ　……ここになんじ(　お　)源道義，心を王室に存し，君を愛するの誠を懐き，波濤を踰越し，使を遣はして来朝し，(c)逋流の人を帰し〔返還し〕，宝刀・駿馬・甲冑・紙硯を貢し，副ふるに良金をもってせり。朕これを嘉す〔喜ぶ〕。

Ⅳ　順帝の昇明二年，使を遣はして表を上りて曰く，「封国は偏遠にして藩を外に作す。昔より祖禰躬ら甲冑を擐き，山川を跋渉して，寧処に遑あらず。……」と。詔して(　か　)を使持節都督倭・新羅・任那・加羅・秦韓・慕韓六国諸軍事安東大将軍倭王に除す。

Ⅴ　……我国は隣国の開明を待て共に亜細亜を興すの猶予ある可からず。寧ろ其伍を脱して西洋の(　き　)と進退を共にし，其支那朝鮮に接するの法も，隣国なるが故にとて特別の会釈に及ばず，正に西洋人が之に接するの風に従て処分す可きのみ。……(d)我れは心に於て亜細亜東方の悪友を謝絶するものなり。

Ⅵ　第一号……　第一条　支那国政府は，(　く　)国政府が(　け　)に関し条約其他に依り支那国に対して有する一切の権利利益譲与等の処分に付，日本国政府が(　く　)国政府と協定すべき一切の事項を承認すべきことを約す。

Ⅶ　一，吾等(e)合衆国大統領，(f)中華民国政府主席及グレート・ブリテン国総理大臣は，吾等の数億の国民を代表し協議の上，日本国に対し今次の戦争を終結するの機会を与ふることに意見一致せり。

問1　空欄(　あ　)(　い　)に入るべき天皇名・国名の組合せとして正しいものを，次のうちから1つ選び番号で答えよ。

①　あ－斉明　い－新羅　　②　あ－元明　い－新羅

③　あ－斉明　い－高句麗　　④　あ－元明　い－高句麗

問2　下線部(a)はこの文書(醍醐天皇への意見書)を書いた人物であるが，正しいものを，次のうちから1つ選び番号で答えよ。

①　紀貫之　　②　菅原道真　　③　大江広元　　④　三善清行

問3　空欄(　う　)(　え　)に入る人名の組合せとして正しいものを，次のうちから1つ選び番号で答えよ。

①　う－裴世清　え－犬上御田鍬　　②　う－王仁　え－犬上御田鍬

③　う－裴世清　え－小野妹子　　④　う－王仁　え－小野妹子

問4　下線部(b)の人物は大陸に繰り返し派遣され，最後は唐で客死した。この人物が乙巳の変後に任じられた，政府顧問にあたる要職を何というか。漢字で答えよ。

問5　Ⅲの史料の出典を『(さ)』とした場合，(お)(さ)に入る語の正しい組合せを，次のうちから1つ選び番号で答えよ。

①　お－日本国将軍　さ－元亨釈書(げんこうしゃくしょ)　②　お－日本国王　さ－善隣国宝記(ぜんりんこくほうき)

③　お－日本国将軍　さ－善隣国宝記　④　お－日本国王　さ－元亨釈書

問6　下線部(c)ともっとも関連の深い事項を，次のうちから1つ選び番号で答えよ。

①　元寇　②　日宋貿易　③　倭寇　④　琉球貿易

問7　Ⅳの史料中の「昇明」の年号を使った王朝名を(し)とした場合，(か)(し)に入る人名・国名の組合せとして正しいものを，次のうちから1つ選び番号で答えよ。

①　か－帥升　し－後漢　②　か－武　し－宋

③　か－帥升　し－宋　④　か－武　し－後漢

問8　上記Ⅰ・Ⅱ・Ⅲ・Ⅳの史料が書かれた4つの年代のうち，政治の中心が京都にあった年代をすべてあげよ。解答はⅠ～Ⅳの記号で答えよ。

問9　Ⅴの史料は1885年の新聞論説である。下線部(d)の人物を(す)とした場合，(き)(す)に入る語・人名の組合せとして正しいものを，次のうちから1つ選び番号で答えよ。

①　き－文明国　す－徳富蘇峰　②　き－民主国　す－福沢諭吉

③　き－文明国　す－福沢諭吉　④　き－民主国　す－徳富蘇峰

問10　(く)(け)に入る地名の組合せとして正しいものを，次のうちから1つ選び番号で答えよ。

①　く－ロシア　け－南満州　②　く－ドイツ　け－南満州

③　く－ロシア　け－山東省　④　く－ドイツ　け－山東省

問11　Ⅵを承認した中国の大総統は袁世凱であったが，この時の日本の首相を，次のうちから1つ選び番号で答えよ。

①　桂太郎　②　寺内正毅　③　大隈重信　④　山県有朋

問12　Ⅶは「ポツダム宣言」の一節である。下線部(e)・(f)に該当する人名の組合せとして正しいものを，次のうちから1つ選び番号で答えよ。

①　(e)－トルーマン　(f)－蔣介石　②　(e)－F・ローズヴェルト　(f)－毛沢東

③　(e)－トルーマン　(f)－毛沢東　④　(e)－F・ローズヴェルト　(f)－蔣介石

104 沖縄の歴史

記述　文章選択　共通テスト・私大対策

次のⅠ～Ⅴの文章を読み，あとの設問に答えよ。

Ⅰ　沖縄では12世紀になると，各地に按司と呼ばれる地方豪族が現れ，グスク(城)をつくった。14世紀になると政治統合が進み，北山・中山・南山の三山の分立抗争時代を迎え，1368年に中国で明王朝が成立すると，三山の王たちはそれぞれ朝貢の使節を送った。ついで中山王の[　A　]は北山・南山を倒し，(a)琉球王国を建てて都を首里に置き，沖縄を統一した。

Ⅱ　琉球王国は中国と宗属関係にあって，朝貢貿易を行っていたが，1609年に[　B　]氏の侵略を受け，これ以後両属する形となった。[　B　]氏はこうした琉球の立場を利用して中国との貿易を行わせて利益をあげるとともに，(b)産物の砂糖の上納を強制させるなどのきびしい負担をかけた。

Ⅲ　明治政府は，権力を中央に集めて国家の統一を強めるため，1871年に(c)廃藩置県を行った。琉球王国も統合しようとしたが，清の反対にあった。そこで，政府は1872年に琉球藩を置き，琉球が日本の領土であることを清に示した。さらに琉球からの漂流民が台湾の住民に殺害されたことを理由にして台湾に出兵し，琉球が日本の領土であることを清に認めさせようとした。次いで1879年，政府は軍隊を琉球に送り，琉球藩を廃止して沖縄県を置いた。これを［　C　］という。

Ⅳ　(d)明治政府のとる旧慣温存策に対して，宮古島では農民たちが人頭税の廃止を求める運動を起こした。本島でも，県知事が村落共有林を有力士族に払い下げることに反対する運動が起こった。農科大学を卒業し県の役人になった［　D　］は，県知事のやり方に抗議，ついに辞職して県政の改革や参政権を獲得する運動の先頭に立った。沖縄には1909年にようやく県会議員の選挙が行われ，1912年，本土より大幅に遅れて衆議院議員の選挙が実施された。

Ⅴ　第二次世界大戦後，沖縄はアメリカの軍政下に置かれ，冷戦体制下においては「太平洋の要石」と位置づけられて，強制的な土地の取り上げ，基地化が進められた。1960年，沖縄県祖国復帰協議会が結成され，同年のアイゼンハワー大統領の沖縄訪問の際，復帰デモが行われた。1971年6月に調印された［　E　］によって，沖縄は日本に復帰したが，巨大な基地はほとんどそのまま残るなど，(e)現在もなお，沖縄に大きな課題を残している。

問1　空欄［　A　］～［　E　］に適語を入れよ。

問2　下線部(a)の頃の琉球貿易に関する記述として**誤っているもの**を，次のうちから１つ選び番号で答えよ。

①　明は海禁政策をとり中国人の海外渡航を禁止したため，東アジア海域に琉球船の自由な中継貿易の活躍舞台が開けていた。

②　琉球商人は中国・安南・シャム・日本・朝鮮などと広く交易し，那覇には諸国の船が集まり賑わった。

③　琉球は中国へ入貢するとともに，日本へも朝貢を行い，日中両属の形となっていた。

④　琉球は中国へは南方産の香料や日本の刀剣を献上し，中国からは陶器や銅銭などを得ていた。

問3　下線部(b)について，この政策は天保期の藩政改革でもとられた。天保期の藩政改革として**誤っているもの**を，次のうちから１つ選び番号で答えよ。

①　長州藩では，村田清風が登用され，藩債の整理を行い，越荷方を置いて財政再建にあたった。

②　秋田藩では，藩主である佐竹義和が倹約を実施し，新田開発や国産品の奨励を行った。

③　佐賀藩では，鍋島直正が主導して均田制を実施し，反射炉をつくるなどして軍制改革を行った。

④　水戸藩では，徳川斉昭の主導で改革が行われ，藤田東湖・会沢安らが活躍した。

問4　下線部(c)に関する記述として**誤っているもの**を，次のうちから１つ選び番号で答えよ。

①　薩摩・長州・土佐３藩から兵を集めて親兵とし，その軍事力を背景に行われた。

②　全国の知藩事が罷免され，中央から府知事・県令が派遣された。

③ 木戸孝允や大久保利通ら藩閥出身者が中心となって行われた。

④ 中央政府の集権化は徹底せず，徴税や軍事の権限は各府県に残された。

問5 下線部(d)に関する記述として**誤っているもの**を，次のうちから１つ選び番号で答えよ。

① 旧慣とは，具体的には土地制度・租税制度・地方制度のことをいう。

② 言語や風俗を日本本土と同一にするという同化政策のことである。

③ 強引に行った廃藩置県に対する旧支配層の反発を避けるために行われた。

④ 沖縄の近代化を大きく立ち遅れさせる要因となった。

問6 下線部(e)に関する記述として**誤っているもの**を，次のうちから１つ選び番号で答えよ。

① 1996年に普天間基地の返還が日米間で合意され，翌年より基地の県外への移設計画が進行していった。

② リゾート開発や公共事業による海への赤土流出が，自然環境破壊を引き起こしてきた。

③ 米兵による事件があいつぎ，県民による日米地位協定の見直しを求める声が高まってきた。

④ 本土より高い失業率を解消するためには，基地に頼らない産業の育成や雇用の確保が不可欠である。

105 蝦夷地・北海道の歴史

地図　記述　語句選択　共通テスト・私大対策

次の各文章を読み，地図をみて，あとの設問に答えよ。

Ⅰ 本州以南が弥生時代に入っても，水稲農耕に適しない北海道では(a)狩猟・漁労・採取生活が続いた。その後，オホーツク文化などが流入したが，いずれも狩猟・漁労に基礎を置く文化である。

14世紀には畿内と津軽の十三湊とを結ぶ日本海交易が行われていたが，やがて本州から蝦夷ケ島に渡った人々は，その南部の海岸に港や館を中心とした居住地をつくり，アイヌとの交易を行った。彼らは和人と呼ばれ，しだいに居住地を拡大した。和人の進出に圧迫されたアイヌは1457年，大首長［　A　］中心に反乱を起こし，ほとんどの和人居住地を攻め落とした。わずかに持ちこたえた上之国の領主（　あ　）氏により反乱は鎮圧された。（　あ　）氏は，江戸時代には（　い　）と名乗り，蝦夷地を支配する大名として認められるようになった。

問1 空欄［　A　］に適当な人名を入れよ。

問2 空欄（　あ　）（　い　）に入る人名の組合せとして正しいものを，次のうちから１つ選び番号で答えよ。

① あ－蠣崎　い－安藤　　② あ－蠣崎　い－松前

③ あ－安部　い－安藤　　④ あ－安部　い－松前

問3 下線部(a)について，紀元前３世紀頃から紀元後６世紀頃にかけて展開した文化と，７世紀頃から展開した文化の組合せとして正しいものを，次のうちから１つ選び番号で答えよ。

① 貝塚文化→擦文文化　　② 続縄文文化→グスク文化

③ 続縄文文化→擦文文化　　④ 貝塚文化→グスク文化

Ⅱ 1604年，（　い　）氏は将軍徳川家康からアイヌとの交易独占権を保障された。氏は(b)アイヌとの交易対象地域を知行として与えることで，家臣との主従関係を結んだ。しかし，家臣が略奪交易をするなどアイヌに対する苛酷な収奪が横行したため，1669年，総首長［　B　］を中心として，石狩地方を除く全蝦夷地のアイヌがいっせいに蜂起し，多くの和人を殺害し，商船をおそった。幕府は津軽藩の軍隊をも用いてこの反乱を鎮圧した。以後，アイヌは(　い　)藩に全面的に服従させられた。一方，享保・元文期頃までには，多くのアイヌ漁猟区域は(c)和人商人が請け負う制度となり，アイヌたちは和人商人に使われる立場となった。さらに近世後期にはロシア人の来航が頻繁になり，幕府は蝦夷地を直轄にするとともに(d)近藤重蔵や間宮林蔵を蝦夷地の探検に派遣した。幕府の直轄支配後は，蝦夷地への和人の流入が増えたうえ，幕府が和風化を強制したため，アイヌ社会とアイヌ文化は衰退させられていった。

問4　空欄［　B　］に適当な人名を入れよ。

問5　下線部(b)・(c)をそれぞれ何というか，答えよ。

問6　下線部(d)のうち，間宮林蔵の探検経路を，上の地図から１つ選び番号で答えよ。

Ⅲ　明治政府が発足すると，それまでの蝦夷地は北海道と改められ，札幌(初めは東京)に［　C　］を置いて開発に乗り出した。政府はアメリカの農政家ケプロンや札幌農学校の教頭となった教育家［　D　］を招くとともに，士族授産の一環として士族らに北海道への移住を奨励し，［　E　］制度を実施していった。このためアイヌの人々はその生活が脅かされ，(e)和人への同化強要と民族的差別を受けた。

問7　空欄［　C　］・［　D　］・［　E　］に適語を入れよ。

問8　下線部(e)について述べた文として**誤っているもの**を，次のうちから１つ選び番号で答えよ。

①　学校においては和人の児童とは分離され，アイヌ語を禁じて日本語を強要していった。
②　大規模な農場の建設に伴い，アイヌの人々は生活の場である森林を失っていった。
③　農耕が奨励され鹿猟や鮭漁が制限されたため，アイヌの人々の生活は困窮していった。
④　1899年にアイヌ文化振興法が制定されたが，アイヌの生活や文化は破壊から守られなかった。

106 貨幣の歴史

写真　記述　文章・語句選択　共通テスト・私大対策

次の写真をみて，文章を読み，あとの設問に答えよ。

1 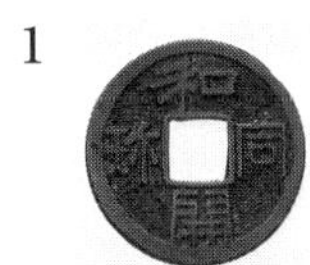

2 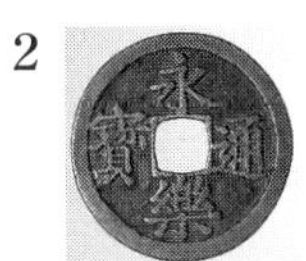

3 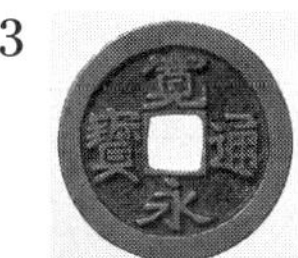

4 

写真1は，708年に，唐の銭貨にならって(a)政府が鋳造した銭貨である。天武天皇の頃に鋳造された（　あ　）に続けて発行されたもので，この後も銅銭の鋳造が続き，10世紀半ばの（　い　）まで合計12種類の銅銭が鋳造された。

写真2は，室町時代に中国から輸入された貨幣である。平安末期以降，売買の手段として，米や絹のなどの現物のほか，中国から輸入された（　う　）が多く用いられるようになっていた。室町時代になると，貨幣は，従来の（　う　）とともに，この写真の銭貨のように新たに貿易で流入した（　え　）が使用された。需要の増大とともに粗悪な私鋳銭も流通するようになると，［　A　］が行われたりして，流通が混乱した。そのため幕府・戦国大名などは，［　A　］令をしばしば発布して，悪銭と良銭の混入比率を決めたり，一定の粗悪な貨幣の流通を禁止するかわりに，それ以外の貨幣の流通を強制したりして，商業取引の円滑化をはかった。

写真3は，江戸時代に［　B　］で鋳造された銅銭である。江戸幕府は，金座・銀座・［　B　］を設けて三貨を統一貨幣として発行し，全国に流通させた。金座は，江戸と京都に置かれ，(b)小判・（　お　）などの計数貨幣が鋳造された。また銀座はまず伏見・駿府に置かれ，のちに京都・江戸に移され，丁銀や（　か　）などの秤量貨幣を鋳造した。［　B　］は，寛永期に江戸と近江坂本につくられ，のちに全国各地に設けられた。こうして，17世紀の中頃までに三貨は全国に普及し，商品流通の飛躍的な発展を支えた。

写真4は，1899年に発行された紙幣である。明治時代の貨幣制度の歴史をふり返ると，明治政府は，1871年に（　き　）を公布して，円・銭・厘を単位とする十進法を採用し，新硬貨をつくった。しかし，実際には，開港場では銀貨が，国内では紙幣が主として用いられた。また，1872年には，新たな政府紙幣を発行して紙幣の統一を進めたが，これは不換紙幣だった。そこで政府は，民間の資本で金貨と交換できる兌換銀行券を発行させようと，（　く　）を中心に国立銀行条例を定め，1873～74年に第一国立銀行など4行を設立させたが，その経営は困難で，兌換制度を確立することはできなかった。

1881年，（　け　）が大蔵卿に就任すると，デフレ政策をとりながら正貨の蓄積を進め，1882年，中央銀行として日本銀行を創立した。日本銀行は1885年から日本銀行券を発行した。これにより近代的な貨幣制度が整うことになった。

1897年には政府は（　こ　）を制定し，貨幣価値の安定と貿易の振興を行った。

問1　空欄（　あ　）（　い　）にあてはまる語句を，次のうちから1つずつ選び番号で答えよ。

①　乾元大宝　　②　延喜通宝　　③　富本銭　　④　天保通宝

問2　下線部(a)の説明について**誤っているもの**を，次のうちから1つ選び番号で答えよ。

①　この銭貨は，都の造営に雇われた人々への支給銭などに利用された。

②　畿内とその周辺地域以外では，この銭貨よりも稲や麻布などが貨幣の役割を果たした。

③　畿内ではこの銭貨の普及で貨幣経済が発達し，貨幣で税を納める者も現れた。

④ 政府は，この銭貨の流通を促進するために蓄銭叙位令を発行した。

問3 空欄（ う ）（ え ）にあてはまる語句を，次のうちから1つずつ選び番号で答えよ。

① 唐銭 ② 宋銭 ③ 明銭 ④ 清銭

問4 空欄［ A ］に適語を入れよ。

問5 空欄（ お ）（ か ）にあてはまる語句を，次のうちから1つずつ選び番号で答えよ。

① 豆板銀 ② 南鐐二朱銀 ③ 一分金 ④ 一文銭

問6 空欄［ B ］に適語を入れよ。

問7 下線部(b)に関連して述べた文として正しいものを，次のうちから1つ選び番号で答えよ。

① 江戸幕府は，慶長小判を改鋳して，金の含有量を減らした元禄小判を鋳造した。

② 江戸幕府は，正徳小判を改鋳して，金の含有量を増やした文政小判を鋳造した。

③ 江戸幕府は，万延小判を鋳造して，金の海外からの流入増大を防ごうとした。

④ 江戸幕府は，金の海外流出を防ぐために元禄小判を改鋳して，正徳小判を鋳造した。

問8 空欄（ き ）～（ こ ）にあてはまる語句を，次のうちから1つずつ選び番号で答えよ。

① 貨幣法 ② 銀行法 ③ 新貨条例 ④ 金融緊急措置令 ⑤ 松方正義

⑥ 大隈重信 ⑦ 渋沢栄一 ⑧ 井上準之助

問9 この写真4の紙幣について述べた文として正しいものを，次のうちから1つ選び番号で答えよ。

① 1897年の貨幣法により，この紙幣が発行され，銀兌換制度が確立した。

② 1897年の貨幣法により，この紙幣が発行され，日本における金本位制が確立した。

③ 1897年の貨幣法により，この紙幣が発行され，金融恐慌による銀行の取り付け騒ぎを鎮めた。

④ 1897年の貨幣法により，この紙幣が発行され，日本は管理通貨制度に移行した。

107 農業の歴史

図 記述 文章・語句選択 共通テスト・私大対策

次のⅠ～Ⅲの文章を読み，あとの設問に答えよ。

Ⅰ 鎌倉時代中期以降になると，農業生産は耕地の拡大にかわって，一定面積の土地で多収穫をめざす集約化の方向へと進んだ。鉄製農具の使用や［ A ］を利用した農耕がしだいに広まり，また，刈敷や［ B ］などが肥料として用いられるようになった。畿内や西日本一帯では，麦を裏作とする［ C ］も広がりをみせた。

Ⅱ 室町時代になると，(a)農業生産は一層進歩・発展するようになった。稲の品種が改良され，早稲・中稲・［ D ］の作付けも広がり，鉄製農具の使用や［ A ］の利用がさらに普及するようになり，肥料としては，刈敷・［ B ］のほか［ E ］も使われるようになった。多角化も進み，手工業原料の苧（からむし）・（ あ ）・藍・茶などのほか，都市近郊では，野菜類の栽培も広まった。

Ⅲ 江戸時代に入ってからは，畿内の進んだ農業が伝わったこともあって，農業技術の進歩はいちじるしかった。農業用具では，深耕用の(b)備中鍬が普及し，脱穀用には，効率のよい［ F ］が使用され，また選別具としては，(c)唐箕（とうみ）や(d)千石簁（せんごくどおし）などが考案された。肥料でも従来からの自給肥料のほか，収益性の高い商品作物の栽培には，九十九里浜などで産する［ G ］や油粕などの購入肥料（金肥）が利用されるようになった。

問1　空欄[　A　]〜[　G　]に適語を入れよ。

問2　下線部(a)に関して，室町時代の農業について述べた文として正しいものを，次のうちから1つ選び番号で答えよ。

① 中国より伝わった新しい品種の大唐米も，この時代には，西日本を始めとする各地に普及した。

② 揚水のための竜骨車は，鎌倉時代に日本に伝えられたが，この時代には日本各地に広まった。

③ 京都など都市近郊では，瓜・なす・じゃがいもなどの野菜類や嗜好品の煙草などが栽培された。

④ この時代の中期，宮崎安貞により『農業全書』がまとめられたが，これは先進的技術の普及に大きく寄与した。

問3　空欄(　あ　)に入る語句として**誤っているもの**を，次のうちから1つ選び番号で答えよ。

① 漆　② 木綿　③ 楮(こうぞ)　④ 桑　⑤ 荏胡麻

問4　下線部(b)，(c)，(d)の農業用具を次の図のなかから選び，それぞれ番号で答えよ。

①

②
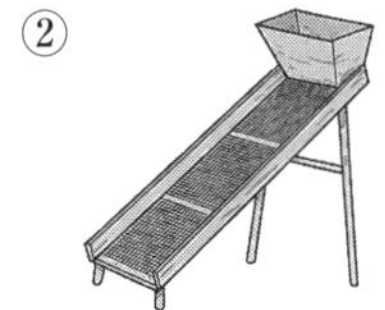

③
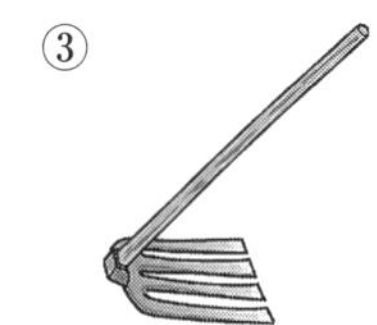

④
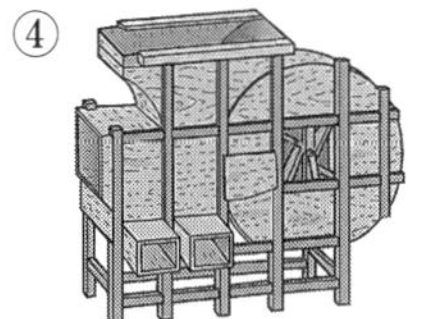

⑤

108 交通の歴史

文章・語句選択　共通テスト・私大対策

次の文章を読み，あとの設問に答えよ。

東京と京都・大阪を結ぶ東海道には現在，ＪＲ(a)東海道本線を始め(b)東海道新幹線，国道1号線，東名・名神高速道路が通じ，もっとも交通量の多い区間である。東海道は，その道筋には時期的変遷はあったものの，起源は古く律令体制の時代にさかのぼる。それは，646年の改新の詔以後，律令体制の成立とともに整備されていった7つの(c)主要幹線道路(七道)の1つであった。これらの道路は奈良時代には，30里（約16km）ごとに(d)駅家が置かれ，役人の公用旅行や貢納のための物資輸送の道として利用された。しかし，平安時代に入ると，地方政治が乱れるにつれて律令体制下の施設も荒廃し，旅行中の事故が多発していったようである。その様子は，『今昔物語集』・『宇治拾遺物語』などの物語や日記・紀行文などからもうかがうことができる。(e)下総における任期を終えて帰京する父とともに旅行をした人物もほぼ東海道をたどったが，その日記には楽しさや珍しさよりも恐ろしさと難儀とがつづられている。

中世には大量に物資の輸送が可能な水上交通を中心に発達したが，(f)陸上交通もそれに伴って発達していった。源頼朝が(g)鎌倉を本拠地として権勢を高めると，東海道は京都と鎌倉を結ぶ幹線道路として重要視された。1185年，彼は駅路の制を定めて東海道に宿駅を設置し，上洛する使者などが利用できるようにした。しかし室町時代に入ると，幕府や守護大名たちは，各地に(h)関所を設けた。15世紀にはこれらはおびただしい数にのぼり，各地で交通障害を起こしたといわれる。そこで，戦国大名は陸上交通政策の最初に，関所を廃止して交通路の整備を行う必要があった。

近世の陸上交通は，豊臣政権による全国統一の過程で整備が始まり，江戸幕府のもとでは江戸を中心に各地の城下町を網目のように道路が伸びていた。なかでも東海道は江戸と大坂・京を結ぶもっとも重要な道筋として，中山道・[　A　]・奥州道中・日光道中とともに(i)五街道として幕府の直轄下に置かれ，17世紀半ばからは道中奉行によって管理された。これらの街道には宿駅が数多く置かれ，その宿駅には本陣や脇本陣，一般旅行者が利用する旅籠屋などが設けられた。

問1　下線部(a)・(b)の全通と同年の事項として正しいものを，次のうちから1つずつ選び番号で答えよ。

(a)　①　鉄道国有法の制定　　②　第1回帝国議会の開催
　　③　大日本帝国憲法の制定　　④　日英通商航海条約の締結

(b)　①　東京オリンピックの開催　　②　公害対策基本法の制定
　　③　自由民主党の結成　　④　国際連合へ加盟

問2　下線部(c)について，8～9世紀の東海道に属する国名として**誤っているもの**を，次のうちから1つ選び番号で答えよ。

①　甲斐　　②　相模　　③　三河　　④　近江

問3　下線部(d)を利用するための条件として，役人が所持していたものを答えよ。

問4　下線部(e)の人物名とその作品の組合せとして正しいものを，次のうちから1つ選び番号で答えよ。

①　紀貫之－『土佐日記』　　②　菅原孝標女－『更級日記』
③　阿仏尼－『十六夜日記』　　④　清少納言－『蜻蛉日記』

問5　下線部(f)にたずさわり，1428年の土一揆のきっかけをつくった運輸業者を何というか。

問6　下線部(g)の道路の普請にたずさわったとされる人物で，頼朝の信任を得て侍所所司となったが，頼朝の死後は有力御家人のはげしい非難をあびて失脚したのは誰か。次のうちから1つ選び番号で答えよ。

①　和田義盛　　②　梶原景時　　③　三浦泰村　　④　安達泰盛

問7　室町時代の下線部(h)が律令体制下や近世の関所と異なる点を簡単に説明せよ。

問8　空欄[　A　]に適語を入れよ。

問9　下線部(i)に関して，江戸時代の東海道について述べた文として正しいものを，次のうちから1つ選び番号で答えよ。

①　参勤交代などの際，すべての大名は通行量の多い東海道を避けて脇街道(脇往還)を利用した。

②　東海道に置かれた宿駅においては，公用の書状や荷物は馬背から降ろさず，そのまま通過した。

③　東海道の福島や箱根には通行手形を改める関所が置かれ，特に「入鉄砲に出女」をきび

しく取り締まった。

④　御用(公用)通行に用いる人馬は，伝馬役として宿駅の百姓や町人または近隣農村の百姓が負担した。

109 絵画史

写真・会話　記述　文章・語句選択　共通テスト・私大対策

兄のコレクションである切手をみながらの次の会話文を読み，あとの設問に答えよ。

ア

(切手趣味週間「宿木」1964年)

イ

(高松塚古墳保存基金切手「高松塚西壁女子像」1973年)

ウ

(切手趣味週間「彦根屏風」1976年)

エ

(切手趣味週間「湖畔」1967年)

オ

(近代美術シリーズ 横山大観「無我」1983年)

カ

(国宝シリーズ「神護寺・源頼朝像」1968年)

妹：切手には鳥や花の絵柄が多いと思っていたけどいろんな絵柄があるのね。教科書でみたことのある絵もたくさんあるね。

兄：そうだよ。日本史の教科書に載っているような絵画や彫刻を絵柄にしている切手がたくさんあるんだよ。まず，アなんかどうだい。これは，平安時代の代表的な文学作品である[　A　]を題材にした絵巻物からとったものだ。「引目鉤鼻」や「吹抜屋台」といったこの絵の特徴がよく出ているだろう。

妹：これが切手に使われている絵画でもっとも年代的に古いものなの？

兄：いや，1972年に発見され，劣化が問題になっているイの方が年代的には古いだろうな。[　B　]文化の絵画だからな。

妹：それより古いのはないの？

兄：法隆寺の玉虫厨子が絵柄になっているものがあって，(a)玉虫厨子に須弥座絵が描かれているが，これは絵画をメインにしたものではないな。

妹：法隆寺といえば金堂壁画が有名だけどその絵は切手に使われていないの？

兄：世界遺産シリーズのなかにあるよ。右の図がそれだよ。法隆寺は[　C　]と同じ年に世界文化遺産に登録されたからね。

(世界遺産シリーズ「法隆寺・金堂壁画」1995年)

妹：[　C　]は桃山文化を代表する城郭建築だね。桃山文化の絵画を使っている切手はないの？

兄：たとえば(　あ　)の「松林図屏風」が国宝シリーズのなかにあるよ。あと「唐獅子図屏風」などで有名な(　い　)の作品も使われているよ。

妹：江戸時代になったら風俗画が出てくるよね。

兄：ウは大老になった人がもっとも多い譜代大名家が持っている屏風だよ。この時代の服装や髪形を始め，人々のあいだにはやっていたものを知る資料にもなっている。

妹：江戸時代の風俗画なら何といっても浮世絵が有名だよね。

兄：浮世絵を絵柄にした切手もたくさんあるんだよ。一口に浮世絵といっても(b)時期によって技法の違いや題材に違いが出てくるんだよ。最初は肉筆で描かれていたのが版画になった。大量生産できることから安くなり庶民が買えるようになった。最初は墨一色で摺ったものや，そのうえに手で赤や緑で彩色したものだったが，（　う　）が（　え　）と呼ばれる多色刷の版画を創作し，浮世絵の黄金時代を迎えるんだ。

妹：開国後は外国へもたくさん流出して，ゴッホら外国の画家にも大きな影響を与えたよね。

兄：(c)明治になると政府は積極的に西洋の美術を学ばせ，日本の近代絵画が成立するんだ。エはフランスに留学し，帰国後，白馬会を結成した［　D　］の作品だよ。明治初期は，思想・教育その他についても西洋のものを重んじる傾向が強かったんだけど，それに対する反発というのが起こってくるんだ。その1つの例として，(d)明治20年代，狩野芳崖や（　お　）らが西洋美術を除外した（　か　）を設立したんだ。オは，その学校で学び，その後も日本画の発展に尽力した横山大観の作品だよ。

妹：鎌倉時代や室町時代の絵画を題材にしたものはないの？

兄：鎌倉時代は，前の平安末期に続いて大和絵がさかんに描かれたが，カのような（　き　）と呼ばれる肖像画や，源平の合戦や，高僧の伝記などをテーマにした絵巻物が数多く描かれた時代だった。室町時代の絵画では（　く　）の「秋冬山水図」が切手に採用されているよ。

妹：こうやって切手をみることで，日本の絵画の歴史を知ることができるんだね。

問1　空欄［　A　］～［　D　］に適語を入れよ。

問2　空欄（　あ　）（　い　）に入る人名の組合せとして正しいものを，次のうちから1つ選び番号で答えよ。

①　あ－長谷川等伯　い－狩野永徳　　②　あ－円山応挙　い－狩野探幽

③　あ－長谷川等伯　い－狩野探幽　　④　あ－円山応挙　い－狩野永徳

問3　下線部(a)が制作された時代の出来事について述べた文として正しいものを，次のうちから1つ選び番号で答えよ。

①　大王の支配強化に抵抗して，新羅と結んだ筑紫国造磐井が大規模な反乱を起こした。

②　女性天皇の推古天皇が即位し，蘇我馬子や厩戸王らが協力して国家組織の形成を進めた。

③　元正天皇は，百万町歩の開墾計画を立て，翌年には墾田永年私財法を施行した。

④　聖武天皇は，藤原広嗣の乱の翌年，大仏造立の詔を出した。

問4　下線部(b)について，下の浮世絵を古いものから年代順に並べたものとして正しいものを，次のうちから1つ選び番号で答えよ。

キ

（切手趣味週間「見返り美人」1991年）

ク

（切手趣味週間「市川鰕蔵の竹村定之進」1956年）

ケ

（第16回万国郵便大会議記念「文読み」1969年）

コ

（国際文通週間「富嶽三十六景・凱風快晴」1996年）

①　キ－コ－ケ－ク　　②　キ－ケ－ク－コ

③　ケ－キ－コ－ク　　④　ケ－コ－キ－ク

問5　空欄（　う　）（　え　）に入る人名・語句の組合せとして正しいものを，次のうちから1つ選び番号で答えよ。

①　う－喜多川歌麿　え－濃絵　　②　う－鈴木春信　え－濃絵

③　う－喜多川歌麿　え－錦絵　　④　う－鈴木春信　え－錦絵

問6　下線部(c)のために政府は工部美術学校を開いて外国人教師を雇い西洋美術を教授させた。その教師と弟子の組合せとして正しいものを，次のうちから1つ選び番号で答えよ。

①　ラグーザ－高橋由一　　②　コンドル－高村光雲

③　フォンタネージ－浅井忠　　④　フェノロサ－辰野金吾

問7　空欄（　お　）（　か　）に入る人名・語句の組合せとして正しいものを，次のうちから1つ選び番号で答えよ。

①　お－岡倉天心　か－東京美術学校　　②　お－岡倉天心　か－日本美術院

③　お－岸田劉生　か－東京美術学校　　④　お－岸田劉生　か－日本美術院

問8　下線部(d)の時期の出来事として正しいものを，次のうちから1つ選び番号で答えよ。

①　伊沢修二らが西洋音楽を専門に教授する東京音楽学校を設立した。

②　神仏分離令が出されたことから廃仏毀釈の嵐が吹き荒れた。

③　勤倹節約と皇室の尊重を国民に求める戊申詔書が出された。

④　坪内逍遙らの築地小劇場や小山内薫の自由劇場が西洋の近代劇を翻訳・上演した。

問9　空欄（　き　）（　く　）に入る語句・人名の組合せとして正しいものを，次のうちから1つ選び番号で答えよ。

①　き－頂相　く－住吉具慶　　②　き－頂相　く－雪舟

③　き－似絵　く－雪舟　　④　き－似絵　く－住吉具慶

110 行事・祭の歴史

文章・語句選択　共通テスト対策

次の各文章を読み，あとの設問に答えよ。

Ⅰ　縄文人は自然物や自然現象に霊威の存在を認め，(a)呪術によって災いを避け，豊かな収獲を祈った。農耕が始まると，収穫の祈りに加えて(b)収穫に感謝する祭がとり行われるようになり，さらに首長の出現とあいまってムラ・クニの祭へと変化していった。

Ⅱ　平安時代の政治はしだいに先例や儀式を重んじるようになり，宮廷では年中行事が発達した。貴族は，10～15歳で(c)成人の儀式をあげて成人として扱われ，その生活は運命や吉凶を気にかけ，(d)行動には吉凶に基づく多くの制約があった。

Ⅲ　鎌倉時代の貴族のあいだには，過ぎ去ったよき時代への懐古と尊重から(e)朝廷の儀式や先例を研究する学問や古典研究がさかんになった。この傾向は(f)室町時代になっても続いた。

Ⅳ　応仁の乱によって荒廃した京都を復興したのは，(g)富裕な商工業者であった。彼らは町法を定め，町組を組織し，月行事を選び町や町組を運営した。また(h)彼らにより祭も再興された。

Ⅴ　江戸時代後期，江戸を中心に都市文化が開花した。寺社は経営費や修繕費を獲得するため，(i)さまざまな行事を行って境内に人を集めた。このほか(j)年中行事や講などの集まりなどが，人々の娯楽となっていった。

問1　下線部(a)について，縄文人が生殖や収穫を祈る呪術に用いられたと考えられるものを，次のうちから１つ選び番号で答えよ。

①　土偶　　②　高杯　　③　埴輪　　④　勾玉　　⑤　銅鐸

問2　下線部(b)について，収穫に感謝する祭を，次のうちから１つ選び番号で答えよ。

①　盟神探湯（くかたち）　　②　祓　　③　新嘗祭　　④　太占　　⑤　禊

問3　下線部(c)について，男子の成人の儀式を，次のうちから１つ選び番号で答えよ。

①　白寿　　②　裳着　　③　授戒　　④　皆伝　　⑤　元服

問4　下線部(d)に関して述べた文として**誤っているもの**を，次のうちから１つ選び番号で答えよ。

①　1052年は仏法が衰える乱世である正法の初年とされ，人々は極楽往生を願った。

②　この時期は，阿弥陀仏にすがって極楽往生を願う浄土教がさかんになった。

③　物怪につかれた時などは，陰陽師の判断で物忌といって一定期間謹慎した。

④　凶方への外出を避け，吉方の家に一泊して目的地へ向かう方違がさかんに行われた。

問5　下線部(e)を何というか。次のうちから１つ選び番号で答えよ。

①　古今伝授　　②　有職故実　　③　陽明学　　④　国学　　⑤　風流

問6　下線部(f)について，15世紀に朝廷の年中行事や『源氏物語』を研究した人物を，次のうちから１つ選び番号で答えよ。

①　二条良基　　②　一条兼良　　③　九条兼実　　④　三条実美　　⑤　九条頼経

問7　下線部(g)のような階層は何と呼ばれたか。次のうちから１つ選び番号で答えよ。

①　おとな　　②　国衆　　③　町衆　　④　納屋衆　　⑤　沙汰人

問8　下線部(h)について，平安時代に始まり，この時期に再興された京都の町を母体とする祭を，次のうちから１つ選び番号で答えよ。

①　葵祭　　②　五山送り火　　③　時代祭　　④　祇園祭　　⑤　鞍馬火祭り

問9　下線部(i)について，寺社などが主催した賞金あて興行を何というか。次のうちから１つ選び番号で答えよ。

①　日待　　②　重陽　　③　開帳　　④　湯治　　⑤　富突

問10　下線部(j)について，旧暦７月15日に祖先の霊を祭る行事を何というか。次のうちから１つ選び番号で答えよ。

①　庚申講　　②　地蔵盆　　③　彼岸会　　④　盂蘭盆会　　⑤　虫送り

111　仏教史

文章選択　共通テスト・私大対策

日本の仏教の移り変わりに関する次の各文章を読み，あとの設問に答えよ。

Ⅰ　それまでの祈禱や学問中心の仏教は，内面的な信仰を重視しつつ庶民など広い階層を対象とする(a)新しい仏教へと変化し始めた。一方，新仏教の活動に刺激されて，旧仏教界にも(b)戒律を重んじて復興につとめる僧侶や，病人の治療や貧民の救済などの社会事業を行う僧侶も現れた。

Ⅱ　臨済宗は，武家社会の上層に広まっていたが，足利尊氏が(　あ　)に帰依して以来，幕府の保護のもとで栄えた。足利義満は，寺格の整備につとめ，南宋の官寺の制にならって(c)五山・十刹の制を確立した。

Ⅲ　空海が開いた[　A　]宗や，円仁・円珍によって密教化が進んだ天台宗では，貴族個人の現世利益のための加持祈禱がさかんに行われるようになった。現世利益を追求する信仰と並んで，極楽浄土への往生を求めることで現世の苦しみから逃れることを説く(d)浄土教が流行し始めた。

Ⅳ　政府は，(e)古代以来の神仏習合を禁じて神道を国教化する方針を打ち出した。そのために全国に[　B　]の嵐が吹き荒れ，寺院が壊され，仏像や経典が焼かれた。仏教は一時的に打撃を受けたが，西洋の自由信仰論をとり入れた(　い　)らの努力で立ち直っていった。

Ⅴ　幕府は(　う　)に命じて寺院法度を起草させ，すべての寺院は宗派ごとに本山の末寺に組み込むという本末制度を確立した。(f)寛文５年には宗派を超えた仏教寺院の僧侶全体を共通に統制するために諸宗寺院法度を出した。幕府は，すべての人々がいずれかの寺院の檀家になることを強制し，その証明を寺院に行わせた。その結果，寺は民衆支配の末端を担う機関となった。

Ⅵ　仏教は，国家に保護され，鎮護国家を使命としてますます栄えた。僧侶は国を守るための法会や祈禱を行うとともに，(g)京域やその周辺に建てられた大寺において，仏教理論の研究を進め，南都六宗と呼ばれる諸学派が形成された。当時，禁じられていた(h)民間布教を行い，社会事業に貢献する僧侶も現れた。政府は，大仏造立の際，この僧侶の協力を求めた。

Ⅶ　応仁の乱後，旧仏教や禅宗の五山派は，幕府の衰退によって，しだいに勢力がおとろえていった。これに対し，より自由な活動を求めて地方布教を志した(i)禅宗諸派(林下)や浄土真宗・日蓮宗は，地方武士・民衆の支持を受けて各地に広がった。

問1　空欄[　A　][　B　]に適語を入れよ。

問2　空欄(　あ　)～(　う　)に入る人名を，それぞれ１つずつ選び番号で答えよ。

①　無学祖元　②　井上円了　③　南光坊天海　④　島地黙雷
⑤　金地院崇伝　⑥　春屋妙葩(しゅんおくみょうは)　⑦　海老名弾正　⑧　夢窓疎石

問3　Ⅰ～Ⅶを古いものから時代順に並べた場合，２番目と５番目にくるものの組合せとして正しいものを，次のうちから１つ選び番号で答えよ。

①　Ⅱ・Ⅲ　②　Ⅳ・Ⅵ　③　Ⅶ・Ⅴ　④　Ⅰ・Ⅵ　⑤　Ⅲ・Ⅶ

問4　下線部(a)を形成した僧侶に関して述べた文として正しいものを，次のうちから１つ選び番号で答えよ。

①　悪人正機説を唱えた親鸞は，『歎異抄』を著し，戒律を犯した人々を救済した。
②　専修念仏を説いた法然は，九条兼実の求めにより『選択本願念仏集』を著した。
③　臨済禅を伝えた日蓮は，『立正安国論』を著し，禅による護国の必要を説いた。
④　只管打坐を説いた道元は，宋から蘭溪道隆を招き，支配層のあいだに禅を広めた。

問5　下線部(b)に関して述べた文として**誤っているもの**を，次のうちから１つ選び番号で答えよ。

①　法相宗の貞慶は，「興福寺奏状」を起草して，朝廷に戒律の復興を訴えた。
②　華厳宗の明恵(高弁)は，『摧邪輪』を著して，法然の念仏を理論的に批判した。
③　天台宗の最澄は，『顕戒論』を著して，大乗戒壇の設立を朝廷に訴えた。
④　律宗の俊芿は，律や禅を学んで京都に泉涌寺を開き，戒律の復興に努力した。

問6　下線部(c)に関して述べた文として**誤っているもの**を，次のうちから１つ選び番号で答えよ。

① 五山の寺院はいずれも臨済宗の寺院であり，五山の上には南禅寺が置かれた。

② 京都五山の第三位に位置づけられた建長寺の開山は，栄西である。

③ 幕府は，相国寺に僧録司を置いて官寺を管理し，住職の任命権も握っていた。

④ 五山文学で名高い義堂周信・絶海中津らは，義満の政治・外交顧問でもあった。

問7 下線部(d)の頃の出来事について述べた文として正しいものを，次のうちから１つ選び番号で答えよ。

① 御霊信仰がさかんになるなか，町衆によって祇園会が再興された。

② 末法の世に入るといわれる年に，都では保元の乱，平治の乱があいついで起こった。

③ 養和の大飢饉が起こるなか，天然痘が流行し，藤原四家の当主があいついで病死した。

④ 京の市中で空也が念仏行脚を行い，源信が『往生要集』を著して念仏の方法を示した。

問8 下線部(e)は，国学者が唱えた神道の影響が濃厚である。その国学者の名と彼が唱えた神道の組合せとして正しいものを，次のうちから１つ選び番号で答えよ。

① 山崎闇斎－垂加神道　② 平田篤胤－復古神道

③ 荷田春満－唯一神道　④ 吉田兼倶－伊勢神道

問9 下線部(f)は４代将軍徳川家綱の時代であった。この時代の出来事について述べた文として正しいものを，次のうちから１つ選び番号で答えよ。

① 家綱は，仏教の教えをもとに，生類憐みの令を出した。

② 浅間山の大噴火や凶作があいつぎ，江戸では，初めて打ちこわしが起こった。

③ 幕府は，島原の乱を鎮圧し，その年，全国に寺請証文を作成させた。

④ 幕府は，黄檗宗を伝えた隠元が宇治に万福寺を開くことを許した。

問10 下線部(g)に関して述べた文として正しいものを，次のうちから１つ選び番号で答えよ。

① 総国分寺とされた東大寺には，鑑真によって戒壇が設けられた。

② 叡尊は，恵美押勝の乱の戦死者を供養するために，西大寺を開いた。

③ 藤原京にあった大官大寺が平城京に移されて，元興寺と称された。

④ 藤原不比等の私邸がのちに寺院となり，興福寺と称された。

問11 下線部(h)に該当する僧侶名と社会事業の例の組合せとして正しいものを，次のうちから１つ選び番号で答えよ。

① 玄昉(げんぼう)－百万塔陀羅尼(ひゃくまんとうだらに)奉納(ほうのう)　② 行基－布施屋設置

③ 曇徴－施薬院設置　④ 重源－満濃池開削

問12 下線部(i)について述べた文として正しいものを，次のうちから１つ選び番号で答えよ。

① 大徳寺の僧一休宗純が，紫衣勅許の無効に抗議して出羽に流された。

② 日蓮宗の僧と浄土宗の僧が幕府の命により討論を行い，日蓮宗側が勝利した。

③ 蓮如の指導によって，加賀の門徒が守護を倒し，以後８年間の自治を行った。

④ 日蓮宗(法華宗)徒と延暦寺衆徒が争い，日蓮宗(法華宗)徒が京都から追放された。

112 女性史

年表　文章・語句選択　共通テスト・私大対策

次の文章を読み，あとの設問に答えよ。

Ⅰ 私は，公武合体を願う兄の考えに従って，14代将軍の正室として江戸に下(くだ)りました。しかし，許婚であった親王との約束を破談にしての政略結婚は尊王攘夷論者から非難され，(a)この政策を進めた老中は水戸脱藩士らに襲われ負傷しました。

Ⅱ　鬼道に通じていた私は，王に立てられ，その能力で国を支配しました。私も，従来の王と同様に中国へ使者を派遣し，中国の皇帝から金印と銅鏡を賜り，(b)29の国の連合国の王として認めてもらいました。しかし，この連合国に属していない国もあり，㋐その国と争いになりました。

Ⅲ　幼くして父を殺された私の夫は，早世した兄の後をついで８代将軍となりました。(c)政治にあきた夫は将軍職を弟に譲ると約束しましたが，その直後，私は男児を出産しました。私は，自分の産んだ子を将軍に就けたいと願い，管領家でも家督をめぐる争いが起こるなか，ついに㋑諸大名たちが東西に分かれて争う大乱が起こりました。

Ⅳ　私の父である天皇は，疫病や戦乱が起こると，ひたすら仏に祈り，さらに都を転々と遷したことでも知られています。私の母は皇族ではなかったのですが，母の異母兄たちが強力に母の立后を進め，(d)それに反対する皇族を死に追いやりました。私も父のあとを継いで天皇になりました。私は受戒して皇位をしりぞきましたが，上皇である私は天皇と不和になり，その天皇の庇護者であった㋒いとこが私に背いて戦死した後，再び，皇位に就きました。

Ⅴ　私は，(e)平塚らいてうさんらとともに，女性の前にふさがる政治の壁を取り除くべく，奔走しました。その頃日本でも普通選挙の要求がさらに高まり，女性たちも「普選から婦選へ」を標語とする機運にありましたので，私はすぐに婦選運動を呼びかけましたが，実現はしませんでした。太平洋戦争が終わり，やっと女性にも参政権が認められるようになり，私も20年余り国会議員を続けました。

Ⅵ　私の夫のあとを継いだ息子たちはあいついで早世しました。(f)３代将軍となった息子が殺されたあとには，幕府は朝廷に皇族将軍を要請しましたが，貴族の幼い子どもを将軍として迎えることになりました。この混乱のなかで，上皇が私の(g)弟を追討する兵をあげ，㋓戦いになりました。

問１　下線部(a)にあてはまる人物を，次のうちから１つ選び番号で答えよ。

①　阿部正弘　②　水野忠邦　③　安藤信正　④　堀田正睦　⑤　井伊直弼

問２　下線部(b)について，この時与えられた王としての称号を，次のうちから１つ選び番号で答えよ。

①　漢委奴国王　②　安東大将軍倭王　③　日本国王
④　東天皇　⑤　親魏倭王

問３　下線部(c)は，周囲に芸術の才能のある人々を集め，この時期の文化の創造に貢献させた。この時期の文化に関して述べた文として正しいものを，次のうちから１つ選び番号で答えよ。

①　狩野永徳は，東山山荘の内部の襖・壁・屏風に濃絵の豪華な障壁画を描いた。
②　定朝は，荘厳な阿弥陀堂の一木造の阿弥陀如来像を制作した。
③　将軍の保護を受けた本阿弥光悦は，鷹が峯で陶芸や蒔絵の制作にいそしんだ。
④　山水河原者と呼ばれた賤民の一人であった善阿弥は，将軍の命を受けて東山山荘の庭園をつくった。

問４　下線部(d)にあてはまる人物を，次のうちから１つ選び番号で答えよ。

① 長屋王　② 橘諸兄　③ 山背大兄王　④ 橘奈良麻呂　⑤ 有間皇子

問5 下線部(e)について述べた文として正しいものを，次のうちから１つ選び番号で答えよ。

① 「元始女性は実に太陽であった」と記した雑誌『青鞜』を発行し，女性解放運動を展開し，民法上の男女平等が実現した。

② 婦人参政権獲得期成同盟会を結成し，婦人の政治運動参加を禁じた治安維持法の改正を要求し，要求を貫徹した。

③ 新婦人協会を設立し，婦人の政治運動参加を禁じた治安警察法の改正を要求し，女性も政治演説会に参加できるようになった。

④ 女子差別撤廃条約の批准に尽力し，それに備えて男女雇用機会均等法を成立させた。

問6 下線部(f)が残した歌集と，(g)が政権を担当していた時期の出来事の組合せとして正しいものを，次のうちから１つ選び番号で答えよ。

① 梁塵秘抄－和田合戦　② 金槐和歌集－和田合戦

③ 梁塵秘抄－宝治合戦　④ 金槐和歌集－宝治合戦

問7 Ⅰ～Ⅵの文中に記されている事柄は，右の年表中のあ～かのどの時期にあたるか。その組合せとして正しいものを，次のうちから２つ選び番号で答えよ。

① Ⅰ－え　② Ⅱ－あ　③ Ⅲ－う　④ Ⅳ－い

⑤ Ⅴ－か　⑥ Ⅵ－お

478	倭王武の使者派遣
	あ
663	白村江の戦い
	い
894	遣唐使中止
	う
1401	義満の使者派遣
	え
1523	寧波の乱
	お
1871	日清修好条規締結
	か
2008	北京オリンピック参加

問8 Ⅰ・Ⅲ・Ⅴ・Ⅵの文中に記されている時代の女性に関わりのあることを述べた文として**誤っているもの**を，次のうちから１つ選び番号で答えよ。

① Ⅰの時代の女性は，家の財産やその相続人となる家督から除外されるなど，その地位は男性より低かった。

② Ⅲの時代の女性には，大原女や桂女のように行商人として活躍する者もいた。

③ Ⅴの時代の女性には，山川菊栄や津田梅子らのように社会主義の立場から女性運動の組織を結成する者もいた。

④ Ⅵの時代の武家の女性は，財産相続を受け，養子に家督を継がせることを法的に保障された。

問9 波線部㋐～㋓の争い・戦いについて述べた文として正しいものを，次のうちから１つ選び番号で答えよ。

① ㋐の争いの際に，筑紫国造磐井が反乱を起こした。

② ㋑の戦乱で京都は焼け野原となり，軽装で戦場を駆けめぐる国人らによる下剋上が至るところでみられるようになった。

③ ㋒の戦いの後，重祚した「私」を吉備真備や昇らが補佐して政治を行った。

④ ㋓の戦いに勝利した幕府は皇位の継承に介入するとともに，京都には新たに六波羅探題を置いた。

113 災害の歴史

写真　記述　文章・語句選択　共通テスト・私大対策

次の文章を読み，写真をみて，あとの設問に答えよ。

2011年３月11日，三陸沖で巨大地震が発生。大津波が太平洋沿岸を襲い，１万8600人余が死亡，または行方不明になるという，大惨事となった。

日本列島は太平洋・フィリピン海・大陸の３つのプレートの境界に位置していると考えられており，古くから一定期間ごとに大地震が起こっている。(a)1923年９月に起こった大地震では，写真Aのように浅草に建てられていた12階建てのビルが途中で折れるなど，大きな被害によって首都が壊滅状態となり，死者・行方不明者は10万人以上にのぼった。情報が発達していなかった当時は流言が横行し，(b)社会が混乱するなかで警察や自警団による被害者も多数発生している。また，1995年１月に起こった阪神淡路大震災でも，死者は6400人余に及んだ。

A

大地震のほか日本では火山の噴火，流行病の発生，大飢饉など，歴史に残る災害がたびたび起こった。

写真Bは，陸奥国国分寺の復元模型である。737年，当時流行していた天然痘と考えられる病気のため，藤原不比等の４人の子があいついで死去した。その後，これに加えて大きな反乱が起こるなどの社会不安が高まった。これらに危惧を感じた天皇が，「金光明四天王護国之寺(こんこうみょうしてんのうごこくのてら)」として全国に建立を命じて建てられたのが(c)国分寺である。

B

飢饉は『日本書紀』に記載された欽明天皇28年（西暦567年）から1869年までに200回以上の記録がある。このうち(d)1181年の養和の大飢饉はいわゆる源平合戦の最中に起こったもので，(e)『方丈記』によれば，京都における死者は約４万2300人とされ，「築地(ついじ)のつら，道のほとりに，飢(う)ゑ死ぬもののたぐひ，数も知らず」と記載されている。また1231年に起こった寛喜(かんぎ)の大飢饉について，(f)『新古今和歌集』の編者として有名な歌人は，その日記である『明月記(めいげつき)』に，７月には餓死者の死臭が自己の邸宅にまで及んだこと，また自己の所領があった伊勢国でも死者が多数発生して収入がとどこおった事情を記している。さらに1461年の寛正(かんしょう)の大飢饉では，(g)畠山氏や斯波氏の家督争いが重なり，深刻な事態となった。この時，京都において２カ月で約８万2000人が餓死したとの記録もある。その後，江戸時代においてもたびたび大飢饉が起こっている。

火山の噴火も見逃せない。江戸時代には富士山や桜島・有珠(うす)山などで大規模な噴火が起こった。火山の噴火では火砕流によって，(h)麓(ふもと)の村が直接被害を受けただけでなく，火山灰の降灰や(i)成層圏にまで噴きあげられた火山灰が太陽光を遮り，冷害を起こすなどの被害も起こった。

問１　下線部(a)の大地震とそれに伴う大火災による災害を何と呼ぶか答えよ。

問２　下線部(a)より前に起こった事項を，次のうちから１つ選び番号で答えよ。

①　大蔵大臣の失言により，銀行の取り付け騒ぎが起こった。

② 世界的不況のなかで金輸出解禁に踏み切ったため，深刻な経済不況となった。

③ 世界大戦の終結により戦時需要が激減し，戦後恐慌と呼ばれる経済不況が起こった。

④ ニューヨークにおいて株価が暴落し，世界恐慌となった。

問3 下線部(b)に関連して，混乱のなかで憲兵大尉の甘粕正彦によって，内縁の妻である伊藤野枝とともに暗殺された無政府主義者は誰か答えよ。

問4 天皇が下線部(c)の建立を命じたのは西暦何年のことか答えよ。

問5 下線部(d)の年の前年，一時的に都が遷(うつ)された地を，次のうちから１つ選び番号で答えよ。

① 山背国葛野(かどの)　② 摂津国福原　③ 大和国吉野　④ 近江国大津

問6 下線部(e)の作者を答えよ。

問7 下線部(f)の人物名を，次のうちから１つ選び番号で答えよ。

① 藤原定家　② 九条兼実　③ 一条兼良　④ 山崎宗鑑

問8 寛正の大飢饉の６年後，下線部(g)に将軍継承問題がからんで起こった，京都を主戦場とする大規模な戦乱を何というか答えよ。

C

問9 下線部(h)について，1783年に大噴火を起こし，麓(ふもと)の上野(こうづけ)国鎌原(かんばら)村を全滅させ，当時の人がその様子を写真Cのように描いた火山名を答えよ。

問10 下線部(i)に関連して，**問9**の火山噴火により悪化した冷害による飢饉を何というか。当時の年号を使って答えよ。

114 大阪の歴史

会話・写真　テーマ史　共通テスト・私大対策

次の文章を読み，あとの設問に答えよ。

高校生の未来(みらい)さんと永遠(とわ)さんは，夏休みを利用して，大阪市内を散策しました。

未来　大阪駅から出発しましょう。阪神百貨店の横が御堂筋だね。この辺りに確か露天神社(つゆてんじんしゃ)があったよね。

永遠　ここよ。お初天神ともいうわね。近松門左衛門の『[　A　]』の舞台となった場所だよ。主人公のお初と徳兵衛の像があるね。友人にだまされお金を横領したようになった徳兵衛が，身の潔白を示すため，恋人のお初と心中する話なんだって。

未来　次はどこへ行く。

永遠　日本一長い商店街がある天神橋筋商店街に行きたいな。

未来　じゃあ，地下鉄南森町駅まで行きましょう。

永遠　ちょっと，このお寺に(a)大塩平八郎の墓があるって書いてあるよ。

未来　ほんとっ！　成正寺(じょうしょうじ)という日蓮宗のお寺ね。大塩平八郎の墓と息子の墓が並んで建っている。天神橋筋商店街のすぐ横に思わぬものがあったわね。

２人はコロッケを食べながら，大阪天満宮の前にやってきた。

未来　天神祭で有名な大阪天満宮だよ。

永遠　さっき宮司さんに由来を聞いたら，(b)菅原道真が大宰府に左遷される時，ここにあった大将軍社にお参りし，道真の死後，ここに霊光がたったということから，村上天皇の勅命で天満宮が創建されたということらしいよ。

未来　いよいよ商店街の端まできたね。天満橋を渡って行きましょう。ほら，北側に桜の通り抜けで有名な(c)造幣局があるよ。

永遠　あっ！　大阪城がみえてきた。大きな石垣がいっぱいあるね。

未来　大阪城(大坂城)は，豊臣秀吉が(d)石山本願寺跡に建てた城だけど，現存する石垣は，大坂の役後に２代将軍［　B　］の命により天下普請で全国の大名につくらせた徳川製大坂城なんだ。天守閣にのぼってみようね。

永遠　あれっ！　天守閣にエレベーターがある。

未来　天守閣は江戸時代に落雷で焼失したので，昭和の初めに市民の寄付金で再建されたのが現在の天守閣だよ。鉄筋コンクリート造りだからね。

永遠　天守閣の最上階からながめると，南の方に(e)難波宮跡がみえるね。大化改新で，遷都された難波長柄豊碕宮（前期難波宮）と奈良時代の後期難波宮の遺構が残っていたんだよ。近くの大阪歴史博物館あたりには港の難波津があって，５世紀の倉庫群と前期難波宮の倉庫群がみつかっているんだ。博物館前には復元された倉庫があるよ。これから中之島方面に行きましょうか。

未来　天神祭の船渡御が行われる大川だね。もともとこれが淀川で，たびたび洪水に悩まされてきたらしいよ。そこで，明治末に新淀川が開削され，従来の大川には毛馬洗堰を建設し分流させるようにして，水量を調節したんだって。

永遠　大川沿いに立派な料亭があるね。『花外楼』て書いているね。

未来　(f)大阪会議が行われた料亭だよ。その成功を祝って木戸孝允が花外楼と命名したそうだよ。

永遠　北浜の大阪証券取引所がみえてきた。あの銅像は誰？

未来　(g)五代友厚だよ。大阪会議も五代が斡旋したんだ。1878年に大阪株式取引所(現大阪取引所)を設立し，大阪商法会議所(現，大阪商工会議所)や大阪商船なども設立した大阪の経済発展を担った人物だよ。

永遠　教科書では(h)開拓使官有物払い下げ事件で登場するから，悪いイメージしかなかったわ。

未来　一筋南に入ると(i)適塾があるよ。見学して行きましょう。適塾は明治になり，大阪医学校となり，その後，大阪帝国大学になったんだ。だから今も大阪大学が管理しているんだよ。

永遠　ここで，福沢諭吉，近代的軍隊を構想した［　C　］，安政の大獄で処刑された［　D　］らが蘭学を勉強していたんだね。

未来　学問といえば，すぐ横の日本生命ビルの壁面に(j)懐徳堂跡の碑があるよ。町人が出資し

てつくられた大坂を代表する私塾だったんだよ。あっ！　煉瓦造りの大阪市中央公会堂がみえてきたわ。

永遠　大正時代に株式仲買人の寄付金100万円を基金として，設計公募で気鋭の建築家岡田信一郎の案が採用され，日本銀行本店や東京駅の設計で有名な［　E　］が指導して建てられたんだって。お腹がすいたからレストランで名物のオムライスでも食べて帰りましょう。

問1　空欄［　A　］～［　E　］に適する語を，それぞれ記せ。

問2　下線部(a)の大塩平八郎が大坂に開いた塾は何か。

問3　下線部(b)の菅原道真に関する文で，**誤っているもの**を１つ選び番号で答えよ。

①　宇多天皇は，藤原基経の死後，摂政関白を置かず，学者貴族の道真を重用した。

②　醍醐天皇は右大臣藤原時平に対抗させるため，左大臣に道真を任命した。

③　894年，道真は遣唐大使に任じられたが，派遣の中止を建議し，遣唐使は以後中止された。

④　藤原時平の策謀で，道真は大宰権帥（だざいのごんのそち）に左遷され，任地で死去した。

問4　下線部(c)の造幣局は，1871年に大蔵省造幣寮として創業されたのが始まりである。この年，近代的貨幣制度の開始となった新貨条例・造幣規則が布告されたが，新貨条例の説明として，**誤っているもの**を１つ選び番号で答えよ。

①　金本位制を建前としていたが，実際には開港場では銀貨が，国内では紙幣が主に使われ，金銀複本位制というべきものであった。

②　１両を１円とし，円・銭・厘の十進法を採用した。

③　この新貨条例を建言したのは，伊藤博文であった。

④　この新貨条例より前に，渋沢栄一が中心となって国立銀行条例が定められた。

問5　下線部(d)の石山本願寺についての説明として，正しいものを１つ選び番号で答えよ。

①　石山本願寺を頂点に，全国の浄土真宗寺院や寺内町を拠点とした一向一揆は，織田信長の支配に抵抗した。

②　石山本願寺の蓮如は，諸国の門徒に信長と戦うことを呼びかけて挙兵し，11年に及ぶ石山戦争を展開した。

③　1832年，山科本願寺が延暦寺により焼討ちされたことから，石山本願寺に本拠が移された。

④　織田信長との石山戦争の最中，信長は本能寺で明智光秀に討たれた。

問6　下線部(e)の後期難波宮について，聖武天皇はどの順で遷都を繰り返したのか。正しいものを１つ選び番号で答えよ。

①　平城京－恭仁京－紫香楽宮－難波宮　　②　平城京－紫香楽宮－恭仁京－難波宮

③　平城京－難波宮－紫香楽宮－恭仁京　　④　平城京－難波宮－恭仁京－紫香楽宮

⑤　平城京－恭仁京－難波宮－紫香楽宮　　⑥　平城京－紫香楽宮－難波宮－恭仁京

問7　下線部(f)の大阪会議で参議に復帰した人物は，木戸ともう１人は誰か。

問8　下線部(g)の五代友厚は，何藩出身か。

問9　下線部(h)の開拓使官有物払い下げ事件を新聞社にリークした疑いをもたれた大隈重信は，伊藤博文らの怒りを買い政府を追われたが，これを何の政変と呼ぶか。

問10　下線部(i)の適塾を創設した人物は誰か。

問11　下線部(j)の懐徳堂出身の町人学者の組合せで，正しいものを１つ選び番号で答えよ。

①　石田梅岩－広瀬淡窓　②　中江藤樹－熊沢蕃山　③　伊藤仁斎－伊藤東涯
④　富永仲基－山片蟠桃　⑤　野中兼山－山崎闇斎　⑥　手島堵庵－中沢道二

115 教育史

共通テスト対策

「日本の教育の歴史」の学習で，「日本の教育の歴史」について自身でテーマを設定して調べ，ノートにまとめて提出するという課題が出された。山崎さん，田中さん，佐藤さんのまとめたノートを読み，あとの設問に答えよ。

山崎さんのノート

テーマ：(　ア　)について

大学(寮)：式部省の管轄下で，中央に置かれた教育機関。
　　　　　主に貴族の子弟や朝廷に文筆で仕えた人々の子弟が入学。
国　　学：国司の管轄下で地方に置かれた教育機関。
　　　　　主に郡司の子弟が入学。
大学別曹：大学に付属する施設で，有力氏族が一族の子弟を寄宿させた。
　　　　　和気氏の(　あ　)や在原氏の(　い　)が代表例としてあげられる。
[　A　]：真言宗の開祖が庶民教育の目的で京都に設置した教育機関。

問1　空欄(　ア　)について，山崎さんはどのようなテーマで「日本の教育の歴史」についてまとめたと考えられるか，空欄(　ア　)に入るもっとも適切なものを，次のうちから１つ選び番号で答えよ。

①　飛鳥時代，奈良時代の教育機関　②　奈良時代，平安時代の教育機関
③　平安時代，鎌倉時代の教育機関　④　鎌倉時代，室町時代の教育機関

問2　空欄(　あ　)(　い　)に入る語の組合せとして正しいものを，次のうちから１つ選び番号で答えよ。

①　あ－弘文院　い－勧学院　②　あ－弘文院　い－奨学院
③　あ－学館院　い－勧学院　④　あ－学館院　い－奨学院

問3　空欄[　A　]にあてはまる適語を入れよ。

田中さんのノート

テーマ：江戸時代の教育について
●幕府の教育について
・徳川家康が儒学者の(　う　)の門人林羅山を用いたことが，江戸時代の幕府の教育の出発

点と考えられる。1797年には林家の家塾を幕府直轄の教育機関とし，（　え　）を設置した。
・幕府は儒学のなかでも（　イ　）を重視し，寛政の改革では正学とされた。

●諸藩の教育について
・諸藩では藩主やその子弟の教育機関として藩校が多くつくられた。
・主な藩校は以下のとおりである。

設立地	藩校名	設立年
岡山	(a)閑谷学校	1670
仙台	(b)養賢堂	1736
鹿児島	(c)造士館	1773
水戸	(d)弘道館	1841

●庶民教育について
・18世紀初めに，［　B　］が庶民に社会のなかでの町人や百姓の役割を強調し，その人間としての価値を説いた心学は，弟子たちによってその考えは全国に広げられた。
・一般庶民の初等教育機関としては，村役人・僧侶・神職・町人などによって，寺子屋が多くつくられた。

問4　空欄（　う　）（　え　）に入る語の組合せとして正しいものを，次のうちから１つ選び番号で答えよ。

①　う－藤原惺窩　え－湯島聖堂　　②　う－藤原惺窩　え－昌平坂学問所
③　う－南村梅軒　え－湯島聖堂　　④　う－南村梅軒　え－昌平坂学問所

問5　空欄（　イ　）には儒学の１つの学派が入る。空欄（　イ　）にあてはまる学派と，空欄（　イ　）を幕府が重視した理由として，正しい組合せを次のうちから１つ選び番号で答えよ。

①　イ：朱子学
理由：知行合一という実践的道徳を説く学問であり，実践的道徳をそなえた武士による幕藩体制の変革を考えたから。
②　イ：朱子学
理由：上下の身分をわきまえ，礼節を重んじる学問であり，封建的身分制度に適合し幕藩体制の維持に利用できると考えたから。
③　イ：陽明学
理由：知行合一という実践的道徳を説く学問であり，実践的道徳をそなえた武士による幕藩体制の変革を考えたから。
④　イ：陽明学
理由：上下の身分をわきまえ，礼節を重んじる学問であり，封建的身分制度に適合し幕藩体制の維持に利用できると考えたから。

問6　田中さんのノートにおける下線部(a)～(d)では藩校として誤っているものがある。**誤って**

いるものと**その根拠を述べた文章**の組合せとして正しいものを，次のうちから１つ選び番号で答えよ。

① 下線部(a) 根拠：下線部(a)は池田光政により設立された郷校であるから。

② 下線部(b) 根拠：下線部(b)は緒方洪庵により設立された私塾であるから。

③ 下線部(c) 根拠：下線部(c)は池田光政により設立された郷校であるから。

④ 下線部(d) 根拠：下線部(d)は緒方洪庵により設立された私塾であるから。

問７ 空欄［ Ｂ ］にあてはまる人物名を入れよ。

佐藤さんのノート

テーマ：明治初期の教育制度について

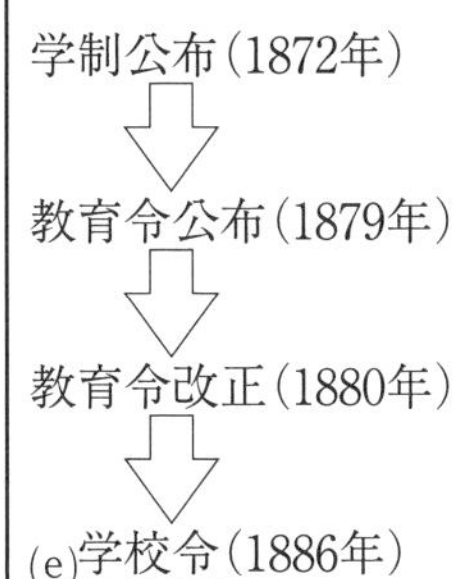

1872年に公布された学制は，1879年に廃され，教育令が公布されたが，その教育令も翌年に改正されている。この一連の学制の廃止，教育令の公布・改正は「（ イ ）」と説明できる。

問８ 空欄（ イ ）に入るもっとも適切なものを，次のうちから１つ選び番号で答えよ。

① 学制はフランスに影響を受けた学区制も設け，小学校設立に重点が置かれたが，学制の画一的な計画は国民に受け入れられず，教育令によって改められた。しかし，教育令の小学校の設立経営を町村の自由裁量としたことは，かえって混乱を招き，翌年に改正されることとなった。

② 学制はアメリカに影響を受けた学区制も設け，小学校設立に重点が置かれたが，学制の画一的な計画は国民に受け入れられず，教育令によって改められた。しかし，教育令の小学校の設立経営を町村の自由裁量としたことは，かえって混乱を招き，翌年に改正されることとなった。

③ 学制は学校の設立経営を町村の自由裁量としたが混乱を招き，教育令によって改められた。しかし，教育令のフランスの影響を受けた学区制を設け，小学校設立に重点が置かれたという画一的な計画は国民に受け入れられず，翌年に改正されることとなった。

④ 学制は学校の設立経営を町村の自由裁量としたが混乱を招き，教育令によって改められた。しかし，教育令のアメリカの影響を受けた学区制を設け，小学校設立に重点が置かれたという画一的な計画は国民に受け入れられず，翌年改正されることとなった。

問９ 下線部(e)が発布された時の文部大臣は誰か，答えなさい。

(写真提供) 朝日新聞社　明日香村教育委員会　石橋財団アーティゾン美術館 (旧ブリヂストン美術館)　厳島神社　茨木市立文化財資料館　永青文庫　大阪観光局　大阪市中央公会堂　太田記念美術館　国立国会図書館　国立歴史民俗博物館　佐賀県　佐賀県立博物館・美術館　三内丸山遺跡センター　静岡市登呂博物館　神護寺　真正極楽寺　静嘉堂文庫美術館イメージアーカイブ/DNPartcom　茅野市尖石縄文考古館　津南町教育委員会　東京藝術大学美術館/DNPartcom　東京文化財研究所　都立中央図書館特別文庫室　奈良文化財研究所　新潟県教育委員会　東大阪市立郷土博物館　彦根城博物館　平戸市　福岡市埋蔵文化財センター　文化庁　毎日新聞社　明治大学博物館　KADOKAWA　Kobe City Museum/DNPartcom　ColBase(https://colbase.nich.go.jp/)

装幀　水戸部 功

日本史標準問題（にほんしひょうじゅんもんだい）

2020年6月30日　第1版第1刷　発行
2023年3月31日　第1版第3刷　発行

著　者　大阪府高等学校社会(地歴・公民)科研究会歴史部会

発行者　野澤武史
印刷所　明和印刷株式会社
製本所　有限会社　穴口製本所

発行所　株式会社　山川出版社
〒101-0047　東京都千代田区内神田1丁目13番13号
電話　03(3293)8131(営業)　03(3293)8135(編集)
振替00120-9-43993

ISBN978-4-634-01207-3

日本史標準問題
解答

山川出版社

原始

1 旧石器～弥生時代の文化

問1　[A]関東ローム　[B]岩宿　[C]黒曜石　[D]和田　[E]サヌカイト　[F]青銅　　問2　④　　問3　⑤　　問4　相沢忠洋　　問5　銅鐸

解説

旧石器，縄文，弥生の各時代の著名な遺跡について問うている。遺跡名を覚えるだけでなく，所在地を地図上で指摘できるようにしておきたい。　**問1**CとEの区別がやや細かいほかは基本的な問いである。**黒曜石**と**サヌカイト**（讃岐石）は石器の素材としてさかんに用いられた石材で，主要な産出地とあわせて確認しておくこと。　**問2**「あ」は佐賀県，「い」は長野県，「う」は東京都に位置している遺跡なので，それぞれ**吉野ヶ里**，野尻湖，**大森貝塚**，と判断できるはずである。　**問3**吉野ヶ里遺跡は弥生時代の**環濠集落**。野尻湖では湖底からナウマンゾウの牙やオオツノジカの角が打製石器とともに出土した。大森貝塚は縄文時代の遺跡で，1877年にエドワード・モースによって発掘が行われ，日本における近代考古学の出発点となった。　**問4**相沢忠洋(1926～89年)は小学生の頃から歴史に興味を持ち，第二次世界大戦後は北関東で行商をするかたわら独学で考古学を研究し，1946年に**関東ローム層**のなかから**打製石器**を発見，その３年後，相沢も参加した明治大学による発掘調査で確認された。　**問5**近年，九州でも**銅鐸**や銅鐸鋳型がみつかっているが，分布の中心は近畿と東海である。

2 道具の発達

問1　岩宿遺跡　　問2　④　　問3　サ　　問4　オ　　問5　④　　問6　①　　問7　土偶　　問8　②　　問9　③　　問10　③　　問11　③　　問12　ク

解説

旧石器時代から弥生時代にかけての道具についての問題である。ただ語句を覚えるだけでなく，写真や図をみて道具の形態や用途も含めて理解しておきたい。　**問1**群馬県笠懸町(現，みどり市)にある遺跡で，1946年，**相沢忠洋**(1926～89年）が**関東ローム層**の中から打製石器を発見し，その３年後，相沢も参加した明治大学による発掘調査で確認された。　**問2サヌカイト**(讃岐石)は安山岩の一種で，大阪府と奈良県の境に位置する二上山や香川県の五色台などで産出する。**黒曜石**も石器の素材としてさかんに用いられたが，近畿地方には産出しない。　**問3**網を水中に沈めるために，サの上下にある窪みに縄をくくりつけたと考えられている。　**問4**オは**石皿**と**すり石**。まれに，すりつぶされた木の実が石皿に付着していることがある。　**問5**(あ)は石斧，(い)は**石包丁**。ソは太型蛤刃石斧と呼ばれる大陸系の磨製石斧である。　**問6**人骨に石鏃が刺さっていることで，矢が対人攻撃に用いられたことがわかる。　**問7土偶**は全国でみつかっているが，なかでも東北北部を中心に分布する遮光器土偶が有名である。　**問8**(う)は壺，(え)は甕，(お)は高坏(高杯)。　**問9三内丸山遺跡**は縄文時代前期から中期にかけての大集落遺跡。　**問10**(か)は鋤，(き)は竪杵。　**問11銅鐸**は集落から出土する場合もあるが，墓ではなく土坑や溝などから出土し，山の斜面などに埋納された状態でみつかる場合がもっとも多い。　**問12**空欄(く)にあてはまる語句は鋳型である。クは日本で唯一，完全な形で発見された銅鐸鋳型で，大阪府茨木市の東奈良遺跡で発掘された。なお，図のエは弥生時代の木器で田下駄，キは銅鐸，コは火炎土器と呼ばれ，新潟から長野・北関東にかけての一部の地域のみにみられる縄文時代中期の土器，スは銅矛，セは旧石器で**ナイフ形石器**である。

3 原始・古代の精神文化

問1　[A]屈葬　[B]抜歯　[C]伸展葬　[D]方形周溝　[E]竪穴　　問2　④　　問3　叉状研歯(研歯)　　問4　①　　問5　(順不同)②，④

解説

原始・古代の問題では，遺跡や遺物の写真などが多用される。単に語句を覚えるだけでなく，教科書や図録などで視覚的に理解することが大切である。　**問1**A写真アの**屈葬**は縄文時代を通じて広く行われた埋葬法である。C弥生時代には伸展葬が多くなる。　**問2**①写真アのように貝輪などの装身具を身につけたり，写真イのように研歯(けんし)(叉状(さじょう)研歯）をほどこしている人骨は，集団の指導者や呪術者など特殊な人物であったと考えられる。　**問4**①弥生時代の四隅突出型墳丘墓は，山陰や北陸など日本海側にみられる。弥生時代の墓制は名称を覚えるだけでなく，特色や地域性もしっかりつかんでおくこと。　**問5**前期古墳は**銅鏡**や玉類(**勾玉**・管玉など)，碧玉製腕飾り(鍬形石・石釧・車輪石)など呪術的な副葬品を持つ。中期古墳になると刀剣や甲冑といった武具や**馬具**などが増え，武人的性格が強まってくる。**竪穴式石室**にかわって古墳時代後期に広く採用された**横穴式石室**は追葬が可能な構造で家族の合葬に適している。横穴式石室は遺体を安置する玄室と墳丘外部とを結ぶ羨道を持つ。前期古墳・中期古墳・後期古墳の特色をしっかり整理しておくこと。

4　原始・古代の対外交渉

問1　②　問2　④　問3　①　問4　②　問5　親魏倭王　問6　②　問7　③　問8　②　問9　③　問10　高地性集落　問11　④　問12　①　問13　⑤

解説

史料Aは『**好太王（広開土王）碑文**』，Bは『**漢書**』**地理志**，Cは『**魏志**』**倭人伝**（正しくは『魏書』東夷伝倭人条），Dは『**後漢書**』**東夷伝**，Eは『**宋書**』**倭国伝**で，いずれも弥生時代から古墳時代にかけての対外交渉を記した重要な史料である。史料名はもちろん，内容もしっかり理解しておきたい。**問1**『**好太王（広開土王）碑文**』は高句麗の**好太王**（広開土王）の業績を記した金石文である。辛卯の年は391年で，４世紀末以降，倭がたびたび軍勢を朝鮮半島に送り，高句麗と交戦したことが記されている。　**問2**アは，663年に起こった**白村江の戦い**の要因について述べた文なので誤り。イの泰和４年を知っている人は少ないだろうが，石上（いそのかみ）神宮（奈良県天理市）に伝わる国宝の七支刀（しちしとう）に刻まれた銘文に出ている年号。銘文には百済王が倭王のためにこの刀をつくったことが記されていて，高句麗の南下に苦しんでいた百済が倭と同盟関係を結んだ証と考えられている。ウの利益線は**山県有朋**首相が第一議会での演説で用いた用語なので誤り。消去法で残るのがイ・エの組合せとなる。朝鮮半島南部からは鉄鋌（てってい）と呼ばれる短冊形の鉄板が多数出土しているが，同様の遺物は日本の中期古墳の副葬品にもみられる。また，『魏書』東夷伝弁辰（べんしん）条には「弁辰は鉄を産し，韓や倭がここで鉄を手に入れている」との記述がある。　**問3**日本が朝鮮半島を植民地として支配していた時期に，平壌近郊で日本の研究者によって楽浪郡の拠点である楽浪土城や楽浪郡の役人の墓地と考えられる楽浪漢墓が発掘調査されている。　**問4**107年は倭国王の帥升（すいしょう）らが後漢に使いを送った年，391年は倭の軍勢が朝鮮半島で好太王の軍勢と交戦した年，478年は**倭王武**が宋に使いを派遣した年である。**問5**邪馬台国の女王**卑弥呼**は魏の皇帝から家臣として認められ，**冊封**（さくほう）**体制**に組み込まれた。　**問6**③は奴国王が後漢の**光武帝**から下賜された金印について述べた文。①と④は奴国王の金印の説明としても誤っている。壱岐島ではなく志賀島，亀の形ではなく蛇の形である。　**問7**論理的な思考力をみる設問。a～fの６つの文章のうち，考古学上の事実を述べているのはa～dの４つ，解釈を述べた文章はeとfの２つである。景初三年は卑弥呼の使者が魏の都洛陽に行った年である。その翌年は改元があったために景初三年ではなく正始元年である。ここから“鏡をつくった人は改元の事実を知らなかったのだから，魏の人ではない”という解釈が出てくるが，これに対して“景初三年のうちに，翌年の年号を入れた鏡をあらかじめ鋳造していたに過ぎない”との反論がなされている。2015年に中国で三角縁神獣鏡が初めて１面みつかったと報道され，また新たな議論がなされている。　**問8**①日本では，これまでのところ殉葬と認められる埋葬は確認されていない。②は正文。③「径」という記述から墓の形は円形であったと推定される。１歩が1.5mであるとすれば直径150mとなり，**箸墓古墳**（奈良県桜井市）の後円部の直径と等しくなることが指摘されている。邪馬台国が大和にあったと考える研究者のあいだでは，箸墓古墳を卑弥呼の墓と推定する説が有力である。**方形周溝墓**は弥生時代に主に近畿から東海，関東にかけてみられる墓制で，一辺10～30m程度の規模で周囲に溝をめぐらしている。④**支石墓**は弥生時代前期の九州西北部にみられる墓制。『魏志』倭人伝の記述には石を積み上げげた様子はうかがえない。　**問9**建武中元二年（西暦57年）に後漢に朝貢したのは奴国の王。奴国は今の博多平野，伊都国はそれよりも西の糸島半島にあったと考えられている。煬帝は隋の皇帝。邪馬台国の所在地については江戸時代から論争が続いており，現在も未決着である。　**問10高地性集落**は日常の農耕生活には適さない丘陵や山の頂に営まれた集落。集団間の緊張が高まるなか，戦いにそなえて営まれたと推定されている。ただ，近年は軍事的要因を重視すべきではないとの解釈も提示されている。　**問11**問４の解説を参照。　**問12**『**宋書**』**倭国伝**には讃・珍・済・興・武という５人の王の名が記され，**倭の五王**と総称されている。『古事記』『日本書紀』に登場する天皇の系譜と符合する部分があることや，『日本書紀』にみえる「大泊瀬幼武（おおはつせわかたけ）」の記述から，武は雄略天皇を指すと考えられている。　**問13**史料の成立した時期は『魏志』の方が『後漢書』よりも早い。

古代

5　飛鳥・白鳳文化

問1　（埼玉県）稲荷山古墳　（熊本県）江田船山古墳　問2　太占，盟神探湯　問3　②　問4　③　問5　（寺名）広隆寺　（番号）③　問6　④　問7　④

解説

問1金・銀象嵌とは彫り込んで針金状にした金や銀を埋め込む技法である。剣は「両刃（もろは）」，刀は「片刃」。　**問2太占**は現在でも行う神社があり，**盟神探湯**は室町時代に６代将軍**足利義教**が行ったという記録がある。　**問3法隆寺**の伽藍配置は塔と金堂が左右に並び，講堂がその後方に回廊とつながって建つ。**法隆寺金堂壁画**は1949年不審火により焼失し，翌年，**文化財保護法**が制定された。　**問4天寿国繡帳**は**厩戸王**（**聖徳太子**）の死後，妃の橘大郎女（たちばなのおおいらつめ）が渡来系の画家に天寿国(天国)の様子を描かせ，これを采女たちに刺繡させたものである。**中宮寺**にある。 **問5**京都太秦にある**広隆寺**は秦河勝が秦氏の氏寺として建立した。**広隆寺半跏思惟像**は国宝第一号である。 **問6蘇我入鹿**の従兄弟の**蘇我倉山田石川麻呂**は**乙巳の変**後**右大臣**となったが，4年後，謀反を疑われ自殺した。 **問7高松塚古墳壁画**は高句麗古墳壁画と類似性がみられる。

6 飛鳥政治史

問1 ［A］守屋 ［B］崇峻 ［C］裴世清 問2 大蔵 問3 上宮聖徳法王帝説 問4 ④ 問5 ② 問6 ③ 問7 ① 問8 ②

解説

問1蘇我氏は，**大王家**(天皇家)と外戚関係を結び，**稲目**・**馬子**・**蝦夷**・**入鹿**と4代にわたり大臣をつとめた。三蔵を管理し，**屯倉**の経営にも関与してヤマト政権の財政を支配したと考えられる。**東漢氏**ら渡来系氏族も掌握していた。馬子が**崇峻天皇**の暗殺を実行させたのも東漢直駒であった。**物部氏**は軍事にかかわる氏族で，**守屋**の父**尾輿**が**大伴金村**を失脚させ，**大連**の地位を得た。 **問3『日本書紀』**によれば552年に伝来したとされる。 **問4**女性の天皇は史上8人であり，**推古**・**皇極**(**斉明**)・**持統**・**元明**・**元正**・**孝謙**(**称徳**)の6人が奈良時代までの天皇である。( )は**重祚**した天皇。江戸時代に**明正**・**後桜町**天皇が即位した。 **問5隋**は北朝。 **問6冠位十二階**は，**百済**の官位制をもとに徳仁礼信義智という儒教の徳目からとった6つの冠を大小にそれぞれ分けて十二階とし，氏ではなく個人の朝廷内での地位を示した。 **問7裴世清**に同行したのは**高向玄理**・**南淵請安**・**旻**の3人で，帰国後，高向玄理・旻は**国博士**となった。 **問8高句麗僧曇徴**は絵の具・紙・墨の製法を伝えたとされ，百済僧**観勒**は暦法を伝えた。

7 大化改新と難波宮

問1 ① 問2 ② 問3 ④ 問4 ⑥ 問5 ③ 問6 郡司 問7 庚午年籍 問8 田の調（戸別の調） 問9 ④ 問10 ③

解説

問1①**蘇我稲目**が**蘇我馬子**なら正しい。②重祚した女性天皇は，**皇極→斉明**，**孝謙→称徳**。③藤原京遷都は**持統天皇**，平城京遷都は**元明天皇**。④律令の規定では，皇后は皇族の女性と定められていた。それを破ったのは**光明子**が最初。**長屋王**を首班とする太政官は光明立后に反対し，**長屋王の変**（729年）ののち，皇后となった。 **問2**Y**橘奈良麻呂**が長屋王なら正しい。 **問3**①**難波宮**で即位したのは中大兄（天智）ではなく，**孝徳天皇**。②**蘇我馬子・蝦夷**が蝦夷・入鹿なら正しい。③**南淵請安**は**国博士**ではなく，改新政権に参画しておらず，すでに亡くなっていたと考えられている。 **問4**Ⅲ**白村江**の敗戦（663年）後，Ⅱ**近江大津宮**に遷都（667年）し，**中大兄皇子**が即位した（**天智天皇**）。天智の死後，**壬申の乱**（672年）で**大海人皇子**が**大友皇子**を倒し，**飛鳥浄御原宮**で即位した（天武天皇）。 **問5後期難波宮**に遷都したのは**聖武天皇**。東大寺**正倉院**は，聖武太上天皇の死後，その遺愛の品を妻の光明皇太后が東大寺に寄進して成立した（756年）。 **問6**地方豪族の国造は，律令制では郡司になった。国造の支配領域が，律令制の国郡里の郡である。国司は中央からの派遣官で，複数の郡を支配下に置いた。**問7**律令の規定では，戸籍は6年毎に作成され，30年間保存，**庚午年籍**（660年）のみ永久保存と定めた。**飛鳥浄御原令**に基づくとされる**庚寅年籍**（690年）と区別したい。 **問8改新の詔**は『**日本書紀**』に記されているが，**大宝律令**の用語が使用されており，改新当時の文章そのままではない。しかし，改新の詔には大宝律令の用語とは異なる意味で使われている語句もあり，その部分は改新の詔にもとからあったと考えられている。律令の**租庸調**の税制は，田に賦課する租，労役または布をおさめる庸，特産物をおさめる調からなり，庸・調は成年男子にかける人頭税である。しかし，改新の詔第4条では，田に調(律令なら租)をかけ，それとは別に戸ごとに調(律令なら人ごと)をかけるとしている。これらは律令税制とは異なる内容であり，改新当時の未整備な税制を示すものと考えられている。 **問9**律令制以前の地方行政区画として，『日本書紀』では一貫して「郡」の文字が，金石文には「評」の文字が使用されている。**藤原宮跡**から「評」と書かれた木簡が出土したことで，大宝律令によって「評」が「郡」に変更されたことが明らかになった。699年の木簡に「評」と記されているので，この変更は689年施行の浄御原令ではない。 **問10**①③『日本書紀』が「評」を「郡」に書き直していたことは**問9**でみた通り。『日本書紀』のように後世に編纂されたものは，もとになった史料のうち，都合の悪い部分は削除したり，都合よく修正したりしている場合がある。それに対して，金石文や木簡のように，その時点で記載された同時代史料は貴重である。

8 天智・天武・持統朝

問1 ［A］白村江 ［B］大津宮(近江大津宮) ［C］庚午年籍 ［D］壬申 ［E］八色の姓 問2 富本銭 問3 ① 問4 ② 問5 大友皇子 問6 庚寅年籍

解説

飛鳥池工房遺跡は，1998年**飛鳥寺**の南東で発見された。金・銀・銅・鉄を素材とした金属加工，ガラス・水晶・琥珀の玉類，漆工芸，瓦の焼成など，都の人々の生活を支えた。天皇木簡は，今までは平城京出土木簡が最古の例であったが，天武朝より使用されていたことが確認された。水城は，白村江の翌年に設置され，さらに665年大野城と基肄城が築かれた。　問1大化は日本初の元号であるが，大宝律令施行までは，元号が途切れる時期もあり，年を示す場合，元号よりも庚午年籍・壬申の乱・庚寅年籍のように干支を用いる方が多かった。天武天皇が定めた八色の姓は，真人・朝臣・忌寸・道師・臣・連・稲置の順で，皇親政治を実現するため旧来の姓を改変した。　問2富本銭は，『日本書紀』天武天皇12年４月に「今より以後，必ず銅銭を用いよ。銀銭を用いる事なかれ」という記述があり，この銅銭にあたるものと考えられる。　問3②③は奈良時代。④は文武天皇。　問4①④は６世紀のこと。③は４世紀初めのこと。

9　律令制度

問1　［A］十　［B］二　［C］二　［D］六　　問2　条里　問3　②　　問4　360　　問5　①　　問6　①　　問7　③

解説

史料は養老令の注釈書で，833年に清原夏野らにより編纂された『令義解』の一部。　問1口分田は６歳以上の男女に班給され，良民男性に２段（720歩），良民女性にその2/3（480歩），賤民男性（女性）は良民男性（女性）の1/3。１段＝360歩。ただし，易田（やせた土地）は，２倍班給するという例外があった。班田は当初６年ごとに行われたが，平安時代には口分田の不足から12年ごとになり，醍醐天皇の時期（在位：897～930年）を最後に班田の記録はなくなった。　問2班田収授を円滑に行うため条里制が整えられた。　問3賜田は国家に対して特別な功労があった者や高位高職者に対して与えられた田。位田は位階に応じて支給された輸租田（租をおさめる田）。職田は官職に応じて支給された田。　問4 １段＝360歩＝11.7a　10段＝１町　問5④の惟宗直本は『令集解』の筆者。　問6調・庸が中央への納入。　問7公出挙は，国司が租としておさめられた稲を春に貸し，秋の収穫時に５割の利息をつけて返還させたもので，やがて強制的になり国衙の主要財源となった。大田文は鎌倉時代の土地台帳。

10　律令体制の確立

問1　(あ)②　(い)①　(う)①　(え)④　(お)④　(か)②
問2　③　　問3　②　　問4　③　　問5　③　　問6　藤原不比等

解説

問2「改新の詔」は646（大化２）年，飛鳥から遷都した難波宮（②）で出されたものである。内容は，公地公民制（①）や班田収授法（④）など，律令体制と近いところがかなりあるが，地方行政組織である「こおり」を表すのに，当時一般的であった「評」ではなく「郡」の文字が使用されるなど，のちの時代の装飾が認められる。　問3660年に唐・新羅に滅ぼされた百済復興支援のため，斉明天皇のもと大軍を派遣したが，663年の白村江の戦いで大敗した。朝鮮半島では，668年に高句麗も滅ぼされ，その後新羅が朝鮮半島を統一した（①）。戦いの後の防衛体制の整備を以下にまとめる。

・対馬・壱岐・筑紫に防人と烽を設置（④）。
・筑紫に水城を設置（②）
・対馬から大和にかけて朝鮮式山城を築く（③）。

問4・5　東国の地方豪族らを動員した大海人皇子は，大友皇子と中央の有力豪族らを壬申の乱で破り，強大な権力を手にし（問4①②），中央集権体制の形成を進めた。しかし外交では，天武・持統朝には遣唐使は派遣されておらず，一時断絶している（問4③）。
天武朝の政策を以下にまとめる。

・部曲の廃止（問5エ）　　・八色の姓の制定（問5イ）
・富本銭の鋳造　　・飛鳥浄御原令の編纂開始
・国史の編纂開始（問4④）　　・藤原京の造営開始

問5のア阿倍比羅夫の蝦夷征討は斉明朝，ウの飛鳥浄御原令の施行は持統朝の出来事である。　問6大宝律令は刑部親王（天武天皇の皇子）と藤原不比等，養老律令は藤原不比等を中心に編纂された。

11　奈良時代の政治

問1　(あ)③　(い)⑨　(う)⑥　(え)⑤　(お)④　(か)①　(き)⑧　　問2　［A］称徳　［B］光仁　［C］多賀城
問3　和同開珎　　問4　②　　問5　③　　問6　②
問7　③

解説

問1奈良時代の主な政争は次の通り。

事　件	年代	内　　容
長屋王の変	729	藤原四子の策謀により長屋王自殺
藤原広嗣の乱	740	大宰府に左遷された広嗣の反乱
橘奈良麻呂の変	757	藤原仲麻呂の排除に失敗
恵美押勝の乱	764	道鏡の排除に失敗し，敗死
道鏡左遷	770	宇佐八幡神託事件の翌年，下野へ

問2［A］退位した天皇がふたたび即位することを重祚という。皇極天皇＝斉明天皇と孝謙天皇＝称徳天皇の２例しか

ない。[B] 光仁天皇は桓武天皇の父である。　問3708年，武蔵国から銅が献上され，元号を和銅と改元，和同開珎を鋳造した。富本銭は7世紀，天武天皇の時代に鋳造された。問4長屋王は高市皇子（天武天皇の皇子）の子であり，天武天皇の孫である。長屋王の邸宅は平城京左京三条二坊に4町（約250m四方）の広さがあった。　問5徳政相論と呼ばれる藤原緒嗣と菅野真道の論争。桓武天皇は藤原緒嗣の議を採用し，蝦夷との戦争と平安京造営を中止した。　問6①国分寺建立の詔は741年に出された。②722年。③『日本書紀』の完成は720年だが，編者は舎人親王らであり，稗田阿礼・太安万侶は『古事記』である。ただし，太安万侶は『日本書紀』の編纂にも参加した。④渤海は926年に滅亡した。問7①三世一身法ではなく墾田永年私財法である。②聖武天皇や光明皇后は天然痘で亡くなったのではない。④阿倍仲麻呂は717年に留学生として入唐した。鑑真は唐から753年に来日した。

12 天平文化

問1　聖武天皇　　問2　③　　問3　②　　問4　⑤　　問5　①　　問6　①　　問7　イ　　問8　鑑真　　問9　②　　問10　④　　問11　ウ　　問12　②　　問13　①③

解説

文化史の問題は寺院や仏像など文化財の写真が出題されることが多いので，写真をみて確認しておこう。　問1聖武天皇は仏教をさかんにすることで律令体制の動揺を防ごうと考え，741年に国分寺・国分尼寺建立の詔，743年に大仏造立の詔を発した。　問2旻は飛鳥時代，空海と円仁は平安時代，重源は平安末から鎌倉時代にかけて活躍した僧である。行基は僧尼令できびしく制限されていた一般民衆への布教活動を行ったため，当初，政府から名指しで批判されていた。　問3阿弥陀仏や大日如来，不動明王の像がさかんにつくられるようになるのは平安時代のことである。問4醍醐寺の僧であった重源は東大寺が焼けた直後に後白河法皇から大勧進に任じられ，その後約20年間，精力的に東大寺再建に取り組んだ。　問5①元興寺は蘇我馬子が建立した法興寺(飛鳥寺)が平城遷都に伴って移転した寺。②西大寺は称徳天皇が藤原京移転，さらに平城京内に建立。③興福寺は藤原鎌足夫人の鏡女王が山背国に建立した山階寺を起源とする藤原氏の氏寺。④法隆寺は厩戸王が斑鳩に建立した寺。　問6仏像には木像や金銅像のほか乾漆像や塑像などさまざまな製作技法がある。乾漆像は木や粘土でおおまかな形をつくり，そのうえに麻布を張って漆で塗り固めたものである。塑像は木を芯にして荒縄を巻き，そのうえに粘土をかぶせたものである。　問7・10アは興福寺の八部衆の1つである阿修羅像，イは東大寺の月光菩薩像，ウは東大寺戒壇院四天王像の1つである広目天像，エは東大寺法華堂不空羂索観音像，オは法界寺の阿弥陀如来像。いずれも奈良・平安時代の著名な仏像である。　問8戒律を伝えるため渡日を要請された鑑真は渡航に5回も失敗したが，失明の苦難にもめげず753年，6回目で渡日を果たした。東大寺戒壇院のほか唐招提寺を創建。同寺の鑑真和上像は日本最古の肖像彫刻として著名。　問9大仏開眼に先立つ749年，聖武天皇は娘の孝謙に皇位を譲った。藤原仲麻呂(恵美押勝)は孝謙の母である光明皇太后の信任を得て権勢をふるったが，皇太后の死後，孝謙太上天皇の信任を得て台頭してきた道鏡と対立を深め，道鏡を排除しようとしたが逆に滅ぼされた。淳仁天皇は即位前，藤原仲麻呂の邸宅に住み，恵美押勝の乱ののち淡路島に流された。藤原広嗣は740年に大宰府で反乱を起こし鎮圧された。藤原種継は長岡京建設の責任者で785年に暗殺された。　問10百万塔陀羅尼は年代の確かな現存最古の印刷物といわれている。　問13①正倉院宝庫は一棟で，北倉・中倉・南倉の三倉が連なっている。③庚午年籍は現存しない。

13 東北の経営

問1　[A]渟足柵　[B]磐舟柵　[C]多賀城　[D]胆沢城　[E]志波城　　問2　(あ)⑦　(い)②　(う)①　(え)⑧　問3　⑤

解説

蝦夷とは，古代，東北・新潟～北海道にかけての住民を律令国家側から呼んだ呼称。蝦夷社会は族長に率いられた小規模な村から構成され，政治的には統合されていなかった。しかし，律令国家と対立すると広範囲の村が同盟を結び結束して戦った。　問1・2大化改新後，渟足・磐舟柵の設置と周辺地域から送り込まれた城柵付属の民である柵戸の導入による領域支配の拡大が始まり，阿倍比羅夫の遠征による日本海側の征討活動がみられた。724年，多賀城が陸奥国国府として設置され，鎮守府も併置され，蝦夷支配の拠点となった。これに対して蝦夷の抵抗がしばしば起こり，8世紀末～9世紀初頭に年表のような戦いが繰り広げられた。　問3大納言は律令制成立時からの官職。

14 平安時代初期の政治

問1　[A]桓武　[B]早良　[C]勘解由使　[D]健児　[E]雑徭　[F]嵯峨　[G]蔵人　[H]検非違使　　問2　(あ)⑧　(い)⑩　(う)③　(え)⑦　(お)⑥　　問3　鎮守府　　問4　②

解説

問3鎮守府は，奈良時代には724年に築かれた**多賀城**に置かれた。その後，平安時代初頭の802年に**坂上田村麻呂**によって**胆沢城**が築かれると，ここに移された。翌年に坂上田村麻呂はさらに北方に**志波城**を築いたが，鎮守府は胆沢城に置かれたままであった。のちに**平泉**に移ったが，**奥州藤原氏**滅亡で廃絶した。　**問4大納言・少納言**は律令の規定にある官職だが，中納言が**令外官**である。他の主な令外官は次の通り。

征夷大将軍：**桓武天皇**が設置。坂上田村麻呂など。

勘解由使：桓武天皇が設置。**国司交替**の際の引き継ぎを監督した。

蔵人頭：**嵯峨天皇**が設置。薬子の変(平城太上天皇の変)の際に，機密保持のために設置。**藤原冬嗣**らが任命され，のちには蔵人頭から**参議**に昇進するのが一般的となる。

検非違使：**嵯峨天皇**が設置。京内の治安維持や訴訟を扱う。

関白：**光孝天皇**の時に**藤原基経**が実質的に関白の役割に就いたのが始まり。

15 摂関政治

問1　［A］薬子　［B］冬嗣　［C］基経　［D］時平　**問2**　(あ)⑦　(い)④　(う)⑥　(え)②　**問3**　⑥　**問4**　(a)③　(b)①　**問5**　実頼　**問6**　④　**問7**　実資　**問8**　②　**問9**　道長　**問10**　望月

解説

問1810年，**嵯峨天皇**は兄の**平城太上天皇**(上皇)と対立，「二所朝廷」と呼ばれ政治は混乱した。この対立は天皇方が勝利し，上皇は出家したが，上皇の寵愛を受けていた**藤原薬子**は自殺，兄の**仲成**は射殺された。これを**薬子の変**または平城太上天皇の変という。**藤原冬嗣(北家)**が任命された**蔵人頭**は天皇の側近で機密文書を扱う蔵人の長官である。その役所が**蔵人所**。

藤原氏北家の他氏排斥

842年　**承和の変**　**藤原良房**が**伴健岑**，**橘逸勢**らを排斥。

866年　**応天門の変**　良房が**伴善男**，紀夏井らを排斥。

887年　**阿衡の紛議**　**藤原基経**が橘広相らを排斥。**関白**の地位強化。

901年　昌泰の変　**藤原時平**が**菅原道真**を**大宰府**に左遷。

969年　**安和の変**　**源高明**を大宰府に左遷。以後，藤原氏北家の全盛に。

Ⅳは**右大臣藤原実資**の日記『**小右記**』。実資の家系は小野宮家といったので，「小野宮右大臣日記」を略して『小右記』という。　**問8**「**太閤**」とは平安時代では**摂政・太政大臣**に対する称号。この時，道長は太政大臣である。やがて関白を辞した人を指すようになる。

16 藤原氏の歴史

問1　［A］不比等　［B］冬嗣　［C］基経　［D］時平　**問2**　①　**問3**　光明子　**問4**　②　**問5**　伊周　**問6**　(1)百川　(2)仲麻呂　(3)種継　**問7**　③

解説

問1A：**藤原不比等**は**大宝律令**・**養老律令**の編纂にかかわった。なお，養老律令の施行は**藤原仲麻呂**による（757年）。B：**藤原冬嗣**は，**嵯峨天皇**の信任が厚く，**平城太上天皇の変(薬子の変)**の前に最初の**蔵人頭**に任じられ，北家興隆のもととなった。C：**藤原基経**は，光孝天皇により許されて関白となった。D：**藤原時平**は左大臣であり，右大臣**菅原道真**を讒言(ざんげん)により大宰府に左遷した。　**問2**Ⅴ：901年の昌泰(しょうたい)の変のこと。Ⅵ：**安和の変**…**源満仲**の讒言により**源高明**が大宰権帥に左遷され，ここに藤原氏の他氏排斥が完了した。(ア)小野篁は平安初期の公卿。『**令義解**』の編集に参加した人物。(イ)**源頼政**は1180年に以仁王を奉じて挙兵するも，宇治川の戦いで敗れた。　**問3光明子**は**藤原不比等**の子で，**長屋王の変**ののち，**聖武天皇**の皇后となった。仏教への信仰が厚く，**悲田院**や**施薬院**など，孤児や病人の救済事業を行った。　**問4**①**承久の乱**は1221年，**後鳥羽上皇**が執権**北条義時**追討の**院宣**を出したことから始まる乱。④**阿衡の紛議**は**藤原基経**と**宇多天皇**との関白の詔にまつわる政治的抗争。　**問5藤原道長**は甥である藤原伊周と関白の座をめぐって対立し，伊周は996年に大宰権帥に左遷された。　**問6**(1)藤原百川は北家の藤原永手（房前の子）とともに，天智系である**光仁天皇**の擁立に尽力した。(2)**藤原仲麻呂**は光明皇太后の信を得て，淳仁天皇から**恵美押勝**の名を賜った。(3)**藤原種継**は式家の宇合の孫である。造長岡京使となり，造営にあたったが，現地で監督中に射殺された。

問7①**藤原広嗣の乱**は，**橘諸兄**政権期に，**吉備真備**と**玄昉**の排除を求めたもの。国博士である**旻**・**高向玄理**は飛鳥時代の高僧。②藤原仲成・薬子兄妹は藤原式家である。この出来事のあと，藤原北家が台頭した。④**承平・天慶の乱**は10世紀，摂関政治の全盛期は11世紀。

17 寄進地系荘園の成立

問1　(ア)①　(イ)④　(ウ)②　(エ)⑦　(オ)③　(カ)⑥　**問2**　A　官省符荘　B　不入　**問3**　④　**問4**　①　**問5**　②

解説

Ⅰ：**肥後国鹿子木荘**は，11世紀に成立した**寄進地系荘園**である。この史料自体は13世紀に作成されたものであるが，寄進地系荘園形成の過程が詳細に書かれている。

問1寄進地系荘園の構造をきちんと理解しているかを問う

問題である。　問2Aのように不輸（租税免除）が認められた荘園は以下の２種類がある。

・官省符荘…太政官符や民部省符によって不輸が公認された荘園。

・国免荘…国司による許可である国司免判で認められた荘園。

Bの不入の権とは，国衙の検田使や収納使などの立ち入りを拒否する権利であり，やがて警察権介入拒否に発展する。

Ⅱ：10世紀に国司の権限が強大化し，徴税請負人化すると，巨利を得て私腹を肥やそうとする国司も現れた。この史料は，強欲な国司であった藤原陳忠についての逸話である。

問3・5任国に赴任する国司の最上席者は受領と呼ばれた。一方，任国には赴任せずに，収入のみを受け取る国司は遙任と呼ばれ，この時の国衙は留守所と呼ばれる。

18　国司の地方支配と武士の誕生

問1　受領　　問2　③　　問3　成功　　問4　尾張国
問5　滝口の武者（武士）　　問6　ⅰ）ア⑥　イ①　ウ③
ⅱ）②　　問7　後三年合戦（後三年の役）

解説

国司の地方支配の進展と武士団の誕生についての基本事項を問う。　問1受領は中下級貴族出身が多く，10世紀頃からの国司制の変化により，徴税請人的になり，貪欲に収奪し，富裕化した。　問2平安中期以後の負名体制は，租･庸･調・公出挙の利稲に由来する官物と，雑徭などに由来する臨時雑役を，名という課税単位ごとにその耕作者である田堵から徴収した。　問3律令財政の破綻とともに，新たな財源として広まった売官の一種。　問4『尾張国郡司百姓等解』は国司苛政上訴の詳細を示す史料として有名である。

問5詰所が宮中清涼殿東北の滝口にあったことからこう呼ばれた。　問6ⅰ）源経基は清和源氏の祖。ⅱ）アの藤原純友の乱は939～941年。イの前九年合戦は1051～62年。ウの平忠常の乱は1028～31年。　問71083～87年。清原氏の相続争いに陸奥守として赴任した源義家が介入し，藤原清衡を助けて内紛を制圧した。

19　平安時代の文化

問1　［A］嵯峨　［B］大和絵　［C］宋　［D］渤海　［E］鳥獣戯画　　問2　①　　問3　②　　問4　④　　問5　③
問6　①　　問7　④　　問8　④　　問9　②　　問10
④　　問11　③

解説

図アは「風信帖」（空海から最澄への手紙，平安初期），図イは「離洛帖」（藤原佐理の手紙，国風文化），図ウは「鳥獣戯画」（院政期の絵巻物）である。　問2三筆とは，嵯峨天皇，橘逸勢，空海の，３人のすぐれた書家を指す。橘逸勢がかかわったのは承和の変。②応天門の変－伴善男，③阿衡の紛議－橘広相，④安和の変－源高明，⑤薬子の変－藤原仲成･薬子である。　問3下線部（ｂ）は空海。①は最澄，③は円珍，④は円仁である。　問4①『懐風藻』ではなく『凌雲集』。②『性霊集』は空海の漢詩文集。③綜芸種智院は空海が設立した庶民教育機関。大学別曹ではない。

<大学別曹>

和気氏　弘文院　和気弘世
藤原氏　勧学院　藤原冬嗣
橘氏　　学館院　橘嘉智子
在原氏　奨学院　在原行平

問5『伊勢物語』は，六歌仙の一人である，在原業平を主人公とする歌物語。　問611世紀の初め，女真族が侵攻してきた事件は，刀伊の来襲（刀伊の入寇）（1019年）。藤原隆家が撃退した。②弘安の役（1281年）－元寇　③寧波の乱（1523年）－勘合貿易の主導権をめぐる大内氏と細川氏の対立。④応永の外寇（1419年）－朝鮮が対馬を襲撃。　問7『栄華（花）物語』は院政期の歴史物語，『日本霊異記』は漢文で書かれた平安初期の説話集である。　問8藤原実頼が関白であった時に起こったのは969年の安和の変である。　問9平安貴族の女性の正装は，十二単（女房装束ともいう）である。　問10『梁塵秘抄』（後白河法皇の命で編纂。平安末期）に収録されている「極楽歌」。浄土信仰とかかわりのあるもの。極楽浄土－浄土教－高野山聖衆来迎図（しょうじゅらいごうず）　①：神仏習合　②：密教　③：御霊信仰

問11①：後白河法皇－今様－『梁塵秘抄』－平安末期。
『閑吟集』－小歌－室町時代
②：藤原清衡は後三年合戦の勝者。
④：世阿弥は室町時代の北山文化期に猿楽能を大成した。

中世

20　院政期の政治

問1　［A］後三条　［B］白河　［C］安徳　　問2　②
問3　①　　問4　④　　問5　④　　問6　①　　問7
③　　問8　④

解説

問2～4後三条天皇から平氏政権までの政治に関する問題である。1068年の後三条天皇の即位は，摂関政治に終わりを告げ，新しい時代の始まりであった。天皇は大江匡房を重用してみずから政治を行い，朝廷内に記録荘園券契所（記録所）を設けるとともに延久の宣旨枡を定め，摂関家の荘園をつぎつぎと整理していった。　問5ついで即位した白

河天皇は幼少の堀河天皇に譲位し，上皇となって院政を始めた。院政においては院宣や院庁下文が効力を持ち，天皇の詔勅を圧倒していった。　問6続く鳥羽・後白河の各上皇は，それぞれのちに八条院領・長講堂領となる荘園群をつくり，鎌倉時代にはそれぞれ大覚寺統・持明院統に継承された。　問7・8平氏政権では，平清盛が娘の徳子を入内させ，外孫にあたる安徳天皇を立てたこと（貴族的な性格が強かった），大輪田泊を修築して日宋貿易をさかんにしたことは重要である。また金・水銀などを輸出し，陶磁器・宋銭などを輸入したことも知っておくこと。

21　院政と武士の台頭

問1　源頼義　　問2　②　　問3　④　　問4　③　　問5　④　　問6　知行国（の制度）　　問7　⑤　　問8　④　　問9　藤原通憲(信西)　　問10　③

解説

問111世紀後半の重要事項としては，前九年合戦（1051～62年），後三条天皇即位（1068年），白河天皇即位（1072年），後三年合戦(1083～87年)，白河上皇の院政開始(1086年)などがある。図が前九年合戦について描いたものであることから，陸奥守は源頼義とわかる。なお，後三年合戦では子の源義家が陸奥守となっている。　問2①後三条天皇は摂関家を外戚としない天皇だった。④後三条天皇に登用された者には，学者としても有名な大江匡房や村上源氏の源師房らがいた。　問3①西面の武士は後鳥羽上皇の時に設置された。④滝口の武者(武士)は9世紀末，宇多天皇の時に初めて置かれた。　問4吉野山は大和国であり，法勝寺は京都にあった。　問5「成功」は「じょうごう」と読み，元来は私財を朝廷に提供した者を下級官職に任じたものだったが，平安中期以降になると国司の守（かみ）(長官)などの上級官職にも及ぶようになった。　問6知行国の制度は理解が困難な制度である。国の支配者が公の立場を軽視し，私腹を肥やすために考え出されたものである。　問7山法師の「山」は比叡山（延暦寺）を指している。　問8④は平忠盛の説明である。　問9後白河院の乳母の夫であった藤原通憲（信西）は，保元の乱後平清盛と結んで権勢をふるったが，平治の乱で源義朝らに攻められ自害に追い込まれた。　問10①奥州藤原氏の基礎は，源義家の支援を受けて後三年合戦に勝利をおさめた藤原清衡によって築かれた。②奥州藤原氏の財源は東北地方でとれる金や馬だった。④奥州藤原氏は1189年，源頼朝の攻撃を受けて滅亡した。

22　平氏政権

問1　桓武　　問2　⑤　　問3　①　　問4　①　　問5　厳島神社　　問6　藤原頼長　　問7　②　　問8　太政大臣　　問9　④　　問10　③

解説

問1桓武天皇の子孫である高望王が臣籍に降下し，平の姓を受けたことから，この家系を桓武平氏と呼ぶ。　問2Ⅲは平将門の乱(939～940年)で，平貞盛・藤原秀郷らが鎮圧した。Ⅰは平忠常の乱(1021～31年)で，鎮圧した源氏が関東へ進出する契機となった。Ⅱは源義親の乱(1107～08年)で，鎮圧した平正盛は中央政界への地歩を築いた。　問3①正しい。『尾張国郡司百姓等解』の藤原元命が有名。②受領とは，知行国主ではなく国司の呼び方。③院政期に荘園が増加するが，公領が消滅したわけではない。荘園と公領とからなる荘園公領制が中世を通じて存在した。　問4史料ⅰでは平清盛に至るまでの平氏の歴史が述べられている。平正盛→忠盛→清盛と続くなかで，「正盛にいたるまで～ゆるされず」ということは，忠盛が許されたものを選べばよい。忠盛は昇殿を許されているので，答えは①。　問6保元の乱では藤原氏内部においても，兄の関白忠通と弟の左大臣頼長との対立があった。　問7ｂは平治の乱についての文なので誤り。Ｃの平忠正や源為義らは死罪とされた。問9平治の乱時に院政をしいていたのは後白河上皇。①②は白河上皇(天皇)，③は鳥羽上皇について。　問10Ｘ:「六波羅殿」と呼ばれたのは平清盛で，時忠の勢力が清盛をしのいだということはない。

23　武家政権と院政期の文化

問1　ⓘ－鳥羽，ⓚ－福原京　　問2　［A］崇徳　［B］以仁王　［C］源頼朝　［D］源義経　　問3　㋐⑤　㋑⑦　㋒⑩　㋓①　㋔⑨　㋕⑧　　問4　琵琶法師　　問5　安徳天皇　　問6　宋銭　　問7　鹿ヶ谷の陰謀(事件)

解説

問1桓武平氏はもともと関東に地盤を持っていたが，伊勢を地盤とする伊勢平氏が白河・鳥羽上皇の信任を得て院の近臣として成長した。ⓘ後鳥羽上皇は鎌倉時代初頭に承久の乱の首謀者として隠岐に流された上皇である。ⓚ平氏は大輪田泊に近く，瀬戸内海支配の拠点となる福原京に都を遷したが，反対が強く失敗した。　問3源平の合戦が源氏の東国での挙兵から始まり，西日本に舞台を移して壇の浦の平氏滅亡で締めくくられることを地図上で確認する。また，院政期の文化は地方に波及していく。①は中尊寺金色堂，②は白水阿弥陀堂，⑥は三仏寺投入堂，⑨は富貴寺大堂である。　問6日宋貿易の主な貿易品である。

輸入品	宋銭(銅銭)，陶磁器，香料，薬品，書籍
輸出品	金，水銀，硫黄，木材，米，刀剣，漆器，扇

24 武士の成長

問1 (あ)カ (い)ク (う)ウ (え)オ (お)ア (か)コ (き)イ (く)キ (け)エ (こ)ケ 問2 平忠常の乱 問3 鳥羽上皇 問4 平治の乱 問5 平将門の乱(承平・天慶の乱) 問6 後三年合戦

解説

桓武平氏，清和源氏の系図をもとに，武士団の発展から鎌倉幕府成立までの政治史の基本的内容についての問題である。 **問1**は系図中で空欄になっている(あ)～(こ)の人物に関する内容の説明文を選ぶもので，直接その人名を答えるものではないが，完全な理解のためには，系図中の関係，人名の理解が必要となろう。平氏系図でみると，**重盛**や**徳子**の父にあたる(え)が**清盛**であり，それに関する文(オ)を選ぶのは容易であるが，その父親(う・**忠盛**)にあてはまる文は少し分かりにくいかもしれない。(あ)については，系図をみなくても説明文の内容より，10世紀前半に起こった**承平・天慶の乱**や，その主役たる**将門**の名は想起できるだろう。(い・**忠常**)については源氏系図中の(お・**頼信**)との関連で考えて行かなくてはならない。(お)の孫の(か・**義家**)は，父の**頼義**とともに**前九年合戦**で活躍，またその後の**後三年合戦**の勝利で**武家の棟梁**としての源氏の地位を打ち立てた人物である。源平争乱期の(き)～(こ)については(く・**頼朝**)か(け・**義経**)のどちらかが分かれば，その父(き・**義朝**)や従弟(こ・**義仲**)についての答はすぐに出てくるだろう。 **問2～問6**は，**問1**の各文中に出た反乱・争乱の名称を記述するもので，基本的な事件名は確実に記憶しておくことが大事である。平忠盛(う)は，白河・鳥羽の２人の上皇に仕えたので**問3**は少しややこしいが，後年に彼を重く用いたのは鳥羽上皇である。

25 武家政権の成立

問1 ③ 問2 ⑤ 問3 ④ 問4 ② 問5 ① 問6 ② 問7 ② 問8 ③ 問9 ⑤ 問10 ①

解説

武士でありながら貴族政権の性格を持った平氏政権が滅亡し，国司や荘園領主に対抗し，所領の支配権拡大を求める地方武士団の要求に応える武家政権として**鎌倉幕府**が成立する過程を確認する。 **問1平清盛**は**太政大臣**となった。平安時代以降，**豊臣秀吉**まで摂政，関白には**藤原氏**以外は就任していない。 **問2鹿ケ谷の陰謀**は1177年。**後白河法皇**の近臣が処罰された。以仁王・源頼政の挙兵は1180年５月。福原京遷都は1180年６月。同年11月には京都に戻す。 **問3源頼朝**は平治の乱後，伊豆に流された。 **問4**①三善康信は問注所の初代執事となった。③応仁の乱の時期の室町幕府管領で，東軍側の中心人物である。④応仁の乱の時期の西軍側の中心人物である。 **問5**源頼朝は**鎌倉**に入るとまず武士団統率のため**侍所**を設置し，別当に**御家人**の**和田義盛**を任じた。問注所，**公文所**の長官はいずれも貴族出身である。 **問6**鎌倉時代の守護の任務は**大犯三カ条**。のちに夜討・強盗・山賊・海賊の逮捕権，**刈田狼藉の取締権**まで拡大する。南北朝時代以降**使節遵行**，半済令，守護請など権限が拡大していく。 **問7**①**承久の乱**後，朝廷の監視と尾張国(のち三河国)以西の御家人統轄のため，京都に置かれた。初代探題は**北条泰時**と**北条時房**である。③**北条時頼**が1249年に設置した。④北条泰時が制定した。 **問8**③**安達泰盛**は1285年の**霜月騒動**で滅ぼされた。 **問9北条時政**の子は①**政子**と⑤**義時**である。政子は源頼朝の妻として頼朝の死後も尼将軍と呼ばれた。②**時宗**は**蒙古襲来**の折の８代**執権**である。③泰時は３代執権である。④時頼は５代執権である。 **問10**①和田義盛が滅亡し，北条義時が侍所別当を兼任した。

26 執権政治の展開

問1 ［A］和田義盛 ［B］政所 ［C］源実朝 ［D］藤原(九条)頼経 ［E］宝治 ［F］宗尊親王 ［G］日蓮 ［H］霜月 ［I］北条貞時 ［J］内管領 問2 ③ 問3 ② 問4 ① 問5 ② 問6 ④

解説

問1C・D・F 鎌倉幕府の将軍は９名である。最初の３名は**源氏将軍**(**頼朝**・**頼家**・**実朝**)で，次の２名は**摂家**(**藤原**)**将軍**(**九条頼経**・**頼嗣**)，次の４名は**皇族**(**親王**・**宮**)**将軍**(**宗尊親王**から**守邦親王**)である。 **問2**①石橋山や富士川の戦いは源平の争乱の時の戦い。②幕府軍を率いたのは**北条泰時**や泰時の叔父の**時房**であり，**北条政子**は**鎌倉**にいた。③**土御門上皇**は土佐(のち阿波)に，**順徳上皇**は佐渡に流された。④乱後，京都には**京都守護**にかわって**六波羅探題**が置かれた。 **問3**②２代将軍源頼家の外戚の**比企能員**は1203年に**北条時政**によって倒された。問注所の初代執事の**三善康信**は1221年に死去している。 **問4**①武士社会の慣習・道徳は**道理**という言葉で表された。②守護の任務は源頼朝の時に定められた**大犯三カ条**（**大番催促**，**謀叛人の逮捕**，**殺害人の逮捕**）に限定された。**刈田狼藉**の取締りは14世紀になって追加された。③最初から51カ条。④公家や寺社には適用されないとしている。しかし，幕府法はしだいに公家社会にも影響を及ぼすようになった。 **問5**②**石塁**(**石築地**)の構築は**文永の役**の後である。④『**蒙古襲来絵巻**』は肥後の御家人**竹崎季長**が描かせたものである。 **問6**④**下地中分**によって地頭は荘園の半分を支配するようになった。経済的打撃を受けたのは**荘園領主**である。

27 蒙古襲来とその後の社会政策

問1 元寇　**問2** フビライ＝ハン　**問3** ②　**問4** 1274年　**問5** ④　**問6** 北条時宗　**問7** 異国警固番役　**問8** ④　**問9** ③　**問10** ③　**問11** 永仁の徳政令　**問12** ①　**問13** ②　**問14** ①

解説

鎌倉時代後半の社会の動揺を問う問題である。史料問題ではあるが，問われているのはいずれも基本的なことである。**問1元寇**は江戸時代後期になって使われ始めた用語。　**問2**チンギス＝ハンの孫**フビライ＝ハン**は都をカラコルムから大都（今の北京）に移し，国号を**元**と改めた。　**問3②**日本軍の戦術は騎兵による個人戦が主で，**元・高麗軍**の集団戦法に苦しんだ。　**問4文永の役**は1274年。その前年，高麗が**モンゴル**に降伏したあとも頑強に抵抗していた**三別抄**が滅亡した。　**問5連署**は**執権**と連名で署判をする**鎌倉幕府**の重要な役職。執権**北条義時**の死後，執権に義時の子**泰時**，連署に弟**時房**が任じられたのが始まり。①**評定衆**は執権・連署のもとに置かれた合議機関で，執権・連署とともに幕府の政策を決定した。②**引付衆**は裁判の迅速化を目的として評定衆のもとに置かれた組織。③**老中**は**江戸幕府**の職名。　**問6北条時宗**は時頼の子。1268年に元からの国書が届き対応をせまられるなか，執権に就任した。　**問7**九州北部と長門国の沿岸防備を任務とした。　**問8異国警固番役**は幕府滅亡まで継続した。**建長寺船**は幕府が**建長寺**造営のための資金を得るために1325年に元に派遣した貿易船。　**問9**①**刀伊の来襲**（**刀伊の入寇**）は1019年，**女真族**（**刀伊**）が約50隻の船団で対馬・壱岐・北部九州を襲った事件。②**応永の外寇**は1419年，朝鮮が**倭寇**を鎮圧するために１万7000の兵力で対馬を攻撃した事件。④**慶長の役**は**豊臣秀吉**による２回目の朝鮮侵略。**文禄の役**ののち日明両国間の講和交渉が決裂し，1597年，秀吉は朝鮮南部を実力で奪おうと14万の大軍を派遣した。翌年，秀吉の死を機に撤退。**問10**①**御家人**だけでなく**非御家人**も動員したのは幕府である。②**守護大名**が成長してくるのは室町時代前半，**南北朝の動乱**の頃からである。④**三管領・四職**はいずれも室町幕府の**有力守護**がつとめた役職である。　**問11・12**史料Ⅲの大意「質入れや売買された土地について　地頭や御家人の買い取った土地については，**御成敗式目**の規定どおり，売却後20年を過ぎていれば，元の持ち主（売り主）は取り返すことができない。非御家人や凡下（庶民のこと。この場合は高利貸を指す）が買い取った土地の場合は経過した年数にかかわりなく，売り主は土地を取り返すことができる。」　**問13**①**問丸**は中世に，年貢や商品の輸送・保管に従事した運送業者。③**掛屋**は江戸時代に大坂などで藩の**蔵屋敷**に出入りして公金の出納や国元への送金に従事した商人。**蔵物**の売却を行う**蔵元**を兼ねる者が多かった。④**本両替**は**江戸幕府**の御用をつとめた**両替商**。金銀の交換や売買，金融業に従事した。　**問14**②元寇は防衛戦争であったため，幕府は戦功のあった武士に充分な恩賞を与えることができなかった。③扶持米は戦国時代末から江戸時代にかけて領主から下級武士に支給された米穀のこと。④**尊王攘夷論**を唱えて幕府に抵抗する者が急増したのは江戸時代末のことである。

28 武士の生活

問1　（あ）①　（い）④　（う）③　（え）②　（お）②　（か・き）①　（く・け）③　**問2** ④　**問3**（順不同）①，②

解説

図版は時宗の開祖である**一遍**の生涯を描いた『**一遍上人絵伝**』の一部で，筑前国の武士の館を表したものである。他に，備前国**福岡市**を表した部分も有名である。　**問2**武士の直営地は，下人や所領内の農民に耕作させた。　**問3**武士の多くは**地頭**として土地を管理し，**年貢**を徴収して**国衙**や**荘園領主**におさめた。**承久の乱**（1221年）後には地頭は西国にも多く任命され，支配権を拡大させた。

29 鎌倉時代の社会経済

問1（順不同）流鏑馬，犬追物　**問2** ④　**問3** ④　**問4** 下地中分　**問5** ①　**問6** ①　**問7** ③　**問8** ②　**問9** 座

解説

問1流鏑馬（やぶさめ）・**犬追物**（いぬおうもの）　**問2**武士の直営地を佃・前田・門田・正作・用作などと呼んだ。**問3・4承久の乱**後，東国出身の武士が多く**地頭**（**新補地頭**）に任命され，荘園への支配権を拡大していった。そのため**荘園領主**との紛争も拡大したが，土地に定着した地頭を幕府も取り締まれない状態となった。そこで荘園領主は地頭に荘園の管理一切を任せ，**年貢**納入だけを請け負わせる**地頭請**（**所**）の契約を結んだり，地頭に土地を分け与える**下地中分**の取決めを行った。幕府も当事者間の解決（**和与**）を勧めたので，支配権は地頭へ移っていった。　**問5**①**三毛作**は室町時代から。④**荏胡麻**は油，**楮**は紙の原料。　**問6**②**納屋物**は江戸時代の商人が仕入れた各地の商品のこと。③鎌倉時代の**定期市**は月三度の**三斎市**であり，**六斎市**が登場するのは室町時代。　**問7運上**とは中世では都の領主まで年貢を運ぶことを意味した。江戸時代では商工業者など農業以外の従事者に賦課された雑税で，一定の税率でおさめ

させた。　**問8**問丸の機能のうち，主に都市に成立して卸売りに特化したのが**問屋**。

30 鎌倉仏教

問1　[A]念仏　[B]題目　**問2**　悪人正機(説)　**問3**　踊念仏　**問4**　一遍上人絵伝　**問5**　元（モンゴル）　**問6**　②　**問7**　只管打坐　**問8**　③　**問9**　北山十八間戸

解説

社会が変動するなかで，庶民など広い階層を対象とする仏教の新しい動きを確認する。

宗派	開祖	教義	主要著書	中心寺院
浄土宗	法然	専修念仏	選択本願念仏集	知恩院
浄土真宗	親鸞	悪人正機	教行信証	本願寺
時宗	一遍	踊念仏	(一遍上人語録)	清浄光寺
臨済宗	栄西	坐禅・公案	興禅護国論	建仁寺
曹洞宗	道元	只管打坐	正法眼蔵	永平寺
日蓮宗	日蓮	題目唱和	立正安国論	久遠寺

問1阿弥陀仏による救済を求める浄土宗系では念仏を唱え，**法華経**が正しい教えであるとする法華宗系では題目を唱える。　**問2**史料は親鸞の弟子唯円が著した『**歎異抄**』の一節である。　**問3・4**図は**一遍上人絵伝**の**踊念仏**の場面である　**問5モンゴル**は1271年に国号を**元**とした。　**問6蘭溪道隆**は1246年に来日し，**北条時頼**の帰依を受け，**鎌倉**に**建長寺**を開いた。**無学祖元**は1279年，**北条時宗**の招きで来日し，鎌倉に**円覚寺**を開いた。　**問8高弁**は京都郊外の栂尾(とがのお)に高山寺を再興し，戒律を重んじて**華厳宗**の復興につとめた。『**摧邪輪**(ざいじゃりん)』を著して法然の『**選択**(せんちゃく)**本願念仏集**』に反論した。

31 鎌倉文化

問1　(あ)⑩　(い)⑫　(う)⑨　(え)⑬　(お)⑦　(か)②　(き)④　(く)⑥　**問2**　③　**問3**（ⅰ）[A]上杉　[B]宗尊　[C]北条時頼　（ⅱ）⑤　**問4**　(順不同)③，⑦

解説

写真は，アは**蓮華王院本堂(三十三間堂)**－山城国－**和様**，イは**観心寺金堂**－河内国－**折衷様**，ウは**円覚寺舎利殿**－相模国－**禅宗様**，エは**東大寺南大門**－大和国－**大仏様**，オは明月院上杉重房像－相模国，カは六波羅蜜寺空也像－山城国－康勝，キは**東大寺南大門の金剛力士像**－大和国－**運慶・快慶**ら，クは東大寺僧形八幡神像－大和国－快慶，ケは観心寺の**如意輪観音像**－河内国－平安初期（弘仁・貞観文化）の**一木造**である。　**問1**（あ）蓮華王院本堂は**後白河法皇**の発願によって建立。(う)**真言宗**の開祖とあるので空海。(お・か)**元寇**の戦没者の菩提を弔うために建立とあるので**円覚寺**－**北条時宗**－**無学祖元**。(き)総国分寺と位置づけられた寺院とは**東大寺**。東大寺は**聖武天皇**の発願によって創建。(く)東大寺再建の勧進上人として活躍したのは**重源**。**問2**ア（**和様**）－和様の説明，ウ（**禅宗様**）－大仏様の説明，エ（**大仏様**）－禅宗様の説明　**問3**（ⅰ）A**室町幕府**の**関東管領職**を世襲とあるので**上杉氏**。B鎌倉幕府最初の**皇族将軍**は**宗尊親王**。C宗尊親王を迎えた**執権**は**北条時頼**。（ⅱ）鎌倉は相模国。ア～エのうち相模国の鎌倉にあるのは，ウの円覚寺舎利殿。　**問4**キはエ（東大寺）にある。ケはイ（観心寺）にある。

32 鎌倉末～室町時代の政治

問1　③　**問2**　①　**問3**　④　**問4**　②　**問5**　④　**問6**　③　**問7**　③　**問8**　③　**問9**　①　**問10**　②

解説

問1後嵯峨法皇の死後，後深草上皇の流れをくむ**持明院統**と亀山上皇の流れをくむ**大覚寺統**に分かれて皇位継承・荘園相続などをめぐって対立が続いた。持明院統は長講堂領，大覚寺統は八条院領をそれぞれ経済基盤としていた。幕府は両統が交代で皇位に就く**両統迭立**を調停した。　**問2**幕府では北条得宗家の家政を統轄する**内管領**が権勢をふるい，特に執権**北条高時**の時，内管領**長崎高資**は執権以上に力を持ち，御家人から反発を買った。　**問3**1324年が**正中の変**で日野資朝は佐渡へ流された。　**問4六波羅探題**は**承久の乱**後に設置。建武の新政で東北を治めたのは陸奥将軍府である。　**問5**奥州総奉行は鎌倉時代。　**問6**中先代の乱は北条高時の子時行が甲斐から鎌倉を襲い占領した事件。**問7尊氏**は持明院統の光明天皇を立てた。　**問8**鎌倉府の長官は鎌倉公方。**関東管領**は公方を補佐し，上杉氏が世襲した。鎮西探題は鎌倉幕府。室町幕府では九州探題。室町幕府の直轄軍は奉公衆。　**問9**『**神皇正統記**』を著したのは**北畠親房**。顕家はその息子。　**問10**室町時代の守護の権限は鎌倉時代の大犯三カ条に加えて，田地をめぐる紛争時に一方的に稲を刈り取る**刈田狼藉の取締り**と**使節遵行**が与えられた。

33 建武の新政

問1　⑤　**問2**　1333年　**問3**　(順不同)②，⑤　**問4**　後醍醐天皇　**問5**　(あ)④　(い)②　**問6**　二条河原(の)落書　**問7**　③　**問8**　高師直　**問9**　④

解説

史料は，南北朝時代の歴史書である『梅松論』。　問1Ⅲ崇徳上皇 vs 後白河天皇…1156年，保元の乱→Ⅰ源頼朝の伊豆配流…1159年，平治の乱後に頼朝配流→Ⅱ以仁王の挙兵…1180年，平氏追討の令旨を出し，以仁王・源頼政挙兵　問5建武政府では，記録所（重要政務），雑訴決断所（所領関係の裁判），恩賞方（恩賞事務），武者所（京都の警備）などが設置された。また，鎌倉幕府では，政所（一般政務・財政），問注所（訴訟・裁判事務），侍所（軍事・警察）が設置されている。　問7①元弘の変後に即位した光厳天皇は，持明院統（北朝）である。②楠木正成は河内で，護良親王は吉野で挙兵した。④足利高氏・赤松則村は京都の六波羅探題を攻撃し，上野国新田荘を本拠とする新田義貞は鎌倉幕府を攻略，滅亡させた。

34 南北朝の動乱

問1　［A］新田義貞　［B］北畠親房　［C］後亀山天皇　［D］1392　［E］後小松天皇　問2　③　問3　③　問4　②　問5　②　問6　④　問7　①　問8　②　問9　⑥　問10　①　問11　②

解説

南北朝の動乱の開始から終結までの一連の動向を，南朝側，北朝側に分けて年代順に確認しておこう。

問1　1338年，南朝側では新田義貞が越前の藤島で戦死。
1339年，北畠親房が『神皇正統記』を執筆。
1392年，南朝の後亀山天皇が北朝の後小松天皇に譲位という形で南北朝合体。

問21336年，後醍醐天皇は吉野へ移った。吉野は大和の国の南部なので②ではない。①は京都なので，これも誤り。②は奈良。　問31350～52年，高師直と足利直義の対立とあるので観応の擾乱。①の中先代の乱は中先代（北条時行）が反乱を起こして鎌倉を占拠した事件（1335年）。②の明徳の乱は足利義満の挑発によって山名氏清が討たれた事件（1391年）。④の正中の変は後醍醐天皇による倒幕の企て（1324年）。　問41352年の半済令は，近江・美濃・尾張の３国を対象としていた。伊勢は入らない。　問5①出家して尊円入道親王と呼ばれた。書道の青蓮院流を創始。③1335年，中先代の乱の時，鎌倉に幽閉されていた護良親王は殺害された。　問6今川貞世（了俊）が就任したのは九州探題。　問7建武の新政時の機関は①と③。陸奥将軍府は後村上天皇として即位する義良親王と北畠顕家が派遣された。鎌倉将軍府は，成良親王と足利直義が派遣された。　問8①は織田信長が安土に出した楽市令。③は御成敗式目（貞永式目）。④は『甲州法度之次第』　問9楠木正行の父は楠木正成。正成が戦死したのは湊川の戦い。④は四条畷の戦い。⑤は石津の戦い。　問10③は守護請，④は地下請　問11①の『職原抄』は北畠親房，③の『梅松論』は作者不詳，④の『公事根源』は一条兼良の著書である。

35 室町王権の誕生

問1　〔A〕持明院　〔B〕花の御所　問2　④　問3　④　問4　②　問5　①　問6　④　問7　④　問8　③

解説

南北朝動乱期は武家社会が一族的結合から地縁的結合へと移りかわる変革期である。室町幕府は守護大名の連合政権として成立し，３代将軍義満の時代に南北朝を合一した。義満は朝廷の機能を吸収して公武の両権を掌握し，政治を主導した。　問1後醍醐天皇の大覚寺統は吉野にこもって正統の皇位を主張し，南朝といわれた。一方の持明院統は京都で足利尊氏に擁立され，北朝といわれた。　問2④が誤り。建武政府は鎌倉に鎌倉将軍府を置いた。鎌倉府を置いたのは室町幕府である。　問3①誤り。建武新政を風刺，批判したのは「二条河原落書」である。②誤り。御成敗式目を補足する法令は建武以来式目追加として出された。③誤り。足利尊氏の立場に立って書かれた軍記物は「梅松論」である。④正しい。幕府の当面の政治方針について箇条書きの形で定めたものが建武式目である。　問4②斯波氏は足利氏の一門で三管領の１つである。四職にあてはまるのは山名氏である。幕府成立当初は，四職に土岐氏が加わり，五家で侍所所司を交代した。　問5①誤り。借上は鎌倉時代の金融業者。　問6④誤り。朝貢貿易の形式が屈辱だとして貿易を中断したのは４代将軍足利義持。６代足利義教の時，再開した。　問7①誤り。半済令とは軍費調達のために守護に一国内の荘園・公領の年貢の半分を徴発する権限を認めたものである。段銭ではない。②誤り。国司と守護は併置されたが，土地人民を分割支配したわけではない。③農民のために年貢を半減する法令ではない。④正しい。半済令は1352年に最初尾張，美濃，近江の３カ国に兵粮米として１年限り認められた。　問8①正しい。②正しい。使節遵行権である。③誤り。荘園や公領の領主が年貢徴収を守護に請け負わせることを守護請という。地下請とは，農民が領主におさめる年貢を惣村が一まとめにして請け負うことである。

36 足利義満の政治と外交

問1　①　問2　③　問3　②　問4　①　問5　④　問6　③　問7　③　問8　④　問9　②　問10　④

解説

室町幕府３代将軍。在職1368～94年。大内・山名など有力守護を抑えて，幕府権力を確立した。南北朝合体や日明間の国交回復や勘合貿易を実現した。武家としては平清盛以来となる太政大臣になるなど権勢を誇った。　問1息子の４代将軍義持は，朝貢形式を嫌って勘合貿易を中止し，上杉禅秀の乱を鎮め，鎌倉公方足利持氏と対立した。　問2 11カ国を領有し，六分一殿と称された山名氏清を敗死させた反乱。　問3大内義弘は，周防・長門・石見・豊前・和泉・紀伊６カ国の守護で，明徳の乱や南北朝合体にも義満を支えて功があったが，朝鮮との外交貿易を独占してますます権勢を誇ったので，義満に警戒され，不穏な関係となった。

守護大名が幕府に対して起こした反乱についてまとめる。

将軍	反乱	年	事件
義満	土岐康行の乱	1390	美濃，尾張，伊勢の守護土岐氏没落
	明徳の乱	1391	六分一殿(衆)と称された山名氏清，敗死
義持	応永の乱	1399	大内義弘が堺で敗死
	上杉禅秀の乱	1416	前関東管領上杉氏憲(禅秀)が反乱，自殺
義教	永享の乱	1438	鎌倉公方足利持氏が幕府に背いた。持氏は翌年自殺
	結城合戦	1440	結城氏朝が足利持氏の遺児を擁して反乱
	嘉吉の変	1441	播磨守護赤松満祐が，６代将軍足利義教を暗殺
義政	応仁の乱	1467～77	将軍家，管領家の家督争いから全国に戦乱が波及

問4紅巾の乱で台頭した朱元璋は，1368年太祖洪武帝として即位。1387年には全国を統一した。　問5李成桂は，高麗の武将であったが，クーデタで政権を握り，朝鮮を建国した。　問6赤松氏は四職。　問7僧祖阿を正使に，肥富を副使として派遣した。

37 室町時代の政治と社会

問1　あ⑩　い⑥　う④　え③　お②　か⑦　き⑧　問2　③　問3　足軽　問4　下剋上　問5　山城国一揆　問6　②　問7　織田信長　問8　天文法華の乱

解説

守護大名の連合政権である室町幕府は，３代義満の時代に安定したが，その後，６代義教の専制的な政治や有力大名の弾圧が嘉吉の変を招き，将軍権力は揺らぐ。応仁・文明の乱後は，下剋上の風潮のなかで国人や有力農民，さらには京都の町衆が一揆を結び，自治を展開するようになった。問1い山名持豊・う細川勝元は，二人とも乱の最中の1473年に死去した。え畠山氏は応仁・文明の乱後も山城国で戦い山城国一揆が起こった。　問2応永の乱・明徳の乱・土岐康行の乱は，３代義満が有力守護大名大内氏・山名氏・土岐氏の勢力を削減するために引き起こした事件である。永享の乱は1438～39年。　問3絵は『真如堂縁起』より。問5山城国一揆は1485～93年。　問6加賀一向一揆は1488～1580年。石山本願寺が織田信長に降伏した年に解体された。①嘉吉の徳政一揆は1441年，嘉吉の変の直後に起こり，幕府から徳政令を勝ち取った。②は1549年。③は1428年。徳政令は出ていないが各地で徳政が展開された。④は1419年，朝鮮が対馬を襲撃した事件。　問8京都の町衆には日蓮宗の信者が多かった。

38 室町時代の外交

問1　(Ⅰ)Ⓓ　(Ⅱ)Ⓑ　(Ⅲ)Ⓒ　(Ⅳ)Ⓐ　問2　尚巴志
問3　応永の外寇　問4　(港)寧波　(形式)朝貢貿易
問5　(港)三浦　(氏族名)宗氏

解説

室町時代の外交について，東アジア世界のなかの日本という視点でとらえ，地理的条件も確認する。地図中のⒶは対馬，Ⓑは博多，Ⓒは種子島，Ⓓは琉球である。　問1Ⅰは中継貿易で栄えた琉球である。Ⅱは大内氏が拠点とした博多。Ⅲは種子島。1543年漂着したポルトガル人が鉄砲を伝えた。Ⅳの事件は応永の外寇である（問3）。　問2琉球王国は中山王の尚巴志が1429年に統一した。　問4日本から明に向かう船は明から交付された勘合という札を持参することになっており，それを査証するのが寧波の港であった。問5富山浦(釜山)，乃而浦(薺浦)，塩浦(蔚山)が日本との貿易港として指定され，三浦といわれた。貿易は対馬の領主宗氏が統制した。

39 室町時代の農村史料

問1　地下掟　問2　㋐寄合－③　㋑惣－⑤　㋒徳政－①　問3　入会地　問4　(1)③　(2)④　問5　②
問6　①　問7　(1)②　(2)③　問8　④

解説

鎌倉後期以後，畿内やその近国では，小農の自立が進み自治的な惣(惣村)が形成されるようになってきた。史料Ⅰは，室町時代中期の近江国今堀郷の惣掟(村掟)の例である。また惣村の発達とともに，惣にまとまった土民が諸要求を掲げて，いっせいに行動を起こす**土一揆**もさかんになってきた。史料Ⅱは，1441年の**嘉吉の徳政一揆**の蜂起を伝える『建内記』の一節である。　**問1**は，史料Ⅰの村の規則名を問うもので，ふつうは惣掟でよいが，ここでは史料文中にある３字の語を答えてほしい。　**問2**は，惣村についての基本的用語を答えるものであるが，史料文中で考えるよりも，先にあとの説明文の内容にあてはまる用語を考える方が取りかかりやすいかもしれない。　**問4**の（1）は，③の近江であり，（2）は，室町時代中期であり，すべてがあてはまるが，延徳元年がわからなくても，①は**南北朝合体**の年の明徳３年，②は**正長の徳政一揆**が起こった年，③は**応仁の乱**の年であるので，消去法から類推できる。　**問5**の②は惣村における**地下請**の内容で，①③は，鎌倉中期以後の農業生産の発達，④豊臣政権の**一地一作人**の原則である。土一揆の主体となったのは，惣に結集した農民層で，**問6**の答は①になろう。　**問7**は，嘉吉の徳政一揆についてのもので，この年の６月に６代将軍**足利義教**が播磨守護の**赤松満祐**に殺害されるという**嘉吉の変**が起こっている。　**問8**の『建内記』の筆者は，内大臣万里小路時房であり，「土民どもの一揆」を厭(いと)う貴族の感情が色濃く出ている。

40　室町時代の社会経済

問1　［A］二毛作　［B］牛　［C］水車　［D］刈敷　［E］本所　［F］油　［G］三斎市　［H］6　［I］永楽通宝　［J］土倉　［K］琵琶湖　［L］馬借　［M］津料　［N］寺内町　**問2**　④　**問3**　撰銭令　**問4**　②

解説

問1［A］畿内では室町時代に**三毛作**も行われた。［B］**牛耕**は西日本中心，**馬耕**は東日本中心に行われた。［F］中世の油の主な原料は**荏胡麻**だった。山城国**大山崎の油座**は荏胡麻の仕入れ，油販売の独占権などを持っていた。［H］**六斎市**が一般化するのは戦国時代である。［J］担保品を保管するために土蔵を建てたことから**土倉**といわれるようになった。［K］北陸や山陰方面から京都に物資を運ぶ場合，若狭湾の敦賀や**小浜**で陸揚げし，琵琶湖北部の諸港から船で坂本・大津まで運び，さらに**馬借**が京都に運んだ。［M］**津料**は港湾・船着場に設けられた**関所**で，徴収された通行税である。［N］**寺内町**は**浄土真宗**の寺院や道場を中心に形成された町で，**門前町**と区別する必要がある。　**問2**④信濃・甲斐両国とも海がないので塩の生産はできない。　**問3撰銭令**は**室町幕府**や**織田信長**らの大名が出した。**撰銭**を制限する一方，一定の撰銭を公認する面も持っていた。　**問4**①は三重県，②は広島県，③は青森県，④鹿児島県にあった港町。⑤は越前（福井県）の**朝倉氏**の**城下町**。

41　北山文化と東山文化

問1　［A］寝殿　［B］足利義尚　［C］書院　**問2**　④　**問3**　①　**問4**　③　**問5**　③　**問6**　②　**問7**　③　**問8**　②　**問9**　④　**問10**　林下

解説

問3（あ）**無学祖元**は**元寇**の頃に南宋から渡来した禅僧。**足利尊氏**はまだ生まれていない。よって②・④が消える。（い）**奉公衆**は**室町幕府**の直轄軍。阿弥号を名乗って将軍の側近に仕えていたのは**同朋衆**。よって③が消えて①が残る。　**問4**③**京都五山**の第三位は**建仁寺**，**鎌倉五山**の第三位は**寿福寺**。いずれも**栄西**が開いた寺院である。①五山に組織されたのは**臨済宗**の寺院。②五山の上に置かれたのは**南禅寺**。**知恩院**は**浄土宗**の寺院。④僧録司は京都五山第二位の**相国寺**に置かれた。　**問5**①『**節用集**』は京都五山の建仁寺の僧が編集したと推定される。それを刊行したのは，奈良の饅頭屋宗二。②**島津氏**に招かれた五山の禅僧**桂庵玄樹**は，薩摩に**薩南学派**と呼ばれる**朱子学**の学派をおこすとともに，朱子の儒書『**大学**』の注釈書である『**大学章句**』を刊行した。桂庵玄樹は室町時代の末の学者。**後醍醐天皇**は南北朝期（室町初期）の天皇。④日本に活字印刷機が伝えられたのは16世紀末。室町時代の初めにはない。　**問6**②の**応永の乱**（1399年）が正答。応永の乱は義満の討伐として知られているが，1394年に義満は義持に将軍位を譲っている。①は1523年，③は1441年，④は1437～38年の出来事である。　**問7**ウは相国寺の**如拙**の「**瓢鮎図**」。公案解決は臨済禅の特色であり誤り。エは**雪舟**の「**秋冬山水図**」。雪舟は1467年，**大内氏**の船で**明**に渡り，帰国後，京都へは戻らず，晩年には周防**山口**の雲谷庵に住んだ。オは「**大徳寺大仙院花鳥図**」。**狩野派**の創始者**正信**の子，**元信**が描いた作品であり誤り。**狩野探幽**は江戸幕府の御用絵師となった人物。探幽の作品としては「大徳寺方丈襖絵」が有名。　**問8**①**宗鑑**は16世紀前半に活躍。1408年に亡くなった**足利義満**の保護を受けるのは不可能。**正風連歌**を確立したのは15世紀に活躍した**宗祇**。宗祇は『**新撰菟玖波集**』を編纂した。『**菟玖波集**』は14世紀中頃に，**二条良基**が編纂し，勅撰に準じられた連歌集。③**千利休**は16世紀，**桃山文化**の茶人。足利義政の頃には，一休宗純の影響を受けた**村田珠光**が**茶の湯**に禅の精神をとり入れ，**侘茶**を創出した。④**吉田兼倶**は反本地垂迹説に基づいて儒教・仏教を統合した神道説を完成した。　**問9**（え）岩石と砂利を組み合わせた庭園，禅の精神とあるので**枯山水**。（お）**東山文化**の時期のもの。

42　戦国期の社会経済

問1　木綿（綿花）　**問2**　②　**問3**　①　**問4**　（1）

① （2）④ （3）② 問5 （1）（空欄）ベニス（ヴェネツィア） （宣教師名）① （2）会合衆 （3）織田信長

解説

戦国大名にとって軍事力増強・家臣団統制と城下町形成・領国振興策は分国支配の両輪である。 問1木綿は15世紀朝鮮から大量に輸入され，急速に普及した。16世紀初頭には三河で綿花栽培が始まった。 問2戦国期の上杉氏の城下町は春日山である。1598年，上杉景勝の時に会津若松に封じられた。関ヶ原の戦いで西軍に属して敗北し，徳川家康に降伏後，米沢に移封された。 問3撰銭令は，商取引にあたり悪銭を嫌い良銭を選ぶ撰銭が行われて起こる経済的な混乱を防ぐために出された法令である。①は撰銭を勧める内容となっているので誤り。 問4坊津は薩摩半島南西部の港で明や琉球との貿易で栄えた。寺内町とは戦国期に主に浄土真宗の寺院道場を中心に形成された町である。門前町は寺社の門前市から発達した町である。宇治・山田は伊勢神宮，長野は善光寺，坂本は延暦寺，奈良は興福寺の門前町である。 問5（1）史料はガスパル＝ヴィレラの「耶蘇会士日本通信」である。②ルイス＝フロイスは織田信長，豊臣秀吉と親交があり，『日本史』を著した。③ヴァリニャーニは天正遣欧使節に同行した。また，活字印刷機の輸入に尽力した。④フランシスコ＝ザビエルは1549年日本布教を志し，鹿児島に到着して大内義隆や大友義鎮らの保護を受けて布教を開始した。（2）堺の市政運営を行った門閥豪商は会合衆，博多の運営を行った12人の豪商は年行司と呼ばれた。

43 戦国期の文化

問1 ［A］上杉憲実 ［B］足利義尚 ［C］桂庵玄樹 ［D］雪舟 ［E］蓮如 ［F］武野紹鷗 問2 ⑤ 問3 Ⅰ－① Ⅱ－⑦ Ⅲ－⑫ Ⅳ－⑩ Ⅴ－⑤ Ⅵ－⑧ Ⅶ－⑬ 問4 ② 問5 ③ 問6 ①

解説

問1［A］「坂東の大学」とあるところから足利学校。足利学校を再興した関東管領は上杉憲実。［B］一条兼良は9代将軍足利義尚のために『樵談治要』を著した。［C］肥後の菊池氏や薩摩の島津氏に招かれて薩南学派を開いたのは桂庵玄樹。朱熹の『大学章句』を刊行した。［D］水墨山水画を完成させたのは雪舟。雪舟は大内氏の船で明に渡った。帰国後も大内氏の城下町山口に居を構えた。［E］本願寺8世法主，講を組織とあるので蓮如。［F］会合衆による自治とあるので堺。奈良の村田珠光に始まる侘茶の方式を堺の武野紹鷗が千利休に引き継いだ。 問2鉄砲を伝えたのはポルトガル人。 問3Ⅰ：下野国の足利－①，Ⅱ：興福寺の尋尊を頼ってとあるので大和国の奈良－⑦，Ⅲ：薩摩の鹿児島－⑫，Ⅳ：大内氏の城下町。周防国の山口－⑩，Ⅴ：蓮如が道場を開いたのは越前の吉崎－⑤，Ⅵ：和泉国の堺－⑧，Ⅶ：鉄砲を伝えたポルトガル人が漂着したのは種子島－⑬。その他の都市は，②江戸，③鎌倉，④小田原，⑥京都，⑨高知である。 問4①五山版は京都，②『節用集』は奈良の林（饅頭屋）宗二が刊行したので正しい。③大内版は山口，④天草版は天草（肥後国）である。 問5連歌師－東常縁より古今伝授を受けた－『新撰菟玖波集』とあるので宗祇。

①二条良基－『菟玖波集』

②山崎宗鑑－『犬筑波集』－俳諧連歌

④松永貞徳－貞門俳諧

⑤宗祇の弟子。「水無瀬三吟百韻」を詠んだ一人

近世

44 キリスト教の布教と南蛮文化

問1 ⑥ 問2 （b）③ （c）④ 問3 ③ 問4 （1）キリシタン大名 （2）高山右近 問5 （1）大村純忠 （2）⑤ 問6 （1）天正遣欧使節 （2）②

解説

日本における宣教師の活動とキリシタン大名，南蛮文化の広がりに関する問題である。 問1・2日本にキリスト教を伝えたイエズス会士フランシスコ＝ザビエルは，鹿児島に到着後，京都にのぼり将軍の布教許可を得ようとしたが失敗，山口の大内義隆や豊後府内の大友義鎮の保護を受けて活動した。 問3その後，金属製の活字印刷機をもたらしたヴァリニャーニら，多数の宣教師が来日し布教活動を行った。そして，各地に神学校のセミナリオや宣教師養成学校のコレジオ，教会堂（南蛮寺）が建てられた。 問4洗礼を受けたキリシタン大名も現れた。代表的な者として大友義鎮のほか肥前の大村純忠・有馬晴信らが有名であるが，高槻城主から明石城主となった高山右近が，豊臣秀吉のバテレン追放令発令後も信仰を捨てず領地没収され，江戸時代の禁教令でマニラに追放された。 問5バテレン追放令が出された一要因は，大村純忠が長崎をイエズス会に寄付したことに，秀吉が憤ったためといわれる。 問6大友・大村・有馬の3大名は，伊東マンショら4名の少年を天正遣欧使節として，インドのゴア，ポルトガル経由でローマ法王のもとに派遣した。

45 織豊政権

問1 （あ）⑤ （い）② 問2 ② 問3 ④ 問4 ① 問5 ③ 問6 ② 問7 360歩 問8 ① 問9 京

解説

Ⅰの史料は「安土城下への楽市令」(出典『近江八幡市立資料館所蔵文書』)である。現代語訳は,「安土山下町が楽市の地とされた以上は,座を認めず,一切の役や負担を免除する。」「織田信長の分国中で債務関係の破棄を命ずることがあっても,安土山下町だけは除く。」　**問2**①北陸道・中山道が交わる交通の要衝は近江国米原である。④商工業者による自治組織がある**自由都市**は**堺**,**平野**,**博多**などである。Ⅱの史料は「**刀狩令**」(出典『小早川家文書』)である。**問4**刀狩は方広寺の大仏建立を名目として,農民から武器を没収して農民の身分を明確化することを目的に行われた。　**問5**①は『**本佐録**』(著者は本多正信といわれる),②は『**西域物語**』(本多利明)「神尾氏が曰く…」(享保の改革時代の**勘定奉行**,神尾春央),④は『**昇平夜話**』である。Ⅲの史料は「**太閤検地の方法**」(出典『西福寺文書』)である。　**問7**度量衡の統一によって,長さは1間＝6尺3寸,面積は1間四方＝1歩,1段＝300歩(1町＝10段,1段＝10畝,1畝＝30歩),枡は京枡に統一された。

46 幕藩体制の成立

問1　[A]徳川秀忠　[B]夏　[C]一国一城令　**問2**　③　**問3**　②　**問4**　①　**問5**　①　**問6**　②　**問7**　④　**問8**　③　**問9**　②　**問10**　③　**問11**　④　**問12**　①

解説

問1[A]徳川家康が1605年に将軍職を譲ったのは徳川秀忠。[B]1615年,**大坂**とあるので**夏の陣**。[C]1615年,「居城以外の城を破却」とあるので**一国一城令**。　**問2**将軍職を譲ったあと家康は駿府へ。　**問3**(い)太閤はもと関白であった人物を指す。家康は関白に就任していないので③・④は誤り。(う)五山・十刹は,室町時代に成立した**臨済宗**寺院の格づけ。江戸時代の寺院統制にはあたらない。**大御所**とは,鎌倉時代以降,隠居した親王・公卿・将軍などの居所をいい,転じてその人の尊称となった。江戸時代には前将軍の尊称としても使われている。　**問4**②**小西行長**や**上杉景勝**は**石田三成**の西軍。③**京都守護職**は幕末の**文久の改革**(1862年)の際に設けられ,**会津藩主松平容保**が就任。江戸初期に設けられ,西国や朝廷の動向を監視したのは**京都所司代**。④**外様大名**は江戸から離れた遠隔地に配置された。**問5**家康の**征夷大将軍**と意味あいは異なるが,①は征夷大将軍に任命された。②関白,**太政大臣**に就任。征夷大将軍には任命されていない。③武家として初めて太政大臣に就任。征夷大将軍には任命されていない。④右近衛大将,**右大臣**には任命されたが征夷大将軍には任命されていない。**問6**①明末期から清初期の禅僧。**黄檗宗**の開祖。③幕府の儒官林家の祖。徳川家光の代の**武家諸法度**(**寛永令**)を起草。④**大徳寺**の住持。**紫衣事件**で出羽に配流。　**問7**①豊臣秀吉が**聚楽第**に招いたのは**後陽成天皇**。②**後水尾上皇**が造営したのは**修学院離宮**。**桂離宮**は後陽成天皇の弟**八条宮智仁**(としひと)**親王**が造営。③朝鮮から伝えられた活字を使用しての出版は,慶長版本,または慶長勅版と呼ばれ,後陽成天皇の勅命によるもの。　**問8**①武家諸法度元和令－秀忠。②・④武家諸法度天和令－**徳川綱吉**　**問9**①1722年,質入地である質地の田畑が質流れの形で売買されるのを禁止した法令。1723年撤回。徳川吉宗の時。③耕地の分割相続を制限したもの。1673年,徳川家綱の時,名主20石,一般百姓は10石以上の所持で分地を認めた。1713年,家継の時,分地高も残高も10石・1町以下になるのを禁止。④1592年,豊臣秀次が発令。朝鮮出兵のために,家数・人数・職業・身分などを把握し,夫役などに動員する体制をつくるため。　**問10**①家綱の代の**大老**は酒井忠清。綱吉の代の大老は堀田正俊。**井伊直弼**は徳川家定・家茂の代の大老。②**若年寄**は**譜代大名**が就任。**老中配下の大目付**には**旗本**が就任し,大名を監察。旗本・御家人を監察するのは若年寄配下の目付。④寺社奉行は譜代大名が,勘定奉行・江戸町奉行は旗本が就任した。　**問11**①1633年。寛永十年禁令。**奉書船**以外の日本船の海外渡航禁止。②1604年。**糸割符制度**。③1715年。**海舶互市新例**。④1639年。寛永十六年禁令。ポルトガル船来航禁止。　**問12**②**日光東照宮**は,神明造ではなく**権現造**。③野々村仁清ではなく**酒井田柿右衛門**。酒井田柿右衛門－赤絵の技法完成－**寛永文化**。**野々村仁清**－京焼の祖－元禄文化。④建仁寺の「**風神雷神図屏風**」は本阿弥光悦ではなく**俵屋宗達**の作品。

47 江戸幕府の支配体制

問1　(Ⅱ)禁中並公家諸法度　(Ⅲ)田畑永代売買禁止令　**問2**　文武　**問3**　改易　**問4**　③　**問5**　④　**問6**　③　**問7**　①　**問8**　①　**問9**　[B]本途物成　[C]小物成　[D]助郷(助郷役)　**問10**　②

解説

問2・4　徳川秀忠の武家諸法度(元和令)・徳川家光の寛永令は「文武弓馬の道…」で,徳川綱吉の天和令は「文武忠孝を励し…」(**武断政治→文治政治へ転換**)である。　**問3**領地没収・家を断絶させられることを**改易**という。ほかに**減封**(領地削減),**転封**(国替・領地替)がある。　**問5**大名に対して1万石につき100石上納(上げ米)するかわりに**参勤交代**での江戸在府期間を半減した。　**問7**難問である。順徳天皇『**禁秘抄**』は,朝廷の儀式・先例を研究した**有職故実**の書である。　**問8**②の**後陽成天皇**は,豊臣秀吉を**太政大臣**に任命,聚楽第に行幸した。③の**明正天皇**は後水尾天皇と和子(秀忠の娘。東福門院)のあいだに生まれた子で，８世紀の称徳天皇以来の女性天皇。④の孝明天皇は幕末期，妹和宮を徳川家茂に降嫁させ公武合体に協力した。　問9本途物成は田畑・屋敷地に対する本年貢で米納。小物成は山川の収益など副業に課税される。助郷役は人足や馬の補充を目的として，宿場周辺の村落に課した夫役。高掛物は臨時に村高にかかる付加税。国役は臨時に１国単位で負担する土木事業(治水工事，朝鮮通信使の接待など)である。問10地租改正(1873〈明治６〉年)を指している。

48 近世初期の外交

問1　［ア］記号：B，国名：スペイン(イスパニア)　［イ］記号：D，国名：オランダ　［ウ］記号：A，国名：ポルトガル　［エ］記号：C，国名：イギリス　　問2　(あ)地名：①，地図：う　(い)地名：④，地図：か　(う)地名：⑩，地図：け　(え)地名：⑨，地図：き　(お)地名：②，地図：え　(か)地名：⑥，地図：お

解説

問1・2近世初期において日本と外交関係のあった西欧諸国は，ポルトガル・スペイン・オランダ・イギリスの４カ国である。1543年に来航したポルトガル人は，その後，貿易を始めたが，島原の乱後の1639年に来航を禁止された(A)。スペインとの関係は，1584年に平戸に来航したのが始まりだが，1624年に来航を禁じられている(B)。イギリス・オランダとの関係は，1600年にオランダ船リーフデ号が豊後に漂着したのが契機だが，イギリスはオランダとの競争に敗れ，1623年に平戸の商館を閉鎖した(C)。その後，オランダ商館は平戸から長崎の出島に移され，外交関係が続いた(D)。Ⅰの文章は，豊臣秀吉政権の1596年のサン＝フェリペ号事件から26聖人殉教についての文章である。Ⅱの文章は，オランダの東インド会社の場所は少し難しいが，ゴアとマカオはポルトガル，マニラはスペインのアジアでの拠点なので，消去法で解ける。Ⅲの文章で，1604年に始まった糸割符制度では，糸割符仲間の商人らが価格を決定して一括購入することになり，ポルトガルの利益独占が排除された。糸割符仲間は，初めは京都・堺・長崎の商人だったが，のちに江戸・大坂の商人が加わり五カ所商人と呼ばれた。Ⅳの文章で，1600年，豊後に漂着したオランダ船リーフデ号の航海士ヤン＝ヨーステン(耶揚子)も徳川家康に用いられ，江戸に屋敷を与えられた。

49 寛永期の文化

問1　［A］権現　［B］後陽成　［C］数寄屋　［D］隠元隆琦　問2　(a)オ　(b)ウ　(d)イ　　問3　禁中並公家諸法度　　問4　崇伝　　問5　②　　問6　①　　問7　林羅山

解説

江戸初期の文化は桃山文化を受け継いだが，幕藩体制が安定した寛永期前後に新しい傾向を示し始めた。問1Aの権現造は，日光東照宮に徳川家康が，東照大権現として祀られたことから，霊廟建築を代表する建築様式としてその名称がつけられた。前後に平行する本殿と拝殿のあいだに直角に石のあいだを入れ，工字形に連結したもの。陽明門は「日暮らしの門」の異名を持つ。B桂離宮は後陽成天皇の弟八条宮智仁親王とその子智忠親王が営んだ別荘。C数寄屋造は，江戸初期の書院造の一形式。自由で装飾性が高い。茶室の影響もある。桂離宮以外に後水尾上皇が営んだ修学院離宮も著名である。D隠元は黄檗宗を日本に伝え，宇治に万福寺を造営した。インゲン豆をもたらしたことでも知られる。　問2写真アは京都の清水寺，イは宇治の万福寺，ウは桂離宮，エは長野の善光寺，オは日光東照宮陽明門。問3後水尾天皇が幕府の許可なく紫衣着用を勅許したことを問題にし，これに抗議した大徳寺の沢庵らを処罰した事件が紫衣事件。　問4崇伝はこのほか武家諸法度(元和令)，寺院法度も起草しており，黒衣の宰相として家康に仕えた。問5①瀬戸焼は鎌倉時代に加藤景正が開いたもの。③李参平は有田焼の始祖。④野々村仁清は上絵付法をもとに色絵を完成して京焼の祖となった。　問6②は尾形光琳の八橋蒔絵硯箱。③は東日本一帯を行脚して多くの仏像をつくった円空のいわゆる円空仏。④は正倉院宝物の螺鈿紫檀五絃琵琶。　問7林羅山は林家の始祖。上野忍ヶ岡に私塾を開く。武家諸法度(寛永令)の起草者としても著名。

50 文治政治の展開

問1　④　　問2　②　　問3　③　　問4　文治政治　問5　③　　問6　①　　問7　海舶互市新例　　問8　(1)④　(2)①　(3)③

解説

問1史料については，Ⅰ：分地制限令　Ⅱ：武家諸法度(天和令)　Ⅲ：生類憐みの令　Ⅳ：海舶互市新例(長崎新令・正徳新令とも呼ばれる)である。Ⅰの史料は「石高猥に分け申す間敷」として名主(なぬし)や一般百姓における持高の最小限を規定している。Ⅱの史料では武家諸法度のうち，元和令や寛永令の第１条「文武弓馬の道，専ら相嗜むべき事」と異なっている点に注意しよう。問3，問7，問8の(2)(3)また寛永令において参勤交代制が定められたことも覚えておくこと。問4・5文治政治としては，元禄期(徳川綱吉による)政治及び正徳の政治における政策内容をまとめておくこと。問6そのうち，貨幣改鋳に至った幕府の財政難の要因の１

つに，明暦の大火の復興があることも重要である。問8の（1）正徳の政治を推し進めた新井白石については，その著書の書名と内容を覚えておくこと。

51 江戸時代の経済・産業

問1　（1）角倉了以　（2）［A］河村瑞賢　［B］西廻　［C］東廻　問2　（1）［A］蔵屋敷　［B］菱垣　［C］樽　（2）十組問屋　（3）［A］金　［B］銀　（4）両替商　問3　A 備中鍬　B千歯扱　問4　金肥　問5　（1）②　（2）③　問6　（1）④　（2）問屋制家内工業　（3）工場制手工業

解説

経済・産業に関する基本的な出題である。　問1河川交通の整備（富士川，高瀬川，保津川）は，京都の豪商角倉了以が行った。また，海運航路（西廻り海運，東廻り海運）は，江戸の商人河村瑞賢が整備した。

問2

大坂	二十四組問屋（荷積問屋）	銀遣い	「天下の台所」
江戸	十組問屋（荷受問屋）	金遣い	「将軍のお膝元」

問3近世は中世からの農具が発達した時期でもあった。

竜骨車→踏車　…故障が少ない足踏み式揚水機

風呂鍬→備中鍬…深耕が可能

扱箸　→千歯扱…脱穀具，作業効率があがったため，「後家倒し」とも呼ばれる　殻（唐）竿（から・さお）…脱穀具

千石簁…穀類の選別具

唐箕…穀類の選別具，手回しの翼で風を起こす

問4肥料は，中世より使われてきた刈敷・草木灰から，干鰯・〆粕（しめかす）・油粕・糠などの金肥が普及した。　問5・6この時期，農業生産が進展し，木綿【河内・尾張・三河】，茶【山城・駿河】，藍【阿波】，紅花【出羽】，漆【会津】，い草【備後】など，各地で特産物が生まれた。

52 江戸時代の交通・商業の発達

問1　中山道　問2（1）本陣（脇本陣も可）（2）問屋場　問3　③　問4　角倉了以　問5　④　問6　河村瑞賢（瑞軒）　問7　④　問8　⑤　問9　②

解説

江戸時代の交通について，陸路は政治的な目的から，水上交通は物資流通の目的で整備されたことをおさえる。　問1五街道は幕府が全国支配のために整備した道路。日光東照宮参拝のための日光道中が入っていることなどを理解しよう。Aは中山道，Dは東海道で，江戸～京を結ぶ主要街道である。　問2（1）大名，幕府役人のための本陣のほかに，庶民向けの旅籠や木賃宿があった。（2）問屋場では人馬の継ぎ立てを行った。　問3街道には関所が設けられた。碓氷は中山道，小仏は甲州道中，箱根・新居は東海道の関所。箱根では江戸防衛上「入り鉄砲に出女」をきびしく取り締まった。白河は奥州道中の終点にあたる。　問5菱垣廻船は両舷に菱組の垣を設け，荷物を積んだ。樽廻船は上方から江戸へ酒を運ぶ船で，菱垣廻船より所要時間が短かく，菱垣廻船を圧倒した。北前船は日本海を航行する船である。問7蔵屋敷に集めた物資の売買を行うのは蔵元で，代金の管理，送金は掛屋が行ったが，両方を兼任する商人もいた。蔵役人は蔵屋敷を管理する各藩の武士。札差は江戸で旗本・御家人の俸禄米を取り扱う商人。土倉は室町時代の金融業者である。　問8俵物は海産物を干して俵に詰めたもので，中国向けに輸出された干鮑，いりこ，ふかひれなどである。各藩が蔵屋敷に集めて流通させる物資を蔵物という。下り物とは上方から江戸に運ばれる物資で，品質がよく高級品とされた。　問9①江戸幕府は貨幣鋳造権を持ち，金座・銀座・銭座で貨幣を鋳造した。紙幣は発行していない。③金貨は計数貨幣で銀貨が秤量貨幣。田沼意次の時代に計数貨幣の南鐐二朱銀を発行した。

53 享保の改革

問1　（ア）③　（イ）②　問2　金銀貸借に関する訴訟　問3　③　問4　(c)大名　(d)米　問5　②　問6　禄高の少ない幕臣　問7　禄高が少なく役高に満たない場合は，在職中に限り不足分を支給すること。

解説

史料Ⅰは相対済し令である。相対済し令は，金銀貸借に関する訴訟を幕府が取り上げないとした法令である。その理由として，近年，「金銀貸借」に関する訴訟が多くなって，「評定所ではもっぱらこれを取り扱い」，一般の訴訟である公事訴訟があと回しになっているためとしている。そして今後，金銀貸借に関する問題は当事者間の「相対」による話し合いで解決するように求めている。

史料Ⅱは上米の制である。享保の改革では財政の再建が第一の課題となっており，吉宗は就任以来この問題に取り組んできたが，期待した成果が得られなかった。そのため大名から米を献上させることにした。大名の組織たる藩の財政は幕府の財政から独立しており，将軍として，幕府の財政を大名からの献上米に頼ることは「御恥辱」であったが，緊急の処置としてこれを実施したのである。上米による幕府の収益は年間約18万石余りであったという。吉宗はその代償として参勤交代の江戸在住期間を１年から半年に短縮した。きわめて異例であったこの制度は1730年に廃止が命じられ，翌年から廃止された。

史料Ⅲは足高の制である。旗本は禄高に応じた役職に就くのが原則で，有能であるが禄高が少ない人材を登用するためには，禄高を加増しなければならなかった。また，その旗本が役職をしりぞいても禄高は加増されたままであった。これでは幕府財政を圧迫することから，吉宗は，役職をしりぞいた旗本の加増分を減じ，元の禄高に戻すこととした。これにより，幕府は禄高の少ない旗本からも優秀な人材を登用することができるようになるとともに，人材登用に伴う支出の増大を最小限におさえることができるようになった。

問1史料Ⅰ・Ⅲが何に関する史料かがわかれば，答えを導ける。 問2「出入」とは訴訟を指す。 問3評定所は幕府の重要案件を取り扱う役所で，老中と三奉行（寺社奉行・勘定奉行・江戸町奉行）が中心となって合議された。 問4(c)持高１万石以上の者，すなわち大名を指す。(d)縦書きで「米」の漢字を分解すると八木となることから，「八木」とは米を表す言葉として用いられている。 問5（上記説明文参照）。 問6 「小身」とは禄高の少ないこと。

54 田沼の政治

問1 ② 問2 ③ 問3 （順不同）運上，冥加 問4 ③ 問5 最上徳内 問6 ② 問7 ④ 問8 南鐐二(弐)朱銀

解説

問1徳川家重は９代将軍。株仲間公認とともに幕府の専売のもと，銅座・真鍮座・朝鮮人参座などが設けられた。 問2①の若年寄田沼意知は田沼意次の子で，旗本佐野政言に江戸城内で刺殺された。佐野は民衆から「世直し大明神」ともてはやされた。④の荻原重秀は５代将軍徳川綱吉のもとで，勘定吟味役(のち勘定奉行)として，貨幣改鋳を進言した。 問3運上とは税率一定の営業税。冥加は商工業者の営業免許税。 問4『赤蝦夷風説考』は仙台藩医工藤平助が田沼に献上した著書。赤蝦夷とはロシア人のこと。史料は工藤平助の『赤蝦夷風説考』の抜粋である。「蝦夷地」の地理・歴史・風俗を述べ，開発の必要性とロシアとの交易を主張した。1783(天明３)年に田沼意次に献じられ，蝦夷地開発の契機となった。①「山師」が開発しようとしても，開発費用に見合うだけの生産量がないため，成功したことがないとあるので，誤り。②江戸初期，ロシアと交易していなかったので誤り。③正しい。④海防については書かれていない。海防論書は，発禁処分となる林子平の『海国兵談』が有名である。 問5最上徳内は1785年に幕府の千島列島探査に参加したのを初めに，数回蝦夷地を調査した。 問6間宮林蔵は樺太を探査した。 問7Ⅰは1853年，Ⅱは1792年，Ⅲのモリソン号事件は1837年。尚歯会に出席した蛮学社中(蛮社)の渡辺崋山・高野長英らが処罰されたのは1839年(蛮社の獄)。 問8南鐐二朱銀は1772年鋳造。南鐐とは良質の銀のこと。二朱金と等価であることを表した最初の計数銀貨である。

55 寛政の改革

問1 松平定信 問2 ④ 問3 田沼意次 問4 (順不同)②，④ 問5 ② 問6 (順不同)①，④ 問7 寛政異学の禁 問8 林羅山 問9 ① 問10 ③ 問11 ③ 問12 ① 問13 ④ 問14 ③

解説

問4①③⑤は田沼時代の内容。②の定量計数銀貨を鋳造したが，慶長金銀ではなく南鐐二朱銀である。④の米市場の開設は，８代将軍吉宗の享保の改革時の出来事。 問6①と④が寛政の改革を批判した内容となっている。①蚊の羽音とかけて文武奨励を風刺している。④は「水清ければ魚すまず」のことわざがあり。白河藩主松平定信を風刺。②は１万石につき米100石を上納する上げ米への風刺(享保の改革に対して)。③は明和九年に元号が安永に変更したが，物価は高いままで迷惑だと風刺(田沼意次の政治に対して)。⑤上喜撰(高級なお茶)と，ペリー率いる蒸気船４船とをかけた風刺（幕末の幕府に対して）。 問11③が正解。林家の家塾として整備，定信引退後に幕府直轄の昌平坂学問所と改称した。①は薩摩藩の兵器製造を中心とした洋式工場群。②は塙保己一(はなわほきいち)創立の学問所で，林家監督のもとに国史講習と史料編纂を行った。『群書類従』を編修・刊行も行う。④は高橋景保の建議で幕府の天文台に設置された蘭書翻訳局である。 問14史料Ｃは「棄捐令」であり，ａの内容は天保の改革で実施された「株仲間の解散」について述べたもの。ｂの内容は正しい。ｃの影響は実際に起こったこと。ｄは，旗本・御家人らの多額の借金が帳消しになって一時的に救済されたものの，生活の窮乏状態を根本的に解決することはできなかったので誤り。

56 幕藩体制の動揺

問1 A 下田 B 箱館 問2 日米和親条約 問3 最恵国待遇 問4 ③ 問5 ② 問6 ① 問7 ④ 問8 ③ 問9 ② 問10 異国船打払令

解説

江戸時代は史料問題の出題が多い。基本史料は口語訳も含めて必ず確認しておきたい。

問1必ず日本地図で場所を確認しよう。 問3第９条にはアメリカへ一方的に最恵国待遇を供与した規定である。

問5史料Ⅰの条約は1854（安政元）年３月に調印された。①ロシア海軍提督プチャーチンは，1853（嘉永６）年７月，ペリーの後を追うように，長崎へ来航した。②オランダ国王ウィレム２世はアヘン戦争の様子をみて，1844年，軍艦を長崎に派遣して日本に開国を勧告した。③開国後，幕府は海防を始めとした国防の強化を命じた。④日米和親条約締結後，1856年初代駐日総領事として下田に着任したハリスは，日米修好通商条約の調印に成功した。　問61806年，文化の薪水給与令は漂流船への薪水（燃料と水）・食料支給を命じた。異国船打払令で廃止。1842年アヘン戦争の結果，天保の薪水給与令が老中水野忠邦のもとで再び発令された。　問7フェートン号事件は1808年，イギリス軍艦がオランダ船捕獲目的で長崎に侵入し，薪水・食料を略奪して退去した。この時期のオランダは，フランスのナポレオンにより属国となり，イギリスと対立していた。　問911代将軍徳川家斉は1837年まで在位。

57 近世思想史

問1　(あ)⑤　(い)②　(う)⑧　(え)③　(お)⑥　問2　木下順庵　問3　『聖教要録』　問4　(か)①　(き)⑦　(く)④　(け)②　(こ)⑥　問5　明和事件　問6　③　問7　鬼

解説

江戸時代における学問・思想の変遷についての問題で，Ⅰは，主として江戸中期までの儒学の諸学派の展開をまとめたものである。　問1（う）は幕府儒官となり，徳川吉宗にも用いられた室鳩巣と迷うかもしれないが，その弟子にあたるのが（え）の太宰春台なので区別できるだろう。　問2木下順庵は加賀藩主前田綱紀に招かれ，のちに徳川綱吉の侍講となった。彼の門下には新井白石や室鳩巣らがいる。問3山鹿素行は赤穂で，日本中心の考え方を説いた『中朝事実』も著した。　問4国学については，Ⅰでその先駆者である契沖を取りあげているが，Ⅱでは国学は取りあげていないので，その大成者の③本居宣長は空欄には入らない。問51758年に竹内式部が処罰された宝暦事件と混同しないようにしよう。　問6①は同じ経世家の本多利明の著でもっともまぎらわしい。②は本居宣長，④は安藤昌益の主著。問7山片蟠桃は合理主義的な思考により，仏教や迷信を否定し，徹底した無神論である「無鬼論」を唱えた。

58 国学と洋学

問1　(あ)⑨　(い)①　(う)⑤　(え)②　(お)⑦　問2　(か)⑤　(き)①　(く)③　問3　③　問4　②　問5　蘭学事始　問6　［A］解体新書　［B］ハルマ和解　問7　蛮書和解御用　問8　③

解説

社会が安定した元禄時代に国文学の研究が開始され，のちに国学として成長した。国学には復古思想から尊王思想に発展するものと文献考証の方向に進むものがある。18世紀，幕藩体制の動揺に直面し，古い体制から脱しようとする動きが起こった。実用の学問としていち早く洋学を取り入れたのは医学である。　問1③平賀源内はエレキテルの実験をし，西洋画も描く博学多才な人物である。④吉田松陰は長州藩士で，松下村塾を主宰し，攘夷思想を説いた。高杉晋作や伊藤博文らを育てたが，安政の大獄で刑死した。⑥新井白石は６代将軍家宣の侍講で，正徳の政治を行った。イタリア人宣教師シドッチを尋問し，『西洋紀聞』をまとめた。⑧広瀬淡窓は日田に咸宜園を開き，高野長英や大村益次郎らを育てた。⑩契沖は元禄期に『万葉集』を研究し，『万葉代匠記』を著した。　問2私塾について整理しよう。

学問	私塾	設立者	場所
儒学	懐徳堂	大坂の町人出資	大坂
	松下村塾	吉田松陰	萩
洋学	芝蘭堂	大槻玄沢	江戸
	鳴滝塾	シーボルト	長崎
	適塾	緒方洪庵	大坂

問3①賀茂真淵著。復古思想を主張した。②本居宣長著。『古事記』の注釈書。④林羅山，鵞峰父子が幕命により編集した編年体の歴史書。⑤新井白石著。６代将軍徳川家宣に進講した草稿をもとに武家政権の正統性を述べた史論書。問4①鎌倉時代末期に伊勢外宮の神職度会家行が唱えた神道説。③④室町時代に京都吉田神社の神職吉田兼倶が神道を中心に儒学，仏教を統合しようとする神道説を唱えた。唯一神道ともいう。　問7洋書の翻訳にあたる部局は1811年蛮書和解御用として始まり，1855年洋学所，1856年蕃書調所，1862年洋書調所，1863年開成所と改編され，明治維新をむかえた。

59 儒学と学問

問1　②　問2　①　問3　④　問4　③　問5　①　問6　②　問7　④　問8　②　問9　（順不同）前野良沢，杉田玄白（中川順庵・桂川甫周でも可）

解説

江戸時代における政治・社会の推移と儒学など学問との関係をまとめたもので，設問は大部分が４択の正誤問題である。安定的に高得点を得るためには，より深い内容の理解が必要である。　問1徳川吉宗は実学奨励の立場から漢訳洋書の輸入を緩和した。　問2②は伊藤仁斎らの古学派，③は中江藤樹によって樹立された陽明学派，④は江戸後期に本居宣長により大成される国学の説明文となっている。問3好学の大名の前田綱紀は木下順庵（京学一派の松永尺五の弟子で，新井白石の師）らの学者を召しかかえたが，南学の谷時中とは無関係であった。　問4の③白石は藤原惺窩により立てられた京学の系統であるが，先述のように林羅山にはつながらず，林家(林信篤)とは対立的であった。問5②は陽明学派の熊沢蕃山の，③は古学の先駆者の山鹿素行の，④は堀川学派(古学)を樹立した伊藤仁斎の説明文である。　問6①のジャガタラ文の内容は私的・断片的なもの。④の『西洋紀聞』は長く新井家に秘蔵された。　問7①の事件はシーボルト事件。②の「民間にも奨励」するようなことはなかった。③幕府は「西欧の近代思想」を研究させることはなかった。　問8①の『海国兵談』は林子平の著。③の『ハルマ和解』は稲村三伯らの編。④の『暦象新書』は志筑忠雄の著作である。

60 藩政改革

問1　[A]調所広郷　[B]村田清風　[C]松平慶永　[D]徳川斉昭　問2　②　問3　越荷方　問4　④　問5　②　問6　③　問7　③

解説

江戸時代後半，藩財政が苦しくなってくると，立て直しのために藩政改革を行う藩が現れた。各藩の藩政改革の特徴を以下にまとめるので確認しておこう。

問1A・問2鹿児島(薩摩)藩では調所広郷が中心となり，負債の整理，黒砂糖の専売強化，琉球王国との貿易促進などを実施。調所の死後，藩主島津斉彬は反射炉や洋式工場などからなる集成館を設置し，外国からの武器購入などの軍事力強化もはかった。　問1B・問3萩(長州)藩では村田清風が中心となり負債を整理し，紙・蠟の専売。下関などに越荷方を置き，収益をあげた。　問1D・問6水戸藩では藩主徳川斉昭を中心に，藤田東湖や会沢安(正志斎)らを登用。藩校の弘道館を設立するなど改革を進めるが，保守派の反対などで失敗した。　問7高知（土佐）藩では「おこぜ組」と呼ばれる改革派が，緊縮財政により財政再建をはかった。このほか佐賀(肥前)藩では藩主鍋島直正が中心となり均田制の実施など，本百姓体制の再建をはかる。陶磁器の専売や反射炉を備えた大砲製造所も設ける。このように19世紀に中・下級武士らを登用するなどして改革に成功した藩は，幕末の雄藩に成長していった。　問5地図中のAは米沢藩で，宝暦・天明期に藩主上杉治憲(鷹山)が中心となり改革を進めた。Bは熊本藩で，同時期に藩主細川重賢が中心となり改革を進めた。Ⅱの佐竹義和は秋田藩で改革を行った藩主。Ⅲの島津重豪は，調所広郷を登用するなどした薩摩藩主。

61 宝暦・天明期の文化，化政文化

問1　②　問2　③　問3　④　問4　③　問5　③　問6　(1)⑤　(2)①　問7　①　問8　④　問9　②

解説

江戸時代の思想・学問については政治・社会などとからめて出題されることが多い。主な思想家ではその業績，政治や社会との関連を，国学者・洋学者ではその業績や著書，及び私塾名も覚えること。　問1①荻生徂徠は享保期の思想家。②蒲生君平は陵墓の研究者。④『農政本論』は佐藤信淵の著。　問2ケンペルはドイツ人医師で『日本誌』の著作者。これに記された国が「閉ざされた状態」を志筑忠雄は「鎖国」と翻訳した。『北槎聞略』は大黒屋光太夫のロシア体験談を桂川甫周が記録したもの。　問3①稲生若水は元禄期の本草学者。②『蘭学階梯』の著者は大槻玄沢で宝暦・天明期の人。③渋川春海(安井算哲)は『貞享暦』の作成者。　問4②小田野直武は『解体新書』の挿絵を担当した。　問5①司馬江漢の銅版画として有名。小田野直武が同名の洋画を残している。②呉春(松村月溪)筆。④亜欧堂田善筆。　問7私塾としてシーボルトの鳴滝塾，広瀬淡窓の咸宜園，緒方洪庵の適々斎塾(適塾)，伊藤仁斎の古義堂，大槻玄沢の芝蘭堂，本居宣長の鈴屋，長州萩の松下村塾などはよく出題される。郷学(郷校)については，閑谷学校，懐徳堂がよく出題される。松下村塾・適々斎塾・懐徳堂については，著名な出身者も覚えておくこと。

62 近世社会経済思想

問1　④　問2　『経済録』　問3　懐徳堂　問4　(順不同)⑤，⑦　問5　自然真営道　問6　万人が自ら耕作する無差別平等の社会　問7　ロシア　問8　①　問9　①

解説

問2太宰春台は江戸中期の儒学者・経世家。荻生徂徠の門下で特に経済学を研究し，経世論の発展に寄与した。　問3懐徳堂は，大坂の町人が出資した私塾で，陽明学や朱子学を町人に教えた。懐徳堂で学んだ門人からは『出定後語』(富永仲基)，『夢の代』(山片蟠桃)らの名著がある。　問6陸奥の医者であった安藤昌益は，万人直耕を理想とし，儒学や身分制を徹底的に批判した。

63 近世の災害と農民運動

問1 ②　**問2** 青木昆陽　**問3** 菅江真澄　**問4** (d)③ (e)⑥　**問5** 大塩平八郎　**問6** 貨幣改鋳により金の含有率の低い元禄小判の発行を増加し，増収をあげた。　**問7** ④　**問8** Ⅰ

解説

近世の代表的な災害とそれに伴う民衆運動に関する問題である。カードⅠが**寛永の飢饉**，カードⅡが**享保の飢饉**，カードⅢが**天明の飢饉**，カードⅣが**天保の飢饉**，カードⅤが**明暦の大火**である。　**問1**中世的な農民運動としては，愁訴・強訴・逃散があげられる。　**問2** 8代将軍吉宗から甘藷の研究を命じられた**青木昆陽**は『蕃薯考』『甘藷記』を著し，甘藷（さつまいも）栽培を進めていった。　**問3菅江真澄**は三河出身の国学者・旅行家である。東北各地を巡歴して記した日記『菅江真澄遊覧記』は貴重な民俗資料である。特に天明期に東北地方にあって，飢饉の実情を聞き取り生々しく描いている。　**問4郡内一揆**（騒動）と**加茂一揆**の発生地を地図から答える問題である。郡内一揆が甲斐国，加茂一揆はほかに三河加茂一揆という呼び方をすることが分かっていれば答えられる。なお，❶は会津，❷は江戸，❹は**生田万の乱**が発生した柏崎，❺は**大塩平八郎の乱**が発生した大坂である。　**問5**天保の飢饉の際，大坂の商人や大坂町奉行所が窮民対策をせず，米を江戸に回送していたことにいきどおった大塩平八郎は，周辺農村に檄文を送り，「救民」を掲げて蜂起したが，失敗した。　**問6**金の含有率は**慶長小判**が86.3％であったのに対し，この時発行された**元禄小判**は56.4％と約36％も減少させた。　**問7**①は1673年発令，②は天保の改革の際，江戸の治安対策と農村復興をめざして出された法令，③は農村復興とは無関係。　**問8**カードⅤの内容は明暦の大火（1657年発生）に関するものなので，寛永の飢饉と享保の飢饉のあいだに入る。

近代

64 内憂外患

問1 鍋島直正　**問2** 異国船打払令（無二念打払令）　**問3** ④　**問4** ④　**問5** ①　**問6** ②　**問7** フェートン号事件　**問8** ③　**問9**（薩摩藩）⑤（長州藩）②

解説

天保期を中心とした「内憂・外患」と，それに対応する幕府や藩の政策からの出題である。　**問1肥前（佐賀）藩**の藩主**鍋島直正**は，均田制の導入など天保期の**藩政改革**を主導した。　**問3**①山県大弐著。②渡辺崋山著。③海保青陵著。　**問4**①③近世前期の代表越訴型一揆の典型。②1738年，磐城平藩（福島県）で発生した全藩一揆。　**問5ラクスマン**は1792年，根室に来航した。　**問6**選択肢のうち北方の探査を行ったのは，**最上徳内・間宮林蔵・近藤重蔵**。**樺太方面**の探査は間宮が行い，発見した海峡は間宮海峡と名づけられた。　**問8江川太郎左衛門**は，伊豆**韮山**に**反射炉**を建築した。　**問9**①**土佐（高知）藩**の政治。③肥前藩の政治。④宇和島藩の政治。⑥福井藩の政治

65 幕末の政局

問1 ③　**問2** ⑤　**問3** ②　**問4** ④　**問5** ②　**問6** ③　**問7** ②　**問8** ①　**問9** ②　**問10** ④

解説

ペリー来航後，開国，欧米諸国との貿易の開始，それに伴う混乱から**攘夷運動**，倒幕への道筋を確認する。
問1ペリーが来航したのは**浦賀**（現在の神奈川県横須賀市）。**四国艦隊**は下関を砲撃した（**下関砲撃事件**）。　**問2**①**プチャーチン**は，1853年に来日したロシア使節で**日露和親条約**を締結した。②オールコックは1859年に着任した駐日イギリス公使。③**ロッシュ**は1864年に着任した駐日フランス公使。④**ビッドル**は1846年に浦賀へ来航したアメリカ東インド艦隊司令長官　**問3**ペリー来航時の老中首座は**阿部正弘**。**安藤信正**は朝廷と幕府の融和をはかる**公武合体**の政策をとり，**孝明天皇**の妹**和宮**を将軍の妻にむかえたが，1862年，坂下門外で水戸脱藩士らに傷つけられ老中をしりぞいた（**坂下門外の変**）。　**問4**Ⅰは**日米修好通商条約**（第４条）で，**関税自主権**がないことが規定されている。Ⅱは**日米和親条約**（第９カ条）で，片務的**最恵国待遇**が規定されている。Ⅲは**五品江戸廻送令**。Ⅳは日米修好通商条約（第６条）で，**領事裁判権**を認めている。　**問5**幕末（開国後）に日本からの輸出品の約８割は**生糸**が占めていた。①は1899年の輸入品。1893年にインドへのボンベイ航路が開かれたことから綿花の輸入量が急増し，輸入品の第１位になった。③は1913年の輸出品。従来，輸入品であった綿織物が輸出品に加わった。④は1865年の輸入品。開国直後は香港に拠点を置いていたイギリスとの貿易額がもっとも多く，イギリスの産物である毛織物・綿織物が大量に輸入された。　**問6**この時の使節団の首席全権は新見正興。**勝海舟**，**福沢諭吉**らは**咸臨丸**に乗船してこの使節団に随行した。**岩倉具視**は，1871年に派遣された使節団の団長。　**問7**①四国艦隊にロシアは加わっていない。④薩摩藩ではなく**長州藩**。四国艦隊は長州藩を攻撃した。　**問8**②**改税約書**に調印する前に勅許を得ている。**箱館**はすでに1854年の日米和親条約で開港を約束し，開港していた。**兵庫開港**の勅許が出され開港され

るのは1867年。③改税約書では，平均20％であった関税率を一律５％に引き下げた。自由貿易をさまたげる諸制限を撤廃した。④関税が下がったので逆に輸入品の価格は下がった。安価な輸入品と競合する国産品(特に綿織物)は打撃を受けた。　**問10徳川慶喜**は**大政奉還**時にはすでに将軍職辞退を申し出て，**王政復古の大号令**でそれを認められた。**小御所会議**では徳川慶喜に**内大臣**辞退と朝廷への領地の一部返上を命じる処分が決定された。

66 幕末維新の社会

問1　[A]ええじゃないか　[B]教派神道　[C]世直し　**問2**　御蔭参り　**問3**　②　**問4**　①　**問5**　[D]田畑永代売買　[E]地券　**問6**　⑤　**問7**　②

解説

問1ええじゃないかの乱舞は，倒幕派が利用したともいわれている。　**問2御蔭参り**は，1650，1705，1771，1830年の約60年周期でみられた。　**問3**海外に流出したのは銀貨ではなく金貨。金銀の比価が，外国では１：15，日本では１：５であったため。**五品江戸廻送令**の五品とは雑穀・水油・蠟・呉服・生糸のこと。　**問4**兵庫開港勅許は1867年５月。**四国艦隊下関砲撃事件**は1864年８月。**薩英戦争**は1863年７月。**禁門の変**は1864年７月。　**問5**1871年田畑勝手作りを許可し，翌年**田畑永代売買の禁**を解き，地券を発行し，1873年**地租改正条例**が公布された。　**問6民撰議院設立の建白書**は1874年。**江華島事件**は1875年。**渋沢栄一**中心の**国立銀行条例**は1872年。**前島密**の努力による**郵便制度**は1871年発足。　**問7地租改正反対一揆**は三重県から始まり，愛知・岐阜・堺の各県にも広がった。当時の狂歌に「竹槍でドンと突き出す２分５厘」とあるように，暴動の結果，税率は地価の３％から2.5％に引き下げられた。

67 明治維新期の社会

問1　[A]政体書　[B](御)親兵　[C]平民　[D]田畑永代売買禁止令　[E]福沢諭吉　**問2**　③　**問3**　④　**問4**　②　**問5**　①　**問6**　③

解説

新政府成立から明治10年代までの期間は重要な施策がつぎつぎに打ち出された時期である。**五箇条の誓文**，**版籍奉還**から**殖産興業**，**富国強兵**までの流れを理解しておくこと。

問1[A]**政体書**は**福岡孝弟**と**副島種臣**が起草し，冒頭で**五箇条の誓文**を踏まえて国政の基本方針を定めることをうたい，**太政官**への権力集中や**三権分立**などが示された。[B]**廃藩置県**に抵抗する藩が出た場合にそなえ，政府は約１万の兵力(**親兵**)を東京に集結させた。[C]明治維新後，**華族**，**士族**に対する一般庶民という意味で**平民**の語が使われるようになり，戸籍にも掲載された。[D]政府は江戸時代を通じて進行していた農民的土地所有を公認し，土地の売買を認めるとともに土地所有者となった農民から税を徴収する仕組みを導入した。[E]**福沢諭吉**の著作にはほかに**『西洋事情』『学問のすゝめ』**などがある。　**問2**五倫の道徳を説いたのは**五榜の掲示**で，五箇条の誓文の翌日に出された。

問3①廃藩置県の主たる目的の１つは，政府の財政基盤を確保することであった。②版籍奉還によって**知藩事**に任命されていた旧藩主は免官となり，東京に住むことを強制された。③廃藩置県の直後に行われた機構改革では最高決定機関として**正院**が置かれ，そのもとに立法機関である**左院**と，８省の卿が実務を協議する**右院**が置かれた。　**問4江藤新平**は肥前藩の出身で，**佐賀の乱**を起こした。**神風連(敬神党)**の乱は1876年に起こった**士族反乱**で，太田黒伴雄らが**廃刀令**に憤激して蜂起した。　**問5**郵便制度を建議したのは旧幕臣の**前島密**。彼の肖像画は現在も１円切手の図案として使われている。　**問6文明開化**は東京や横浜・神戸などの開港地から始まったが，地方の農漁村では旧来の風俗習慣が根強く残っていた。

68 文明開化

問1　②　**問2**　①　**問3**　①　**問4**　③　**問5**　①　**問6**　⑤　**問7**　④　**問8**　②　**問9**　④　**問10**　②

解説

写真は銀座通りの朝野新聞社前の様子で，右側には1874年に設置された**ガス灯**がみえる。ガス灯は，1872年に横浜外国人居留地にまず設置され，続いて**銀座**に点灯した（**問4**）。1882年に日本橋・新橋間に開通した**鉄道馬車**や，1869年和泉要助らが発明した**人力車**もみえる（**問3**）。　**問1**①アメリカ式ではなく，フランス制度の影響が強い。③尋常小学校は当初４年間で，1907年に６年となった。④**教育勅語**(教育ニ関スル勅語)の起草は元田と**井上毅**ら。　**問2『自由之理』**はミルの『On Liberty』の翻訳書。『Self Help』は『西国立志編』。　**問3**最初の**鉄道**は新橋・横浜間。　**問5**最初の日刊紙は**『横浜毎日新聞』**。　**問6本木昌造**が**鉛製活字**を発明したことによって現在のような洋紙１枚に両面印刷した新聞の発行が可能になった。　**問7矢野竜渓**の**『経国美談』**は古代ギリシアのテーベの民主政を素材にしている。　**問8新島襄**の**同志社**(同志社英学校)は1875年，**大隈重信**の**東京専門学校**(のちの早稲田大学)は1882年，**東京大学**は1877年創立。　**問9**フランスに留学した**中江兆民**は**自由党**の理論家として活躍。イギリス流の**明六社**に対してフランス流の民権思想を広めた。　**問10**リード文にあるように**錦絵**は明治になっても広く用いられた。下記の教育年表を参照して基本事項を確実に理解しよう。

明治初期の教育年表

1871年　文部省設置

1872年　学制公布(フランスの学校制度にならう)

1879年　教育令公布（学制廃止。アメリカの教育制度にならう）

1880年　改正教育令公布(国家による教育の集権化)

1886年　学校令（帝国大学令・師範学校令・中学校令・小学校令の総称)制定

1890年　教育ニ関スル勅語(教育勅語)発布

69 自由民権運動の展開

問1［A］立志社 ［B］元老院 ［C］新聞紙条例 ［D］国会期成同盟 ［E］植木枝盛 ［F］立憲帝政党 ［G］福島事件 ［H］大同団結 ［I］井上馨 ［J］保安条例　**問2** ①　**問3** 大隈重信　**問4** ②　**問5** ⑤　**問6** ①

解説

明治政府が推進した一連の改革は国民多数の声を踏まえたものではなかったため，はげしい政府批判と政治参加を求める運動がわき起こった。**藩閥政府**と民権派の攻防を年表などを活用してしっかり理解しておきたい。　**問1**［A］**立志社**は**自由民権運動**の代表的な地方政社。**板垣退助**のほか**片岡健吉**らが参加した。［B］**元老院**は立法諮問機関として設立され，天皇の命を受けて**日本国憲按**を作成したが，採択されなかった。［C］政府は立憲政体樹立の準備として開催した**地方官会議**で地方議会の開設が決議されると，政府批判の言論がさらに高まることを警戒して**新聞紙条例**と**讒謗律**を制定した。［D］立志社を中心に結成されていた**愛国社**は，1880年の第４回大会で**国会期成同盟**と改称した。［E］**植木枝盛**は立志社，愛国社，国会期成同盟，**自由党**で板垣の側近として活動した。主著に『民権自由論』がある。［F］**立憲帝政党**は一時的に政府の援助を受けたが，政府が**超然主義**の考えから援助をやめた。そのため短命に終わった。［G］この事件によって福島県の自由党は壊滅的な打撃を受けた。［H］**帝国議会**の開設が近づくなかで**星亨**ら旧自由党系の活動家が反政府諸派の結集をめざして**立憲改進党**系に連携を呼びかけた。［I］**井上馨**は**領事裁判権**の撤廃と引き換えに外国人の**内地雑居**のほか**外国人判事**の採用や欧州式の法律の採用を認める考えであった。そのため政府内からも反対の声があがり，折しも1886年に起こった**ノルマントン号事件**によってさらに世論の反発が激化した。［J］**保安条例**に基づいて民権家約570名を皇居外３里に追放したのは警視総監の**三島通庸**である。　**問2民撰議院設立の建白書**に署名したのは，**板垣退助**，**後藤象二郎**，**副島種臣**，**江藤新平**，**由利公正**ら８名で，有司(藩閥官僚)による専制政治に反対し，**愛国公党**を結成して建白書を**左院**に提出した。　**問3大隈重信**は国会の早期開設など急進的な意見を主張したため，**伊藤博文**と対立していた。　**問4西南戦争**の戦費調達のために大量の**不換紙幣**が発行されたことなどが原因で，当時の日本ではインフレが進み，政府の財政赤字も深刻化していた。そこで，1881年に大蔵卿となった**松方正義**は，まず①増税で歳入を増やした一方，②政府の歳出を徹底的に減らし(**緊縮財政**)，**デフレ政策**を進めた。また③貨幣の価値を安定させるため，唯一の銀行券発行権を持つ**日本銀行**を設立し，1885年より銀兌換の日本銀行券を発行した。しかし，④増税とデフレ政策の結果，米や繭などの価格がいちじるしく下落し，定額の地租をおさめる農民の負担が増え，土地を失う農民も多くいた。　**問5**①**伊勢暴動**は地租改正反対一揆で軍隊が出動する事態となった。政府はやむなく税率を地価の３％から2.5％に引き下げた。②**大阪事件**は1885年，旧自由党員の**大井憲太郎**らが前年の甲申事変を受けて朝鮮での親日政権樹立と日本国内での立憲政治樹立を連動させようとして起こした事件。③**血税一揆**は**徴兵令**に反対する農民一揆。④**竹橋事件**は1878年に東京で発生した日本軍で初めての反乱事件である。

70 国会の開設と初期議会

問1 大日本帝国憲法　**問2** 超然　**問3** 1889　**問4** ［D］松方正義 ［E］品川弥二郎 ［F］星亨 ［G］伊藤博文　**問5** ②・⑤　**問6** ①　**問7** ④

解説

初期議会における政府や政党の方針と，**選挙干渉**の状況を伝えた史料を用いた問題である。史料は教科書に掲載されていないものもあるが，明治時代の文章なので国語力で読解してもらいたい。　**問1**明治憲法の正式名称を答える。　**問3**明治憲法の発布年は必須。　**問4**［D］第二議会，選挙干渉時の首相。選挙干渉後も民党が過半数を占め，予算案で対立した。閣内不一致もあり，**第１次松方正義内閣**は第三議会後に総辞職した。［E］選挙干渉の中心人物である内務大臣。**品川弥二郎**は選挙後，選挙干渉の責任をとって辞職した。［F］**星亨**は第２回総選挙で当選し，第２代議長をつとめた。**自由党**を主導し，1900年に**憲政党**を分裂させ，**立憲政友会**創設に参画した。独断専横が多く武道家の伊庭想太郎に暗殺された。　**問5門戸開放・機会均等**は日露戦争後，中国における利権獲得に出遅れたアメリカの要求。**閥族打破・憲政擁護**は**第一次護憲運動**時のスローガン。内憂外患は化政期以降の状況。**臥薪嘗胆**は，**三国干渉**を受け入れた際にさけばれた言葉。　**問6**海軍大臣**樺山資紀**の蛮勇演説と呼ばれるもので，衆議院解散の契機となった。 **問7**条約派・艦隊派はロンドン海軍軍縮条約（1930年）締結の際の賛成派と反対派。国粋主義派とは文明開化に反対し伝統文化を守ろうとする人々。

71 条約改正

問1 ［A］領事裁判権（治外法権） ［B］日英通商航海条約 ［C］関税自主権 問2 （あ）② （い）③ （う）① （え）⑤ 問3 鹿鳴館 問4 ① 問5 ④ 問6 ③ 問7 ③ 問8 ② 問9 ①

解説

条約改正の歩み

1872年 岩倉具視 米欧巡回，米で条約改正の予備交渉。交渉不成立。

1876年 寺島宗則 関税自主権回復をめざす。米は同意，英・独などの反対で失敗。

1882～87年 井上馨 領事裁判権撤廃をめざし欧化政策，外国人判事任用，国内の反対で失敗。

1888～89年 大隈重信 国別交渉，外国人判事を大審院に限定。右翼団体玄洋社員来島恒喜の襲撃で中断。

1891年 青木周蔵 領事裁判権撤廃，税権の一部回復で英と同意。大津事件で挫折。

1894年 陸奥宗光 日英通商航海条約調印（領事裁判権撤廃，税権の一部回復）。

1911年 小村寿太郎 関税自主権回復。

問8ロシアは1891年にシベリア鉄道を着工。南下政策を進めた。 **問9**日朝修好条規の締結は1876年。

72 明治の風刺画

問1 （あ）④ （い）② （う）④ 問2 ビゴー 問3 ① 問4 ③ 問5 中江兆民 問6 ③ 問7 ② 問8 黒田清隆

解説

４図とも政治・社会を風刺する画で，これらを題材にして，明治期の政治・外交政策に関する問題を問うものである。**問1**は，リード文中の空欄に適語を入れるもので，いずれも基本的なものであるが，（う）はこの期のみ「自由党」ではなく，「立憲自由党」であることは注意を要する。 **問2**の風刺画の筆者はなかなか出てこないかもしれない。 **問3**①副島も下野したが，佐賀の乱の中心は江藤新平である。**問4**③加波山事件は自由党解党の契機となった事件であるが，加波山は茨城県。民権運動激化事件中最大のものは，埼玉県の秩父事件である。 **問5**保安条例で東京から追放された者としてよく知られるのは，星亨・中江兆民であるが，中江兆民の『民約訳解』は著名。 **問6**③の寺島宗則は陸奥宗光の誤り。条約改正にかかわった外務卿・外相が，寺島宗則→井上馨→青木周蔵→陸奥宗光→小村寿太郎とかわっていった点は知っておくこと。 **問7**②の第二回総選挙における品川弥二郎内相の選挙干渉は有名だが，それにもかかわらず衆議院における民党の勢力は失われなかった。また①の選択肢の有権者の割合，③の納税資格の金額などが出題されることが多い。 **問8**憲法発布時の総理大臣が誰であったかを覚えていると簡単であるが，この超然主義については，第一議会でこれを述べたのは，第３代総理大臣の山県有朋であるが，この方針を最初に宣したのは，第２代総理大臣の黒田清隆である。

73 明治時代の政党

問1 ④ 問2 ③ 問3 ② 問4 ② 問5 ② 問6 ④ 問7 ④ 問8 ④ 問9 伊藤博文 問10 社会民主党

解説

問1板垣退助・後藤象二郎らが，愛国公党を設立するとともに，国会開設の設立を求め，民撰議院設立の建白書を左院に提出した。①は三大事件建白書，②は第２代内閣総理大臣黒田清隆による超然主義演説，③は福沢諭吉の脱亜論の史料。 **問2**大久保利通・板垣退助・木戸孝允が大阪で会議を行い，板垣と木戸が政府に復帰したので，愛国社は崩壊した。 **問4**立憲改進党の綱領は，イギリス流の漸進的立憲主義，君臣同治，制限選挙である。 **問5**1881年10月，伊藤博文らが天皇に勧めて，1890年に国会を開設することを公約した（国会開設の勅諭）。①は教育勅語（1890年），③は戊申詔書（1908年），④は治安維持法（1925年）の史料。**問6**立憲帝政党の支持層は，神職・儒者などの保守層である。 **問8**大隈重信を首相（外相兼任），板垣退助を内相としたこの内閣は，隈板内閣と呼ばれたが，閣内での旧自由・進歩両党系の対立や尾崎行雄の共和演説による文部大臣辞任などによって４カ月の短命で終わった。 **問9**立憲政友会は，1900年に伊藤博文を総裁に伊藤系官僚と憲政党を中心に結成された。幸徳秋水は『万朝報』において「自由党を祭る文」を発表し，自由党の後身である憲政党が藩閥勢力と妥協したことを批判した。戦前の代表的な政党で，新体制運動に加わる1940年まで続いた。 **問10**社会民主党は，片山潜・幸徳秋水・安部磯雄らの６名で結党したが，治安警察法によって，結成直後に解散を命じられた。

74 日清・日露戦争

問1 ③ 問2 （b）G （c）B （d）E （e）H

(ｆ)Ｌ　問3　(あ)③　(い)②　(う)①　問4　(順不同)Ｉ，Ｊ　問5　③　問6　南満州鉄道　問7　李鴻章(李経方)　問8　①　問9　⑤

解説

近代日本の対外進出と国内政治についての問題で，問1，問3などは，もっとも基本的な問であり，容易に答えられるであろう。しかし，問2の本文中の都市名を地図中より選ぶ設問や，問4の日清戦争後の新たな開港地のうちの２港(杭州・重慶)を地図中の記号より選ぶ問題などは，ほとんどの教科書・図説類にある図とはいえ確実な知識が求められるものである。　問5はまぎらわしいところはあるが，基礎的な知識があれば平易な問である。　問6は満鉄の正式名称を答えさせるもので，基本中の基本といえる。　問7の清国全権の名を答える問題も同様で，第二全権の李経方はともかくも，李鴻章の名はすぐ出てくるだろう。その名前を漢字で書けるかどうかである。　問8は日露戦争において２人に反戦論展開の場を提供した新聞名を問うものだが，『万朝報』・『平民新聞』以外はいずれも主戦論の立場で問題にならない。設問文中の「1903年発刊の」という部分を見落としてはならない。堺利彦らは，『万朝報』が主戦論に転じたので『平民新聞』を創刊したのである。　問9はランシング以外はすべて日露間の外交に携わったロシア人であるが，ウィッテは日露講和会議のロシア全権としてよく知られているので，他の人物を知っていなくても答えられる問題である。

75 日露戦争と戦後の国際関係

問1　［Ａ］桂・タフト協定　［Ｂ］日英同盟　［Ｃ］ポーツマス　［Ｄ］第二次日韓協約　［Ｅ］統監府　［Ｆ］伊藤博文　［Ｇ］第三次日韓協約　［Ｈ］義兵運動　［Ｉ］安重根　［Ｊ］朝鮮総督府　［Ｋ］日露協約(日露協商)　問2　ハーグ密使事件　問3　大韓帝国　問4　土地調査事業　問5　(１)関東都督府　(２)南満州鉄道株式会社(満鉄)　問6　④　問7　④

解説

問2ハーグ密使事件は，オランダのハーグ第２回万国平和会議に，大韓帝国(韓国)皇帝高宗が密使を送り，独立回復を提訴した。　問31897年10月～1910年の国号。朝鮮王朝の第26代国王高宗が皇帝に即位して改称された。清国との宗属関係を絶ち，独立国であることを示した。　問41910～1918年に実施された土地調査事業により，土地所有権の確定，価格の査定，台帳の作成など行った。　問6サンフランシスコで起こった日本人学童の入学拒否事件を始め，カリフォルニア州を中心に日本人移民排斥運動が激化した。　問7日露協約により，日本の韓国の保護国化とロシアの外蒙古に関する特殊権益を相互に認めた。

76 資本主義の発展

問1　④　問2　③　問3　③　問4　①　問5　④　問6　田中正造　問7　⑤　問8　①　問9　②　問10　④

解説

問1殖産興業を推進したのは鉱山・製鉄・鉄道・電信などを担当した工部省(1870年設置)と，製糸・紡績などの官営模範工場の経営などを行った内務省(1873年設置)である。　問2下線部(b)の富岡製糸場は，お雇い外国人のブリューナ(フランス)の指導により，フランス製器械を導入して操業が開始された。　問3①は三井へ，②は三菱へ，④は古河へ払い下げられた。　問41890年に綿糸の生産量が輸入量を上回り，1897年に輸出量が輸入量を上回った。　問51971年，駅逓頭前島密の建議により，飛脚にかわる官営の郵便制度が整備され，全国均一料金制による通信が可能となった。　問6近代化で銅の価値が高まるなか，古河市兵衛の足尾銅山精錬所の鉱毒が渡良瀬川流域で農民・漁民に被害を与えていることが社会問題となった。　問8猪苗代水力発電所の完成は，火力から水力発電に変化する契機となった。大規模な水力発電事業や長距離送電の成功により，電灯の農村部への普及や，蒸気力から電力への動力の転換が進んだ。　問9高野房太郎・片山潜はアメリカで労働運動を体験したり，労働問題を学んだりして帰国し，1897年に労働組合期成会を結成した。①は1912年に結成された友愛会が，大日本労働総同盟友愛会を経て1921年に改称されたもの。④は日本労働総同盟を除名された日本共産党系の人々が1925年に結成した団体。　問10④労働省は1947年に設置された。2001年に厚生労働省になった。

77 明治文化①

問1　(あ)⑥　(い)⑨　(う)①　(え)⑧　(お)④　問2　㋓②　問3　［Ａ］文明開化　［Ｂ］廃仏毀釈　［Ｃ］欧化政策(欧化主義)　問4　㋔③

解説

問1(あ)明六社は1873(明治６)年，啓蒙的思想団体として，森有礼が発議し，福沢諭吉・西周・中村正直・津田真道・加藤弘之ら開成所出身者が多く参加した。(い)天理教は1838年，大和で中山みきが創始，金光教は1859年，備中で川手文治郎が創始，黒住教は1814年，備前の黒住宗忠が創始した。(う)島地黙雷は明治政府の神道国教化に反対し，西洋の自由信仰論を取り入れ，真の神仏分離，仏教の復興を達成した。(え)新渡戸稲造は，札幌農学校で内村鑑三らとともにキリスト教に入信。京大・東大教授，東京女子大初代学長を歴任し，1920年初代国際連盟事務局次長に就任した。(お)植木枝盛は高知で立志社に参加し，その後は自由党の理論家・活動家として活躍し，私擬憲法「東洋大日本国国憲按」などを発表した。1890年，第一回総選挙で当選。自由党土佐派。　問2但馬出石（たじまいずし）藩士の加藤弘之は，維新後明六社に参加して，天賦人権論を紹介。のち「人権新説」で天賦人権論を否認した。東京大学初代総理。1890年，帝国大学総長となった。　問4徳富蘇峰の提唱した平民主義とは，鹿鳴館に象徴される政府の貴族的・表面的な欧化主義や，日本的な伝統・美意識を強調する保守的な国粋主義を排して，平民(一般国民)の側から近代化(西欧化)を達成しようとする思想である。

78 明治文化②

問1　④　　問2　③　　問3　④　　問4　①　　問5　④　　問6　②　　問7　(E)①　(G)⑤

解説

問1 (A) は長岡半太郎である。土星型原子モデルの提唱や電気工学における長岡係数の発表などの業績がある。海外の最新物理学研究成果の紹介なども積極的に行い，留学中にレントゲンのX線発見の報告を日本に送っている。　問2長岡が，湯川秀樹をノーベル委員会に推薦したことが1949年の受賞につながった。　問3木村栄は，水沢観測所において緯度変化におけるZ項の発見を行った世界的な物理学者である。水沢観測所は，国立天文台のなかでは，現存する最古の観測所であり，現在は水沢VLBI (超長基線電波干渉法) 観測所という。　問4幸田露伴は，東京府第一中学(現，都立日比谷高校)で尾崎紅葉と同級生であった。その後，電信技師となり北海道に赴任したが，坪内逍遙に影響を受け，職を放棄し帰郷し，父の仕事を手伝いながら作品を書くようになり，山田美妙らから評価を得て，1893年，この『五重塔』を発表した。こうして，中学同級生の尾崎紅葉と「紅露時代」と呼ばれる黄金期を迎えた。写実主義の紅葉，理想主義の露伴と並び称された。　問5文部省図画取調掛委員の岡倉天心・フェノロサが，1886年に美術教育全般にわたる欧米調査を行い，この報告のもとに，翌年の1887年，日本初の美術教員・美術家養成のための機関として東京美術学校は設立された。当初は，文人画を除く伝統的日本美術の保護を目的としたが，1896年西洋画科・図案科の２科が新設された。戦後の1949年，東京音楽学校とともに新制の東京芸術大学に包括された。　問6藤島武二は，1896年に黒田清輝の推薦により，東京美術学校助教授となり，以後，亡くなるまでの約50年間教鞭をとった。黒田の白馬会にも参加し，白馬会解散後も文展・帝展で活躍した。代表作の『天平の面影』は1902年の作で，正倉院宝物の鳥毛立女屏風をもとに書かれた大作である。　問7橋本雅邦は，東京美術学校設立時の主任教授で，１期生として入学してきたのが横山大観である。橋本雅邦は，江戸末期に狩野派に入門し，同門の狩野芳崖とともに日本画の革新を進めてきた。彼の代表作『龍虎図』は，遠近法を取り入れた奥行きある作品である。Ⅴは『龍虎図』の虎の部分。Ⅰの『無我』は横山大観の初期の代表作。大観は，東京美術学校卒業後，教員としてしばらく美術学校に勤務したが，岡倉天心校長が独善的と批判され辞任する際に，橋本雅邦・菱田春草・下村観山ら同僚教員とともに辞職し，天心が結成した日本美術院に参加した。Ⅱは菱田春草の『黒き猫』，Ⅲは狩野芳崖の『悲母観音』，Ⅳは高橋由一の『鮭』，Ⅵは黒田清輝の『湖畔』である。

79 明治の教育制度

問1　②　　問2　②　　問3　①　　問4　④　　問5　③　　問6　③　　問7　①　　問8　国定　　問9　④

解説

問1学制はフランスの学校制度にならった。　問3同志社英学校は1875年，新島襄により設立された。東京美術学校は1887年，岡倉天心の尽力により設立された。慶應義塾は1868年，福沢諭吉により設立され，東京専門学校は1882年，大隈重信により設立された。　問41886年の小学校令により，小学校が尋常と高等に分けられた。義務教育期間の授業料が廃止されたのは，1900年の小学校令改正によるものである。　問5①専門学校令は，1903年に公布された。②1918年公布の大学令により，単科大学や公立・私立の大学の設置が認められた。④義務教育が６年に延長されたのは，1907年である。　問6①大日本帝国憲法の発布，②東海道線の全通は1889年である。④日英通商航海条約の調印は，1894年である。　問7②大井憲太郎は1885年，朝鮮に渡ってその保守的政府を武力で打倒しようと企て，事前に大阪で検挙された。③賀川豊彦は杉山元治郎らと1922年，日本農民組合を結成した。④新渡戸稲造は内村鑑三らとともに札幌農学校でキリスト教に入信にした。

80 大正時代の政治

問1　④　　問2　②　　問3　①　　問4　民本主義　　問5　富山県　　問6　③　　問7　④　　問8　④　　問9　②　　問10　③

解説

問11917年に起きたロシア革命は社会主義革命であり，これに対し寺内正毅内閣はシベリアへの派兵を決定した。荒木貞夫は皇道派の首領で，教育・文化の軍国主義化を推進した。　**問2**①「民力休養，政費節減」を主張する民党に対し，1890年，**第一議会**で**山県有朋**は**超然主義**の立場から，演説のなかで「**主権線**」(国境) にとどまらず，「**利益線**」(国家の安全独立を保障する勢力範囲，朝鮮半島を指す) の必要から軍事費増強を強硬に主張した。②1913年，**尾崎行雄**が議会演説で**第３次桂太郎内閣**不信任決議案の提案理由を述べたもの。③1873年の**明治六年の政変**で**征韓論**に敗れ下野した**板垣退助・後藤象二郎・江藤新平・副島種臣**らは1874年，**愛国公党**を設立し，**民撰議院設立の建白書**を**左院**に提出した。④1872年に公布された**学制**に際して，その教育理念を示したものがいわゆる被仰出書（正式には学事奨励に関する太政官布告）で，学制の前文になっていた。**問6**第一次護憲運動ではリーダーとして活躍した人物に，立憲国民党の犬養毅と立憲政友会の尾崎行雄があげられる。　**問8**社会主義者の**幸徳秋水**は1901年，**社会民主党**の結成に参加。**日露戦争**に反対を主張し，**堺利彦**らと『**平民新聞**』を発刊。1911年の**大逆事件**で処刑された。　**問9**森戸事件とは，1920年，東京大学助教授**森戸辰男**の書いた無政府主義者クロポトキンに関する論文への弾圧事件。

81 第一次世界大戦と大戦景気

問1　①　　**問2**　②　　**問3**　(え)④　(お)③　(か)⑧　**問4**　(順不同) ③，⑤　　**問5**　②　　**問6**　①　　**問7**　(順不同)②，⑤

解説

問1寺内正毅は桂内閣時代の陸軍大臣である。　**問2**第一次世界大戦直後の工場労働者数は大戦前の約1.5倍，150万人(５人以上規模の事業所)を超えた。なお1920年の総人口は約5600万人。　**問3**空前の好景気 (**大戦景気**) のなかで物価・米価の下落は考えられない。　**問4**①の**工場法** (1911年公布) は社会政策的な観点から労働条件を規制するもの。②の**八幡製鉄所**は**日清戦争**後の1897年に着工され，1901年に操業開始。⑥も1897年の出来事。④の**東海道線全通**は日清戦争前の1889年。1906年の**鉄道国有法**により，90%の鉄道が国有となる。　**問5**第一次世界大戦で日本は連合国側に属し，敵国ドイツからの輸入が途絶えたため，国内の化学工業が勃興した。　**問6**第一次世界大戦中，日本と同様にアメリカも直接的な被害を受けず，好景気となっていた。そのため，アメリカ向けの生糸輸出が拡大した。交戦中のヨーロッパ諸国が手を引いたことで，空白化したアジア市場に向けて，日本は綿織物を輸出した。敵国ドイツからの薬品・染料・肥料の輸入が途絶え，国内の化学工業が勃興した。　**問7**①の**友愛会**は第一次世界大戦前の1912年に労働者修養団体として結成され，大戦中しだいに労働組合化した。**日本労働総同盟**に改称するのが1921年。③の貿易黒字(輸出超過)は1915～18年のみ。④は好況期でなく1920年代の不況期(戦後恐慌～昭和恐慌)にみられる現象。⑥は「**債権国**」と「**債務国**」とが逆。

82 資本主義の発展と労働問題

問1　①　　**問2**　②　　**問3**　④　　**問4**　貨幣法　　**問5**　③　　**問6**　④　　**問7**　③　　**問8**　桂太郎　　**問9**　②　　**問10**　①

解説

問1 (い) の華族の資金と会社との関係についていえば，日本初の私鉄会社＝**日本鉄道会社**は，有力華族の**金禄公債**を原資に設立された第十五国立銀行を後ろ盾に誕生した。**問2**紡績業は発展したが，原料の綿花はインドなどからの輸入に依存していたため，紡績業の輸入超過はむしろ拡大した。他方，製糸業は原料の繭(まゆ)が国産なので，外貨を獲得できた。　**問4新貨条例** (1871年) にかわって貨幣法を制定し，**日清戦争**の賠償金の一部を準備金として，**金本位制**を採用した。新貨条例では金貨１円＝金1.5グラムであったが，**貨幣法**では0.75グラムに変更された。　**問5**1903年に刊行された『**職工事情**』は，行政による全国工場労働者の実態調査報告書で，日露戦争後の**工場法**立案の基礎資料となった。　**問6**X：工場労働者の大半が繊維産業で，その大部分が女工であった。**大戦景気**の頃でも，女性労働者の方がやや多かった。Y：政教社の雑誌『日本人』が三菱・高島炭鉱の惨状を伝えた。『**キング**』は大正期の大衆娯楽雑誌。**問7高野房太郎・片山潜**らが1897年に**労働組合期成会**を結成して，労働運動を指導した。杉山元治郎は，賀川豊彦らと1922年に**日本農民組合**を結成した。**治安警察法** (1900年制定) は，労働運動・小作争議を取り締まる法令。**治安維持法**(1925年制定)は，**普通選挙法**に先立って，社会主義運動を取り締まる法令。　**問8**第１次**桂太郎**内閣の時から**工場法**制定に向けて法案が作成されていた。しかし，**日露戦争**で議会提出はならず，第２次桂内閣で法案を議会に提出した。大企業からは譲歩する傾向があったが，中小企業は女子深夜労働禁止に強く反対し，結局，法案は一度は撤回された。1911年深夜労働禁止は15年間適用しない修正を行って，再度法案を議会に提出し，成立した。　**問9**①工業人口は農業人口の半数以下である。③大規模な水力発電所が建設され，戦後の1950年代まで水力発電が中心であった。④生産額で重工業が軽工業を上回るのは，**昭和恐慌**を脱した1933年である。　**問10** (こ) 小作地率は戦前・戦時を通じて50%を超えることはなかった。

83 普選運動の展開と普通選挙法

問1 〈a〉④ 〈b〉② 問2 地租 問3 ③ 問4 ④ 問5 ① 問6 (順不同)②, ③ 問7 ① 問8 五大改革指令

解説

問1〈a〉明治末期の普選運動では，旧自由民権家（河野広中・大井憲太郎ら）や社会主義者（木下尚江・片山潜ら）が重要な役割を果たした。また1920年の総選挙は，普通選挙を拒否する原敬首相が衆議院を解散して実施されたもの。〈b〉治安警察法には，女性の政治結社加入や政談集会参加を禁じる条項があった。 問3③は「例外なくすべての閣僚」でなく，「陸海軍および外務大臣を除くすべての閣僚」が正しい。 問5Ⅰについて，清浦奎吾自身は前枢密院議長だが，閣僚のほとんどは貴族院関係者。また，明治憲法が議院内閣制（帝国議会の議員，特に衆議院議員が首相を選出する仕組み）を採用していない以上，超然内閣が憲法違反に問われることはあり得ない。 問6有権者の人口比は5.5%から20.8%になっており，①は正しい。②小選挙区制から中選挙区制に戻った。③の被選挙人の納税資格の撤廃は，1900年の選挙法改正で実現している。

84 普通選挙制への道程

問1 ④ 問2 ③ 問3 ① 問4 ① 問5 ③ 問6 (順不同)①, ⑥ 問7 加藤高明 問8 ④ 問9 国体

解説

問1Ⅰは東京帝大教授吉野作造が『中央公論』1916年1月号に発表した著名な論文「憲政の本義を説いて其有終の美を済すの途を論ず」の一節。 問2①は森戸辰男。②は正しくは東京帝国大学教授。④は長谷川如是閑。 問3伊藤博文は1909年，満州のハルビン駅で韓国独立運動家安重根に暗殺された。井上毅は熊本出身の官僚。明治憲法・軍人勅諭・教育勅語の起草にかかわったが，元老ではない。 問5Ⅱは『原敬日記』からの引用。原敬内閣の四大積極政策は，高等教育の拡充，鉄道網・港湾施設の整備，産業と通商貿易の振興，国防の充実。 問6原は立憲政友会に有利な小選挙区制を導入，1920年の総選挙で圧勝した。 問7Ⅲは加藤高明の演説。加藤は岩崎弥太郎の女婿で外交官出身の政治家。立憲同志会総裁として第2次大隈重信内閣で外相をつとめ，護憲三派内閣では憲政会総裁として首相に就任した。1926年病没。 問8地方三新法（郡区町村編制法・府県会規則・地方税規則）は1878年制定，自由民権運動の高揚につながる。1888年の市制・町村制は市町村の組織や権限を明確にし，内務省主導の地方制度を再編整備するものとなった。山県有朋内相とモッセが制定に尽力。山県が首相(第1次山県内閣)となり，1890年の第1回総選挙や議会開会に先立って，同年5月に公布したのが府県制・郡制。中央集権的・官僚制的なドイツ地方制度にならったもの。

85 大正文化

問1 [A]吉野作造 [B]民本 [C]天皇機関説 [D]横山大観 [E]日本美術院 [F]小山内薫 [G]築地小劇場 [H]キング [I]円本 [J]ラジオ放送 [K]活動写真 [L]小林多喜二 [M]プロレタリア [N]白樺 問2 鉄筋コンクリート造りの建物 問3 松井須磨子 問4 大学令

解説

問1[A]吉野作造は民本主義を展開したほか，1918年に黎明会を結成し，また東京帝国大学の学生団体である新人会を指導した。[D]横山大観は1898年，岡倉天心らと日本美術院の結成に参加。1914年に下村観山・安田靫彦らと日本美術院を再興した。[I]最初の円本は，1926年に刊行が開始された改造社の『現代日本文学全集』全63巻だった。[J]ラジオ放送を開始した東京・大阪・名古屋の3放送局は翌1926年に統合して日本放送協会（NHK）になった。[K]活動写真(映画)は最初無声映画だった。[M]プロレタリア文学運動の拠点となった雑誌・機関誌には小牧近江・金子洋文らの『種蒔く人』(1921年創刊，1923年廃刊)，『種蒔く人』同人が創刊し，日本プロレタリア文芸連盟の雑誌となった『文芸戦線』(1924年創刊)，全日本無産者芸術連盟(ナップ)の機関誌『戦旗』(1928年創刊)などがある。小林多喜二は『戦旗』に『蟹工船』などの作品を発表した。 問2関東大震災後，東京・大阪などの都市部で鉄筋コンクリート造りのオフィスビルが急増した。 問3松井須磨子は文芸協会・芸術座の女優として活躍した。 問4大学令によって公立大学・私立大学・単科大学の設立が認められ，帝国大学以外に多くの大学が誕生した。

86 恐慌の時代

問1 [A]米騒動 [B]金融恐慌 [C]関東軍 [D]世界恐慌 問2 ④ 問3 ① 問4 ② 問5 ④ 問6 ③ 問7 ⑥ 問8 ① 問9 ⑤ 問10 ② 問11 ④

解説

問2④は犬養毅ではなく加藤高明が護憲三派内閣を組織した。加藤は，明治憲法下において選挙結果によって首相となった唯一の例である。 問3①は菊池寛ではなく鈴木三重吉が『赤い鳥』を創刊した。その芸術的リアリズムは生活

綴方運動に新しい示唆を与えた。また，児童詩を普及させた。 **問5**④の『**貧乏物語**』を執筆したのは**河上肇**である。**小林多喜二**は，『**戦旗**』に昭和初期より代表的プロレタリア作家として活躍した。代表作は『**蟹工船**』である。 **問6**主謀者の**関東軍参謀河本大作大佐**らは軍法会議にかけられたが，処分は甘かった。当時，真相は隠され**満州某重大事件**といわれた。 **問8南満州鉄道株式会社**は，1906年設立の半官半民の国策会社。**満州事変**後，**満州国**の委託会社となるが，満州の植民地支配に大きな役割を果たした。 **問11虎の門事件**は，帝国議会の開院式に臨む**摂政宮裕仁親王**(のちの**昭和天皇**)が**無政府主義**者の青年難波大助に狙撃された暗殺未遂事件である。**大逆事件**の1つ。

87 協調外交の展開

問1 ［A］国際連盟 ［B］加藤友三郎 ［C］九カ国 ［D］加藤高明 ［E］蔣介石 ［F］金融恐慌 ［G］立憲政友会 ［H］ジュネーヴ ［I］不戦 ［J］若槻礼次郎 **問2** ④ **問3** ① **問4** ② **問5** ③ **問6** ②

解説

問1［H］**国際連盟**の本部があるジュネーヴで開催された軍縮会議(1921〜22年)は，補助艦の制限を目的とする会議には日米英3カ国が参加したが，フランス・イタリアは参加しなかったうえ，米英両国の対立などにより成果がないまま終了した。［I］**不戦条約**は**田中義一内閣**の時に調印された。田中外交は，欧米諸国と協調するという**幣原外交**の方針を，対欧米に関しては継承していた。 **問2**①**東方会議**(1927年)は田中内閣の時に開かれ，対中国積極方針が決定された会議。②**幣原喜重郎**が初めて外相になったのは1924年の**加藤高明内閣**の成立時である。**五・四運動**は1919年に起こった。④日中(日華)関税協定は浜口雄幸内閣の外相時代の1930年に結ばれた。 **問3**②中国に関する条約は**九カ国条約**である。④九カ国条約締結に伴って1923年，**石井・ランシング協定**が廃棄された。 **問4**③④は**ロンドン海軍軍縮条約**(1930年)に関するもの。 **問5**①**奉天**で起こった。②首謀者は関東軍の河本大作大佐である。**石原莞爾・板垣征四郎**は**柳条湖事件**の首謀者。④田中義一内閣が総辞職した。 **問6日本共産党**弾圧事件である**三・一五事件**(1928年)と**四・一六事件**(1929年)は田中内閣の時のもの。

88 軍部の台頭と日中戦争

問1 ① **問2** ④ **問3** ② **問4** 皇道派 **問5** ④ **問6** ③ **問7** 近衛文麿 **問8** ① **問9** ② **問10** 切符制

解説

問1①**血盟団事件**(1931年2〜3月)では前蔵相の**井上準之助**と**三井合名会社**理事長の**団琢磨**が殺害された。②は**皇道派**の相沢三郎中佐が**統制派**の永田鉄山陸軍軍務局長を殺害した事件。③④**三月事件・十月事件**(1931年)は陸軍の桜会によるクーデタ未遂事件。 **問2**Ⅰは犬養毅首相が暗殺された五・一五事件。満州事変の始まりである柳条湖事件は，第2次若槻礼次郎内閣の時に起こった。犬養内閣は最後まで**満州国**を認めず，次の**斎藤実内閣**で**日満議定書**を調印して満州国を承認した。 **問4**皇道派の青年将校が蜂起し，鎮圧後は統制派が陸軍を掌握した。 **問6**Ⅱの二・二六事件で岡田啓介首相は殺害をまぬかれたが，総辞職して広田弘毅内閣が成立した。広田内閣では軍の発言力が強まり，軍部大臣現役武官制が復活した。日独伊三国防共協定の調印(1937年)は，第1次近衛文麿内閣。国際連盟脱退の通告(1933年)は斎藤実内閣。 **問8**②**大政翼賛会**は1940年に発足した。③1940年に**大日本産業報国会**が結成され，すべての労働組合が解散させられた。その時点で約7万の**産業報国会**が組織されていた。④興亜奉公日は1939年に実施され，毎月1日を戦意高揚の日とした。写真にも「興亜奉公日」の旗が写っている。皇紀二千六百年記念式典は1940年に挙行された。 **問9国家総動員法**(1938年)により，政府は議会の承認なしに，戦争遂行に必要な労働力・物資の調達が可能になった。政府は**盧溝橋事件**以来の戦闘を，初めは「北支事変」，のちに「支那事変」と呼んだ。「戦争」の呼称を避けたのは，中国の領土保全を定めた九カ国条約や，交戦国への武器・軍需品の輸出を禁じたアメリカの中立法に抵触するのを避けるためであった。 **問10配給制**は，生活必需品を必要度に応じて配分する経済統制の1つ。配給の方法には，衣料切符などのように購入時に点数分を切り離して使用する**切符制**と，米穀通帳などのように購入時に記入する**通帳制**とがあった。

89 近代産業の発達

問1 (あ)⑤ (い)③ (う)② **問2** ④ **問3** (え)－(お)① (か)－(き)④ (く)－(け)② **問4** ③ **問5** ① **問6** ②

解説

問1富岡製糸場では，フランス人技師ブリューナの指導やフランス製機械により，近代的熟練工を養成した。 **問2岩崎弥太郎**は，1873年に三菱商会を創設。三菱汽船会社に拡張発展し，**三菱財閥**の基礎を確立した。 **問3友愛会**は，1912年**鈴木文治**らにより設立された。最低賃金制や8時間労働などの要求を掲げ，1921年**日本労働総同盟**に発展した。 **問4管理通貨制度**は，**金輸出再禁止**，銀行券の金兌換停止後，政府が最高発行額を管理統制する制度。1942年，日本銀行法で制度化された。　**問5安田財閥**は，幕末に巨利を得た両替商安田善次郎が1880年に**安田銀行**を設立。1912年設立の合名会社安田保善社を中心に保険・倉庫業などに進出した。　**問6近衛文麿**は，**日中戦争**勃発に不拡大方針をとったが，軍部強硬派の圧力もあり戦争は拡大。和平交渉が難航すると第１次**近衛声明**を発表して，**国家総動員法**(1938年)を制定し，戦時体制を整えた。

90 日本の帝国主義政策

問1　[A]⑤・㋒　[B]⑦・㋐　[C]④・㋔　　問2　(あ)－(い)④　(う)③　　問3　②　　問4(え)－(お)②　(か)①　　問5　リットン　　問6(き)－(く)③　(け)①　問7　②

解説

問1[A]**山東省**は1898年以来ドイツの勢力圏。**膠州湾**の中心港＝**青島**は，ドイツ東洋艦隊の根拠地であった。なお北部の**威海衛**は，イギリスの租借地。[B]**奉天**市は，いわゆる満州の南部遼寧省の中心都市で，**辛亥革命**後，奉天軍閥＝**張作霖**らの拠点となった。現在の瀋陽市。[C]**南京**は古くから多くの王朝の都となってきた都市で，長江流域・華南の中心都市。**蔣介石**は**北伐**途上の1927年，ここを**国民政府**の首都とした。　**問7日中戦争**にかかわって1938年に出された**近衛声明**は３つ。同年１月の第１次が「**国民政府を対手とせず**」の声明で，11月の第２次は戦争目的を「**東亜新秩序建設**」とする声明，12月の第３次は和平に関して善隣友好・共同防共・経済提携の「近衛三原則」を明示した声明である。第１次声明の「対手とせず」とは「否認すると共に之を抹殺せんとする」意味だとの補足的声明も出されたが，戦争は泥沼化し，近衛首相が辞任したのは第３次声明から２週間後のことである。

91 太平洋戦争下の政治・社会・経済

問1　[A]帝国国策遂行要領　[B]ハル・ノート　[C]マレー半島　[D]サイパン島　[E]日ソ中立条約　　問2　②　　問3　③　　問4　②　　問5　①　　問6　②

解説

問2②は**北部仏印**ではなく，**南部仏印**が正しい。　**問3**翼賛政治体制を樹立したのは**東条英機**首相であるが，**大政翼賛会**は，**太平洋戦争前**に**第２次近衛文麿内閣**において結成された。④大政翼賛会は1945年６月に解散した。　**問4**②職場ごとに産業報国会がつくられたのは，**日中戦争下**の第１次近衛内閣の時で，労働力不足を補うためではなく，労働組合を解散させて労働者を統制するためである。　**問5**①は終戦直後の生活とまぎらわしいが，太平洋戦争末期から終戦直後と同じ生活状況が続いていた。②は**昭和恐慌**時代のこと。③は**復員**でわかるように終戦直後のこと。④は食糧難は戦時下と同じだが，終戦直後の生活背景を指している。戦時下では食糧メーデーは行えない。　**問6**①はアメリカ軍による軍政の誤り。③は「**ひめゆり隊**」は，「ひめゆり学徒隊」のことで未婚の女性による**勤労動員**ではなく，女学生たちによる「学徒看護隊」であった。④**謝花昇**は，明治時代の沖縄の参政権獲得運動の指導者。

現代

92 占領政策

問1　②　　問2　③　　問3　②　　問4　①　　問5　④　　問6　③　　問7　①　　問8　②　　問9　④　問10　④

解説

1945年の敗戦から1951年の**サンフランシスコ平和条約**調印まで日本がGHQの占領下にあった時代の占領政策をまとめたもの。前期の戦後改革と呼ばれる民主化政策と後期の反共の防波堤のための経済復興政策を理解しておきたい。
問1②**千島列島**が正解。①北海道は，日本の主権が及ぶ**間接統治**の範囲内にあった。③**小笠原諸島**と④**奄美諸島**は，アメリカ軍が占領した。　**問2**③ポツダム勅令が正解。**カイロ**，テヘラン，**ヤルタ**はいずれも**第二次世界大戦**中の主要連合国による会談の場所であり，その名をつけた勅令は実在しない。　**問3**②**極東委員会**が正解。①**対日理事会**は，東京に本部が置かれ，米・英・中・ソによるGHQの諮問機関。③④は日本統治に関係ない**国際連合**とその機構（安全保障理事会）。　**問4**①**幣原喜重郎**が正解。②**吉田茂**は，幣原の次の首相。③**岸信介**は1960年**日米新安全保障条約**に調印した首相。④**鈴木貫太郎**は**ポツダム宣言**受諾時の首相。
問5④**東条英機**が正解。東条はA級戦犯として**極東国際軍事裁判**(**東京裁判**)にかけられ，1948年11月「平和に対する罪」で絞首刑の判決が下された。①**石原莞爾**は陸軍，②**米内光政**は海軍の軍人だが戦犯にはなっていない。③**岡田啓介**は**二・二六事件**の際の首相で，①②同様に戦争責任は問われていない。　**問6**③**持株会社整理委員会**が正解。1945年財閥解体指令，46年持株会社整理委員会発足，47年４月**独占禁止法**，47年12月**過度経済力集中排除法**という財閥解体過程を覚えておきたい。①労働委員会は，**労働関係調整法**によって定められた**労働争議**の調停・仲裁機関。②**企画院**は**日中戦争**下で統制経済を実現するため物資動員計画を立てるためにつくられた政府機関。④公正取引委員会は，独占と不公正な取引を防ぐためにつくられた監視機関。

問7①労働基準法が正解。労働争議の調停・制限を定めた②労働関係調整法及び労働者の団結と団体行動を保障した③労働組合法の３つをあわせて労働三法という。　**問8**②ドッジ＝ラインが正解。経済安定九原則を実現させるため，アメリカから来日したドッジによる均衡財政策はドッジ＝ラインと呼ばれた。それによってインフレは収束したが，ドッジ＝デフレと呼ばれる不況におちいった。①シャウプ勧告は，日本の税制改革のためにドッジの２カ月後に来日したシャウプによって出された徴税強化勧告。直接税中心主義と累進課税制によって，その後の日本の税制の基礎となった。③プラザ合意は，1985年に行われた５カ国蔵相会議で為替への協調介入を合意したこと。④リットン報告書は，①②③と違って戦前のもの。満州事変による満州国建国に対して国際連盟が派遣したリットン調査団の報告書。**問9**③が正解。①・②日本銀行券の発行が1948年10月をピークに抑制に転じると，物価の上昇は49年10月をピークに止まっており，インフレはおさまった。④1948年10月～49年10月のタイムラグはあるが，物価の上昇は止まった。**問10**④警察予備隊が正解。1950年，GHQは吉田茂首相に警察予備隊の創設と海上保安庁増員を指令した。1952年に警察予備隊が②の保安隊となり，海上保安庁内にあった海上警備隊が③警備隊に改称された。1954年に新設の防衛庁のもと，保安隊・警備隊が統合されて陸海空の３部からなる①自衛隊が発足した。

93 占領期の政治

問1　④　　問2　②　　問3　③　　問4　①　　問5　③　　問6　①　　問7　⑤　　問8　③　　問9　④　　問10　②

解説

問1複合的な性格を持つ第二次世界大戦は，連合国からみると民主主義を擁護する戦争という意味があり，それは1941年の大西洋憲章で明らかにされ，45年６月の国際連合憲章につながる。しかし，戦後の日本占領の直接的指針となるのはこれら憲章ではなく，同年７月の米英ソ三首脳会談で合意されたポツダム宣言である。同宣言は日本軍への無条件降伏勧告とともに日本の戦後処理方針を記していた。　**問2**②の「一億総ざんげ」は戦争指導者の責任をあいまいにする言葉として批判された。　**問5**不戦条約は1928年，田中義一内閣期の「戦争抛棄に関する条約」。　**問7**⑤はドッジ＝ラインによるもの。ドッジはインフレを一気に収束させて円の価値を安定させ，単一為替レートの設定で日本経済を国際経済に結びつけ，日本の国際競争力強化，経済の自立化をめざした。　**問8**警察予備隊は在日米軍が朝鮮へ動員されたあとの空白を埋めるものとして創設され，これを1952年に改組したのが保安隊。1954年のMSA協定に伴って防衛庁・自衛隊が発足する。　**問9**南西諸島には奄美群島や琉球諸島が含まれ，奄美は1953年，沖縄は1972年に施政権が返還された。　**問10**ソ連，ポーランド，チェコスロバキアの３カ国はサンフランシスコ講和会議に参加したものの，同じ共産主義国の中華人民共和国の不参加を理由に会議の無効を訴え，調印しなかった。主要交戦国である中国は，中華民国・中華人民共和国のいずれに代表権を認めるか米英間の調整が成らず，招請されなかった。不参加国はインド，ビルマ，ユーゴスラヴィアの３カ国。

94 戦中・戦後の対外関係

問1　Ⅰ③　Ⅱ①　Ⅲ①　Ⅳ③　Ⅴ②　　問2　［A］ミッドウェー　［B］大東亜　［C］極東委員会　［D］経済安定九原則　［E］ドッジ　［F］インド　［G］中国　［H］日韓基本　　問3　①Ⅴ　②Ⅲ

解説

太平洋戦争中から戦後の日中国交正常化までの対外関係を主に出題しているもので，Ⅰの文群は，大戦末の連合国側の対日処分を問題としており，日本軍の無条件降伏を求めたポツダム宣言に対し，「国体護持」の条件をつけようとしたのは日本政府である。Ⅱの①，東久邇宮内閣は治安維持法撤廃，政治犯釈放などのGHQの人権指令に対応できずに総辞職した。Ⅲの①，ドッジ公使の時に設定された単一為替レートは，１ドル＝360円である。Ⅳの③，アイゼンハワー大統領の訪日が中止されたのは，1960年の安保闘争の時のことである。Ⅴの②，1971年に訪中を発表し，翌年の２月に訪中したのは，ニクソン大統領である。また変動為替相場制への移行は，1973年の２月である。　**問2**いずれも基礎的なものばかりだが，［D］の「経済安定九原則」や［F］の国名は案外思いつかないかもしれない。　**問3**①は，1967年12月に国会で佐藤栄作首相が「非核三原則」の方針を表明したが，衆議院で決議されたのは，1971年の11月である。②のシャウプが来日したのは1949年の５月で，その勧告内容はドッジ＝ラインの緊縮政策を税制面から支えるものであった。

95 55年体制と経済成長

問1　(あ)③　(い)②　(う)④　(え)②　(お)①　(か)④　(き)①　(く)③　　問2　55年体制　　問3　OECD

解説

問1(あ)戦前立憲政友会に属した鳩山一郎は，戦後日本自由党を結成するが，公職追放となった。追放解除後，政界に復帰して日本民主党の総裁となり，1954年12月内閣を組織した。55年の保守合同で自由民主党が結成されると，その初代総裁として引き続き政権を担当した。(お)所得倍増計画は一人あたりの国民所得を10年後の1970年までに２倍化するというものであったが，実際の経済成長は計画を上回るハイペースで進み，1967年にはこの目標を達成した。(き)四大公害訴訟は，新潟県阿賀野川流域の新潟水俣病と三重県の四日市ぜんそくが1967年，富山県神通川流域のイタイイタイ病が68年，熊本県の水俣病が69年にそれぞれ提訴された。1967年制定の公害対策基本法は70年の改正で経済調和条項が削除され，71年に環境庁が発足する。(く)非核三原則は最初，1967年の小笠原諸島返還時，国会での公明党の非核三原則の提起，つづいて日本社会党の質問に対して佐藤栄作首相の答弁で政府見解として表明された。1971年の沖縄返還協定批准にあたっては衆議院が付帯決議をあげ，非核三原則は国会決議となった。

96 戦後の外交

問1 (あ)② (い)① (う)③ (え)① (お)③ (か)② (き)④ (く)③ (け)④ (こ)① 問2 ② 問3 [A]岸信介 [B]池田勇人 [C]佐藤栄作 問4 ②

解説

問1(あ)(い)米ソ対立を軸とする冷戦は，東アジアでは韓国・北朝鮮の分立や中華人民共和国の誕生により激化した。朝鮮戦争の勃発でそれは熱戦に転化した。こうした情勢下に講和をめぐる国内世論は分裂した。東側陣営を対日講和から除外しようとするアメリカの意図に沿った単独講和論と，全交戦国との講和を主張する全面講和論とである。(お)1925年の①の条約により，日本はソ連と国交を樹立した。②の条約はソ連が独ソ戦争勃発にそなえ，日本が北守南進の侵略政策に利用するためという，両者の利害が一致し，1941年に結ばれた。③が日ソの戦争終結宣言だが，領土問題の解決は先送りされた。④日ソ平和条約はまだ実現していない。 問2日華平和条約は台湾の国民政府（中華民国）との条約。 問4①はドッジ＝ライン。③については，犬養毅内閣の金輸出再禁止以後，日本は金本位制から離脱し国内的には管理通貨制度をとっているので誤り。ただ，戦後の国際通貨基金（IMF）体制では，金と交換される米ドルが世界の基軸通貨となり，各国通貨はドルとの固定為替相場制によって間接的に金とつながった。

97 戦後の社会・経済

問1 ④ 問2 ② 問3 ⑤ 問4 ③ 問5 ⑤ 問6 ② 問7 (Ⅰ)D (Ⅱ)B (Ⅲ)F (Ⅴ)C

解説

問1 1950年の朝鮮戦争による特需で日本の景気は急速に回復。1956年の『経済白書』には「もはや戦後ではない」とあり，高度経済成長へ。1960年，池田勇人首相は「寛容と忍耐」を訴え，国民所得倍増計画を出す。 問2戦後インフレへの対策として1946年，幣原喜重郎内閣は金融緊急措置令を出した。また，1947年第１次吉田茂内閣は，石炭・鉄鋼などの基幹産業に重点を置いた傾斜生産方式を採用した。1948年12月，GHQは第２次吉田茂内閣に対し，経済安定九原則を指令。翌年のドッジ＝ライン，シャウプ勧告によりインフレ収束。 問3 1965年，アメリカ軍の北爆で本格化したベトナム戦争はやがて泥沼化。巨額の戦費がアメリカ財政を圧迫した。1971年，いわゆるニクソン＝ショックで金・ドル交換停止。ドルの切り下げが行われ１ドル＝308円になった（ドル＝ショック）。 問4 1945年10月，幣原喜重郎内閣に対しGHQは経済機構の民主化，労働組合の結成奨励など五大改革指令を出した。12月，③労働組合法が成立した。1945年11月には財閥解体が命じられ，翌年には持株会社整理委員会が発足。1947年，独占禁止法，過度経済力集中排除法が成立した。 問6高度経済成長期にはつぎつぎと好景気の波がやってきた。それぞれ，神武景気（1955〜57年），岩戸景気(1958〜61年)，オリンピック景気(1963〜64年)，いざなぎ景気（1966〜70年）と名づけられている。Ⅴの「三種の神器」とは1950年代後半，急速に各家庭に普及してきた洗濯機，白黒テレビ，冷蔵庫のこと。1960年代後半になると，自動車，クーラー，カラーテレビの「３C」(新三種の神器)が普及していった。

98 冷戦とサンフランシスコ講和会議

問1 ③ 問2 ④ 問3 ① 問4 ③ 問5 ① 問6 ④ 問7 ② 問8 全面講和 問9 日米安全保障条約 問10 ③

解説

冷戦の本格化に伴って日本が西側陣営として国際社会に復帰する政治過程の基本事項の問題である。 問1正解の③毛沢東の中国共産党と内戦で敗れて台湾に逃れたのが①蔣介石の中国国民党である。②金日成は，朝鮮半島のソ連占領地に朝鮮民主主義人民共和国を建国した朝鮮労働党の指導者。④孫文は，中国革命の指導者。辛亥革命後，中華民国臨時政府の臨時大総統になり，袁世凱と対立。中国国民党を率いて第１次国共合作を実現した。 問2④が正解。①シャウプは，日本に税制改革を勧告した人物。②ドッジは，日本に経済安定九原則を守らせるために派遣された人物。③は，ソ連に対抗するために西側諸国の復興を計画し，マーシャル・プランを発表したアメリカの国務長官。 問

3①南原繁が正解。南原繁は戦後，貴族院議員として戦後教育改革の中心的役割を果たした人物である。**第3次吉田茂内閣**の時に**全面講和**を主張し，首相から「曲学阿世の徒」と非難された。全面講和を主張した知識人としては，ほかに**幣原喜重郎内閣**の文相であった安倍能成，戦前森戸事件で東大助教授を休職した経済学者の**大内兵衛**，戦前矢内原事件で東大教授を退職した政治学者の**矢内原忠雄**がいる。②**西田幾多郎**は『**善の研究**』を著した明治・大正期の哲学者。③**滝川幸辰**は，1933年著書の『**刑法読本**』が問題となって京大教授を休職処分となった法学者。④**北一輝**は，超国家主義的な**国家改造**を主張して**二・二六事件**の青年将校たちに影響を与えた国家社会主義者。　**問4**③ソ連が正解。ソ連は，ポーランド・チェコスロバキアとともに調印しなかった。　**問5**①が正解。日本は，インドと1952年に，ビルマ(現，ミャンマー）と1954年に平和条約を結んだ。　**問6**正解の④**小笠原諸島**は，**沖縄・奄美諸島**同様アメリカの施政権下に置かれた。　**問7**②**日米行政協定**が正解。**日米新安全保障条約**締結後の**日米地位協定**と区別すること。① MSA 協定は，**日米相互防衛援助協定**のことで，1954年に結ばれ，この協定に基づいて**自衛隊**が設置された。③ PKO 協力法は，1992年成立した国際平和協力法のことで，**湾岸戦争**後，日本が PKO に協力し自衛隊を海外に派遣可能にするためにつくられた。④日米安全保障共同宣言は，1996年，**橋本龍太郎**首相とアメリカのクリントン大統領とで共同で発表された宣言。　**問8**全面講和運動は，大内兵衛ら学者たちの平和問題談話会，**日本社会党・総評**系の日本平和推進国民会議，**日本共産党**系の全面講和愛国運動協議会など多くの勢力が運動を展開した。　**問9日米安全保障条約**。1951年，日米間の軍事同盟として**吉田茂**首相とアメリカのアチソン国務長官とのあいだで調印された。　**問10**③**日ソ共同宣言**が正解。1956年に**鳩山一郎内閣**の時に出されたこの宣言においてソ連は日本の**国際連合加盟**を支持すると約束した。なお，**ゴルバチョフ**大統領と**海部俊樹**首相との間の1991年の日ソ共同声明と間違えないようにしたい。①**日韓基本条約**調印は，1965年。②日本の **OECD（経済協力開発機構）**加盟は，**高度経済成長期**の1960年。④**日中共同声明**調印は，1972年。この声明によって日中の国交が正常化した。

99 戦後の文化

問1　③　　**問2**　④　　**問3**　⑥　　**問4**　③　　**問5**　①　　**問6**　①　　**問7**　④　　**問8**　②　　**問9**　④　　**問10**　③　　**問11**　②　　**問12**　⑤

解説

問1は，1951年**黒澤明**の「**羅生門**」がヴェネツィア国際映画祭でグランプリを受賞，1952年**溝口健二**の「**西鶴一代女**」が同映画祭の国際賞を受賞した。　**問2**④の**宝塚少女歌劇**は，1913年宝塚唱歌隊として発足し，1914年宝塚少女歌劇団として第1回公演が行われた。　**問3**浅草で常設映画館がオープンしたのは1903年，**松井須磨子**の「カチューシャの唄」が大流行したのは1914年，映画「ゴジラ」の第1作上映は1954年である。大衆文化の歩みとして，明治後期と大正時代と戦後とを区別しておきたい。　**問5**の①**理化学研究所**が創設されたのは1917年。1927年には，理化学興業が創設され，**理研コンツェルン**として新興財閥の1つとなった。　**問6**Ⅰは1894年，Ⅱは1910年，Ⅲは1949年に**法隆寺金堂焼損**，1950年に**文化財保護法公布**である。　**問8**①は，1936年の**ナチス体制**下のオリンピック。③は，第1回が豊中球場で1915年に開催された。　**問9**Ⅰは，1964年，Ⅱは，1904年。**三越呉服店**は，デパートメント宣言を行った。Ⅲの**甲子園球場**は，1924年に完成した。　**問11**②が正しい。Ⅰは，戦費調達から戦争中のこととわかる。③の金属回収運動も戦争中に軍需物資不足のために政府が行った。④の電気洗濯機の登場は，高度経済成長期である。白黒テレビ・電気洗濯機・電気冷蔵庫が，「**三種の神器**」といわれた。**問12**は，Ⅰの**文化住宅**は大正時代，Ⅱのスーパーマーケットの登場は**高度経済成長期**(ダイエー1号店は1957年)，Ⅲの散髪の奨励と公式の服の洋式化は明治の**文明開化**の時代である。

100 高度成長期の政治と経済

問1　(あ)②　(い)③　(う)⑮　(え)⑥　(お)①　(か)④　(き)⑨　(く)⑩　(け)⑦　(こ)⑪　　**問2**　**もはや戦後ではない**　　**問3**　③　　**問4**　②　　**問5**　④　　**問6**　①

解説

高度経済成長が始まってから，経済成長がマイナスになるまでの間の日本の経済の歴史を，政府の経済政策を中心に，その要因と影響を問う問題である。　**問1**は，高度経済成長期の基本事項である。景気の名前，高度成長期に制定された法律や政策，そして，公害関連の基本事項である。高度経済成長下の景気は，1955～57年の神武景気，1958～61年の**岩戸景気**，1966～70年の**いざなぎ景気**と名前がつけられている。いずれも，神武天皇以来初めて，神武よりさかのぼって天照大神の岩戸以来，日本を創生したいざなぎ・いざなみ以来というように，日本神話に基づいている。

池田勇人による高度経済成長政策は，以下の通りである。1つは，貿易と資本の自由化によって，世界経済に加わることをめざす政策である。具体的には，1960年に貿易為替自由化計画大綱を発表し，1964年**国際通貨基金（IMF）**8条国に移行，同年**経済協力開発機構**(OECD)に加盟した。もう1つは，農業経営の近代化と自立をめざし，1961年に**農業基本法**を制定した。高度経済成長の結果，公害病が発生した。四大公害裁判は，以下の通りである。

公害名	内容
水俣病	チッソ(新日本窒素肥料)の熊本県水俣工場の廃液中に含まれたメチル水銀によって汚染された魚介類を食べた住民がメチル水銀中毒症にかかり，チッソを訴えた。
イタイイタイ病	富山県神通川流域で神岡鉱山から垂れ流された亜鉛精錬副産物のカドミウムによって引き起こされたイタイイタイ病患者が，三井金属鉱業を訴えた。
新潟水俣病	新潟県阿賀野川流域で工場廃液中の有機水銀によって水俣病と同じ症状が引き起こされ，昭和電工が訴えられた。
四日市ぜんそく	三重県四日市市周辺において，工場から排出される硫黄・窒素酸化物によってぜんそくが引き起こされ，四日市石油コンビナート6社が訴えられた。

問2「もはや戦後ではない」という経済白書の言葉の背景には，50年代前半の**朝鮮戦争**の**特需**と電力・鉄鋼・海運など重化学工業部門への国家資金の投入による設備の近代化があった。　**問3**高度経済成長の要因については，特に理解しておきたい。③が誤っている。1ドル＝360円は，現在に比べるとかなり円安である。　**問4**②が誤っている。株価と地価が異常に急騰したのは，いわゆる**バブル経済**の時である。　**問5**④が正しい。①は**日中戦争**下の統制経済による生活を指す。②は戦後の国民生活を指す。極端な物資不足に加えて，海外からの復員・引揚げによって人口が増大し，人々は青空市場と呼ばれた闇市や買出し列車に殺到して飢えをしのいだ。③は大正から昭和初期にかけての都市民衆の生活を指している。円タクは，東京市内が1円均一であったことから生まれた言葉である。　**問6**①が正しい。②は，国際社会に依存しないのではなく，貿易の自由化など国際社会に大きく依存した経済発展であった。③は，激しい政治的対立があったのは，前内閣ではなく，前々内閣(岸信介内閣)である。④の**変動為替相場制**と**石油危機**は，内政上の課題ではなく，国際的な問題である。

101 戦後の安全保障問題

問1　①　**問2**　②　**問3**　②　**問4**　②　**問5**　③　**問6**　②　**問7**　①　**問8**　②　**問9**　②　**問10**　④

解説

第二次世界大戦後，国際関係の変化のなかで，日本の安全保障問題が現代までどのように変遷したかをまとめて理解しておきたい。　**問1**①が正解。②は，敗戦国ドイツ・イタリア・日本はいずれも参加していない。③は，常任理事国としては，アメリカ・イギリス・ソ連・中国・フランスの5カ国であった。④**ウィルソン大統領**は，**国際連盟**の提唱者である。　**問2**②が正しい。③共同統治とは，複数の国が同一の地域に共同で主権を行使することで，戦後の日本に共同統治された地域は存在しない。④軍政は，沖縄・小笠原で行われた。　**問3**②が正しい。①アメリカは日本に対して安全保障の義務を負っていない。③無償の基地提供を決めたのは，日米行政協定。④有効期限は条約に明示されなかった。　**問4**②が正しい。①内乱鎮圧の出動規定は旧安保条約。③参議院の議決を経ないまま，批准案が自然成立した。④全国的な反対運動が急速に盛りあがった。**問5**③が誤り。条約に付随した協定で対日賠償請求権は放棄された。　**問6**②が誤り。復帰後，返還後も基地反対運動は続き，1995年，アメリカ軍兵士による少女暴行事件を契機に基地撤去の声は沖縄県民のあいだに大きく広がった。　**問7**①が正しい。**中曽根内閣**は，アメリカの安全保障体制への同調をより強めようとした。②**MSA協定**を結んだのは，**吉田茂内閣**。③防衛庁を防衛省に格上げしたのは，安倍晋三内閣(第1次)の時。④首相談話で過去の植民地支配と侵略への反省を表明したのは**村山富市内閣**。　**問8**②が正しい。①**湾岸戦争**で自衛隊が多国籍軍に参加したことはなかった。③日本は，90億ドルの資金援助を行った。④多国籍軍へ自衛隊はいまだかつて一度も参加したことはなく，恒常化していない。　**問9**②が正しい。①は，自衛力を持たなかった点が違っている。③は，西側と東側の対立は，日本占領の機ではない。④は，朝鮮半島の武力統一をめざしたのは，韓国ではなく北朝鮮である。　**問10**④が正しい。①のアメリカとの同盟関係は，冷戦終結後より強くなった。②の自衛力は，冷戦終結後も必要とされている。③でイラクが旧ソ連をしのいだことはないし，**PKO協力法**は，自衛隊を派兵するためのものではない。

102 冷戦の終了と経済大国日本の課題

問1　③　**問2**　①　**問3**　③　**問4**　②　**問5**　④　**問6**　①　**問7**　村山富市　**問8**　55年体制　**問9**　③　**問10**　②

解説

冷戦終結以降の世界の激動とそのなかでの日本の政治・経

済の動きをまとめた問題である。　**問1**正解③は現代世界史の基本的知識である。①は，**ペレストロイカ**の一環としての情報公開を指す。②ドイモイは，ベトナムの改革。④ビロード革命は，東欧革命の一環としてのチェコスロバキアでの革命を指す。　**問2**正解は①マルタ。日本史に関係のある国際会議の開催場所を覚えておきたい。②**ヤルタ**と④**カイロ**は，**太平洋戦争**の戦後処理を主要な連合国が話しあった場所。③**ポーツマス**は，**日露戦争**の講和会議が開かれた場所。　**問3**③**湾岸戦争**が正しい。この戦争での**多国籍軍**は国連軍ではないので注意する必要がある。①**イラク戦争**は，2003年アメリカがイラクのフセイン政権を倒した戦争。②イラン・イラク戦争(1980～88年)は，**イラン革命**が進むイランとイラクとがイスラム世界の主導権をめぐって長期間にわたって戦争となったもの。④中東戦争は，イスラエルとアラブ系諸国のあいだで戦われた戦争で，第１次(パレスチナ戦争)，第２次(スエズ戦争)，第３次(六日戦争)，第４次と４度に及んだ。　**問4**①**海部俊樹内閣**時，ペルシア湾に**自衛隊**の掃海艇を派遣した。③**中曽根康弘内閣**は，防衛費 GNP １％枠を突破させた。④**小渕恵三内閣**時には改定日米ガイドラインの関連法が成立した。　**問5**④カンボジアが正解。自衛隊の最初の **PKO** 派遣先がカンボジアである。**国連平和維持活動**とは，世界の各地域において紛争の解決のために国連が行う活動で，平和維持部隊による停戦監視や文民警察活動，選挙・復興など行政的支援が主な活動である。自衛隊が派遣されたのは，カンボジア，モザンビーク，エルサルバドル，ゴラン高原，東ティモール，ネパール，スーダン，ハイチ，南スーダンである。②コンゴ民主共和国で展開されている PKO には日本は参加していない。　**問6**①**細川護熙**が正解。**細川内閣**の成立をもって**55年体制は崩壊**した。②河野洋平は，細川内閣時代の野党自民党の総裁。③武村正義は，細川内閣の官房長官。④**鳩山一郎**は，1955年**保守合同**によって**55年体制**が成立した時の**自由民主党**初代総裁。　**問7村山富市**が正解。**村山内閣**では，戦後50年の不戦決議，原爆被爆者援護法を成立させたが，自衛隊派遣問題など自民党との調整に苦しみ，1996年，「人心一新」を理由に総辞職した。　**問8**正解は55年体制。1955年，分裂していた**日本社会党**の左右両派が統一され，それに刺激されて保守側の**自由党**と**日本民主党**とが合同し，自由民主党(略称「自民党」)が結党された。以後，衆議院の３分の２を占める自民党が長期単独政権を維持し，社会党が憲法改正を阻止できる３分の１の議席を保持して，自民党と社会党が国会で対立する構図が続いたので，55年体制という。　**問9**③バブルが正解。低金利政策によって巨額の資金が土地と株式市場に流れて実際の価値以上に泡のようにふくらんだという意味で**バブル経済**と呼ばれた。①**いざなぎ**は，**高度経済成長期**の1966～70年の景気を指す。②**岩戸**は，高度経済成長期の1958～61年の景気を指す。④プラザは，**プラザ合意**のこと。1985年，IMF の五大国（日米独仏英）の蔵相がニューヨークのプラザホテルで会議を開き，ドル高是正のための協調介入に合意した。これをプラザ合意という。　**問10**②牛肉・オレンジが正解。1980年代，アメリカは巨額の財政赤字と貿易赤字に苦しみ，黒字を続ける日本の貿易に対して，日本の市場の開放を求め，日米間に**貿易摩擦**が深刻化した。①自動車は，輸入の問題ではなく，アメリカへの自動車輸出自主規制問題である。③米については，輸入自由化されたのは，ウルグアイ・ラウンドを受けて，農産物完全自由化に合意したあとの1999年である。④繊維が日米間で問題になったのは高度経済成長期(1955～1972年)で，1972年日米繊維協定に調印した。当時，日米間の外交交渉は，沖縄返還交渉と同時並行だったので，「糸(繊維)と縄(沖縄)の取引」といわれた。

テーマ史

103 日中関係史

問1　①　　**問2**　④　　**問3**　③　　**問4**　国博士　　**問5**　②　　**問6**　③　　**問7**　②　　**問8**　(順不同) Ⅰ，Ⅲ　**問9**　③　　**問10**　④　　**問11**　③　　**問12**　①

解説

Ⅰは**三善清行**の「**意見封事十二箇条**」のなかの**白村江の戦い**にまつわるエピソード。(あ)に入る天皇名は史料原文通りに答えるとすれば**皇極天皇**となるが，白村江の戦いは皇極天皇が重祚して**斉明天皇**になってからの事件。Ⅱは『**日本書紀**』の608年の**遣隋使**にかかわる記事。８名の**留学生・学問僧**の名前が出てくるが，彼らの見聞は**大化改新**の諸改革に大きな影響を与えた。Ⅲは瑞溪周鳳(ずいけいしゅうほう)編著『**善隣国宝記**』にある**明**の国書。道義は**足利義満**の出家後の名前で，出家は将軍職を子の**足利義持**に譲り**太政大臣**に就任したのちのことである。Ⅳは『**宋書**』**倭国伝**で，**倭の五王**のなかの最後の王，武の上表文が引用される箇所。Ⅴは**福沢諭吉**が『**時事新報**』に発表した**脱亜論**。福沢は，朝鮮近代化をめざす**金玉均**ら親日改革派を支援してきたが，1884年12月，彼らのクーデタ(**甲申事変**)は清国軍の介入で失敗に終わった。脱亜論は清国・日本間に**天津条約**が結ばれる直前に書かれた。Ⅵは**第２次大隈重信内閣**が1915年，**袁世凱**政府に最後通牒を発し，要求の大部分を承認させた**二十一カ条要求**の第一条。Ⅶの**蔣介石**は**ポツダム会談**に参加してはいないが，宣言に同意し名を連ねた。しかし，**サンフランシスコ講和会議**に中国代表は招かれなかった。

104 沖縄の歴史

問1 ［A］尚巴志 ［B］島津 ［C］琉球処分 ［D］謝花昇 ［E］沖縄返還協定 問2 ③ 問3 ② 問4 ④ 問5 ② 問6 ①

解説

問1沖縄では旧石器時代のあと，新石器時代である貝塚文化の時代が12世紀頃まで続く。12世紀になると，各地の地方豪族である按司がグスク(城)を築いていく。この時代をグスク(城)時代という。やがて，14世紀中頃に北山(山北)・中山・南山(山南)の三王朝が分立する三山時代を経て，中山の尚巴志が三山を統一して1429年に琉球王国を建てた。1470年，クーデタにより尚円が王位に就く。これ以前を第一尚王朝，以後を第二尚王朝という。 問21609年，島津氏の薩摩藩が3000余の軍勢で侵攻。以後，中国との朝貢冊封関係を維持しつつ薩摩藩・幕府への従属をも強いられた。江戸時代は，将軍代がわりごとに慶賀使を，琉球国王代がわりにごとに謝恩使が江戸に派遣された。琉球処分で沖縄県が設置されたあとも県令奈良原繁らの専制のもと，江戸時代からある人頭税などの土地・税制が存続された。これを旧慣温存策という。謝花昇らは参政権獲得運動を展開した。衆議院選挙が行われたのは1912年のことであった。問3②秋田藩で佐竹義和が藩政改革を行ったのは19世紀初めの文化年間である。 問4④全国の徴兵権・徴税権が国に集中され，中央集権化が進んだ。 問6①1996年に合意されたあとも，普天間基地の移設は膠着状態におちいり，進展しなかった。

105 蝦夷地・北海道の歴史

問1 コシャマイン 問2 ② 問3 ③ 問4 シャクシャイン 問5 （b）商場(場所) （c）場所請負制度 問6 ① 問7 ［C］開拓使 ［D］クラーク ［E］屯田兵 問8 ④

解説

蝦夷地・北海道に関する問題。近年よく出題されるようになってきた。 問115世紀半ば，和人の圧迫に耐えかねたアイヌは，コシャマインを中心に蜂起した。 問2コシャマインの蜂起後はこれを鎮めた蠣崎氏が勢力を強め，江戸時代には松前氏と改めて一大名となった。 問3北海道には弥生文化が伝わらず，続縄文文化・擦文文化も狩猟・漁労が中心であった。 問4シャクシャインの戦い以後，松前氏の支配は強化された。 問5アイヌとの交易地は商場(場所)と呼ばれ，松前氏はこれを家臣に知行させた。 問6間宮林蔵は樺太を中心に探査し，間宮海峡を発見した。問7蝦夷地は明治には北海道と改称され，開拓使が置かれ，屯田制により開拓が進められた。 問8④1889年制定の法令は北海道旧土人保護法である。政府は北海道の「開拓」を名目にアイヌの同化を進めた。

106 貨幣の歴史

問1 (あ)③ (い)① 問2 ③ 問3 (う)② (え)③ 問4 撰銭 問5 (お)③ (か)① 問6 銭座 問7 ① 問8 (き)③ (く)⑦ (け)⑤ (こ)① 問9 ②

解説

貨幣に関して，各時代の代表的な貨幣をあげて，理解を問う問題である。写真１は，唐の開元通宝にならって鋳造された和同開珎である。 問1①乾元大宝は，村上天皇の958年に発行され，皇朝十二銭(本朝十二銭)として，鋳造された最後の銅銭である。②延喜通宝は，醍醐天皇の907年に発行された皇朝十二銭の11番目の貨幣。③富本銭は，683年頃鋳造されたが，十分には普及しなかった。④天保通宝は，江戸時代に鋳造された銅銭である。 問2③が誤り。代銭納が行われたのは鎌倉時代からで，それもまれにしか行われなかった。 写真２は，明で鋳造された永楽通宝である。 問3は鎌倉時代に対応する宋と宋銭，室町時代に対応する明と明銭がわかれば答えられる。 問4の撰銭は，悪銭を拒否したり，良銭と悪銭で価格差をつけたりして良銭を選ぶことで，粗悪な私鋳銭が流通した室町時代特有の現象である。 写真３は，江戸時代の１文銭の寛永通宝である。江戸時代，金座・銀座・銭座の三座でそれぞれ金貨・銀貨・銅銭が発行された。 問5①豆板銀は，丁銀(30〜50匁)の補助として重量調整に使われた５匁前後の銀貨。②南鐐二朱銀は，田沼意次が発行した計数銀貨で，８枚をもって金１両とされた。③一分金は，４枚で小判１両とされた計数金貨である。 問6銭座は，江戸の芝と近江の坂本に設けられ寛永通宝が鋳造された。当初，有力な町人に銭貨の発行を請け負わせ，全国各地に設けられたが，金座または銀座の支配を受けた。 問7①が正しい。②文政小判は，金の含有量が正徳小判の約半分しかない。③金の海外からの流入ではなく，海外への流出を防ぐためである。④万延貨幣改鋳といって，安政小判を改鋳して金の含有量を大幅に少なくした万延小判を発行した。 写真４は，1899年発行の金兌換日本銀行券で，拡大された文字には「この券引き換えに金貨10円相渡し申すべく候」とある。写真４の説明文は，1871年の新貨条例制定による金本位制採用(実質は金銀複本位制)から貨幣法制定による金本位制確立までの明治時代の貨幣制度をまとめたものである。 問8①貨幣法は，1897年，金本位制確立のために第２次松方正義内閣が定めた法律。②銀行法は，普通銀行の設立・業務・

経営などを規制する法律で，1927年，**金融恐慌**時に制定された。法定最低資本金の導入などで中小銀行の合併を促進した。③新貨条例は，1871年に制定された統一的貨幣制度を定めた条例。**円・銭・厘**の十進法を採用した。④**金融緊急措置令**は，1946年**幣原喜重郎内閣**がインフレ対策として通貨の収縮をはかるために公布したもの。⑤**松方正義**は，大蔵卿として緊縮財政を実施し，**松方デフレ**といわれるデフレが起きた。⑥**大隈重信**は，大蔵卿の時(1873〜80年)に**不換紙幣**の発行でインフレを起こした。その対策に松方正義が大蔵卿に登用された。⑦**渋沢栄一**は，大蔵省時代，新貨条例や**国立銀行条例**を起草し，幣制改革に尽力した。その後，民間にあって，**第一国立銀行・大阪紡績会社**の設立にあたった。⑧**井上準之助**は，1930年に**浜口雄幸内閣**で**金解禁**を実施した蔵相である。　**問9**①は，銀兌換ではなく金兌換。③の金融恐慌は1927年の恐慌のこと。④の**管理通貨制度**は，1931年**高橋是清**蔵相が**金輸出の再禁止**によって金本位制から移行した。

107 農業の歴史

問1　［A］牛馬(牛，畜力も可)　［B］草木灰　［C］二毛作　［D］晩稲　［E］下肥(厩肥)　［F］千歯扱　［G］干鰯
問2　①　**問3**　②　**問4**　(b)③　(c)④　(d)②

解説

中世から近世にかけての農業の発達をまとめた問題で，農業生産が社会の基礎を支えるものであるだけに問題してとりあげられることが多い。　**問1**空欄に用語を書き入れるもので，いずれも基礎的なものばかりであるが，Ｆの千歯扱や，Ｇの干鰯などが漢字で記入できるかどうかが問われている。　**問2**①大唐米は鎌倉初期までに伝わったとされるが，**早稲**で虫旱害に強く，多収穫品種であったので，室町時代には広く普及していた。②の**竜骨車**は中世末に伝わったが，その普及は江戸時代になってからである。③南米原産の**たばこ**の伝来は，1543年の**ポルトガル人**の来航時以降で，じゃがいも(馬鈴薯)が伝わったのも，慶長年間以降である。④の**『農業全書』**の著者の宮崎安貞は，江戸時代前期の農学者。　**問3**②**木綿**は戦国時代になると，三河など東海地方，北九州などの一部で栽培されるようになっていたが，それが一般化し広まったのは，近世に入ってからである。なお**荏胡麻**は，灯火油採取のための植物だが，「胡麻」とは別物である。　**問4**どの教科書・図説にものせられている図ではあるが，**備中鍬**(③)は容易に判断できるだろう。**唐箕**(④)は籾摺のあと，風力により玄米と籾殻・塵とを選別するもので，**千石簁**(②)はついた米の白米と糠を選別する用具で，この２つは区別がつきにくいかもしれない。

108 交通の歴史

問1　(a)③　(b)①　**問2**　④　**問3**　駅鈴　**問4**　②　**問5**　馬借　**問6**　②　**問7**　室町時代の関所の多くは関銭をとり，領主の財源とするために設置された。
問8　甲州道中(甲州街道)　**問9**　④

解説

東海道を中心とする陸上交通の歴史に関する問題である。**問1**(a)1889年開通，(b)1964年開通。いずれも**帝国議会**や**東京オリンピック**といった，多くの輸送力を必要とする直前の開通である。　**問2**甲斐は東海道に属する。なお，現在近畿地方に属する近江は**東山道**。　**問3**古代の**七道**では駅鈴をたずさえた役人のみが**駅家**を利用できた。　**問4**平安時代の日記と作者はまとめて覚えておくこと。

土佐日記	紀貫之
小右記	藤原実資
蜻蛉日記	藤原道綱の母
御堂関白記	藤原道長
更級日記	菅原孝標の女

問7近世の関所が江戸の防衛や庶民の監視を目的としたのに対し，中世のそれは**関銭**の徴収が主要な目的であった。**問8**近世の**五街道**はすべて覚えること。　**問9**①大名の移動は多く五街道が利用された。②公用の荷物はすべて「宿継ぎ」にされた。宿場が継場とされた所以である。③福島関は**中山道**にある。

109 絵画史

問1　［A］源氏物語　［B］白鳳　［C］姫路城　［D］黒田清輝　**問2**　①　**問3**　②　**問4**　②　**問5**　④
問6　③　**問7**　①　**問8**　①　**問9**　③

解説

切手に使われている絵画を利用して各時代の日本の絵画を考えてみよう。アは**源氏物語絵巻**，イは**高松塚古墳壁画**，ウは彦根屏風，エは**黒田清輝**の「**湖畔**」，オは**横山大観**の「**無我**」，カは**伝源頼朝像**。　**問1**［B］高松塚古墳の壁画は**白鳳文化**を代表する絵画。［C］**法隆寺**と同年(1992年)に世界文化遺産に登録された城郭建築は**姫路城**である。［D］明治時代，フランスに留学して**白馬会**を結成した画家で，エを描いたのは黒田清輝。　**問2**狩野探幽は江戸幕府の御用絵師(**寛永文化期**)で，**円山応挙**は**化政文化期**の画家。　**問3**法隆寺の「**玉虫厨子**」は**飛鳥文化**(６世紀後半〜７世紀半ば)の作品。①の**磐井の乱**は527〜528年，③の**百万町歩開墾計画**は722年，**墾田永年私財法**は743年の発布，④**藤原広嗣**の

乱は740年，大仏造立の詔は743年である。　**問4**キ見返り美人図（菱川師宣，元禄文化期）→ケ文読み（鈴木春信，宝暦・天明期）→ク市川鰕蔵（東洲斎写楽，化政文化期：1794年）→コ富嶽三十六景（葛飾北斎，化政文化期：1831〜33年頃）。　**問6**工部美術学校に招かれたのは彫塑のラグーザと絵画のフォンタネージ。コンドルは工部大学校，フェノロサは東京大学。高橋由一はワーグマンに学んだ。高村光雲は江戸仏師の高村東雲の門下の木彫家。浅井忠は工部美術学校でフォンタネージに学び，のち明治美術会を設立した。辰野金吾は工部大学校でコンドルに学んだ建築家。**問7**1887（明治20）年，狩野芳崖や岡倉天心が中心になって開校した，日本画・彫刻・美術工芸を教える学校は東京美術学校。のちに西洋画科が設立された。日本美術院は東京美術学校校長を辞任した岡倉天心を中心に設立された美術団体。　**問8**明治20年代（1887〜96年）の出来事を選ぶ。②1868年に出された神仏分離令をきっかけに廃仏毀釈が起こり，明治10年頃まで各地で続けられた。③戊申詔書は戊申の年（1908年）に発布された。④築地小劇場は，新劇の劇団・劇場。大正から昭和初期にかけてプロレタリア演劇運動の拠点となった。自由劇場は，1909年に２代目市川左団次と小山内薫が結成した新劇団体。坪内逍遙は，島村抱月とともに文芸一般の革新を目的として文芸協会を設立した。文芸協会は，1909年から演劇団体になり，シェイクスピアの「ハムレット」やイプセンの「人形の家」などを上演した。**問9**カのような肖像画を似絵と呼ぶ。頂相（ちんぞう）は禅僧の肖像画。「秋冬山水図」は雪舟の水墨画。

110 行事・祭の歴史

問1　①　　問2　③　　問3　⑤　　問4　①　　問5　②　　問6　②　　問7　③　　問8　④　　問9　⑤　　問10　④

解説

縄文時代から江戸時代における儀式や祭礼に関する問題である。　**問1**③古墳の副葬品である。　**問2**①神に真偽をうかがう儀式。②・⑤身を清める儀式。④収穫を占う儀式。**問3**①99歳の長寿祝い。②女子の成人の儀式。③仏門に入る儀式。④武道・芸事の奥義すべてを伝えられること。**問4**①1052年は末法元年とされた。　**問5**①『古今和歌集』の解釈を師から弟子に秘伝すること。③明の王陽明が唱えた儒学の一派。④江戸時代，仏教・儒教伝来以前の，日本古来の心や思想を研究した学問。　**問6**①連歌の大成者。③五摂家の１つである九条家の祖。④江戸時代末の倒幕派の公卿。明治維新後は議定，太政大臣を歴任した。⑤鎌倉幕府第４代将軍。　**問7**①・⑤中世惣村の指導者。②中世の国人。④中世末の大商人。堺では会合衆と呼ばれた。**問8**祇園祭（祇園会）は京都の八坂神社の祭礼で，町衆が復興した。　**問10**いわゆる「お盆」である。

111 仏教史

問1　［A］真言　［B］廃仏毀釈　　問2　（あ）⑧　（い）④　（う）⑤　　問3　⑤　　問4　②　　問5　③　　問6　②　　問7　④　　問8　②　　問9　④　　問10　①　　問11　②　　問12　④

解説

問1［A］空海…真言宗の開祖。最澄…天台宗の開祖。［B］1868年の神仏分離令によって，全国的に廃仏毀釈が行われた。　**問2**（あ）足利尊氏は夢窓疎石に帰依した，（い）明治時代，仏教界の復興に尽力したのは島地黙雷，（う）江戸時代，寺院法度の起草者は金地院崇伝。　**問3**時代順に並べかえると，Ⅵ（奈良時代）→Ⅲ（平安時代）→Ⅰ（鎌倉時代）→Ⅱ（室町時代前期）→Ⅶ（室町時代後期）→Ⅴ（江戸時代）→Ⅳ（明治時代）となる。　**問4**①『歎異抄』の著者は親鸞の弟子の唯円。親鸞の著書は『教行信証』，③日蓮がおこしたのは日蓮宗である。臨済宗をおこしたのは栄西である。④蘭溪道隆は南宋から来日したのち，執権北条時頼の帰依を受けて鎌倉に招かれた。　**問5**③これは平安時代の記述である。**問6**②京都五山第三位は建仁寺で，栄西が開山したが，建長寺は鎌倉五山第一位である。　**問7**①町衆によって祇園会が再興されたのは室町時代の応仁の乱のあと。②末法の世に入る年は1052年。この頃は前九年合戦が起こっていた。保元の乱は1156年，平治の乱は1159年である。③養和の大飢饉は鎌倉初期。天然痘が流行して藤原四家の当主があいついで病死したのは737年である。　**問8**①山崎闇斎は江戸時代前期の朱子学者。③荷田春満は江戸中期の国学者。④吉田兼倶は，室町時代中期から戦国時代にかけての神道家で，吉田神道（唯一神道）の事実上の創始者。　**問9**①生類憐みの令を出したのは徳川綱吉。②浅間山の噴火などを起因とする天明の大飢饉は徳川家治の時代。江戸で初めて打ちこわしがあったのは徳川吉宗の時代である。③島原の乱は徳川家光の時代の出来事。また，同年に寺請証文を作成させたというのも誤り。　**問10**②叡尊は鎌倉時代の僧で西大寺中興の祖と呼ばれる。恵美押勝の乱は奈良時代で，西大寺は765年称徳天皇の勅願によって建立された。③大官大寺は平城京遷都とともに新都へ移転して大安寺となった。元興寺の前身は法興寺（現在の飛鳥寺）。④藤原不比等の私邸は法華寺（法華滅罪之寺）になった。興福寺は藤原氏の氏寺。　**問11**①百万塔陀羅尼の奉納は称徳天皇。玄昉は橘諸兄政権で活躍した僧。③施薬院の設置は光明皇后。曇徴は紙・墨・絵の具を伝えた僧。④満濃池の開削は空海。重源は平氏による南都焼討ちで焼失した東大寺の復興に尽力した僧。

112 女性史

問1 ③　問2 ⑤　問3 ④　問4 ①　問5 ③　問6 ②　問7 （順不同）④，⑤　問8 ③　問9 ④

解説

Ⅰ：和宮，Ⅱ：卑弥呼，Ⅲ：日野富子，Ⅳ：孝謙天皇，Ⅴ：市川房枝，Ⅵ：北条政子についての記述である。　問1③和宮降嫁を推進したために襲撃された老中は安藤信正（坂下門外の変）。　問2⑤卑弥呼が与えられた称号は親魏倭王。　問3この時期とは室町幕府８代将軍足利義政の頃を中心とする東山文化である。①狩野永徳は桃山文化を代表する狩野派の絵師。②定朝が寄木造の阿弥陀如来像を制作したのは平安中期（国風文化）。③本阿弥光悦は江戸初期の寛永文化の頃の芸術家。④山水河原者と呼ばれた賤民のなかに，作庭にその才を発揮する者もいた。その一人である善阿弥は足利義政の命を受けて東山山荘の庭園をつくった。　問4①「私の母」とは光明子。光明子立后問題で藤原不比等の四子と対立したのは長屋王である。　問5①民法が改正されて男女の本質的平等が盛り込まれるのは，第二次世界大戦後のこと。②婦人参政権獲得期成同盟会が結成されたのは1924年，治安維持法は1925年に制定。④下線部（e）は大正時代のこと。女子（性）差別撤廃条約の批准や男女雇用機会均等法は1985年。　問6私＝北条政子の次男とは源実朝のこと。源実朝の歌集は『金槐和歌集』。『梁塵秘抄』は，後白河法皇が今様を集めた歌集。朝廷は北条義時追討の兵をあげて承久の乱となった。義時が執権の時に起こった事件は和田義盛が滅ぼされた和田合戦。宝治合戦は北条時頼の時に三浦泰村一族が滅ぼされた事件。　問7Ⅰ＝江戸時代＝お，Ⅱ＝弥生時代，Ⅲ＝室町時代＝え，Ⅳ＝奈良時代＝い，Ⅴ＝大正・昭和＝か，Ⅵ＝鎌倉時代＝うとなり，④と⑤が正答となる。　問8③山川菊栄は女性の社会主義者の団体である赤瀾会を結成したが，津田梅子は社会主義とは無関係。　問9①㋐の争いは狗奴国との争いで３世紀のこと。筑紫国造磐井の反乱は６世紀に起こった事件である。②㋑の応仁の乱の頃，軽装で戦場をかけめぐったのは足軽である。③㋒恵美押勝の乱のあと，上皇は重祚して称徳天皇と呼ばれる。この時吉備真備は右大臣となったが，旻は７世紀の改新政治で国博士になった人物である。称徳天皇のもとで太政大臣禅師，法王となったのは道鏡。④㋓この戦いは承久の乱。この争いで勝利した幕府は皇位継承に介入するとともに，京都に新たに六波羅探題を置いて朝廷を監視した。

113 災害の歴史

問1 関東大震災　問2 ③　問3 大杉栄　問4 741年　問5 ②　問6 鴨長明　問7 ①　問8 応仁の乱（応仁・文明の乱）　問9 浅間山　問10 天明（の）飢饉

解説

奈良時代から現代における，自然災害や疫病の流行に関する問題である。これらは政治や社会の変化と関連づけて出題されることが多い。　問1首都東京に壊滅的被害を与えた。　問2①金融恐慌のことで，震災復興中の1927年に起こった。②1930年の昭和恐慌。④世界恐慌は1929年。よって③が正しい。　問3震災の混乱に乗じて，多くの朝鮮人や中国人，無政府主義者の大杉栄や伊藤野枝，労働運動家が殺害された。　問4天皇は鎮護国家を進め，２年後には紫香楽宮で大仏の造立が始められた。　問5以仁王や源頼政の挙兵により，都は一時，摂津福原京に移された。　問6鴨長明は平安時代末から鎌倉時代初めにかけての歌人・随筆家である。　問7④山崎宗鑑は戦国期に俳諧連歌を始め，『犬筑波集』を編纂した。　問8応仁の乱（応仁・文明の乱）は1467年から11年ものあいだ，京都で争われた。問9・10浅間山は1783年に大噴火を起こし，前年から起こっていた天明の飢饉を悪化させた。

114 大阪の歴史

問1 ［A］曽根崎心中　［B］徳川秀忠　［C］大村益次郎　［D］橋本左内　［E］辰野金吾　問2 洗心洞　問3 ②　問4 ④　問5 ①　問6 ⑤　問7 板垣退助　問8 薩摩藩（鹿児島藩）　問9 明治14年の政変　問10 緒方洪庵　問11 ④

解説

問1元禄文化は上方，特に大坂が中心の文化であった。浄瑠璃作家の近松門左衛門・浮世草子の井原西鶴がその代表者である。近松は『曽根崎心中』などの世話物（心中物），『国性爺合戦』（こくせんや）などの時代物を残した。大坂城は，大坂夏の陣で焼失した後，石垣も全て埋めて，その上に新たに天下普請により全国の大名に分担させて石垣からつくり直した。大村益次郎は防府でシーボルトの弟子梅田幽斎に学び，さらに咸宜園で広瀬淡窓，適塾で緒方洪庵に学んだ。その後，宇和島藩，幕府講武所教授，長州藩と籍を移し，戊辰戦争の上野戦争では，彰義隊を殲滅したことで知られる。明治政府の軍制改革の中心を担い，徴兵制の原案を作成した。大村は西南雄藩の動きを警戒し，京都宇治に火薬庫，大阪に造兵廠（のちの大阪砲兵工廠）を建設することを決定した。1869年，京都に視察にきていたところ，軍制改革に反対する刺客に襲われ重傷を負い，大阪の病院へ転院してそこで亡くなった。橋本左内は，適塾で緒方洪庵に学び，福井藩（越前藩）松平慶永（春嶽）のもとで一橋派の中心的な役割を担ったが，安政の大獄で吉田松陰らと処刑された。辰野金吾は工部省工学寮（後の工部大学校）の１回生として入学し（同級生に旧赤坂離宮〈現，迎賓館〉を設計した片山東熊がいる），途中，工部大学校教授に就任したコンドルに師事し，卒業後ロンドン大学に留学，コンドルが工部大学校退官後，教授に就任した。日本銀行本店，東京駅などの設計で知られる。　問2大塩平八郎は，大坂町奉行与力として，同僚の不正をただすなど清廉潔白な人物として活躍し，隠居後は学術に専念して，私塾洗心洞を開いた。天保の飢饉に際し，大坂の米商人の買占めなどが米価高騰の原因であることを奉行に献策したが，却下されたため，民衆とともに蜂起した。　問3菅原道真は醍醐天皇により右大臣に就任した。左大臣が藤原時平。　問4新貨条例は1871年制定。翌年，国立銀行条例が制定された。　問5石山本願寺は，蓮如が1497年大坂御坊として建設したが，1532年山科本願寺が法華一揆や近江守護六角氏らとの抗争で焼亡したあと，証如は中心寺院を石山本願寺に移した。石山戦争は1570年，織田信長が明け渡しを要求したことから，顕如が決起を決めた。1580年ようやく和議が成立し，その２年後に本能寺の変で信長は自害する。　問6740年の藤原広嗣の乱後，聖武天皇は恭仁京（740），難波宮（742），紫香楽宮（745）と遷都を繰り返した。　問11懐徳堂は大坂町人が出資して1724年中井甃庵（しゅうあん）により設立された塾で，儒教を批判した富永仲基，合理主義者で『夢の代』を著した山片蟠桃（やまがたばんとう）らを出した。

115 教育史

問1　②　　問2　②　　問3　綜芸種智院（綜藝種智院）
問4　②　　問5　②　　問6　①　　問7　石田梅岩
問8　①　　問9　森有礼

解説

問1山崎さんのノートにおける「大学」，「国学」，「大学別曹」，空欄Ａ（綜芸種智院）から奈良時代，平安時代の教育機関と判断する。　問2弘文院は和気氏，勧学院は藤原氏，奨学院は在原氏，学館院は橘氏の大学別曹である。　問3真言宗の開祖は空海である。　問4南村梅軒は戦国時代の儒学者で，南学の祖とされている。湯島聖堂は，江戸幕府５代将軍徳川綱吉によって建てられた孔子廟である。　問5朱子学は，上下の身分をわきまえ，礼節を重んじる学問であり，陽明学は知行合一という実践的道徳を説く学問である。　問6閑谷学校は，池田光政により設立された郷校である。郷校では，庶民の子弟の入学も許された郷校もあった。緒方洪庵により設立された私塾は，大坂の船場に開いた適塾である。　問9森有礼は啓蒙思想団体である明六社の初代社長をつとめた。

日本史標準問題（解答）

2020年6月30日　第1版第1刷　発行
2023年3月31日　第1版第3刷　発行

著　者　大阪府高等学校社会（地歴・公民）科研究会歴史部会

発行者　野澤武史
印刷所　明和印刷株式会社
製本所　有限会社　穴口製本所

発行所　株式会社　山川出版社
〒101-0047　東京都千代田区内神田1丁目13番13号
電話　03(3293)8131(営業)　03(3293)8135(編集)
振替00120-9-43993

ISBN978-4-634-01207-3